인권의 창, 헌법의 길

인권으로 본 헌법재판 30년

인권의 창, 헌법의 길

인권으로 본 헌법재판 30년

이우영·김복기·신윤진 엮음

경인문화사

머리말

1987년 개정된 헌법에 따라 1988년 9월 1일 헌법재판소가 창설된 이래, 헌법재판소에 의한 헌법재판이 대한민국의 헌법과 헌정의 일부가 되어 운용된 지 올해로써 30년이 되었다. 이 기간 동안 헌법재판은 대한민국의 법치와 민주주의의 성숙에 크게 기여하였다. 헌법재판소에 의한 헌법재판의 30주년을 맞이하여, 서울대학교 공익인권법센터는 우리 헌법재판소와 헌법재판이 걸어온 길을 특히 인권의 관점에서 되짚어보고 앞으로의 나아갈 방향과 길을 기대와 염원을 담아 제시하고자 학술회의와 단행본을 준비하였다.

서울대학교 공익인권법센터가 2018년 5월 4일 개최한 "인권의 창, 헌법의 길 – 인권으로 본 헌법재판 30년" 학술회의에서는 여러 개별 기본권 분야에서 지난 30년간의 헌법재판을 특히 인권의 관점에서 분석하여 성과와 과제를 논의하였고, 또한 학계, 실무계, 언론계의 전문가들과 함께 한 대담을 통해 헌법재판의 지나온 길과 나아갈 방향에 대해 깊이 있는 진단과 제안의 시간을 가졌다. 이번에 출간된 이 단행본은 위 학술회의를 바탕으로 하였다.

이 책은 1부, 2부, 3부의 세 부분으로 구성되어 있다. 1부 "헌법재판 30년의 걸어온 길, 나아갈 길"에서는 학계, 실무계, 언론계 전문가들의 진단과 제안을 통해 인권의 관점에서 본 우리 헌법재판 30년의 성과와 과제를 보다 넓은 맥락에서 분석하고 제시하였다. 이는 1부 첫 번째 글의 제목과도 같이, 서른 살이 된 우리 헌법재판소에 보내는 헌사이기도 하다. 2부 "분야별로 돌아본 헌법재판 30년"에서는 표현의 자유, 양심의 자유, 정보인권, 변호인의 조력을 받을 권리, 노동기본권, 사회보장, 젠더, 장애인법제, 외국인법제 분야의 헌법재판소 판례를 인권의 관점에서 분석하고, 각 분야에서의 과제와 앞으로 나아갈 바에 대한 바람을 제시하였다. 3부 "인권의 창, 헌법의 길"에는 2018년 5월 4일 헌법재판 30년 학술회의에서의 전문가 대담 내용을 담았다.

헌법재판소를 통해 이루어온 헌법재판 30년을 맞아 인권의 창을 통해 우리 헌법과 헌정을 돌아보고 우리 헌법과 헌법재판이 나아갈 길에 대한 기대를 모아서 담은 이 책이 서른 살이 된 헌법재판소에게 작으나마 뜻깊은 선물이 되기를 기원한다. 이 책이 나오기까지 학술행사와 출간의 과정에서 수고해주신 모든 분들께 감사드리며, 특히 서울대학교 공익인권법센터 센터장이신 양현아 교수님 그리고 센터의 김영중 박사님께 감사드린다. 그리고 이 책의 기초가 된 2018년 5월 학술행사에서 개별 기본권 분야별 발표에 대해 깊이 있고 생산적인 토론을 하여 주신 서울대학교 법학전문대학원 전상현 교수님과 서울대학교 사회과학대학 송지우 교수님께도 머리말을 빌어 특별한 감사의 말씀을 전한다. 이 책을 읽는 모든 분들께 감사드리며, 이 책과 함께 하는 시간이 대한민국헌법과 헌법재판 그리고 그 궁극적 의의로서의 인권보장에 대해 지나온 그리고 앞으로의 길을 배경으로 다시금 생각해보는 소중한 시간이 되기를, 공동편집인인 서울대학교 법학전문대학원 김복기 교수님, 신윤진 교수님과 함께 빌어본다.

2018년 10월
대표편집인 서울대학교 법학전문대학원 이우영 교수

목 차

제1부
헌법재판 30년의
걸어온 길, 나아갈 길

서른 살, 헌법재판소에 보내는 헌사

김 진 한*

Ⅰ. 서른 살, 헌법재판소

돌아보면 부끄러운 기억이지만, 서른 살이 되었을 때 서글픈 감정을 느꼈다. 마치 인생이 모조리 가버린 듯 스스로를 애도하였다. 우연히 접했던 책 한권의 도움이 없었다면 30대를 그 진정한 의미도 모른 채 우울하고, 맥 빠지게 보냈을 것이다.

서른 살은 아름다운 나이이다. 자신이 하는 일의 가치를 알고, 그 일을 통해 행복을 느낄 수 있는 30대가 시작되는 나이. 공상이 아니라 현실 속에서 큰 꿈을 꿀 수 있고, 그 꿈을 위하여 현실을 일구어 나갈 수 있는 나이가 서른 살이다. 그 나이, 서른 살에 헌법재판소가 도달하였다.

1987년 헌법개정과 더불어 헌법재판소가 설립된 지 서른 해가 지났다. 헌법재판소의 설립으로 우리의 헌법재판제도도 비로소 작

---

* 변호사, 전 헌법연구관

동하기 시작하였다. 헌법재판소의 판단은 국민들의 기본권 침해를 구제하였고, 권력자들에게 민주주의와 법치주의, 권력분립, 인권 등 권력이 넘지 못할 한계를 일깨워 주었고, 시민들에게 민주주의 헌법의 존재를 알리고 설득하는 역할을 담당하였다. 1948년 헌법제정 이후 사실상 권력의 장식품에 불과했던 우리의 헌법과 기본권은 이제 최고의 권력도 통제하는 효력을 가진 최고규범이 되었다.

지난 30년간 헌법재판소가 이룬 가장 의미 있는 업적은 권력을 남용하는 관행에 브레이크를 걸기 시작하였다는 점이다. 국가의 권력은 헌법이라는 테두리 안에서 작동되어야 하는 것이고, 그렇지 않다면 다른 국가기관들이 그 권력을 통제해야 하는 것이고, 남용하는 권력에 대항하여 시민들도 저항할 수 있는 것이라는 민주주의 대원칙을 알려준 것이 헌법재판소이다. 이론이 아니라 현실에서 작동하는 권력에 대한 견제 시스템, 그것은 우리 사회로서는 새로운 발견이었다.

시민들의 자유, 즉 자유권적 인권의 영역은 헌법재판소가 권력을 제대로 통제한 가장 중요한 영역이다. 헌법재판소가 모든 기본권 영역에서 성공적으로 활약하였던 것은 아니다. 경제-사회적 인권 영역에서의 활약은 미약하였다. 그에 따라 사회적 기본권에 대한 국가와 사회의 관심은 극소화되었다. 아직도 정치세력들은 이 영역의 문제에 관하여 소모적인 이념 다툼을 벌이고 있다. 우리 사회는 사회적 기본권에 관한 헌법원칙의 궤도를 찾지 못하고 있는 것이다.

헌법재판소가 정치적, 사회적 영향력의 측면에서 최고의 헌법기관으로 자리매김하였다는 점은 부인할 수 없는 사실이다. 하지만 헌법재판이 우리 사회에 미치는 영향력에 비례하여 우리의 헌법재판도 함께 성장하고, 성숙하였는가에 대하여는 쉽게 긍정하기 어렵다.

서른 살이 된 헌법재판소. 헌법재판제도의 또 한 번의 도약을 꾀하기에 적합한 나이이다. 헌법재판제도의 제2의 도약을 통하여 우리 민주주의와 법치주의의 도약도 기약할 수 있을지 모른다. 과연 그 목표를 달성하기 위해서는 어떤 노력이 필요한 것일까?

II. 헌법의 힘

1. 헌법의 능력

헌법의 제정과 개정을 통해서 더 민주적이고 정의로운 세상을 만들어야 한다고 생각할 수 있다. 최고의 법인 헌법에 가장 이상적인 사회를 선언하고, 국민들의 권리와 자유를 분명히 규정하여 권력을 함부로 남용하지 못하도록 하는 장치를 만들고 싶다고 생각할 수 있다. 하지만 헌법은 스스로 사람들의 이상을 실현하는 힘을 갖고 있지 못하다. 헌법의 능력은 신뢰할 수 없다. 헌법에 이상적인 자유와 권리를 규정하여 이상적인 헌법을 만든다고 하여도 그것이 제대로 작동하지 않을 때 그 사회는 가장 야만적인 사회로 전락할 수 있다.

최고의 이상과 이념, 가장 정의로운 사회를 지향하는 것으로 치장해 놓았던 전체주의 국가들의 헌법은 거론할 필요는 없다. 그 국가들은 오로지 권력자들의 국가이었을 뿐이고, 그들의 헌법은 진정한 최고의 법으로 삼기 위하여 제정된 헌법이 아니었기 때문이다.

문제는 진지한 의도에서 제정된 헌법이라고 해서 단칼에 정의와 민주주의를 실현하는 힘이 있는 것이 아니라는 것이다. 제1차 세계대전이 끝나고 나서 당시로서는 가장 민주주의적이고 진보적이었던 독일의 바이마르 헌법은 나찌의 집권을 불렀다. 가장 좋은 의도로 제정되었지만, 가장 비극적인 최후를 맞은 헌법이다.

가장 고도로 발달된 민주주의 이론에 기초한 최고로 인권을 보장하는 헌법이라고 해서 제대로 작동하는 것은 아니다. 극단적 인종차별의 독재를 극복하였던 남아프리카 공화국은 모든 이상을 종합한 최첨단의 헌법을 제정하였다. 하지만 오늘날 뉴스를 통하여 접하는 남아프리카의 상황은 온갖 폭력 범죄와 가난, 그리고 부정부패로 점철되어 있는 우울한 사회이다. 헌법이 규정하는 자유와 민주주의의 이상을 제대로 실현하는 나라는 극소수에 불과하다.

헌법의 규정은 자유와 인권, 이상적인 민주주의를 보장해주지 못한다. 헌법이 할 수 있는 일은 무엇일까? 헌법이 가지고 있는 힘의 본질은 '권유하는' 힘이다. 권력이 자신의 권력을 악용하는 것, 권력이 시민들의 자유를 침해하는 것을 직접 막아서지 못하는 헌법이지만, 권력과 시민들에게 어떤 것이 더 바람직한 것, 정의로운 것인지를 끊임없이 권유하고 설득하는 힘을 갖고 있다.

헌법이 갖는 권유하는 힘은 주권자들이 갖고 있는 궁극적인 힘과 연결되어 위력을 발휘한다. 시민들의 궁극적인 힘은 헌법에 대한 믿음이다. 만일 대다수의 시민들이 헌법을 반드시 지켜야 하는 법으로 믿고, 그 법을 관철시키고자 하는 의지를 갖고 있다면 권력은 헌법의 조언을 받아들일 수밖에 없다. 이로써 헌법은 어느 권력도 거부할 수 없는 강제력을 확보하는 것이다.

헌법재판소 서른 살, 어느 덧 우리 헌법이 작동하게 되었다. 그것은 시민들의 '헌법에 대한 믿음'이 살아났다는 것을 의미한다. 서른의 헌법재판소, 새로운 도약을 위한 과제 찾기에서 가장 우선하여 고려하여야 할 전제사실이다.

2. 헌법재판제도의 능력

헌법재판제도는 민주주의 원칙을 제대로 실현하기 위한 제도이다. 그렇다고 민주주의 제도인 것은 아니다. 오히려 민주주의 이념과 갈등을 일으키는 제도이다. 대의 민주주의는 선거를 통하여 다수결 대표를 선출한다. 그리고 그들의 토론을 통하여 다수결의 결정을 한다. 그 민주주의의 결정들을 헌법이라는 기준을 통하여 통제하는 것이 헌법재판이다.

민주주의의 시스템은 스스로 넘어서는 안 될 한계를 지키지 못할 때 추악한 결정을 만들어낸다. 다수가 무엇이든 결정하고, 다수의 결정이라면 무엇이든 허용되는 사회, 그래서 법이 강자가 약자를 지배하는 도구로 전락한 사회는 더 이상 이상 민주주의 사회가 아니다. 만일 그런 방식으로 정치적 결정을 내리고, 그 결정을 집행하고 있다면 누군가 결정을 재고시키고, 집행을 중단시킬 수 있어야 한다. 그것이 헌법재판제도를 두고 있는 이유이다.

하지만 헌법재판제도는 헌법과 유사한 특징을 가지고 있다. 헌법이 강제력을 갖고 있지 않은 것처럼, 헌법재판은 스스로 재판의 결과를 집행할 힘을 갖고 있지 않다. 헌법재판제도가 갖고 있는 힘은 다른 권력과 다르다. 그 힘의 근원이 물리적인 힘과 강제력에 있지 않고 논리적인 설득, 차분한 권유에 있기 때문이다.

헌법재판제도는 우리들, 동료 시민들에게 헌법으로 말을 걸어오는 제도이다. 쉽게 이해하지 못했던 주제들에 관하여 그것이 우리 공동체에 얼마나 중요한 문제인지에 관하여 이야기해준다. 권력에 대하여 용기 있게 말하고, 주장하여도 된다고 우리들을 설득한다. 민주주의와 개방성이 왜 중요한 것인지, 권력이 오만한 권력으로 바뀌는 것이 얼마나 쉬운 일인지, 그리고 그것이 얼마나 위험한 것인지, 아직도 우리 주변에는 얼마나 많은 전체주의 환영이 떠돌고 있는 것인지, 다양한 생각을 갖고 있는 사람들이 자연스럽게 어울리는 다원주의가 우리를 권력으로부터 보호해주는 이유가 무엇인지에 관하여 이야기해준다. 그러면서 동시에 우리들로 하여금 어떤 생각을 하는 사람이 될 것을 권유한다.

3. 위험한 재판, 헌법재판

헌법재판은 위험한 재판이다. 헌법재판은 행정부의 공권력 뿐 아니라 국회의 법률도 효력이 없는 것으로 만들 수 있다. 또한 헌법재판은 헌법재판을 통하여 헌법해석에 관한 선례를 만들어내는데 그것은 한번 쓰고 버리는 것이 아니라 앞으로의 헌법재판에서 지속적으로 사용되는 것이고, 모든 국가 공권력의 행사과정에서도 중요한 기준과 지침으로 사용된다.

헌법재판이 위험한 결정적인 이유는 개방성이라고 하는 헌법의 특징 때문이다. 헌법이란 먼 미래까지 내다보고 제정하는 법이다. 가장 중요하고 기본적인 부분, 공동체가 현재의 시점에 합의할 수 있는 최소한을 규정하고 나머지 부분은 미래의 시의적절한 해석을 위하여 여백으로 두고 있다. 공백이 많기 때문에 그 헌법해석을 하는 데에 구체적인 지침과 기준이 없는 경우가 많다. 단순하게 말하면 헌법재판관들이 어떻게 생각하고 결정하는가에 따라 해석의 많은 부분이 달려있는 것이다.

공동체의 정책결정은 선거에 의하여 대표로 뽑힌 대의기관이 담당해야 하는 것이 민주주의 헌법의 기본원리이다. 선거를 통하여 선출되지도 않았고, 선거에 의한 책임도 지지 않는 헌법재판관이나 대법관들이 그와 같은 정책결정을 하는 것은 옳지 않다. 더욱

이 그들의 판단은 정책을 위한 입법의 힘을 갖는 것이 아니라 그
보다 상위의 법인 헌법을 개정하는 힘을 갖는 것이다.

위헌심사의 재판을 하면서 헌법의 문구를 작성한 헌법제정자들
의 헌법제정 당시의 의사만을 고려해야 하는가? 아니면 헌법을 제
정한 사람들의 핵심가치를 오늘날의 현실에 적응시켜 해석하여야
하는가?

오로지 헌법의 문구만이 헌법해석의 기준이 된다는 전자의 입
장을 원전주의라고 한다. 원전주의의 견해에 대하여는 많은 비판
이 제기되었다. 헌법은 장기적으로 운영될 것을 전제로 하여 가장
중요한 기본적 테두리만을 정하고 있는 법이며, 그래서 개정도 쉽
지 않도록 정해 놓은 것이다. 사실 헌법은 시대의 변화와 발전에
맞추어 적응할 것을 예정하고 있는 법이며, 그 헌법의 해석자에게
넓은 유연성의 권한을 부여하는 것은 불가피하다. 헌법해석자가
새로운 가치관과 세상의 변화를 받아들이는 해석을 하지 않는 것
은 그것 자체로 중요한 헌법판단을 회피하는 것이다.

원전주의자들의 문제제기 방식은 타당하지 않다. 하지만 그들의
문제제기는 중요한 의미를 담고 있다. 헌법재판기관의 권력은 남
용될 위험을 갖고 있으므로, 이 권력을 견제해야 한다는 메시지이
다. 헌법으로부터 부여받은 권한의 한계를 상기하지 않고, 마치 모
든 것의 결정자인양 당연한 권한으로 위헌심사권을 수행할 경우
그 위험은 현실화된다.

다른 국가기관의 지혜와 결정을 함부로 무시한 채 자신들이 최
고의 지혜로운 자들인 양 독단적인 결정을 내린다면 헌법재판소는
오만한 불통의 권력으로 굳어져 버리게 된다. 주권자인 국민을 소
외시킨 채 헌법해석이라는 이름으로 공동체 현재와 미래의 가장
중요한 문제들을 결정해 나간다면 민주주의의 발전을 가로막는 기
관이 될 수 있다. 이런 위험을 어떻게 통제할 수 있을까?

III. 서른 살, 무엇을 돌아볼 것인가?

서른 살의 나이는 현실을 바꾸어 낼 수 있는 나이이다. 현실을 바꾸기 위해서는 과거를 돌아보아야 한다. 경험과 지식은 스스로의 과거를 평가하기에 충분하며, 순수한 정열은 과오를 교정할 수 있는 결정적인 에너지가 된다. 서른 살이 되어서도 스스로의 과거를 정직하게 평가하지 않는다면 앞으로 더 이상의 희망을 갖기는 어렵다. 과연 헌법재판소가 자신의 가장 부족한 모습을 뒤돌아본다면, 그래서 앞으로 나아갈 길의 지침으로 삼는다면 무엇을 돌아보아야 할까?

1. 두 개의 헌법

헌법재판소가 설립되었고, 헌법의 해석이 법률의 위헌 여부 판단의 전제가 되었다. 헌법이 최고법으로 작용하기 시작한 것이다. 하지만, 헌법재판소와 대법원 각각 다른 재판관할 속에서 최고법원의 지위를 확보함으로 하여 헌법해석은 두 갈래의 방향으로 나뉘어지게 되었다.

확정된 헌법 해석이 모든 사법기관을 포함한 모든 국가기관, 공공기관에 의하여 최고법으로서 존중되어 권력행사의 근거와 전제로서 다루어지는 것은 오늘날 실질적 법치주의의 실현을 위한 기본조건이다.

헌법은 공동체의 권력관계와 정치작용을 헌법규범과 헌법적 가치에 의하여 형성하고 규제하는 기능을 하게 된다. 또한 국가공동체의 논의를 헌법적 가치를 중심으로 통합하는 기능을 수행한다. 하지만 이와 같은 기능은 헌법이 정치공동체의 실질적인 최고가치로서 작동하는 경우, 그리하여 국가 공동체의 논의가 헌법적 가치를 중심으로 이루어지도록 하는 역할을 수행할 수 있는 경우에 달성할 수 있는 이상이다.

우리의 사법체계에서는 헌법해석에 관한 통일적 해석이 보장될 수 없다. 최고법원으로서의 대법원과 헌법재판소 가운데 어느 기관에게도 최종적 헌법해석기관으로서의 지위를 인정하지 아니함으로써 최종적인 헌법해석을 확정하는 방법을 불확정하게 규율하고 있는 것이다.

일반법원의 법관들은 헌법의 해석을 담당하는, 헌법재판관들 못지 않은 중요한 헌법재판의 판단자들이다. 하지만 우리의 법관들은 아직까지도 스스로를 법률을 해석하고 적용하는 판단자로 생각할 뿐 헌법을 해석하고 적용하는 주체라는 인식에는 인색한 편이다.

일반법원의 법관들이 헌법의 해석을 중요한 쟁점으로 삼지 않기 때문에, 소송 당사자들과 대리인 사이에서도 헌법의 쟁점을 둘러싼 다양한 토론이 진행되지 않고 있다. 또한 법원이 헌법의 해석에 무관심한 것은 다른 국가기관들, 특히 행정부의 권력에도 부정적인 영향을 미치게 된다. 이들도 권력행사를 둘러싼 헌법적 쟁점에 관한 대화와 소통에 소극적인 모습을 보이고 있다.

과연 법관은 헌법을 언제, 어떻게 해석하고 적용해야 하는가?

법관은 사건에서 문제된 사실관계 속에서 헌법의 쟁점을 포착해야 한다. 모든 사실관계에 헌법의 해석이 작동해야 하는 것은 아니다. 오히려 그런 사례는 아주 예외적인 경우에 해당한다. 하지만 그 예외적인 사례를 발견해 내기 위해서 법관들은 항상 촉각을 곤두세우고 있어야 한다.

헌법적인 쟁점이 제기되는 특별한 사례를 판단하는 법관은 종전의 판례, 즉 법률해석이 그러한 특별한 사례가 갖고 있는 헌법적인 의미를 포섭하지 못한다는 점을 발견하고 선언해야 한다. 그렇게 하지 않는다면 법치주의 원칙을 수호해야 할 법원이 스스로 의식하지 못하는 사이에 법치주의 원칙을 서서히 파괴해가는 비극적인 현상이 나타나게 된다.

현재 우리의 법원이 스스로 갖고 있는 헌법재판의 권한을 제대로 사용하지 않고 있기에, 재판에 대한 헌법소원이 필요하다는 논의가 계속 제기되고 있다. 사실 재판에 대한 헌법소원을 도입하는 것이 바람직한가 하는 것은 부차적인 논쟁이다. 중요한 것은 우리 법관들이 법원이 헌법을 제대로 해석하고, 적용하지 않음으로 인하여 우리 헌법은 반쪽으로만 작동하고 있다는 점, 법원 스스로 헌법과 법치주의를 체계적으로 위반하고 있다는 점을 자각하는 것이다.

법원은 헌법을 최고법으로 받아들여 판단하는 것이 법원의 헌법재판이다. 그 영향력은 헌법재판소의 헌법재판에 비하여 결코 적지 않다. 일반 시민들이 일상생활 속에서 접촉하고, 부딪히는 것은 바로 법원의 판단이기 때문이다. 법원이 헌법재판의 권한을 제대로 행사하기 위해서 가장 먼저 시작해야 할 일은 재판을 하는 구체적인 사실관계 속에서 중요한 헌법적인 의미가 있는 사실관계를 발견하고, 그런 사실관계와 관련된 법률의 해석과 적용에서 헌법을 진지하게 고려해야 한다.

법률의 해석에 헌법을 개입시키는 것은 재판의 독립과 정치적 중립성을 해할 것이라고 걱정하는 사람들이 있다. 그러한 우려는 일면 중요한 진실을 담고 있다. 현실의 문제에 즉각적으로 대응하고 있는 정치의 과제에 법관이 과도하게 공감하는 것, 불필요하게 많은 관심을 기울이는 것은 사법의 독립을 흔들 뿐 아니라 헌법재판의 과제도 망치게 된다. 사법에 대한 불온한 비난을 불러오고, 공정성에 대한 불신을 초래하기 때문이다.

헌법을 해석하고 적용하는 재판과 현실정치로부터 영향을 받는 재판은 구분되어야 한다. 그것은 위험한 혼동이다. 사법이 지켜야 할 근본가치를 방치하는 것을 사법의 현실정치로부터의 독립과 혼동하는 것이다. 이런 판단은 정치를 멀리하는 판단이 아니라 법치주의를 멀리하는 판단이다.

헌법재판은 즉각적 대응이 아닌 성찰적 사고에 따른 대응이다. 그것이 헌법재판이 정치를 다루는 방식의 특징이다. 헌법재판이 정치의 문제를 다루면서도 의연하게 사법의 독립성을 유지할 수 있는 것은 바로 접근하는 관점이 다르기 때문이다. 끊임없이 정치의 한계 영역을 매만져야 하는 작업이 헌법재판이다. 그래서 헌법재판을 하는 것은 뜨거운 불을 만지는 것과 같이 위험한 측면을 가지고 있다. 그렇다고 하여도 거부할 수 없는 것이 헌법재판이다. 헌법이 문제된 사례에 헌법을 해석하고 적용하는 것이 바로 헌법을 보호하는 방법이며, 헌법을 통하여 시민들의 자유를 보호하는 방법이고, 그것이 사법의 본질적인 역할이기 때문이다.

2. 헌법재판관들에 의한, 헌법재판관들만의 재판

감시하고 통제하지 않아도 좋을 만큼 선하고 공정한 권력이란 존재하지 않는다. 권력을 선하고 공정하게 사용하도록 하기 위해서는 권력자들의 욕망을 통제해야 한다.

모든 권력은 남용의 가능성을 가지고 있다. 헌법재판의 권력도 역시 남용될 가능성을 가지고 있다. 더욱이 상급법원이 없는 헌법재판소는 재심사를 받지 않는 재판이고, 그 독립을 보장하기 위하여 외부의 다른 권력기관에 의한 견제의 길도 막아 놓고 있기 때문에 위험한 권력일 수밖에 없다. 게다가 앞서 살펴본 바와 같이 헌법은 넓은 여백을 갖고 있다. 헌법재판기관의 헌법해석에 의한 권한남용의 위험은 매우 크다. 과연 권력남용을 방지하기 위해서 어떤 수단이 존재할 수 있을까?

헌법재판을 통제하고 지키는 힘 역시 궁극적으로 국민들로부터 나온다. 국민들의 헌법의식과 토론의 힘을 말하는 것이다. 물론 헌법해석이 여론에 의존해야 하는 것은 아니다. 국민들의 헌법의식과 시대정신을 이끌어 내어야 하는 것이 헌법재판기관의 헌법해석이기 때문이다. 현재의 여론에 배치되더라도 진정한 헌법의 가치를 설득하고 이해시키는 것이 헌법재판의 사명이고 역할이다. 또한 그것이 장기적으로 신뢰받는 헌법재판을 만드는 유일한 길이기도 하다.

헌법재판은 힘과 세력에 의한 결정이 아니라 논리와 이성, 권유와 설득에 의존하는 결정이다. 설득과 권유의 재판이 효력을 발휘하기 위해서는 재판관들의 독선적인 판단이 아니라 깊이 있는 대화와 토론에 기초한 지혜로운 결정이어야 한다.

법의 자구와 체계를 해석하는 것만으로 해결할 수 없는 것이 헌법의 판단이다. 그러한 헌법 해석의 문제를 재판부의 한정된 관점과 경험, 그들의 지혜만으로 해결하는 것은 바람직하지 않다.

그렇다면 어떻게 해야 하는 것일까? 우리 사회에는 다양한 계층의 시민들이 있다. 이들이 각자가 갖고 있는 전문성과 지식, 새로운 관점은 헌법재판의 소중한 자원이 될 수 있다. 시민들이 얼마나 적극적인 자세로 헌법재판에 참여하는가에 따라 헌법재판의 성패가 좌우될 수 있다. 시민들이 헌법재판에 함께 참여하여 논의하기 위해서는 재판제도의 열린 구조가 중요하다.

현재 헌법재판소는 연중 약 2천 여 건의 사건을 접수하여 그 모든 사건에 대하여, 그리고 모든 사건이 갖고 있는 모든 쟁점에 대하여 응답하고 있다. 이는 지나치게 많은 사건 처리이다.

헌법재판소의 지나치게 많은 사건 처리는 중요한 헌법문제에 대하여 신중한 주의를 기울이지 못하고 의례적이고 형식적인 논의만을 거쳐 판단하게 된다는 점에서 문제이다. 평범한 사안과 중요한 사안을 구분할 여력도 없이 그저 거대한 기계가 강철을 잘라내듯이 무감각하게 처리하게 되는 것이다.

그러나 더욱 큰 문제점은 오로지 재판부만의 관심 속에 중요한 헌법적 쟁점이 결정되어 버릴 가능성이 높다는 것이다. 중요한 헌법적 쟁점에 대하여 국민과 언론, 다양한 전문가들의 관심과 토론을 초대하지 못하고 판단하는 것은 헌법의 위력을 축소시키며, 헌법재판소 권한남용의 위험을 증대시키고, 헌법재판에 대한 신뢰를 점차 소멸시키게 된다.

IV. 서른 살, 헌법재판소. 무엇을 고쳐야 할 것인가?

1. 중요한 헌법적 쟁점에 초점을 맞추는 헌법재판

가. 미국과 독일의 경우

선진국의 헌법재판기관들은 접수되는 모든 사건들에 대하여 판단하는 방식을 포기하고 중요한 헌법재판 쟁점을 가지고 있는 사건들을 선별하여 판단하는 방식을 취한다. 그런 경향은 헌법재판의 중요성과 위력이 증대할수록 더욱 강화된다.

미국 연방대법원은 입법에 의하여 가장 중요한 사건과 쟁점만을 선별하여 판단하는 권한을 부여받고 있다. 연방대법원의 9명의 대법관들은 사건의 선별재판과정에서 공동체의 가장 중요한 사건과 쟁점이 무엇인지를 선별한다. 그리하여 9명의 대법관 가운데 4명 이상의 찬성을 받지 못한 사건들에 대하여는 판단하지 않고 출구로 보낸다(약 99% 이상의 사건을 판단하지 않는다. 연중 약

10,000건 접수하여 60~70여건의 사건만을 판단한다). 4명 이상의 대법관들이 판단할 것을 동의한 사건들은 판단대상으로 선별되었다는 사실만으로 여론의 집중을 받고, 사회적 토론이 시작된다. 선별된 사건에 대하여는 모두 구두변론을 거쳐 심판한다.

독일 연방헌법재판소에 접수되는 사건의 대다수를 차지하는 사건의 유형은 헌법소원 사건이다. 독일 헌법재판소는 바로 이 관할의 사건들에 관하여 중요한 헌법적 쟁점을 갖고 있는가를 기준으로 사건을 선별하여 재판하고 있다. 3인으로 구성되는 지정재판부 재판관들은 중요한 헌법적 쟁점을 갖고 있지 않으므로 이를 판단하지 않는다는 결정을 할 수 있다. 이 경우에는 지정재판부 3인의 전원일치의 합의가 필요하다. 지정재판부 재판관들의 합의가 될 경우에는 비록 적법한 요건을 갖춘 청구라고 하여도 그 사건의 실체에 대한 판단을 하지 않을 수 있는 것이다.

과연 어느 정도 비율의 사건들을 지정재판부에서 걸러내었을까? 실제 독일 연방헌법재판소의 통계를 살펴본다. 부적법의 판단과 헌법적으로 중요한 의미가 없어 판단하지 않는다는 판단의 구분이 항상 명료한 것은 아니므로 두 유형을 '재판부가 받아들이지 않은 사건'으로 파악하기로 한다.

2016년 독일연방헌법재판소의 통계를 대표적인 예로 살펴볼 때, 지정부에서 받아들이지 않는 사건으로, 즉 재판소가 당사자가 재판받기를 원하는 문제에 대한 판단을 거절하는 것으로 처리한 사건의 수는 제1재판부 3,071건(제1재판부 총 처리 건수 3,348건), 제2재판부 2,621건(제2재판부 총 처리 사건 수 2,833건)이다. 약 92%의 사건이 판단하지 않는 사건으로서 지정부에서 걸러진 것이다.

나. 토론을 초대하는 수단

재판기관이 '이 사건에서 문제된 쟁점은 우리가 판단할 만큼 중요하지 않다. 그러므로 판단하지 않기로 한다'라고 말하며 재판하지 않기로 결정한다면 오만하고 불성실해 보일 수 있다. 하지만 그런 사건 처리는 다른 관점으로 바라 볼 필요가 있다.

헌법재판기관의 중요한 쟁점에 대한 헌법 해석은 국가적으로 중대한 문제이다. 새로이 제기된 헌법적 쟁점만이 중요한 것이 아니다. 과거에 이미 다룬 바 있는 쟁점이라고 하여도 새로운 중요성이 부각될 수 있다. 권력은 헌법의 경계선을 다양한 새로운 방법으로 침범하고 있으므로 헌법재판기관은 현실의 변화에 대하여 긴장해야 한다. 헌법재판기관이 과거의 판례 속에서 안주하면서 무감각하게 판단한다면 헌법의 중요한 쟁점을 제대로 다루지 못할 가능성이 있고, 그 쟁점에 대한 실질적 논의가 이뤄지지 않은 채 결정이 내려지게 된다. 그렇게 되면 그 쟁점에 관한 헌법의 보장도, 인권의 보장도 이뤄지지 않게 된다.

헌법은 공백을 많이 갖고 있고, 추상적인 언어로 규정되어 있으므로 해석의 여지가 넓고, 다양한 특징을 갖고 있다. 그런 특징으로 인하여 당사자의 대리인들은 당사자의 분쟁을 손쉽게 헌법적인 쟁점을 가진 사건으로 전환시킬 수 있다. 하지만 이렇게 제기된 헌법적 쟁점은 중요한 의미를 담고 있지 않은 경우가 대부분이다. 대다수의 쟁점들은 실질적으로 법률해석의 문제인 경우가 대부분이다. 이런 모든 문제에 대하여 모두 정식으로 처리하고 답하기 위하여 국가적으로 중요한 의미를 갖는 쟁점에 관한 여론과 국민들의 관심을 초대하지 못하고, 그에 관한 논의와 토론을 형식적으로 진행한다는 것은 잘못된 설계의 재판진행이라고 하지 않을 수 없다.

사건을 모두 판단하지 않고, 중요한 사건과 쟁점에 한정하여 판단하는 제도는 판단하지 않는 것에 중점이 있는 것이 아니다. 판단하는 사건들과 쟁점들을 신중하게 다루는 것에 진정한 의미가 있다. 종래에 없던 헌법의 해석을 하고, 그 새로운 해석이 과연 타당한 것인지 다양한 관점에서 토론하고, 숙고하여 제대로 재판하겠다는 약속이다.

또 사건과 쟁점을 선별하는 설계를 도입할 때 헌법재판의 논의에 시민들과 전문가들을 초대하는 재판구조가 가능해진다. 헌법재판의 논의는 우리세대와 미래세대의 운명을 결정하는 문제로 가능한 넓은 범위의 사회구성원들이 최대한의 관심과 지혜를 가지고 그 논의에 관여하여야 한다. 중요한 헌법적 문제를 가지고 있는 사건들을 선별하여 재판하는 제도는 '우리가 판단하는 사건들은 모두 중요한 사건들이니 다양한 계층의 시민들은 그 사건의 논의에 관심을 가져 달라'고 하는 요청인 것이다.

다. 헌법적 선례의 중요성

중요한 사건과 쟁점만을 선별하여 판단하는 소송구조는 재판이 이루어진 후 그 판례에 관한 비판과 토론도 기대할 수 있다. 헌법재판소의 역할은 크게 보아 두 가지 이다. 하나는 위헌적인 권력행사로부터 헌법을 지키고 보장하는 역할이고, 다른 하나는 헌법해석을 통해 헌법의 내용과 가치를 구체화하는 것이다. 장기적으로 볼 때는 후자인 헌법해석의 역할이 월등히 중요하게 된다. 최고헌법재판기관의 헌법해석 판례는 실질적으로 헌법의 내용이 되어 헌법의 공백을 채우게 되기 때문이다. 지나치게 많은 수의 헌법적 쟁점에 대한 판단은 헌법적 선례에 대한 무관심과 경시를 초래한다. 중요한 사건을 선별하는 제도는 헌법적 선례에 대한 사회적 관심과 논의를 집중시킬 수 있다.

국가공동체의 모든 구성원들은 헌법재판소 또는 최고법원의 헌법해석을 통해 헌법의 원칙들을 구체적으로 인식하게 된다. 국가기관도, 법관들과 행정부 공무원들도, 일반 시민들도 헌법재판소가 확정한 헌법의 해석을 통하여 권력과 자유의 한계를 판단하게 된다. 언론과 학자들은 헌법의 해석을 기준으로 하여 국가공권력의 위헌성을 판단하고 비판하게 되며, 헌법재판소와 법원의 새로운 판단을 분석하고, 비판할 수 있게 된다.

헌법해석의 일관된 판단이 없다면 권력들은 자신의 마음대로 권력을 휘두르게 된다. 어차피 원칙이란 것은 존재하지 않는 것이고, 누군가 헌법재판소에 문제제기를 하고 그에 대한 판단이 나오면, 그 때가서 모른 척 교정하면 그만이라고 여긴다. 어차피 누구도 예상할 수 없는 판단이었으므로 패소하는 경우에도 비난받을 일로 느끼지 않는다. 헌법재판소의 개별적인 판단들은 권력을 제압하는 것처럼 보이지만 전체로서의 헌법, 즉 권력구조 또는 기본권에 관한 중요한 원칙들은 강제력이 있는 법으로서 존중받지 못하게 된다.

헌법의 해석이 무한정 자유로운 해석 또는 자의적인 해석이 되지 않도록 제어하는 하나의 수단이 선례이다. 그 선례를 따르지 않게 되면 재판부는 재판의 일관성이라는 재판의 정당성을 잃게 된다. 공동체가 헌법의 선례를 주목하고 있다면 헌법재판소는 하나의 헌법조문을 해석할 때 마다 최대한의 주의를 기울이지 않을 수 없다. 당장의 사건이 중요하지 않더라도 앞으로 국가의 운명을 좌우할 수 있는 사건에 대한 헌법재판에서 헌법선례로서 작용할 수 있기 때문이다.

사건과 주제의 중요성을 가리지 않고 무한정하게 판단하는 방식은 시민들의 토론을 차단시키며 헌법재판 전반에 대한 무관심을 초래할 수 있다. 시민들의 헌법재판에 대한 무관심은 재판부의 자의적 재판의 위험을 증대시킨다. 가장 큰 문제점은 커다란 주의를 기울이지 못한 상태에서 선례가 무한정하게 형성된다는 점이다. 무한정하게 생산된 선례들은 중요한 법으로 관심을 받지 못하고, 실제의 국가기관들의 권력행사에서 의미있는 규범으로 작용하지 못한다. 헌법재판은 되도록 적은 수의 사건과 쟁점을 선별하여 가급적 신중하게 판단해야 하는 것이다. 그 선별절차와 판단과정이 공정하고 합리적이어야 함은 물론이다.

2. 바람직한 헌법재판관의 모습

헌법재판을 담당하는 헌법재판관들은 특별한 능력을 가지고 있어야 한다. 최고법원의 판단자로서 치밀한 논리, 풍부한 전문지식과 공정한 판단력을 가져야 한다. 공동체 통합을 위한 가치의 선언자로서 정직하고, 청렴하고 강직하여야 한다. 그들에게 요구되는 능력은 그것에 그치지 않는다. 그들은 예민한 감수성을 가지고 있어야 한다. 자유에 대한 제한을 예리하게 감지할 수 있어야 하고, 자유의 중요성을 설득하고 권유할 수 있는 능력을 갖고 있어야 한다.

헌법재판소의 권력은 신뢰로부터 나오는 권력이다. 물리적인 힘이 없는 이 권력은 그 신뢰를 잃을 때 아무런 힘도 남지 않게 된다. 신뢰를 망가뜨리는 것도, 신뢰를 가져오는 것도 사람이다. 어떤 사람을 헌법재판관으로 임명하는가에 따라 헌법을 살릴 수도 있고, 헌법을 죽일 수도 있다.

헌법재판관의 후보자로서 배제되어야 할 사람의 첫 번째는 자리 욕심을 내는 사람들이다. 헌법재판관이 헌법재판소장의 자리를 탐내고, 다른 권력기관의 지위를 탐하는 일이 발생한다면 국민들로서는 헌법재판관과 헌법재판소를 신뢰하기 어렵다.

'국가를 위해 더 큰 봉사를 할 기회가 주어진다면 마다할 이유가 없는 것 아닌가'라는 질문을 할 수 있다. 하지만 틀렸다. 헌법재판관이라는 자리는 더 이상 높은 권력을 갖는 직책을 가져서는 안 되는 자리이다. 그런 직책을 갖는 순간, 그들의 현직에서 내린 판단들이 의심받고, 그들의 후임들에게 더 높은 자리에 대한 유혹이 생기는 것이기 때문이다. 무엇보다도 그들의 의심스러운 행보로 인하여 그 동안 공들여 쌓아놓은 헌법과 헌법재판에 대한 신뢰가 흔들리게 되기 때문이다.

좋은 헌법재판관을 선정하는 것은 임명권자들의 자질과 능력의 문제이다. 그들이 어떤 이유에서, 어떤 사람을 선정하여 임명하는가에 따라 우리 공동체 헌법의 운명이 달라진다.

독일의 의회는 신뢰받은 헌법재판관들을 임명하는 과제에 성공하고 있다. 그들은 자신들의 임명권 행사가 단순히 단기적인 정파의 이해관계로 생각해서는 안 될 중대한 과제라는 것을 알고 있다. 그래서 연방의회는 당파의 이해관계를 떠난 초당파적 선발위원회를 구성하여 3분의 2의 찬성으로 후보자를 추천하도록 하고, 다시 의회 본회의 재적의원 3분의 2의 결정으로 최종결정한다. 3분의 2의 결정은 쉽지 않다. 각 정파가 상대방 정파들이 찬성하고 합의할 수 있는 후보자를 추천하고, 그 후보자의 정치적인 성향을 보는 것이 아니라, 그 사람의 진정한 가치를 살펴 토론하는 경우에 달성할 수 있다. 공익을 기준으로 판단하고 합의한다는 공감대를 갖지 않는다면 그런 합의는 불가능하다.

가장 적임의 헌법재판관을 임명하기 위한 시스템을 만들 수는 없을까? 좋은 임명권자들이 등장하기 전에라도 훌륭한 재판관을 임명할 수 있는 제도는 불가능한 것일까?

헌법재판관의 임기에 관한 제도를 잘 설계한다면 최적의 헌법재판관을 구하는 것뿐 아니라 헌법재판의 다른 여러 과제를 해결하는 데에도 중요한 열쇠를 얻을 수 있다. 그것은 헌법재판의 독립성과 임명권자들이 신중한 헌법재판관 임명에 영향을 미치는 중요한 장치이다.

임명권자 입장에서 자신의 임기 동안 여러 명의 헌법재판관을 임명할 수 있다고 한다면, 그리고 그 재판관의 임기가 그렇게 길지 않다면 재판관 임명을 그다지 중요한 문제로 생각하지지 않을 수 있다. 하지만 재판관의 임기가 10년 이상이고, 재판관을 임명할 기회가 임기 동안 한 차례 밖에 없다면, 그래서 자신의 권력으로 내리는 결정 가운데 가장 중요한 문제가 된다면, 그 선택에서 신중해지지 않을 수 없다.

헌법재판관의 임기는 12년 이상의 기간으로 변경하여야 한다. 그 임기가 장기가 될수록 사법권의 독립은 단단히 보장되는 것이고, 권력을 제대로 견제하게 되는 것이다. 무엇보다도 더욱 공정하고, 더욱 지혜로운 판단을 할 재판관을 임명할 수 있게 된다. 매번 헌법재판관들이 결정되는 장면을 보면서 안타까워하였던 시민들이라면 헌법개정의 논의가 전개되는 지금 이 순간, 헌법재판관들의 임기에 관한 개정 논의가 이뤄지고 있는지 주의 깊게 살펴볼 필요가 있다. 그것은 적어도 한 사람의 자격없는 헌법재판관이 임명되는 문제보다 훨씬 더 중요한 문제이다.

3. 헌법재판소장

우리 법조계의 엘리트들은 벼슬자리에 대한 열정이 강하다. 그래서 '어느 누가 맹렬하게 정치인들에게 구애를 하였고, 기자들에게 잘 보이려고 로비를 하였고, 결국은 최고의 자리를 차지하였다'는 식의 이야기들이 지금도 인구에 회자되는 것이다.

미국 연방대법관들에 대한 정치적 편향성의 의심은 자신을 임명해준 대통령, 그가 속한 정당과 관련된다. 인간적인 차원에서라도 마음이 끌리지 않겠느냐 하는 문제이다. 그 문제는 대법관들의 종신의 임기로서 어느 정도 극복하고 있다.

이에 대하여 한국에서 일어나는 의심은 조금 더 저차원적이다. 재판관들이 재판소장이 되고 싶어서 차기 재판소장의 임명권을 갖고 있는 현재의 대통령 또는 임명권을 갖게 될 유력 대통령 후보자에게 충성을 하는 것 아니냐 하는 우려이다. 그것은 재판관들이 재판소장을 하고 싶은 마음에 대한 우려이다.

헌법재판관들이 소장 자리에 연연하지 않는 것은 도덕의 문제이다. 그것은 소장의 임기 제도의 개정에 의하여 뒷받침되어야 더 안정적으로 실현될 수 있다. 소장의 임기가 짧을수록 새로운 소장을 임명해야 하는 시기가 빨리 돌아온다. 재판관들이 소장의 자리에 덜 유혹을 느끼게 만드는 가장 효과적인 방법은 새로운 소장의 임명 가능성을 되도록 차단하는 것이다. 헌법재판소장의 임기를 되도록 장기로 정해 놓는다면 그 목적을 달성할 수 있다. 개인적인 도덕적 결단에 맡기는 것이 아니라 구조의 문제로 해결하는 것이다.

최근 대통령의 헌법개정안에는 여러 우려를 감안하여 대안을 규정하고 있다. 헌법재판소장을 헌법재판관들의 호선으로 정하는 것이다. 이 개정안은 합리적인 것일까?

헌법재판관들이 재판소장이 되는 것을 갈망하고 있다고 상상해 보자. 그런데 재판관들이 호선으로 재판소장을 임명한다고 생각해 보자. 재판관들이 서로의 의견에 대하여 당당하게 질문하고, 비판할 수 있을까?

좋은 헌법재판소장을 임명하는 것은 매우 중요하다. 그가 어떻게 재판진행을 하는가에 따라 재판소의 통합과 토론과 독립이 많은 영향을 받게 된다. 하지만, 그것보다 훨씬 중요한 것이 있다. 모든 헌법재판관들이 재판소장의 자리를 바라보지 않고 자신의 재판에 집중하는 것, 오로지 자신의 자리에서 자신의 권한에 집중하여 권력에 대하여 끊임없이 질문하는 것이 바로 그것이다. 이것을 보장하는 것은 재판의 독립, 헌법재판제도의 성공에 결정적인 바탕이 된다.

재판소장의 호선제도는 재판소장의 임기를 재판관의 임기로 확정하는 것을 전제로 하는 제안이다. 하지만, 이는 이중결함이 있는 제도이다. 끊임없이 재판소장이 바뀌게 되고, 재판관들은 끊임없이 재판소장을 선출하게 된다. 재판소장의 권위는 그만큼 작아지겠지만, 그래서 재판관들이 재판소장이 되고 싶은 욕망은 상대적으로 작아질 수 있겠지만, 재판소의 권력과 독립성의 상징적 보루가 작아지는 것은 또한 어쩔 수 없는 결과이다. 그리고 끊임없이 재판소장을 선출하는 것에 따른 재판관들의 집중력 분산, 제한없는 질문, 진지한 토론을 방해하는 문제는 계속하여 재판소의 다른 권력에 대한 질문을 방해할 것이다.

V. 결어

서른 살의 나이는 새로운 도약을 하기에 좋은 나이이다. 헌법재판소가 새로운 도약을 위하여 해야 할 일을 생각할 시간이다.

헌법재판이 당면하는 문제는 항상 새롭다. 헌법은 자신의 경계선을 항상 침범당하고 있는 것이다. 권력과 현실은 항상 움직이고 있으며, 그 속에서 헌법과 인권은 새로운 침해에 직면하게 된다. 헌법재판소가 그 동안 확보한 경계에 만족하고 안주하는 순간, 인권과 권력제한의 경계선은 무너질 수밖에 없다.

헌법은 양면성을 가지고 있다. 시민들의 자유를 지키는 최고규범으로 작용하도록 제대로 감시하고 보장하지 못한다면, 어느 순간 권력자들과 강자들이 시민들을 지배하는 수단으로 전락할 수 있는 것이 헌법이다. 그래서 헌법을 최종적으로 해석하는 헌법재판제도를 어떻게 형성하는가의 문제, 헌법재판 독립의 보장 문제는 대통령과 의회라는 핵심권력의 주변을 맴도는 작은 권력, 남용될 위험이 적은 덜 위험한 권력을 설계하는 지엽적 문제가 아니라 모든 권력의 감시와 통제를 다루는 권력통제의 핵심설계에 관한 문제가 되는 것이다.

민주주의, 법치주의와 권력분립의 보장은 헌법재판의 과제들이다. 이 과제들의 특징은 모두 함께, 동시에 달성할 때 달성할 수 있다는 것이다. 어느 하나를 우선하고, 다른 하나를 나중으로 미루는 것은 가능하지 않다. 인권보장에 관한 과제도 마찬가지이다. 인간의 존엄과 가치를 보장하는 것이 우리 헌법의 가장 핵심적인 가치이지만, 그것만을 따로 달성하는 것은 가능하지 않다. 민주주의, 법치주의, 권력분립의 보장을 달성하는 것이 인권을 보장하는 최선의 방법이며, 이 과제를 제대로 해결하기 위해서는 최선의 헌법재판제도를 만들어내야 한다.

서른 살이 된 헌법재판소. 헌법재판소를 위하여 또한 우리들 모두를 위하여 축하하지 않을 수 없다. 그 동안의 건강한 생존과 성장, 업적과 공훈에 머리 숙여 경의를 표한다. 그리고 진정한 헌법의 수호자로서 인권, 민주주의, 법치주의를 향한 당당한 큰 걸음을 걷게 될 것을 기원한다.

헌법재판소의 인권 보장 30년
- 성과와 과제 -

전 종 익*

I. 헌법재판소의 기본권 보장과 위헌심사

1987년 6월 항쟁의 결과 개정된 헌법으로 설립된 헌법재판소는 지난 30년간 총 3만건이 넘는 사건을 처리하였고, 이를 통해 헌법질서의 수호와 기본권보장이라는 기본적인 사명을 성공적으로 수행해왔다. 헌법재판소는 결정을 통해 입법, 사법, 행정 등 모든 국가권력이 헌법이 보장하는 가치와 원리들을 침해하지 못하도록 통제하여 헌법을 국가권력행사의 기준이 되도록 하였고,1) 이를 통해 국가권력이 국민의 자유와 권리를 침해하지 못하도록 하여 헌법상의 기본권 내용을 실현하여 왔다.

헌법재판소에 주어진 모든 기능은 헌법질서의 수호와 기본권보장이라는 임무를 수행하기 위한 것이나, 그 중 특히 기본권보장

---

* 서울대학교 법학전문대학원 교수
1) 정종섭, 헌법연구 4, 박영사, 2003, 213면.

과 밀접하게 관련되어 있는 것은 '헌법소원심판'이다. 1987년 개정 헌법은 제111조 제1항 제5호에 '법률이 정하는 헌법소원에 관한 심판'을 헌법재판소의 관장사항으로 규정함으로써 헌법소원제도를 도입하였다. 헌법소원심판은 국가의 공권력 작용으로 인하여 발생하는 국민의 기본권 보호를 1차적이고 직접적인 목적으로 설계된 제도로서[2] 헌법상의 기본권 보장을 가장 잘 실현하는 장치라고 할 수 있다.[3] 과거 군사독재와 권위주의 통치시기를 거치면서 빈번하게 경험하였던 자의적인 공권력 작용의 경험으로부터 국민들은 헌법을 수호하고 국민의 기본권을 최종적으로 지켜주는 헌법기관의 출현이 필요함을 인식하게 되었고 헌법재판소 및 헌법소원심판의 도입은 이러한 국민들의 염원을 반영한 것이었다.[4] 따라서 헌법상 헌법소원심판 제도의 도입이라는 면에서 보면 헌법재판소의 설립은 무엇보다 국민의 기본권 보장을 위한 것이었다고 할 수 있다. 헌법재판소의 활동에 대한 평가가 헌법재판제도의 정착, 국가권력의 통제, 국민의 기본권 보장, 국민생활에의 영향 등 다양한 관점에서 이루어질 수 있다 하더라도, 지난 30년간 헌법재판소가 각 기본권 영역에서 해온 성과들을 검토하는 것은 가장 중요한 임무수행을 살펴본다는 점에서 의미가 크다.

지금까지 헌법재판소의 기본권 보장은 위헌법률심판과 헌법소원심판을 통해서 이루어져왔다. 헌법소원심판은 공권력 작용에 의하여 기본권을 침해받은 자가 직접 헌법재판소에 구제를 요청할 수 있는 제도로서 기본권 보장을 위해 특화된 것이다. 반면 위헌법

---

2) 김하열, 헌법소송법, 박영사, 2018, 416면.

3) 헌법소원심판제도는 1987년 개헌시 여야의 협상과정에서 여당안인 헌법재판제도와 국민운동본부 및 야당에서 주장한 헌법소원제도가 서로 받아들여진 타협의 결과였던 것으로 알려져 있다. 헌법재판소법 제정 약사, 헌법재판소, 2006, 4면.

4) 정종섭, 위의 책, 270면.

률심판에서 법률의 위헌여부의 판단에는 명문규정의 내용과 그 해석상 인정되는 원리와 원칙 위반여부가 모두 포함되므로[5] 위헌법률심판이 비단 기본권 보장 기능만을 수행하는 것은 아니다. 그러나 기본권 침해가 법률의 위헌판단의 주요한 기준이므로 위헌법률심판의 활성화는 기본권 보호로 귀결된다. 위헌법률심판은 헌법소원심판과 상호 보완적으로 기본권 보장 기능을 수행하고 있다고 보아야 한다. 1980년 헌법하에서는 위헌제청서에 대한 대법원의 불송부결정권을 인정한 결과 대법원이 불송부결정을 하면 헌법위원회가 위헌법률심판을 할 수 없었다. 이러한 경험을 바탕으로 대법원의 불송부 결정제도를 폐지하고 이에 더하여 헌법재판소법 제68조 제2항 헌법소원심판절차를 도입한 결과 현재 위헌법률심판은 활발하게 이루어지고 있다. 이에 따라 법률이 헌법에 위반되는지 여부가 일반법원의 재판에서 전제가 된 경우 법원의 위헌제청을 통해 또는 헌법재판소법 제68조 제2항 헌법소원을 통해 헌법재판소의 위헌법률심판을 받아볼 수 있다.

헌법재판소는 많은 사건들을 해결하기 위해 헌법조항을 해석·적용하면서 위헌 판단을 위한 심사기준들을 구체적으로 만들어 왔다. 예를 들면 명확성의 원칙, 포괄위임금지원칙, 신뢰보호원칙, 적법절차원칙, 죄형법정주의 등 각종 헌법상의 원칙들이 구체화되어 위헌심사를 위한 일반적 심사기준으로 사용되었다. 기본권 침해여부의 판단을 위해서는 헌법 제37조 제2항을 해석·적용하면서 과잉금지원칙(광의의 비례원칙)을 목적의 정당성, 수단의 적합성, 피해의 최소성, 법익의 균형성의 4가지 하부원칙으로 구체화하였고, 직업의 자유나 표현의 자유 등 개별 기본권과 사안별로 과잉금지원칙의 적용형태를 다시 세분화하였다. 예를 들면 평등권 또는 평등

---

5) 헌재 2003. 12. 18. 2002헌마593.

의 원칙 위반여부가 문제될 때 헌법재판소는 자의금지원칙과 비례
원칙으로 나누어 심사기준을 적용하고 있다.6) 직업의 자유에서도
직업선택의 자유와 직업수행의 자유에 대한 심사가 구별된다고 밝
히고 있으며,7) 직업선택의 자유가 문제되는 자격제도의 위헌심사
에서는 입법자에게 자격요건을 정함에 있어 광범위한 입법재량을
인정하고 있다.8) 표현의 자유에서도 검열금지원칙을 구체화하면
서9) 표현의 내용에 따른 제한과 장소·방법에 따른 제한을 구별하
고 있고, 일반적 표현에 대한 제한과 상업광고에 대한 제한의 위헌
심사기준이 서로 다르다고 명시적으로 밝히고 있다.10) 그리고 자
유권적 기본권으로부터 인간다운 생활을 할 권리 등 사회권적 기
본권을 구별하여 후자가 문제되는 사안에서는 입법자의 광범위한
재량을 인정하여 심사기준을 대폭 완화하고 있다.11) 또한 제재나
형벌의 과중함이 문제되는 사안에서는 제재의 종류, 범죄의 설정
및 범죄에 대한 법정형의 범위를 선택하는 것은 입법자에게 광범
위한 입법재량 내지 형성의 자유가 인정된다고 하여 일반적인 과
잉금지원칙과는 구별하여 책임과 형벌의 비례여부를 심사하고 있
다.12)

　헌법재판소의 기본권 보장은 국가의 적극적인 공권력 작용에
의한 기본권 침해로부터 국민의 기본권을 보호하는 것에 그치지
않는다. 공권력의 불행사에 의한 기본권 침해의 경우에도 위헌판
단이 이루어져야 한다. 헌법재판소는 헌법에서 기본권 보장을 위

---

6) 헌재 1999. 12. 23. 98헌마363.
7) 헌재 1993. 5. 13. 92헌마80.
8) 헌재 2000. 4. 27. 97헌바88.
9) 헌재 1996. 10. 4. 93헌가13등.
10) 헌재 2005. 10. 27. 2003헌가3.
11) 헌재 1997. 5. 29. 94헌마33.
12) 헌재 1992. 4. 28. 90헌바24.

해 법령에 명시적인 위임을 하였음에도 이를 방치하거나 헌법해석
상 특정인에게 구체적인 기본권이 생겨 이를 보장하기 위한 국가
의 행위의무 또는 보호의무가 발생하였음이 명백함에도 입법자가
입법조치를 취하고 있지 않은 경우 입법부작위에 대한 헌법소원심
판을 인정하여 당사자의 기본권 침해를 선언하고 있고,[13] 행정입
법부작위의 경우에도 법치행정의 원칙과 권력분립의 원칙에 의하
여 행정처의 작위의무를 인정하여 위헌판단을 하고 있다.[14] 나아
가 헌법재판소는 헌법 제10조의 "국가는 개인이 가지는 불가침의
기본적 인권을 확인하고 이를 보장할 의무를 진다."는 규정을 근거
로 하여 국가의 기본권 보호의무를 인정하고, 주로 사인인 제3자에
의한 개인의 생명이나 신체의 훼손 등 기본권 침해상황에서 국가
는 국민의 기본권을 보호하여야할 의무가 있다고 선언하였다.[15]
국가의 기본권 보호의무는 넓게는 국가생활에서 발생할 수 있는
모든 위험으로부터의 적극적 보호의무라고 할 수 있으나 주로 사
적 영역에서 국가가 적극적으로 사인에 의한 기본권 침해를 방지
하고 실효성 있는 피해구제수단을 마련할 의무의 형태로 나타난
다.[16] 헌법재판소는 국가의 기본권 보호의무 위반여부를 심사할
때 국가가 적절하고 효율적인 최소한의 보호조치를 취하였는가 하
는 이른바 '과소보호 금지원칙'의 위반 여부를 기준으로 삼아, 일
정한 조치가 필요한 상황인데도 국가가 아무런 보호조치를 취하지
않았거나 취한 조치가 법익을 보호하기에 전적으로 부적합하거나
매우 불충분한 것임이 명백한 경우에 한하여 국가의 보호의무의
위반을 인정하였다.[17]

---

13) 헌재 1994. 12. 29. 98헌마2.
14) 헌재 1998. 7. 16. 96헌마246.
15) 헌재 2011. 2. 24. 2008헌바40.
16) 성낙인, 헌법학, 법문사, 2018, 1006면.
17) 헌재 2008. 12. 26. 2008헌마419.

II. 헌법재판의 시대적 과제와 기본권 보장

헌법재판소는 초기 '과거 권위주의시절의 불행했던 헌정사가 다시 되풀이 되어서는 안된다는 국민의 간절한 여망에 따라 국헌질서를 수호하고 국민의 기본권을 보장할 책무를 맡을 기관으로 출범'하였다는 인식아래 '명목과 허울만으로 존재하였던 과거의 헌법보장기관'과는 달리 '헌법수호기관으로서의 기능과 역할'을 다하는 것을 기본적인 과제로 삼았다.[18] 이러한 과제하에 헌법재판소는 과거 권위주의 시절부터 이어져온 많은 위헌적인 공권력의 남용과 기본권 침해를 바로잡기 위해 노력하였다.

대표적으로 헌법재판소는 제5공화국 당시 재무부장관이 대통령에 보고하여 지시를 받아 국제그룹을 해체한 일련의 공권력작용에 대한 헌법소원심판청구에서 기업활동의 자유 침해와 경영권불간섭의 원칙 위반을 이유로 위헌을 선언하였고,[19] 오랜 기간 지속되었던 공연윤리위원회에 의한 영화 사전심의제도에 대하여 헌법상 검열금지원칙 위반을 이유로 위헌을 선언하여 예술의 자유와 언론의 자유의 신장에 기여하였다.[20] 또한 국회의원 선거구구역 사이의 인구편차가 과도하게 획정된 공직선거법상 국회의원선거 구역표는 평등권을 침해한다며 위헌을 선언하였고,[21] 동성동본인 혈족 사이의 혼인을 금지한 민법상의 동성동본 금혼규정도 개인의 행복추구권으로부터 파생되는 성적 자기결정권, 특히 혼인의 상대방결정권을 침해하여 헌법에 위반된다고 판단하였다.[22] 형사절차의 면

---

18) 김용준, "헌법재판소 창설7주년 기념사", 헌법재판소장연설문집, 헌법재판소, 2000, 61~62면.
19) 헌재 1993. 7. 29. 89헌마31.
20) 헌재 1996. 10. 4. 93헌가13등.
21) 헌재 1995. 12. 27. 95헌마224등.
22) 헌재 1997. 7. 16. 95헌가6등.

에서도 미결수용자의 변호인접견에 교도관을 참여하도록 한 행형
법 규정에 대하여 변호인의 조력을 받을 권리를 침해한 것으로 보
아 위헌을 선언하였다.[23]

이와 같은 초기의 과제가 해결된 후 2000년대 들어와 헌법재판
소는 보다 어려운 새로운 과제를 해결해야 하는 임무를 부여받았
다. 2001년 윤영철 헌법재판소장은 "민주화가 진행되면서 각 분야
에서 다양한 가치관이 그 모습을 드러내고 복잡하게 얽힌 이해관
계를 대변하는 다양한 목소리가 봇물처럼 쏟아지고 있으며 이들은
많은 경우 상호 조화를 이루지 못하고 매우 격렬한 갈등과 대립관
계를 보이고 있다."며 "이러한 사회적 갈등은 궁극적으로 헌법적
해결을 필요로 하는 경우가 적지 않을 것"이라고 예상하였고,[24] 결
국 2005년 신년사에서는 "사회적 갈등은 다른 정치제도에 의하여
충분히 여과되지 아니한 채 헌법적 논란으로 비화됨으로써 (…) 국
가적으로 중요한 쟁점이 헌법재판소의 심판대상이 되었다."고 하
여 이러한 예상이 현실로 나타났음을 밝혔다.[25]

이 시기를 대표하는 헌법재판소 결정으로는 2004년 노무현 대
통령 탄핵사건[26]과 신행정수도의 건설을 위한 특별조치법 위헌확
인 사건[27]이 있으나 그 외에도 기본권 침해와 관련하여 사회적 갈
등이 입법부 등 다른 헌법기관에서 해결되지 못하고 헌법재판소의
심판대상이 된 많은 사건들이 존재한다. 예를 들면 헌법재판소는
과외교습을 전면적으로 금지한 '학원의 설립·운영에 관한 법률'의
관련조항에 대한 위헌판단에서 자녀의 인격발현권 및 부모의 자녀

---

23) 헌재 1992. 1. 28. 91헌마111.
24) 윤영철, "헌법재판, 한국에서의 경험과 전망", 헌법재판소장 연설문집, 헌
　　법재판소, 2006, 82면.
25) 윤영철 "2005년 신년사", 위의 책, 211면.
26) 헌재 2004. 5. 14. 2004헌나1.
27) 헌재 2004. 10. 21. 2004헌마554 등.

교육권을 침해한다는 이유로 위헌을 선언하였고,[28] 양심상의 이유로 병역을 거부한 자들을 처벌하는 병역법 조항에 대한 최초의 위헌판단에서 양심의 자유 침해를 인정하지는 않았으나 대체복무제에 대한 주의를 환기하여 향후 있을 양심적 병역거부에 대한 논의의 시작을 알렸다.[29] 또한 헌법재판소는 1인 1표제를 채택하여 유권자에게 별도의 정당투표를 인정하지 않고 지역구 선거를 위한 투표를 그대로 정당에 대한 지지로 보고 비례대표의석을 배분하는 공직선거법 규정에 대하여 직접선거원칙의 위반 및 평등권 침해를 이유로 위헌을 선언하였고,[30] 제대군인이 공무원채용시험에 응시한 때에 가산점을 부여한 것이 여성, 신체장애자 등 제대군인이 아닌 응시자의 평등권, 공무담임권을 침해한다는 이유로 위헌을 선언하였다.[31] 가족관계 결정으로는 대표적으로 자로 하여금 부의 성과 본을 따르도록 하고 있는 위헌규정이 개인의 존엄과 양성의 평등을 침해한다는 이유로 헌법에 위반됨을 선언한 자녀의 부성본 사용사건 결정[32]이 있다.

헌법재판소는 종래 위헌적인 공권력작용으로부터 국민의 기본권을 보호함으로써 그 결정의 정당성을 인정받았다. 그러나 사회적 갈등이 직접 헌법문제화 하여 헌법재판소의 결정으로 귀결되는 사례들이 늘어나면서 2010년대 들어와 점차 새로운 헌법재판의 정당성 문제가 제기되기 시작하였다. 일찍이 2007년 이강국 헌법재판소장은 "사회적 가치와 이해관계의 갈등 및 충돌이 대화와 타협이라는 합리적인 사회적 메카니즘에 의하여 정치적·사회적으로 해결되지 못하고 헌법재판소로 넘어와 사법적 심사로 마무리되는 경우

---

28) 헌재 2000. 4. 27. 98헌가16등.
29) 헌재 2004. 8. 26. 2002헌가1.
30) 헌재 2001. 7. 19. 2000헌마91등.
31) 헌재 1999. 12. 23. 98헌마363.
32) 헌재 2005. 12. 22. 2003헌가5등.

가 늘어나고 있다.”며 이는 “정치와 사법의 관계와 한계, 민주주의
와 헌법재판의 정당성이라는 근본적인 문제를 제기하고 있다.”고
밝혔다.[33] 이러한 점은 2013년 박한철 헌법재판소장이 취임사에서
헌법재판소는 ‘갈수록 심해지는 사회적 갈등과 이해관계의 대립
속에서 (…) 사회와 국민의 통합이라는 헌법적 가치를 실현할 수
있어야 한다.”고 하면서 “특히 경제민주화, 노동, 교육, 연금, 환경
등 경제적, 사회적 영역에서의 기본권을 둘러싼 갈등은 점차 심화
될 것”이라고 하여[34] 앞으로 직면할 헌법적 문제들을 예상하고 있
는 한편 이후 “최근 헌법재판소의 역할과 위상이 커지고 사회가 다
원화되면서 다른 헌법기관과의 권한 배분 문제가 다시 논의”되면
서 “정치적으로 해결해야 할 사안을 헌법재판소의 판단으로 미루
려는 정치의 사법화 현상”도 나타났으며 “헌법재판과 민주주의의
관계, 헌법재판의 방향에 대한 사회적 논의도 이어지고 있다.”[35]고
한 것에서 그대로 이어지고 있다.

　헌법재판과 민주주의의 관계와 관련하여 정치적 문제들이 헌법
재판소의 사법판단으로 이어진 대표적인 예로 통합진보당의 목적
과 활동이 헌법상 민주적 기본질서에 위배됨을 이유로 통합진보당
의 해산과 소속 국회의원의 의원직 상실을 선언한 통합진보당해산
사건[36]과 박근혜 대통령 탄핵사건[37]이 있다. 일본군 위안부 피해
자들이 일본에 대하여 가지는 배상청구권의 소멸여부와 관련하여
외교통상부장관이 한일양국 간의 분쟁을 해결하기 위한 조치를 취
하지 않은 부작위가 위헌이라고 결정한 일본군 위안부 대일 배상

---

33) 이강국, “헌법재판을 통한 인권보장과 민주주의의 발전”, 헌법재판소장연
　　설문집, 헌법재판소, 2013, 55~56면.
34) 박한철, “취임사”, 헌법재판소장연설문집, 헌법재판소 2017, 46면.
35) 박한철, “헌법재판소 창설 25주년 기념 국제학술대회 축사”, 위의 책, 55면.
36) 헌재 2014. 12. 19, 2013헌다1.
37) 헌재 2017. 3. 10. 2016헌나1.

청구권에 관한 부작위 위헌확인 사건 결정,[38] 본인확인절차를 거쳐야만 인터넷 게시판을 사용할 수 있도록 한 '정보통신망 이용촉진 및 정보보호 등에 관한 법률' 조항에 대하여 위헌을 선언한 인터넷 실명제 사건 결정,[39] 간통 및 상간행위를 2년 이하의 징역으로 형사 처벌하는 형법 제241조에 대하여 성적 자기결정권 및 사생활의 비밀과 자유를 침해한다며 위헌을 선언한 간통죄 사건 결정[40]들도 정치적, 사회적 문제들이 사법적으로 해결된 대표적인 예라 할 수 있다.

성매매 처벌조항에 대한 합헌결정[41] 및 군대내 계간에 이르지 아니하는 추행의 형사처벌에 대한 합헌결정,[42] 16세 미만 청소년에게 오전 0시부터 오전 6시까지 인터넷 게임의 제공을 금지하는 청소년보호법 조항에 대한 합헌결정[43]은 헌법재판소의 결정 선고 이후에도 논란이 계속되는 예들에 해당한다. 물론 이 시기에도 친일행위로 축적한 재산을 국가로 귀속시키도록 한 '친일반민족행위자 재산의 국가 귀속에 관한 특별법' 규정에 대한 합헌결정[44]이나 1972년 헌법 제53조에 따라 발령된 대통령 긴급조치들이 그에 의해 처벌받은 사람들의 신체의 자유, 재판을 받을 권리 등을 침해한다고 판단한 긴급조치 사건결정[45]과 같이 과거사 청산과 관련된 결정들도 존재하였다. 또한 야간옥외집회를 금지하고 예외적으로 일정한 요건을 갖춘 경우 관할경찰관서장이 허용할 수 있도록 한 집시법 규정에 대하여 집회의 허가 금지 위배 및 집회의 자유 침해

---

38) 헌재 2011. 8. 30. 2006헌마788.
39) 헌재 2012. 8. 23. 2010헌마47등.
40) 헌재 2015. 2. 26. 2009헌바17등.
41) 헌재 2016. 3. 31. 2013헌가2.
42) 헌재 2016. 7. 28. 2012헌바258.
43) 헌재 2014. 4. 24. 2011헌마659등.
44) 헌재 2011. 3. 31. 2008헌바141등.
45) 헌재 2013. 3. 21. 2010헌바132등.

를 이유로 헌법 위반을 선언한 결정,46) 집행유예 중인 자 및 유기
징역 또는 유기금고의 선고를 받고 그 집행이 종료되지 아니한 자
의 선거권을 부인한 공직선거법 규정이 헌법에 위반된다는 결정,47)
그리고 구치소내 과밀수용행위가 수용자들의 인간의 존엄과 가치
를 침해하여 헌법에 위반된다는 결정48)들은 헌법재판소가 국민의
기본권 보호에 앞장선 결정들에 해당한다.

III. 기본권과 인권의 보장

이론적으로 헌법상의 기본권과 인권은 서로 구별된다. 인권은
인간이 인간이기 때문에 가지는 보편적이고 일반적인 권리로서 전
인류에게 공통적으로 인정되는 보편성을 가진다. 반면 기본권은
실정헌법에 의하여 보장되는 권리로서 그 목록에는 보편적으로 인
정되는 권리들과 함께 헌법제정시 당해 국가공동체의 역사와 상황
에 따라 특별히 헌법의 수준에서 보장하기로 결정한 권리들이 포
함될 수 있다.49) 또한 널리 인권으로 인식되는 권리들이 어느 헌법
상의 기본권 목록에 모두 포함되어 있지 않을 수도 있다. 따라서
인권과 기본권은 상호 상당한 수준으로 같은 권리들을 포함하는
개념이기는 하나 완전히 일치하지는 않는다.

인권의 목록들을 확인할 수 있는 대표적인 것으로 인정되는 '경
제적·사회적 문화적 권리에 관한 국제규약(International Covenant of
Economic, Social and Cultural Rights, 일명 'A 규약')'과 '시민적 및

---

46) 헌재 2009. 9. 24. 2008헌가25.
47) 헌재 2014. 1. 28. 2012헌마409등.
48) 헌재 2016. 12. 29. 2013헌마142.
49) 정종섭, 헌법학원론, 박영사, 2018, 284면.

정치적 권리에 관한 국제규약(International Covenant on Civil and Political Rights, 일명 'B 규약)'을 보면 전자에는 근로의 권리, 근로조건, 노조결성권, 사회보장의 권리, 가정의 보호, 의식주에 대한 권리, 건강권, 교육권, 문화적 권리 등이 포함되어 있고, 후자에는 생명권, 고문금지, 노예제 금지, 신체의 자유, 인간의 존엄성 존중, 거주이전의 자유, 사상·양심·종교의 자유, 표현의 자유, 참정권 등이 포함되어 있어, 비록 규정형식과 구체적인 내용에서는 차이가 있으나 우리 헌법상 기본권의 목록과 대부분 일치하고 있다. 국제인권법에는 위 규약들뿐 아니라 다른 여러 조약들이 포함되어 있고 이러한 조약 규정들에 대한 국제기구들의 해석과 적용례들이 존재하므로 국제적으로 인정되는 인권에는 위 두 규약상의 권리뿐 아니라 상당히 넓은 범위의 다른 권리들까지 포함되어 있다. 그러나 이러한 넓은 범위의 권리들 중 가장 중요한 것으로 인정되는 것이 A 규약과 B 규약상의 권리들이고 그들이 대부분 헌법상의 기본권과 일치하므로 결국 헌법재판소가 국민의 기본권을 보장하는 것은 곧 가장 중요한 인권들을 보장하는 것이 된다. 따라서 개념상 완전히 일치하지는 않는다 하더라도 헌법재판소의 인권보장 기능이라 한다면 결국 기본권 보장을 의미한다.

　나아가 헌법은 조약에 관하여 제6조 제1항에서 "헌법에 의하여 체결·공포된 조약과 일반적으로 승인된 국제법규는 국내법과 같은 효력을 가진다"라고 규정하여 국제법을 국내법으로 수용하고 존중함을 규정하고 있다. 이 규정에 의하여 '헌법에 의하여 체결·공포'된 조약에게 국내법과 같은 효력이 부여되므로 일반적으로 조약의 국내법적 효력은 헌법보다 하위인 것으로 인정하고 있다. 또한 헌법 제60조 제1항에서 체결·비준에 대한 국회의 동의가 필요한 조약들을 규정하고 있는 것과 관련하여 국회의 동의를 얻은 조약은 법률과 동일한 효력을 가지며, 국회의 동의가 필요하지 않은 조약은 법률보다 하위규범의 효력을 가지는 것으로 해석된다. 이러한 헌법규정에 대한 일반적인 해석에 의하면 인권과 관련된 조약들도 국내법과 같은 효력을 가지면서, 국회의 동의 여부에 따라 법률과 같은 효력 또는 그 하위의 법령과 같은 효력을 가지게 된다. 이러한 의견에 따르면 공권력작용들이 인권조약상의 인권을 침해하는 것으로 인정된다 하더라도 위법의 문제가 발생하는 것과는 별도로 위헌의 문제가 발생하기는 어렵다. 그럼에도 불구하고 인권조약을 일반적인 조약들과는 달리 법률우위의 효력이 있으며 그 위반을 헌법위반으로 인정해야 한다고 주장하는 학자들이 상당수 존재한다. 그 중에는 인권조약에 바로 헌법과 같은 효력을 부여할 수 있다는 주장하는 학자도 있고, 헌법보다 하위이면서 법률보다는 우위의 효력을 부여할 수 있다는 주장하는 학자도 있다. 또는 인권조약의 효력을 법률과 같이 보면서도 헌법 제6조 제1항의 국제법 존중주의에 의하여 간접적으로 위헌판단의 근거가 된다고 보기도 한다.[50]

국제법적으로 조약을 체결하면 당사국은 이를 준수할 의무를 진다. 헌법 제6조 제1항의 국제법 존중주의는 이러한 국제법상의 조약 준수의무를 헌법에 수용하여 헌법상의 의무로 규정하고 있다. 따라서 우리 정부가 조약상의 의무를 위반하는 것은 국제조약상의 의무 위반인 동시에 헌법 제6조 제1항에 규정되어 있는 국제법 존중주의를 위반하는 것이 된다. 물론 어떠한 공권력작용이 국제인권조약의 일부 조항의 취지에 부합되지 않는다고 하여 그 이유만으로 곧바로 국제법 존중주의에 위반되는 것으로 인정되는 것은 아니다. 그러나 국제인권조약의 조항들과 각종 사례, 해석례 등은 단순한 참고자료를 넘어 국제법 존중주의에 의해 존중하고 실현해

---

50) 이상의 주장들은 전학선, "국제인권법과 헌법재판", 미국헌법연구 19권 1호, 2008, 181~186면에 정리되어 있는 것을 참고하였음.

야 할 헌법상의 의무가 있는 규범들의 지위를 가지므로, 헌법재판소는 개별 사건의 판단시 헌법규정의 해석을 위해 이러한 부분을 반드시 고려하지 않으면 안된다. A 규약과 B 규약 등 국제인권조약들에 대한 체결·비준에 의하여 우리나라는 이들 조약 내용을 국내에서 실현할 의무를 가지며 헌법재판소 역시 그러한 의무로부터 예외일 수 없다. 국제인권조약 규정 위반이 문제된 상당수 판례에서 헌법재판소는 국제법 존중주의를 중심으로 위헌여부를 판단하고 있어, 국제인권조약들은 간접적으로 위헌판단을 위한 기준으로 작동하고 있음을 확인할 수 있다.

이와 같이 헌법상 기본권의 보장은 대부분 보편적인 인권의 보장에 해당하며, 기본권의 목록에 포함되어 있지 않은 국제인권조약 상의 인권의 경우에도 헌법상의 국제법 존중주의에 의하여 그 위반여부는 간접적으로 위헌여부의 판단에 영향을 미친다. 따라서 헌법재판소의 기본권 보장과 위헌판단기능은 곧 보편적인 인권을 보장하는 것으로 볼 수 있다.

IV. 인권보장의 과제

헌법재판소는 인권보장과 관련하여 그동안 사회권 영역에서 상대적으로 소극적인 모습을 보여 왔다. 시민적, 정치적 권리들과는 달리 사회권 분야는 국가의 적극적 재정 투자 등이 필요하므로 입법부와 집행부에 그 보장을 위해 폭넓은 재량이 인정되어야 하며, 그러한 점에서 사법기관인 헌법재판소가 관련 공권력 작용들에 대하여 엄격한 위헌심사를 행하는 것이 적절하지 않은 것도 사실이다. 그러나 시민적, 정치적 권리의 보장을 위해서도 정도의 차이는 있으나 국가의 적극적인 행위와 재정투입이 필요하므로 사회권의 보장을 위한 국가의 역할과 비교하여 양자가 본질적으로 차이가 있다고 할 수는 없다. 2010년대 들어 경제적 양극화와 심화된 불평등으로 말미암아 사회경제적 영역에서의 대립과 갈등이 심화되고 있고 이들이 사건화하여 헌법재판소의 심판을 기다리는 상황이 계속되고 있다. 2013년 박한철 헌법재판소장이 "국민들은 더 나아가 헌법재판소에 사회경제적 영역에서의 기본권을 더욱 충실히 보장하고 실질적 평등을 구현하는데 노력해 줄 것을 요구하고 있습니다."라고 한 것[51]에서 알 수 있는 바와 같이 이미 이러한 헌법재판소의 과제는 널리 인식되고 있었고, 이러한 상황이 5년이 지난 지금 크게 변경된 것으로 볼 수는 없다. 따라서 헌법재판소에게 주어진 가장 큰 과제는 종래의 입장을 변경하여 사회권들의 실질적 보장이 이루어지도록 적극적인 노력을 기울이는 것이라 할 수 있다.

다음으로 국제인권조약 등 국제인권규범들을 헌법재판에서 적극적으로 반영하는 것 역시 필요하다. 그간 헌법재판소는 이러한 부분에서 소극적인 입장을 취해왔다. 일단 결정에서 국제인권규범들이 언급되고 있는 사례를 찾기 쉽지 않고, 언급하고 있는 경우에도 당사자의 주장에 대하여 응답하는 경우가 일반적이어서 적극적으로 먼저 국제인권규범들을 조사하여 적용한 사례들은 예외적으로만 존재한다. 헌법의 고유성을 중심으로 헌법규정들은 당해 국가 공동체의 역사나 문화에 대한 통찰을 통하여 해석되어야 한다는 입장에서 보면 국제인권조약 관련 자료들이 헌법재판소의 위헌 판단에서 반드시 활용되어야 하는지 의문을 제기할 수 있다. 그러나 이미 실무적으로 결정을 위해 미국, 독일, 일본 등 많은 외국의 사례와 입법례들의 조사, 연구가 이루어지고 있고, 근래에는 유럽

---

51) 박한철, "헌법재판소 창립 25주년 기념사", 위의 책, 62면.

인권재판소의 주요 판례들도 조사되어 활용되고 있다. 이러한 외국의 사례나 입법례에 비하면 우리나라가 체결 또는 가입한 국제인권조약들은 우리법 체계에 포함되어 있는 것으로서 오히려 헌법재판에서 고려되어야 할 필요성이 더 크다. 따라서 헌법재판소는 사건 심리를 위한 연구·조사시 국제인권조약의 내용을 반영하고 적용할 수 있도록 적극적으로 자료수집과 연구보고를 실시하는 것이 바람직하다.

기본권 보장을 위한 과제들을 성공적으로 해결하기 위해서 무엇보다 필요한 것은 헌법재판소장을 포함한 재판관들의 강력한 의지이다. 헌법재판소장을 비롯한 재판관들은 우리 공동체가 직면한 과제와 그 해결을 위한 헌법재판소의 역할에 대하여 명확하게 인식하고 그러한 임무의 적절한 수행을 위해 물적, 인적 자원을 확보 등의 노력을 기울여야 한다. 그간 오랜 기간 판사 또는 검사로서 근무한 직업 법조인들이 주를 이루어온 헌법재판관의 구성은 이론적 엄밀함과 엄격한 헌법규정의 해석·적용을 행하기에는 적절하였을지 몰라도 새로운 시대적 과제를 인식하고 해결하기에는 적절한 것이라 할 수 없다. 헌법이 개정되지 않은 상황에서 헌법재판관의 임명제도 자체를 변경할 수는 없다 하더라도 가능한 한 다양한 분야에서 활동하여왔던 법조인들로 재판부를 구성하는 것이 필요하며 그럴 때에야 시대적 문제에 대한 능동적인 대처가 보다 원활해질 수 있을 것이다.

헌법재판소가 지난 30년간 국민의 기본권 보장을 위해 많은 기여를 해 왔고, 그 결과 우리 사회의 인권보장 수준의 높아졌음을 부인할 수는 없다. 한편 국내외에서 국민에 의하여 직접 선출되지 않는 헌법재판소가 국민의 대표로 구성되는 의회가 제정한 법률에 대한 위헌결정을 하는 것에 대하여 문제를 제기하고 결정의 정당성에 대한 의문이 제기되기도 하였다. 이를 민주주의와 입헌주의의 갈등으로 보고 이를 해소하기 위한 여러 가지 이론적, 제도적 논의들이 이루어져 왔다. 헌법상의 기본권 규정은 기본적으로 다수의 결정에도 불구하고 소수의 기본적 자유와 권리를 보장하기 위한 것이라는 점에서 민주주의 측면에서 헌법재판소의 기본권 보장 기능에 근본적인 문제제기를 하는 것은 적절하지 않다. 오히려 헌법재판소가 일정한 인권들의 보장에 소극적인 입장을 취함으로써 우리 사회가 직면한 헌법적 과제의 해결을 위한 역할을 충분히 수행하지 못하고 있는 것은 아닌가 하는 측면에서 문제를 제기하는 것이 필요하다.

인권으로 본 헌법재판 30년
- 노동권을 중심으로 -

김 선 수*

┌─────── 목 차 ───────┐

└─────────────────────┘

Ⅰ. 헌법재판 일반

1. 헌법재판제도의 유형 및 연혁

헌법재판제도는 기관의 성격에 따라 사법부형과 독립기관형이 있다. 사법부형은 헌법재판을 사법작용으로 이해하여 일반법원(보통 최고법원)에 맡긴다. 독립기관형은 헌법재판을 정치작용·입법작용 또는 제4의 국가작용으로 이해하여 일반법원과는 다른 독립된 기관에서 담당하도록 한다.

우리나라의 역대 헌법재판기관은 제1공화국(이승만 정권) 헌법(제헌헌법,1) 제1차 개정 및 제2차 개정헌법2))에서는 헌법위원회(법

─────────────────

* 변호사, 법무법인 시민

1) 제81조 법률이 헌법에 위반되는 여부가 재판의 전제가 되는 때에는 법원은 헌법위원회에 제청하여 그 결정에 의하여 재판한다. 헌법위원회는 부통령을 위원장으로 하고 대법관 5인과 국회의원 5인의 위원으로 구성한

원의 장에 한 개 조항으로), 제2공화국에서는 헌법재판소(헌법재판소의 장에), 제3공화국에서는 대법원(법원의 절에3)), 제4공화국(유신헌법)과 제5공화국에서는 헌법위원회(헌법위원회의 장), 현행 헌법인 1987년 헌법에서는 헌법재판소(헌법재판소의 장)이다.

우리나라에서 헌법재판소는 4·19혁명 후 제2공화국 헌법에서 처음 도입되었다가 1987년 6월 항쟁으로 개정된 1987년 헌법에 의해 다시 도입됐다. 1987년 헌법이 헌법재판소를 도입한 것은 우리 역사에서 헌법재판 담당기관들이 제 기능을 전혀 하지 못한 것에 대한 반성에 따른 것이다. 그런 의미에서 헌법재판소는 시민들의 민주화 투쟁의 소산이다. 국가권력과 다수파의 권한 남용과 횡포를 견제하여 소수파의 인권과 민주주의를 수호하라는 것이 헌법이 헌법재판소에 명한 사명이다.

1987년 헌법에 따라 헌법재판소법이 1988년 8월 5일 제정되어 1988년 9월 1일부터 시행되었다. 1988년 9월 15일 소장을 포함한 9인의 재판관이 임명됨으로써 헌법재판소가 출범했다. 처음에는 상임위원 6인, 비상임위원 3인이었는데, 1991년 11월 30일 헌법재판소법을 개정하여 9인의 재판관 전원을 상임으로 했다. 헌법재판소는 2018년에는 30주년을 맞았고, 그 동안 우리 사회에 결정적인 영

다. 헌법위원회에서 위헌결정을 할 때에는 위원 3분지2이상의 찬성이 있어야 한다. 헌법위원회의 조직과 절차는 법률로써 정한다.

2) 제81조 법률이 헌법에 위반되는 여부가 재판의 전제가 되는 때에는 법원은 헌법위원회에 제청하여 그 결정에 의하여 재판한다. 헌법위원회는 부통령을 위원장으로 하고 대법관 5인 민의원의원 3인과 참의원의원 2인의 위원으로 구성한다. 헌법위원회에서 위헌결정을 할 때에는 위원 3분지 2이상의 찬성이 있어야 한다. 헌법위원회의 조직과 절차는 법률로써 정한다.

3) 제102조 ①법률이 헌법에 위반되는 여부가 재판의 전제가 된 때에는 대법원은 이를 최종적으로 심사할 권한을 가진다.
제103조 정당해산을 명하는 판결은 대법원 법관 정수의 5분의 3이상의 찬성을 얻어야 한다.

향을 미치는 중요한 결정들을 많이 했다.

2. 헌법재판의 현황 및 활성화

헌법재판소가 출범한 이후 헌법재판이 활성화되었다. 많은 법률 조항들의 위헌성이 헌법재판소에서 심리되고 판단되었다. 헌법재판소는 헌법소원의 대상을 가능한 한 확대하는 방향으로 적극적으로 해석했다. 결정도 단순합헌 또는 단순위헌결정만이 아니라 헌법불합치결정, 한정위헌결정, 한정합헌결정 등 변형결정들을 도입해 그 폭을 넓혔다. 1988년 9월 1일 헌법재판소 출범 이후 2018년 3월 31일까지 헌법재판소가 처리한 사건 현황은 다음 표와 같다.

헌법재판 통계 누계표(1988.09.01~2018.03.31. 현재)[4]

구분		접수	처리											미제
			위헌	헌법불합치	한정위헌	한정합헌	인용	합헌	기각	각하	기타	취하	계	
위헌법률		944	275	62	18	7		332		70		123	887	57
탄핵		2					1		1				2	
정당해산		2					1			1			2	
권한쟁의		103					17		20	36		16	89	14
헌법소원	§68①	26,210	105	60	20		635	4	7,330	16,822 (15,299)	8	655	25,639	571
	§68②	6,633	203	71	32	21		2,126		3,715 (3,377)	2	118	6,288	345
	계	32,843	308	131	52	21	635	2,130	7,330	20,537 (18,676)	10	773	31,927	916
합계		33,894	583	193	70	28	654	2,462	7,351	20,644 (18,676)	10	912	32,907	987

※ 주 1) 정당해산심판사건 2건 중 1건은 재심사건임.
    2) 지정재판부의 처리건수는 ( )안에 기재하고 본란의 숫자에 합산표시 하였음.

---

4) http://www.ccourt.go.kr/cckhome/kor/info/selectEventGeneralStats.do(최종검색
   일: 2018. 4. 26.)

위 기간 동안 총 33,894의 사건이 접수되어 32,907건을 처리했고, 위헌결정 583건, 헌법불합치 결정 193건, 한정위헌결정 70건, 한정합헌결정 28건, 헌법소원 등 인용결정 654건을 기록했다. 그 중 법률에 대한 위헌결정은 478건, 헌법불합치결정은 133건, 한정위헌결정은 50건, 한정합헌결정은 28건이다. 대통령 탄핵 2건 중 한 건은 인용(박근혜 대통령), 한 건은 기각(노무현 대통령)이며, 정당해산심판사건은 1건이 제기되어 해산결정(통합진보당 해산 결정)을 했다. 권한쟁의심판사건 중 인용결정은 17건이다.

우리나라에서 헌법재판이 활성화된 사정은 별도의 헌법재판기관 없이 최고재판소가 헌법재판을 담당하는 일본과 비교하면 이를 더욱 확실하게 알 수 있다. 일본은 최고재판소가 헌법재판을 담당하고 있으나, 헌법재판이 활성화되지 못하고 있다. 일본 최고재판소가 1950년 출범한 후 65년간 법령위헌판결이 10건, 처분위헌판결·결정이 10건으로 그 실적이 극히 저조했다. 일본 최고재판소 재판관을 역임한 바 있는 이즈미 도쿠지(泉德治)는 일본과 한국의 위헌판단 건수 차이는 일본 최고재판소가 위헌심사와 일반법령위반 심사를 병행하는데 비해, 한국 헌법재판소는 위헌심사만 전문으로 하는 데서 비롯된다고 분석했다.5) 이즈미 도쿠지는 최고재판소의 직무를 위헌심사에 특화하자는 주장에 대해서는 반대한다. 한편, 최고재판소에 근무하다가 사무총국의 횡포를 견디지 못하고 사임한 세기 히로시(瀨木比呂志)는 독일형 헌법재판소 설치를 사법개혁방안으로 주장한다.6)

---

5) 이즈미 도쿠지 지음, 이범준 옮김, 『일본 최고재판소를 말하다』, 궁리, 2016.
6) 세기 히로시 지음, 박현석 옮김, 『절망의 재판소』, 사과나무, 2014, 245~246면.

3. 소수의견의 중요성

헌법재판소 결정에는 여러 요인 또는 시대적 한계로 인해 법정의견이 되지 못한 소수의견들이 많았다. 이런 소수의견은 헌법재판소가 사회의 다양한 가치를 포용하고, 나아가 언젠가는 법정의견으로 변경될 가능성에 대한 희망을 줌으로써 헌법재판소의 위상을 지켜주었다고 할 수 있다. 헌법재판소 출범 직후 제1기 헌법재판소에서 변정수 재판관이 용감하게 8：1의 소수의견을 밝힘으로써 초창기 헌법재판소가 국민들의 신뢰를 잃지 않고 확고하게 자리 잡을 수 있도록 하는 데 결정적인 기여를 했다.

〈변정수 재판관 단독의견〉

① 1990. 1. 15. 선고 89헌가103 결정: 노동쟁의조정법 제13조의 등에 관한 위헌심판(단순위헌의견)

② 1990. 4. 2. 선고 89헌가113 결정: 국가보안법 제7조에 대한 위헌심판(단순위헌의견)

③ 1990. 8. 27. 선고 89헌가118 결정: 도로교통법 제50조 제2항 등에 관한 헌법소원(한정합헌의견이 아닌 단순위헌의견)

④ 1991. 3. 11. 선고 91헌마21 결정: 지방의회의원선거법 제36조 제1항에 대한 헌법소원(헌법불합치가 아닌 단순위헌결정)

⑤ 1991. 4. 1. 선고 89헌마17·85·100·109·129·167(병합) 결정: 사회보호법 위헌여부에 관한 헌법소원(위헌의견)

⑥ 1991. 7. 8. 선고 91헌마4 결정: 불기소처분에 대한 헌법소원(항고·재항고 없이 헌법소원청구 인정)

⑦ 1992. 2. 25. 선고 89헌가104 결정: 군사기밀보호법 제6조 등에 대한 위헌심판(전부위헌의견)

⑧ 1992. 4. 14. 선고 90헌바23 결정: 국가보안법 제9조 제2항에 대한

헌법소원(위헌의견)

⑨ 1992. 4. 28. 선고 90헌바27내지34 결정: 국가공무원법 제66조 에 대한 헌법소원(위헌의견)

⑩ 1992. 6. 26. 선고 90헌가23 결정: 정기간행물의 등록 등에 관한 법률 제7조 제1항(정기간행물을 발행하고자 하는 자에게 일정한 물적 시설을 갖추어 등록할 것을 요구)의 위헌심판(위헌의견)

⑪ 1992. 6. 26. 선고 90헌바25 결정: 소액사건심판법 제3조에 대한 헌법소원(위헌의견, 상고권도 재판받을 권리에 포함됨, 대리인 김선수)

⑫ 1992. 11. 12. 선고 89헌마88 결정: 교육법 제157조(국정교과서제도)에 관한 헌법소원 (위헌의견)

⑬ 1992. 12. 24. 선고 91헌마168 결정: 고발인이 검사의 불기소처분에 대하여 헌법소원심판을 청구할 수 있는지(인용의견)

⑭ 1993. 3. 11. 선고 88헌마5 결정: 노동쟁의조정법 제12조 제2항 중 「국가·지방자치단체에 종사하는 노동자」에 관한 부분의 위헌 여부(위헌의견)

⑮ 1993. 3. 11. 선고 92헌바33 결정: 노동조합법 제45조의2 등 위헌소원(단순위헌의견)

⑯ 1994. 2. 24. 선고 93헌마33 결정: 광주민주화운동관련자보상 등에 관한 법률 위헌확인(단체가 그 구성원들의 기본권 침해를 주장하는 경우 자기관련성 인정)

2012년 이후 박근혜 정부에서 김이수 재판관이 역시 홀로 용감하게 8 : 1의 소수의견을 밝힘으로써 국민들이 헌법재판소를 포기하지 않도록 하는 데 기여했다.

〈김이수 재판관 단독의견〉

① 2014. 2. 27. 선고 2014헌마7 결정: 헌법재판소법 제40조 제1항 등 위헌확인(한정합헌의견)

② 2014. 12. 19. 선고 2013헌다1 결정: 통합진보당 해산 심판청구(기각의견)

③ 2015. 4. 30. 2012헌바95·261, 2013헌가26, 2013헌바77·78·192·264· 344, 2014헌바100·241, 2015헌가7(병합): 국가보안법 제7조 제1항 등 위헌소원 등(이적행위 중 '동조' 부분에 대한 위헌의견)

④ 2015. 5. 28. 선고 2013헌마343 결정 / 2015. 11. 26. 2015헌마756 결정: 노동절을 공휴일에서 제외한 공휴일 규정 위헌소원(위헌의견)

⑤ 2015. 5. 28. 선고 2013헌마671, 2014헌가21(병합) 결정: 교원의 노동조합 설립 및 운영 등에 관한 법률 제2조(정치활동 금지) 위헌확인 등(위헌의견)

⑥ 2015. 6. 25. 선고 2013헌바86 결정: 도시 및 주거환경정비법 제49조 제6항 위헌소원(도시정비법 제49조 제6항 본문 중 주택재건축 사업구역 내 임차권자에 관한 부분 위헌의견)

⑦ 2016. 5. 26. 선고 2013헌마879 결정: 통행제지행위 관련 공권력행사(희망버스) 위헌확인(헌법적 해명의 필요성이 인정되므로 청구에 대한 심판이익 인정)

⑧ 2016. 11. 24. 선고 2015헌바413·414(병합) 결정: 근로기준법 제2조 제1항 제1호 위헌소원(특수형태근로종사자 적용 배제 조항에 대한 심판청구의 적법성 인정)

⑨ 2016. 12. 29. 선고 2015헌마880 결정: 기소유예처분취소 등(과거사 위 장준하 진상조사 관련 김희수 변호사 사건)(민사사건 수임 부분 취소의견)

헌법재판소는 변정수, 김이수 두 분 재판관께 크게 빚졌다고 할 수 있다. 양승태 대법원장 시기(2011년 9월~2017년 9월) 대법원 전원합의체 판결 116건 중 39건(33.6%)[7]이 13 : 0으로 같은 견해를 취함으로써 대법원 구성의 획일성으로 말미암아 국민적 신뢰를 상실한 것에 비추어 보면 헌법재판소의 소수의견은 더욱 빛난다고 할 수 있다.

---

7) http://hankookilbo.com/v/c0fb8dbccbcb4006836bd448114178e9
http://glaw.scourt.go.kr/wsjo/panre/sjo050.do#//(최종검색일: 2018. 4. 26.) 1. 대법원 2012. 1. 19. 선고 2009후2234 판결, 2. 대법원 2012. 1. 19. 선고 2010다95390 판결, 3. 2012. 2. 16. 선고 2010다82530 판결, 4. 대법원 2012. 5. 17. 선고 2011다87235 판결, 5. 2012. 6. 18. 선고 2010두16592 판결(이유에 대한 보충의견 있음), 6. 대법원 2012. 10. 18. 선고 2010다103000 판결, 7. 대법원 2012. 10. 18. 선고 2010다52140 판결, 8. 대법원 2012. 10. 18. 선고 2010두12347 판결, 9. 대법원 2012. 11. 22. 선고 2010두22962 판결, 10. 대법원 2012. 11. 22. 선고 2010두19270 판결, 11. 대법원 2012. 12. 20. 선고 2010후2339 판결, 12. 2012. 12. 20. 선고 2011두30878 판결, 13. 대법원 2013. 1. 17. 선고 2011다83431 판결, 14. 대법원 2013. 4. 18.자 2011초기689 결정, 15. 대법원 2013. 4. 18. 선고 2010두11733 판결, 16. 대법원 2013. 5. 16. 선고 2011도2631 판결, 17. 대법원 2013. 7. 18. 선고 2012다5643 판결, 18. 대법원 2013. 9. 26. 선고 2013다26746 판결(키코 사건), 19. 대법원 2013. 9. 26. 선고 2012다13637 판결(키코 사건), 20. 대법원 2013. 9. 26. 선고 2012다1146 판결(키코 사건), 21. 대법원 2013. 9. 26. 선고 2011다53683 판결(키코 사건), 22. 대법원 2013. 9. 26. 선고 2012후2463 판결, 23. 대법원 2014. 7. 16. 선고 2013므2250 판결, 24. 대법원 2014. 7. 16. 선고 2012므2888 판결, 25. 대법원 2014. 12. 18. 선고 2011다50233 판결, 26. 대법원 2015. 1. 22. 선고 2011후927 판결, 27. 대법원 2015. 1. 22. 선고 2014다46211 판결, 28. 대법원 2015. 5. 21. 선고 2012다952 판결, 29. 대법원 2015. 6. 25. 선고 2015도1944 판결, 30. 대법원 2015. 7. 16. 선고 2015도2625 판결(원세훈 국정원장 사건), 31. 대법원 2015. 7. 16. 선고 2014두5514 판결, 32. 대법원 2015. 7. 23. 선고 2015다200111 판결(이유에 대한 보충의견 있음, 형사사건 변호사보수약정 사건), 33. 대법원 2015. 8. 20. 선고 2012두23808 판결, 34. 2015. 11. 19. 선고 2012다114776 판결, 35. 대법원 2016. 5. 19. 선고 2014도6992 판결, 36. 대법원 2017. 1. 19. 선고 2013후37 판결, 37. 대법원 2017. 3. 23. 선고 2016다251215 판결, 38. 대법원 2017. 4. 20. 선고 2015두45700 판결, 39. 대법원 2017. 5. 18. 선고 2012두22485 판결.
대법원 2012. 5. 17. 선고 2009다105406 판결은 결론은 만장일치 의견이나, 이유에 대한 별개의견이 있으므로 제외한다.

2017년 3월 10일 헌법재판소가 박근혜 대통령 탄핵결정을 함으로써 헌법재판소의 위상과 중요성이 다시 한 번 확인되었다. 통합진보당 해산결정을 할 때와 같은 재판부 구성원들이 전원일치(박한철 소장은 임기만료로 결정에 참여하지 못했음) 의견으로 박근혜 대통령을 파면하는 결정을 한 것이다. 통합진보당 해산결정으로 우리 사회에서 다원적 민주주의가 설 땅을 잃고 대신 획일적 가치가 전횡하였기에 대통령 탄핵이라는 극단적인 상황에까지 이른 것이 아닌가 하는 안타까움이 있다. 통합진보당 해산심판청구가 기각되었다면 대통령 탄핵이라는 불상사까지 이어지지는 않았을 수도 있을 것이다.

4. 약평

헌법재판을 담당하는 전문기관으로서 헌법재판소가 설립되어 30년 활동함으로써 헌법재판이 활성화되고 그로 말미암아 우리 사회의 인권의식 수준을 높이는 데 크게 기여한 것은 틀림없다.

다만, 국가안보와 관련된 쟁점에서는 사상의 자유, 표현의 자유(국가보안법 제7조, 양심적 집총병역거부 등) 또는 노동권 등 기본권보다는 국가안보를 보다 강조했다는 점, 사회권에 대해 폭넓은 입법재량권을 인정함으로써 사회권(특히 장애인의 권리, 외국인의 권리 등) 보장에 소극적이었다는 점, 조세법률주의 관련해서 조세정의보다는 재산권 보호에 보다 치중했다는 점, 노동권 보호에 소극적이었다는 점, 국제적 인권규범을 원용하는 데 소극적이었다는 점 등은 미진한 것으로 평가된다.

법조 전문 취재작가 이범준은 저서 『헌법재판소, 한국 현대사를 말하다』에서 헌법재판소는 제3자 개입죄 합헌결정으로 사상·공안

분야에서 보수적이라는 점을 명확히 했다고 평가한다. 제1기 재판
소[8])는 국가안보와 관계가 적은 형사소송절차 등에서는 인권을 보
호하는 데 적극적이었지만, 국가안보나 공공질서 유지에 해당하는
공안사건에서는 기존 법질서를 존중했다는 것이다.[9]) 이러한 경향
은 현재까지 지속되고 있다.

II. 노동권 관련 헌법재판 평가

1. 노동기본권에 대한 헌법재판소의 인식

한국에서 노동3권에 대한 억압적인 질서가 개선되지 못하고 지
속적으로 유지되고 있는 데에는 헌법재판소와 대법원 등 사법기관
이 기여한 바가 크다는 것이 일반적인 평가다.[10]) 노사 갈등의 중요
한 국면에서 노동기본권과 사회정의보다는 시장근본주의의 법적
표현인 재산권 절대 원칙과 사적 자치 원칙을 우선함으로써 자본
의 권리를 옹호하고 노동의 권리를 무시했다고 한다.[11]) 노동법 모

---

8) 1988년 9월 헌법재판소가 출범할 때부터 재판소장과 재판관의 임기인 6년
   의 기간이 지난 1994년까지를 말한다. 재판소장 조규광, 재판관 이성렬, 변
   정수, 김진우, 한병채, 이시윤, 최광률, 김양균, 김문희.
9) 이범준, 『헌법재판소, 한국 현대사를 말하다』, 궁리, 2009, 93면.
10) 조경배, "결사의 자유 관련 ILO 핵심협약 비준을 위한 법제 개선 과제 및
    실천방안", 『결사의 자유 관련 ILO 핵심협약 비준 방안 토론회 자료집』,
    국가인권위원회·이인영 의원실(2015. 9. 30.), 63면.
11) 조경배, 앞의 글, 63~64면. "경영권 관련 대법원 2003. 11. 13. 선고 2003도
    687 판결이 그 결정판이라 할 수 있다. 이 판결에서 대법원은 헌법뿐만 아
    니라 법률 조항 어디에도 없는 '경영권'을 헌법적인 지위로 높이고 노동
    기본권의 가치를 깎아내렸다. 대법원이 이 판결에서 강조한 기업의 경쟁
    력, 국가경제 등의 수사는 과거 사회 전체의 이익이란 미명하에 개인의

든 영역에 걸친 헌법재판소 결정이나 대법원 판결들이 "기업이 살아야 근로자도 산다"는 정책론이 규범론을 압도하고 있고, 특히 노동3권의 본질적 내용을 왜소화하고 노동3권을 규율하는 법률에 대해 그 내용 여하를 불문하고 포괄적인 입법적 형성을 인정해왔다는 견해[12]도 있다.

헌법재판소와 대법원은 노동법의 이념적 기초인 생존권을 근거로 도리어 노동기본권이 가진 자유권적인 가치를 경시했다. 단결의 자유는 근로자의 생존을 보장하기 위하여 필요한 부차적인 내지 수단적인 권리로만 이해되었고, 노동기본권이 가진 자유권적이고 독자적인 의의는 부정되었다. 노동기본권의 이념적인 기초가 되는 생존권 사상에 대한 왜곡된 이해는 노동기본권을 국가에 의하여 '주어진' 또는 '허용된' 범위 내에서만 행사할 수 있다는 방식으로 협소하게 이해하는 경향을 낳았다. 단체행동권을 단체교섭권의 수단 또는 보충적인 것으로만 이해하는 단체교섭권 중심의 사고는 그러한 왜곡을 심화했다. 단체교섭의 합법적인 범위를 좁은 의미의 '근로조건의 결정'으로 제한하고 쟁의행위의 목적과 단결권의 주체를 여기에 직접 결부시킴으로써 노동기본권의 전 영역을 극도로 왜소화시켰다.[13] 헌법재판소는 노동3권의 법적 성질에 대해 초반에는 생존권(사회권)적 기본권이라는 견해를 밝혔으나,[14] 후에는 사회적 보호기능을 담당하는 자유권 또는 사회권적 성격을

희생을 강요해왔던 과도한 국가주의 논리가 사회적 약자인 근로자에게 고통을 전가하는 논리로 사용되었다."

12) 정인섭, "근로삼권의 규범론과 정책론", 『노동법학』 제17호, 한국노동법학회(2003. 12.), 148~149면.

13) 조경배, 앞의 글, 65면.

14) 헌법재판소 1991. 7. 22. 선고 89헌가106 결정. "노동3권은 사용자와 근로자간의 실질적인 대등성을 단체적 노사관계의 확립을 통하여 가능하도록 하기 위하여 시민법상의 자유주의적 법원칙을 수정하는 신시대적 시책으로서 등장된 생존권적 기본권들이다."

띤 자유권이라는 혼합권설의 견해를 채택했다.[15]

노동삼권의 상호관계에 대해서도 각각의 독자성을 인정하기보다는 어느 권리가 중심을 이루는지 관점에서 접근함으로써 마치 핵심적 권리와 부수적 권리가 있는 것처럼 여김으로써 부수적 권리로 취급한 권리의 제한을 합헌적으로 해석하는 우를 범하고 있다. 특히 단체교섭권을 중심으로 파악하는 견해는 단체행동권에 대한 제한 조항들의 합헌성을 손쉽게 인정하는 경향이 있다. 헌법재판소 1996. 12. 26. 선고 90헌바19 등 판결의 재판관 5인(김진우·황도연·이재화·조승형·고중석) 위헌의견은 단체행동권 중심설의 견해를 밝혔으나,[16] 이 견해가 헌법재판소의 공식적인 견해로 채택되었다고 보기는 어렵다.

헌법재판소는 모든 공무원의 단체행동권을 부정하는 구 노동쟁의조정법 제12조 제2항에 대해 헌법불합치 결정을 한 바 있다.[17] 그러나 그 전에 대법원은 이미 1991년 5월 24일 위 조항에서 쟁의행위를 금지하는 공무원에 '사실상 노무에 종사하는 공무원'은 해당하지 않는다고 판결하였다.[18] 헌법재판소의 헌법불합치결정은 '뒷북'으로서 그 의미가 반감되었다. 헌법재판소는 주문으로 「1. 노

---

15) 헌법재판소 1998. 2. 27. 선고 94헌바13·26, 95헌바44 결정.
16) "근로3권은 근로자가 사용자와 개별적으로 근로조건에 관한 계약을 체결할 경우에 처하게 되는 근로자의 사회·경제적으로 열등한 지위를 근로자단체의 힘을 배경으로 보완·강화함으로써 사용자와 근로자 사이의 실질적인 대등성을 확보해 주는 기능을 수행하는 기본권이다. 그런데 근로자의 단체행동권이 전제되지 않은 단체결성이나 단체교섭이란 무력한 것이어서 무의미하여 단체결성이나 단체교섭권만으로는 노사관계의 실질적 대등성은 확보될 수 없으므로, 단체행동권이야말로 노사관계의 실질적 대등성을 확보하는 필수적인 전제이다. 그러므로 근로3권 가운데 가장 중핵적인 권리는 단체행동권이라고 보아야 한다."
17) 헌법재판소 1993. 3. 11. 선고 88헌마5 결정.
18) 대법원 1991. 5. 24. 선고 91도324 판결.

동쟁의조정법 제12조 제2항(1963.4.17. 법률 제1327호 제정, 1987.11. 28. 법률 제3967호 개정) 중 "국가·지방자치단체에 종사하는 근로자"에 관한 부분은 헌법에 합치되지 아니한다. 2. 위 법률조항 부분은 1995년 12월말을 시한으로 입법자가 개정할 때까지 그 효력을 지속한다.」고 선언했으나, 국회는 위 기한을 지키지 않고 1997. 3. 「노동조합 및 노동관계조정법」을 제정하면서 비로소 위 조항을 정리했다. 헌법재판소가 헌법불합치 결정을 하더라도 국회가 그 기한을 무시하기 일쑤다. 국회의 직무유기 또는 헌법재판소 무시하기라 할 수 있다.

헌법재판소는 재임용거부사유와 재임용을 거부당한 교원의 구제절차를 규정하지 아니한 구 사립학교법 제53조의2 제3항 및 「교원지위 향상을 위한 특별법」(약칭 '교원지위향상법') 제9조가 헌법 제31조 제6항의 교원지위법정주의에 위반된다고 하여 헌법불합치 결정을 했다(헌재 2003. 2. 27. 선고 2000헌바26 결정). 대법원은 그 이후인 2004년 4월 22일 종전 입장을 변경하여 재임용거부 당한 국립대교수가 취소소송을 제기할 수 있다고 판결했다.[19] 이 사건에서는 대법원이 뒷북을 쳤다.

헌법재판소는 노동자 보호를 위한 규정들에 대해 위헌결정을 하기도 했다. 단체협약 위반에 대해 벌칙을 규정한 노동조합법 제46조의3(헌재 1998. 3. 26. 선고 96헌가20 결정), 퇴직금 우선변제권을 규정한 근로기준법 제30조의2 제2항 등(헌재 1997. 8. 21. 선고 94헌바19,95헌바34,97헌가11)에 대해 헌법불합치 결정을 했고, 교원 징계재심위원회의 결정에 대하여 교원에게만 행정소송을 제기할 수 있도록 하고 학교법인에게는 이를 금지한 교원지위향상법(2001. 1. 29. 법률 제6400호 및 2005. 1. 27. 법률 제7354호로 개정된 것) 제

---

19) 대법원 2004. 4. 22. 선고 2000두7735 전원합의체 판결.

10조 제3항에 대해 위헌결정을 했다(헌재 2006. 2. 23. 선고 2005헌가7, 2005헌마1163 결정).

한편, 헌법재판소가 합헌결정을 했지만 입법으로 해결된 사례들도 많다. 헌법재판소는 일반 공무원의 노동3권을 부정하는 국가공무원법 제66조 제1항에 대해(헌재 1992. 4. 28. 선고 90헌바27내지34 등 결정), 그리고 지방공무원법 제58조 제1항에 대해(헌재 2005. 10. 27. 선고 2003헌바50 등 결정)에 대해 각 합헌결정을 했다. 그러나 「공무원의 노동조합 설립 및 운영에 관한 법률」이 제정되어 2006년 1월 28일부터 시행됨에 따라 해결되었다. 다만, 국가공무원법 제66조와 지방공무원법 제58조는 여전히 공무원의 표현의 자유를 침해하는데 악용되고 있다. 헌법재판소는 사립학교 교원의 노동3권을 전면적으로 부정하는 사립학교법 제55조에 대해 합헌결정을 했지만(헌재 1991. 7. 22. 선고 89헌가106 결정), 「교원의 노동조합 설립 및 운영에 관한 법률」이 제정되어 1999년 7월 1일부터 시행됨에 따라 해결되었다. 헌법재판소는 권위주의 시대의 대표적인 노동악법인 제3자 개입 금지 조항인 구 노동조합법 제12조의2 조항(헌재 1993. 3. 11. 선고 92헌바33 결정)과 구 노동쟁의조정법 제13조의2 조항(헌재 1990. 1. 15. 선고 89헌가103 결정)에 대해 합헌결정을 했으나, 국회가 노동조합이 쟁의행위와 관련하여 지원받을 수 있는 제3자의 범위를 확대했다가, 2006년 12월 30일 위 조항들을 모두 삭제함으로써 해결했다. 헌법재판소는 필수공익사업의 직권중재제도에 관한 구 노동쟁의조정법 제30조 제3호(헌재 1996. 12. 26. 선고 90헌바19, 92헌바41, 94헌바49 결정)와 「노동조합 및 노동관계조정법」(약칭 '노조법') 제62조 제3호 및 제75조(헌재 2003. 5. 15. 선고 2001헌가31 결정)에 대해 합헌결정을 했지만, 2006년 노조법을 개정하면서 직권중재제도를 폐지함으로써 해결했다.

헌법재판소가 먼저 했던 합헌결정을 견해를 바꾸어 위헌결정을 한 예도 있다. 6개월 미만 근로한 자에 대한 해고예고제도의 적용 제외 규정(근로기준법 제35조 제3호)이 근로권과 평등권을 침해하는지 여부(헌재 2001. 7. 19. 선고 99헌마663 합헌결정 → 2015. 12. 23. 선고 2014헌바3 위헌결정), 출퇴근재해의 판단기준을 사업주의 지배관리 하로 한정하는 것(산업재해보상보험법 제37조 제1항 제1호 다목 등)이 평등원칙에 위배되는지 여부(헌재 2013. 9. 26. 선고 2011헌바271; 헌재 2013. 9. 26. 선고 2012헌가16 합헌결정 → 헌재 2016. 9. 29. 선고 2014헌바254 헌법 불합치 결정), 청원경찰의 노동운동을 포괄적으로 금지하는 것(청원경찰법 제5조 제4항 중 국가공무원법 제66조 제1항 가운데 '노동운동' 준용 부분)이 노동3권을 침해하는지 여부(헌재 2008. 7. 31. 선고 2004헌바9 합헌결정 → 2017. 9. 28. 선고 2015헌마653 헌법불합치 결정[20]) 등이 있다. 청원경찰법의 합헌결정에 대해서는 헌법상 개별적 법률유보조항이 없음에도 청원경찰의 노동3권을 전면적으로 부정하는 조항이 합헌이라고 하는 것은 기본적인 문언해석에도 반한다는 비판이 있었다. 그와 같은 관점에서 볼 수 있는 것이 특수경비원들의 단체행동권을 전면적으로 부정하는 경비업법 등에 대해 합헌결정(헌법재판소 2009. 10. 29. 선고 2007헌마1359 결정)이다.

노동기본권의 영역에서만큼은 헌법재판소를 통한 인권의 신장은 매우 미흡했던 것이 현재까지의 모습이다.

2. 국제노동기준에 대한 소극적 태도

헌법재판소는 국제노동기준을 철저하게 무시하고, 국내법에 배치되는 국제법규의 효력을 인정한 사례가 거의 없다. 헌법재판소

---

20) 2018. 12. 31. 시한 개정까지 유효.

는 극단적인 법률실증주의의 관점에서 노동기본권에 관한 국제문
서들의 법적 효력을 부인했다.[21]

헌재 결정	요지
헌재 2008. 12. 26. 선고 2006헌마462 결정 등	ILO 회원국의 80% 이상이 비준한 제87호와 제98호 협약은 아직 비준하지 않았고 일반적으로 승인된 국제법규로 볼 만한 '객관적인 근거'가 없다는 이유로 재판의 근거가 될 수 없다.
헌재 1991. 7. 22. 선고 89헌가106 결정	세계인권선언은 각 조항이 바로 보편적인 법적 구속력을 가지거나 국제법적 효력을 갖는 것으로 볼 것은 아니다.
헌재 2005. 10. 27. 선고 2003헌바50 결정	사회권규약의 단결권 보장 조항은 일반적 법률유보 조항과 국가안보 또는 공공질서를 위하여 또는 타인의 권리와 자유를 보호하기 위하여 민주사회에서 필요한 범위 내에서는 단결의 자유를 제한할 수 있다는 조항을 근거로, 시민권규약의 단결권 보장 조항은 가입 시 당해 조항을 유보했다는 것을 근거로 국내법적 효력을 부정했다.
헌재 1998. 7. 16. 선고 97헌바23 결정	평화적인 파업에 징역형을 가하는 업무방해죄를 적용하는 문제에 대해 강제노동의 폐지에 관한 ILO 제105호 협약을 우리나라가 비준한 바가 없고, 헌법 제6조 제1항에서 말하는 일반적으로 승인된 국제법규로서 헌법적 효력을 갖는 것이라고 볼 만한 근거도 없다는 이유로 위헌성 심사의 척도가 될 수 없다.

　　헌법재판소 결정의 소수의견은 한국은 국회의 동의를 얻어 국
제인권규약들의 대부분을 수락한 체약국이자 ILO의 정식회원국으
로서 UN의 세계인권선언이나 국제인권규약들, ILO의 협약들과 권
고들을 국제적 협력의 정신을 존중하여 되도록 그 취지를 살릴 수
있도록 노력하여야 하므로 입법권자가 노동3권을 보장하는 공무원
의 범위를 정함에 있어서도 이러한 점을 고려해야 하고 헌법 규정

---

21) 조경배, 앞의 글, 40면.

의 의미나 내용 및 적용범위를 해석함에 있어 중요한 지침이 될 수 있다고 지적했다.[22] 위 견해도 ILO 기본협약을 해석 지침 정도로 이해한 것이고, 일반적으로 승인된 국제법규로서의 효력을 인정한 것은 아니다.

국가인권위원회는 2008년 5월 26일 전원위원회 결정으로 이주노조 설립신고서 반려처분 취소소송(대법원 2007두4995)에 관하여 재판부에 의견을 제출했다. 국가인권위원회는 위 사건의 1심과 2심 재판부는 모두 국내법만을 기준으로 판단했으나, 국제인권규약[23]에 비추어 외국인근로자가 출입국관리법에 의할 때는 체류자격이

---

22) 헌법재판소 2005. 10. 27. 선고 2003헌바50·62,2004헌바96, 2005헌바49(병합) 결정 소수의견은 "ILO의 협약들 중 공무원의 근로기본권과 관련된 제87호 협약, 제98호 협약 및 제151호 조약(공공부문에서의 단결권 보호 및 고용조건의 결정을 위한 절차에 관한 협약) 등은 군인, 경찰, 중요한 정책 결정이나 관리를 담당하는 고위직 공무원 또는 고도의 기밀업무를 담당하는 공무원을 제외하고는 원칙적으로 모든 영역의 공무원에게 단결권과 단체교섭권을 보장하고 단체행동권의 제한도 필수사업에 종사하는 자 등으로 엄격한 한계 내에서 허용되도록 규정하고 있고, 국제연합의 세계인권선언을 구체화한 국제인권규약인 경제적·사회적·문화적 권리에 관한 국제규약, 시민적·정치적 권리에 관한 국제규약 또한 공무원의 노동3권을 원칙적으로 보장하는 취지로 해석되며, ILO의 '결사의 자유위원회'나 UN의 '경제적·사회적·문화적 권리위원회'는 우리나라에 대하여 가능한 한 빨리 모든 영역의 공무원들에게 근로기본권을 보장할 것을 권고하고 있다. 이러한 선언, 조약, 권고들이 비록 비준한 바 없다거나 유보되었다든지 권고적 효력만 있다는 등 직접적인 구속력이 없다고 하더라도 고도로 추상화된 헌법 규정의 의미나 내용 및 적용범위를 해석함에 있어 중요한 지침이 될 수 있다."고 밝혔다.

23) 「모든 형태의 인종차별 철폐에 관한 국제협약(1979. 1. 4. 발효)」 제5조, 「경제적·사회적·문화적 권리에 관한 국제규약(1990. 7. 10. 발효)」 제2조 제2항 및 제8조 제1항, 2항, 「시민적·정치적 권리에 관한 국제규약(1990. 7. 10. 발효)」 제2조 제1항 및 제26조, 인종차별철폐위원회 일반권고(No. 30, 2004) 및 최종견해(2007. 8. 17.), ILO의 외국인근로자에 관한 권고(1975, No. 151), 유럽평의회 의원총회의 결의(1509, 2006) 및 유엔인권이사회의 한국에 대한 인권상황정기검토 보고서 등.

없다고 할지라도 이와 법적 규율의 대상을 달리 하는 근로관계에 있어서는 노동조합을 결성할 적법한 권리가 있다는 의견을 제출했다. 국가인권위원회는 "인류의 보편적인 규범에 따라 인권을 보호하고 향상시키고자 하는 국제인권조약의 존중과 이행은 국제사회에서 한국의 위상을 고려했을 때 매우 중요"하다고 밝혔다.

　　대한민국 정부는 유엔 인권이사회에 제출한 자유권규약 제2차 정기 보고서 등에서 다음과 같이 밝힌 바 있다. "자유권규약은 국회의 동의 아래 체결·공포했으므로 별도의 국내 입법조치 없이 국내법과 같은 효력을 갖는다. … 규약 비준 전에 제정된 법률과 규약의 조항이 상충하는 경우 규약이 우선적으로 적용된다. 대한민국에서 제정되는 법률은 규약에서 보장하는 권리를 침해해서는 안 되며, 그러한 법률은 헌법 위반이 될 것이다. … 개인이 규약에서 보장하고 있는 권리의 침해를 이유로 소송을 제기하는 경우 법원은 통상 규약에 상응하는 국내법을 토대로 판결을 하고, 규약 내용과 상응하는 국내 법률이 없을 경우에는 규약의 조항이 법원에 의하여 직적 원용될 것이다."[24]

　국제인권조약에 대한 사법부 태도의 문제점으로 다음과 같은 점이 지적된다.[25] 첫째, 대한민국 사법부는 국제인권조약의 비준 여부만으로 재판에서 적용 가능성을 형식적으로 판단하는 경향이 있다. 비준하지 않은 협약, 가입 당시 유보한 조항의 국내법적 효력을 전면적으로 부정하고 있다. 둘째, 별다른 근거를 제시하지 않고 '일반적으로 승인된 국제법규'에 해당하지 않는다고 판단하는 경향이 있다. 셋째, 사회권규약이 보장한 권리의 성격에 대해 잘못

---

24) CCPR/C/114/Add. 1, 20/08/98, paras. 9~10.
25) 윤애림, "국제인권법의 국내 적용과 사법부", 노동법학 제65호, 2018. 3, 203~206면.

이해하고 있다. 사회권규약 제8조의 결사의 자유는 즉각적으로 이행이 보장되어야 하고 위반 시 사법적 구제의 대상이 됨에도 불구하고[26] 사회권규약의 모든 권리를 점진적 달성 의무만이 부과되는 것으로 오해하고 있다. 넷째, 국제인권조약의 구체적 규정의 해석에서 별다른 논증 없이 문제가 된 국내법규가 국제인권조약에 위반되지 않는다고 해석하는 경향이 있다. 다섯째, 국제적 인권감독 기구가 대한민국 정부에 대해 한 권고를 '그것만으로 당해 법률조항이 위헌으로서 당연히 효력을 상실하는 것은 아니다'라고 배척하는 경향이 있다.

국제노동기준을 포함한 국제인권규약에 대한 적극적 태도가 요청된다. 결사의 자유 관련 ILO 핵심협약은 비준 전이라도 헌법 제6조 ①항의 '일반적으로 승인된 국제법규'에 해당하는 것으로 적극적으로 해석할 필요가 있다. ILO 핵심협약을 비준할 경우에는 국내법과 동일하거나 우선적 효력을 갖는 것으로 평가하여 이에 위반되는 법률 조항들을 위헌으로 판단하거나 효력이 없는 것으로 해석하는 것이 가능할 것이다.

3. 노동권 침해 법률조항들에 대한 헌법재판소 결정들

- 단결권 및 단체행동권 박탈 조항

쟁점	내용	헌재 결정
노조 결성 금지 직종	소방·교정공무원 포함 특정직 공무원, 5급 이상 모든 공무원, 6급 이하 공무원 중 일정 업무 종사 공무원(공무원노조법, 국가공무원법 제66조, 지방공무원법 제58조)	국가공무원법 제66조: 1992. 4. 28. 선고 90헌바27~34 결정, 2007. 8. 30. 선고 2003헌바51, 2005헌가5 결정 지방공무원법 제58조: 2005. 10.

---

26) CESCR General Comment 3, The Nature of States Parties Obligation(1990. 12. 14.) paras. 1, 5.

쟁점	내용	헌재 결정
		27. 선고 2003헌바50 등 결정
	사립대학교 교수(교원노조법 제2조, 사립학교법 제55조)	1991. 7. 22. 선고 89헌가106 결정(사립학교법 제55조 합헌)
	해직교원(교원노조법 제2조)	2015. 5. 28. 선고 2013헌마671 결정(반대의견 김이수)
	특수고용노동자(근로기준법 제2조 제1항 제1호 위헌소원)27)	2016. 11. 24. 선고 2015헌바413 결정(반대의견 김이수)
단체행동권 금지 직종	교원(교원노조법 제8조)	
	공무원(공무원노조법 제11조)	
	방위산업체 종사 근로자 (노조법 제41조 제2항)	1998. 2. 27. 선고 95헌바10 결정(합헌)
	특수경비원 (경비업법 제15조 제3항)	2009. 10. 29. 선고 2007헌마1359 결정(합헌, 반대의견 조대현, 김종대, 송두환)

---

27) 국가인권위원회는 2007년 10월 16일 '특수형태근로 종사자 보호 방안'과 관련하여 계약의 존속 보호와 노동3권 보장을 위한 법률의 제·개정을 권고했고(위 권고는 '특수형태근로종사자'를 "「근로기준법」 제2조 제1호에서 규정한 근로자로 해석되는 자가 아니면서, 특정한 노무제공 상대방(사업주)에 대하여 개인적으로 직접 노무를 제공하고, 수입의 전부 또는 상당부분을 그 사업주에게 의존하는 자로서, 근로자와 유사한 보호의 필요성이 인정되는 자"로 정의한다.), 국민권익위원회는 2013년 1월 특수형태근로 종사자의 권익을 보호하기 위해 최소한의 근로기준을 마련하고, 권익구제체계 구축 및 사회보험 보장 제도를 개선하는 내용을 포함해 가칭「특수형태근로 종사자 권익 보호 등에 관한 법률」을 제정토록 고용노동부에 권고했다(국민권익위원회가 권고한「특수형태근로 종사자 권익 보호 등에 관한 법률」의 구체적인 내용은 ▲ 계약서 작성의 의무화, 부당 노무계약해지 금지, 보수 지급 기준, 휴일 및 연차휴가, 모성 보호, 성희롱 예방, 산업안전보건, 고충처리 등의 내용을 명시한 '근로기준', ▲ 노동조합을 통한 단체교섭 및 권리구제 체계, 노동위원회의 조정·중재 및 시정명령 체계 등을 담은 '집단적 교섭단체 구성 및 권리구제 체계' 구축, ▲ 산업재해보상보험 및 고용보험 의무화, 보험료 부담 최소화, 종사자의 능력개발을 위한 교육기회 부여 등을 위한 '사회보험 보장 제도 개선' 등이다.).

- 노동조합의 자주적인 설립·운영·활동 침해 조항

쟁점	내용	헌재 결정
노조 설립	설립신고제도(설립신고서 반려, 노조법 제12조 제3항 제1호)	2012. 3. 29. 선고 2011헌바53 결정 (합헌)
	노조 소극적 요건(노조법 제2조 제4호 단서 5개 항목 중 특히 가목 및 라목)	
	법외노조 통보처분(노조법 시행령 제9조)	2015. 5. 28. 선고 2013헌마671 결정
	노동조합 명칭 사용 금지(노조법 제7조 제3항 및 제93조 제1호)	2008. 7. 21. 선고 2004헌바9 결정 (합헌)
노조 운영	노조임원의 자격, 선거와 해임 절차에 대한 개입(노조법 제14조, 제16조, 제23조)	
	노조 규약, 결의나 처분에 대한 행정관청의 시정명령과 벌칙(노조법 제21조, 제93조)	
	노조전임자의 근로시간면제 제도(노조법 제24조 제2, 5항, 제81조 제4호, 제90조)	
	행정관청의 노조 결산 결과와 운영상황 보고 요구(노조법 제27조, 위반 시 과태료)	
	교원노조의 일체의 정치활동 금지(교원노조법 제3조)	2014. 8. 28. 선고 2011헌바32·2012헌바185·2011헌가18(병합) 결정 (위헌의견 김이수, 이정미)

- 단체교섭권 및 단체행동권 침해 조항

쟁점	내용	헌재 결정
단체교섭권 침해	기업별 교섭단위 및 교섭창구 단일화 강제(노조법 제29조 제2항, 제29조의2 등)	2012. 4. 24. 선고 2011헌마338 결정
	행정관청의 단체협약 시정명령(노조법 제31조 제2항, 제3항, 제93조 제2호)	

쟁점	내용	헌재 결정
	총회 인준권 규약의 효력 부정 (노조법 제33조 제1항)	1998. 2. 27. 선고 94헌바13·26, 95헌바 44 결정
	긴급조정 시의 강제중재제도 (노조법 제79조, 제80조	
	간접고용 근로자의 단체교섭권 침해	
단체행동권 침해	쟁의행위의 협소한 목적에 의한 제한 (노조법 제2조 제5호)	
	쟁의행위에 대한 제한 및 벌칙 조항들: 노조법 제37조(쟁의행위의 기본원칙), 제38조(노동조합의 지도와 책임), 제41조(쟁의행위의 제한과 금지) 제1항, 제42조(폭력행위 등의 금지), 제44조(쟁의행위 기간 중의 임금지급 요구의 금지), 제45조(조정의 전치), 제63조(중재 시의 쟁의행위의 금지), 제77조(긴급조정 시의 쟁의행위 중지)	
	필수유지업무제도	2011. 12. 29. 선고 2010헌바385~394· 451~453·481(병합) 결정
	긴급조정제도	
	평화적인 파업에도 적용되는 업무방해죄와 손해배상 책임 추궁(업무방해죄 형법 제314조 제1항)	1998. 7. 16. 선고 97헌바23 결정 / 2010. 4. 29. 선고 2009헌바168 결정(합헌)

Ⅲ. 개헌과 헌법재판제도 개선

2016년 10월부터 시작된 촛불시민혁명은 국민 주도의 개헌을 요구하고 있다. 국회는 헌법개정특별위원회를 구성하여 2017년 1년간 활동하면서 논의했다. 각계를 대표하는 53명으로 자문위원회를 구성했고, 자문위원들은 6개 분과로 구성되어 치열한 논의를 통해 개정에 관한 의견을 제시했다.[28] 국회 논의가 지지부진하자 문재인 대통령은 역시 국민헌법특별자문위원회의 자문을 거쳐 2018. 3. 18. 국회에 헌법개정안을 제출했다. 헌법 개정 논의 과정에서 쟁점으로 된 헌법재판제도의 개선방안에 대해 정리하면 다음과 같다.

쟁점	현행	대통령 개헌안	국회개헌특위 자문위안[29]	검토
헌재의 심판사항	1. 법원의 제청에 의한 법률의 위헌여부 심판 2. 탄핵의 심판 3. 정당의 해산 심판 4. 국가기관 상호간, 국가기관과 지방자치단체간 및 지방자치단체 상호간의 권한쟁의에 관한 심판 5. 법률이 정하는 헌법소원에 관한 심판	6. 대통령 권한대행의 개시 또는 대통령의 직무 수행 가능 여부에 관한 심판 7. 그밖에 법률로 정하는 사항에 관한 심판	6. 기타 법률이 정하는 사항에 관한 심판	○ 한정적 열거로 인한 지나친 경직성으로 탄력적인 제도 설계가 불가능. ○ 탄력적 제도 도입을 위해 '법률로 정하는 사항에 관한 심판'을 인정할 필요 있음.30)
재판관 자격	'법관의 자격을 가진 9인의 재판관'	'법관의 자격' 요건 삭제	'법관의 자격' 요건 삭제	헌법재판의 특수성과 헌재 구성의 다양성을 위해 '법관 자격' 요건 삭제
재판관 임명절차	제111조 ②… 재판관은 대통령이	제111조 ②…재판관은 대통령이	헌법재판소 재판관을 국회가 재적	○ 국민의 대표기관인 국회가 재판관을 선

---

28) 국회 헌법개정특별위원회 자문위원회의 개정안과 필자의 의견을 종합하여 마련. 국회 헌법개정특별위원회 자문위안은 http://www.n-opinion.kr/?page_id=126&uid=1580&mod=document&pageid=1, 「국회헌법개정특별위원회 자문위원회 보고서」, 2018. 1, 87~91면. 자문위 기본권·총강분과는 별도로 활동 백서를 제출했다. http://www.n-opinion.kr/?page_id=126&uid=1795&mod=document&pageid=1, 「헌법개정특별위원회 기본권·총강분과 활동 백서」, 2018. 1.

쟁점	현행	대통령 개헌안	국회개헌특위 자문위안29)	검토
	임명한다. ③ 제2항의 재판관 중 3인은 국회에서 선출하는 자를, 3인은 대법원장이 지명하는 자31)를 임명한다.	임명한다. ③ 제2항의 재판관 중 3명은 국회에서 선출하는 사람을, 3명은 대법관회의에서 선출하는 사람을 임명한다.	의원 5분의3 이상의 찬성으로 선출하여 대통령이 임명한다.32)	출하도록 함으로써 헌법재판소의 민주적 정당성 및 국민대표 비례성 제고. ○ 가중다수결에 대해서는 검토 필요.
재판관 임기와 연임	제112조 ① 헌법재판소 재판관의 임기는 6년으로 하며, 법률이 정하는 바에 의하여 연임할 수 있다.	현행과 동일	제112조 ① 헌법재판소 재판관의 임기는 9년으로 하며, 연임할 수 없다.	○ 연임을 위해 임명권자 또는 지명권자를 의식하고 재판하는 폐단을 방지하기 위해 연임 폐지. ○ 헌법재판의 전문성, 헌법이념의 가치성과 논증 설득력 등을 위해 임기 연장 필요33)
재판소장 임명	제111조 ④ 헌법재판소의 장은 국회의 동의를 얻어 재판관 중에서 대통령이 임명한다.	제111조 ④ 헌법재판소의 장은 재판관 중에서 호선한다.	헌법재판소의 장은 재판관 중에서 호선한다.	○ 소장 호선 제도의 장·단점34)과 도입 여부35)

---

29) 자문위 보고서, 412~422면.

30) 고려해볼 수 있는 예로는 법률안에 대한 국민발안권이 인정된 상황에서 국민이 발안한 법률안을 국회가 수정의결하고 국민투표에 회부하지 않는 경우, 두 법률안의 동일성 여부와 국민투표 실시 여부에 대해 헌법재판소가 결정하는 제도가 있다.

31) 대법원장이 헌법재판관 3명을 지명하는 것에 대해서는 많은 문제점이 지적되었다. 첫째, 헌법재판의 민주적 정당성을 해친다. 헌법재판은 대의기관의 입법을 무효화시키는 권한을 지니고 있으므로 그에 걸맞은 민주적 정당성을 지녀야 한다. 국민으로부터 선출되지 않은 대법원장이 재판관 3인을 직접 지명하는 것은 헌법재판에 요청되는 민주적 정당성을 가져오

지 못한다. 둘째, 헌법재판의 많은 사건은 법원의 재판과 직·간접으로 연관되어 있고, 법률의 위헌결정은 법원이 합헌으로 본 많은 법률조항을 폐지하거나 무효화하는 것이므로 법원 판례와 연관되어 있고, 재판에 대한 헌법소원은 한정위헌 판단의 대상이 되므로 대법원장은 헌법재판관의 선임에 직접 관여할 입장이 되지 못한다. 셋째, 대법원장은 사실상 대법관으로 승진하지 못한 법원장급을 재판관으로 지명함으로써 헌법재판소의 위상을 떨어뜨려 왔다(이명웅, "대통령의 헌법재판소 개헌안에 대한 이견(異見)", 대한변협신문 684호, 2018. 4. 16, http://news.koreanbar.or.kr/news/articleView.html?idxno=18001).

32) 제18대 국회에서 국회의장 자문기구인 '헌법연구 자문위원회'는 헌법재판소장과 재판관은 재적의원 3분의2이상의 찬성으로 국회에서 선출하고 대통령이 임명하되, 재판관 3분의1은 대법관 중에서 선출하는 방안을 제시했다(헌법연구 자문위원회, 『헌법연구 자문위원회 결과보고서』, 대한민국 국회, 2009, 289-290면.). 제19대 국회에서 국회의장 소속 '헌법개정자문위원회'('제19대 국회 자문위')는 헌법재판소장 포함 9명의 헌법재판관으로 구성하며, 법관의 자격을 가진 사람은 7명 이하로 하였다. 헌법재판소장은 국회(참의원, 제19대 국회 자문위는 양원제 도입을 제안하였음)의 동의를 받아 대통령이 임명하고, 재판관은 인사추천위원회 추천으로 국회(참의원)의 동의를 받아 대통령이 임명하도록 했다(국회 헌법개정 자문위원회, 『활동결과보고서 Ⅰ』, 대한민국국회, 2014, 210면). 국회 자문기구 논의의 공통점은 헌법재판소를 국회 주도로 구성하면서 대법원장의 지명 몫을 완전히 배제하고, 대통령의 실질적 임명권을 최대한 축소하는 방안을 제시했다는 것이다(조규범, "헌법재판소 구성방식에 관한 대통령 개헌안의 쟁점", 이슈와 논점 제1450호, 국회 입법조사처, 2018. 4. 11.).

33) 9년으로 연장하는 방안이 주로 제안되고 있다. 일률적 구성의 위험을 예방하기 위해 3년마다 3명씩 교체할 수 있도록 시차를 두어 임명하는 것이 바람직할 것으로 보인다. 10년 이상 장기간의 임기가 필요하다는 견해로는 김진한, 『헌법을 쓰는 시간』, 메디치, 2017, 373면.

34) 헌재소장 호선제도는 헌재의 독립성 강화에 도움이 될 수 있는 장점이 있으나, 재판관들이 소장 자리를 염두에 두고 내부정치에 치중할 우려의 단점이 있다고 지적되고 있다.

35) 헌법재판소장을 호선하게 한 후 대통령의 임명을 받게 하는 것이 타당한 방안인지에 대한 추가적인 검토가 필요하다는 견해도 있다(조규범, 앞의 글).

여론과 헌법재판

이 범 준*

헌법재판소를 담당하는 기자인 저는 헌법재판에 관한 사실들을 독자에게 알리고 시민의 의견을 재판소에 전달하는 일을 합니다. 언론학 교과서의 표현을 써보면, 헌법재판에 관한 의제와 여론을 형성하는 것입니다. 이러한 언론의 역할은 재판소도 인정하는 것으로 현직 연구관이 맡는 공보관을 두고 있으며 재판소장도 출입 기자와 정기적으로 만납니다. 이에 사법기관인 재판소에 여론이란 과연 무엇인지, 구체적으로 여론에 영향을 받거나 반대로 여론을 설득하는 현상을 생각해보려 합니다.

Ⅰ. 헌법재판은 여론의 영향을 받나

제도인 헌법재판이 여론의 영향을 받느냐는 질문은 모호하게 들립니다. 오히려 사람인 헌법재판관이 여론의 영향을 받느냐고

---

* 경향신문 기자

물어야 정확한 듯합니다. 결론부터 말하면 헌법재판관이 여론의 영향을 받는 사실은 부정하기 어렵습니다. 재판관 자신이 인식하든 못하든 여론의 영향을 받습니다. 규범에 대한 해석, 재판소의 선례, 구체적인 데이터와 함께 여론의 영향을 받습니다. 여론의 영향을 받아 재판소가 결론을 수정한 사건 가운데 1~4차 안마사 사건이 있습니다. 합헌과 위헌을 거쳐 합헌으로 결론을 뒤집었습니다. 당사자들의 강력한 항의를 수용해 결론을 뒤집은 대표적인 사례입니다.

2003년 1차사건[1])에서는 시각장애인에게만 안마사 자격을 주는 것이 합헌이라고 했습니다. 주문은 시각장애인의 독점을 법률이 아닌 규칙으로 정해도 포괄위임입법금지 위반이 아니라는 내용이지만, 이유에서 독점구조까지 합헌으로 판단했습니다. "안마사제도의 시행 역사에서 알 수 있는 바와 같이 일반인들의 의식에도 안마사는 원칙적으로 시각장애인에게 허용되는 업종이라는 법의식이 형성되어 왔다고 할 수 있으며, 시각장애인들도 안마사업은 원칙적으로 자신들에게 허가되는 업종이라고 여겨 그에 관한 정부정책에 대해 신뢰를 형성해 왔다고 할 수 있다."

이렇게 포괄위임입법금지 위반이 아니라는 형식으로 합헌 결론이 나오자, 안마사 규칙의 위헌성을 직접 문제 삼는 2차사건[2])이 제기됩니다. 그리고 2차 사건에서 재판소는 결론을 뒤집습니다. "이 사건 규칙조항은 (중략) 시각장애인이 아닌 일반인으로 하여금 안마사 자격을 받을 수 없도록 규정하고 있다. 이는 시각장애인이 아닌 일반인이 안마사 직업을 선택할 수 있는 자유를 원천적으로 제한하는 것으로서, 아래에서 보는 바와 같이 기본권 제한에 관한 법률유보원칙이나 과잉금지원칙에 위배하여 일반인의 직업선택의

---

1) 헌법재판소 2003. 6. 26. 선고 2002헌가16 결정.
2) 헌법재판소 2006. 5. 25. 선고 2003헌마715·2006헌마368 결정.

자유를 침해하고 있으므로 헌법에 위반된다."

1·2차사건에서 결론이 뒤바뀐 이유는 송인준 재판관이 의견을 변경해서입니다. 송인준 재판관은 2차 사건의 주심인데 퇴임 석 달 전에 2차사건을 선고했습니다. 즉 안마사 사건의 결정 변경을 주도한 셈입니다. 아무튼 시각장애인의 안마사 독점을 깨는 2차사건 선고가 나오자 시각장애인들이 엄청나게 반발했습니다. 생계를 보장하라며 한강으로 뛰어들거나 철로와 고속도로를 막았습니다. 맹학교 학생들은 수업을 거부하고 시각장애인 기독교인들은 기도회를 열었습니다. 다시 적기조차 마음 아프지만 재판소의 결정을 비관해 스스로 목숨을 끊은 경우도 있었습니다.

송인준 재판관은 졸저 <헌법재판소, 한국현대사를 말하다> 인터뷰에서 말했습니다. 퇴임 이후입니다. "2차 선고 무렵 자료에는 등록 시각장애인이 18만 4,965명이고 안마사 자격자는 6,804명으로 전체 3.67퍼센트에 불과했다. 그나마 6,804명이 모두 혜택을 보는 것도 아니다. 여관 주인이 떼먹고 알선자가 또 먹는다. 손에 쥐는 게 얼마 없다. 딱한 사람이니 그렇게라도 생계를 유지하란 식이다. 이건 시각장애인을 모독하는 것이다. 시각장애인들도 당당한 직업인으로 월급 받고 보람을 느끼며 살게 해줘야한다. 그게 핵심이었다. 그래서 법률 조항을 죽여야 한다고 생각했다. 하지만 시각장애인들이 자살하는 일까지 있었다. 본뜻은 그런 게 아니었다. 안타까운 일이었다."3)

이렇듯 송인준 재판관이 결론을 바꾼 이유는 데이터입니다. 하지만 위헌 선고 이후 나온 시각장애인들의 강력한 항의에 여론은 재판소의 결정을 비판했습니다. 결국 국회가 시각장애인의 안마사 독점을 보장하는 법률을 만듭니다. 안마사 규칙의 조항이 위헌 결

---

3) 이범준, 헌법재판소, 한국현대사를 말하다, 서울 : 궁리, 2009, 300~301쪽.

정으로 사라지자 사라진 조항을 의료법에 올려서 부활시켰습니다. 또 다시 헌법소원이 제기됐습니다. 2차사건 결론의 취지를 유지한다면 3차사건4)에서도 위헌이 선고되어야 맞습니다. 하지만 강력한 여론을 무시하고 재판소가 선례를 유지하리라고는 생각하기 어려웠습니다. 예상대로 재판소는 3차사건에서 의료법에 합헌을 결정합니다.

지난해 선고된 4차사건5)에서는 전원일치로 합헌을 결정합니다. 합헌으로 결정된 규범이 세월이 흘러 위헌으로 바뀌는 경우는 별다른 설명이 필요하지 않지만, 위헌으로 판단된 법규가 뒤집혀 합헌이 되고 다시 전원일치 합헌으로 강화되는 경우는 그 원인을 여론 이외의 이유로는 설명하기 힘듭니다. 더구나 1~4차 안마사 사안의 성격이 특별하지도 않습니다. 재판소는 심사방법을 달리하는 방법으로 합헌 결정을 합리화하지만 바탕에는 여론의 강력한 반발을 두려워하는 재판관들의 마음이 있다고 생각합니다. 이 같이 영향을 끼치는 여론은 재판 과정에서 눈에 띄지 않더라도, 선고 이후의 여론을 재판관이 짐작하는 방식으로도 작용합니다.

II. 헌법재판이 여론을 따라야 하나

헌법재판이 여론의 영향을 받는 게 적절한지 의문이 생깁니다. 이와 관련 우선 헌법재판의 역할을 살펴보면, 민주적 정당성을 가진 입법부와 집행부의 결정을 헌법적 정당성을 근거로 부정하는 것이라고 합니다. "민주국가에서의 법률은 다수의 의사를 대변하

---

4) 헌법재판소 2008. 10. 30. 선고 2006헌마1098·1116·1117 결정.
5) 헌법재판소 2017. 12. 28. 선고 2017헌가15 결정.

는 법적 표현이므로 법률에 대한 위헌심사는 바로 다수의 결정에 압도당한 소수, 법률내용에 동의하지 않는 소수에 대한 보호를 의미한다."[6] 이런 맥락에서 학계는 재판소가 여론의 영향을 받는 데 부정적인 거 같습니다. 그래서 재판소의 존재와 권력행사의 정당성을 국민에게 부여받지만 구체적인 사건에서는 여론에 구속되지 말아야한다고 설명합니다.

이러한 설명은 다소 관념적으로 느껴집니다. 현실에서 여론은 재판소라는 존재에 대해서가 아니라 구체적인 사건에서 형성되기 때문입니다. 사건에 관한 여론이 쌓이고 모여 재판소의 존재에 대한 여론도 된다고 생각합니다. 이러한 현실을 부정하기 위해서인지 이겨내야할 여론을 일시적인 것으로 한정해 설명하기도 합니다. "헌법재판소가 순간의 국민적 요청이나 법감정을 고려하여 판단한다면, 헌법재판은 국민의 여론이나 법감정을 확인하는 작업으로 전락할 것."[7] 하지만 특정 사건을 두고 형성되는 여론은 언제나 단기적입니다. 시간의 흐름과 함께 사회 구성원이 바뀌고, 사회도 바뀌기 때문입니다.

이렇게 헌법재판에 관한 여론은 본질적으로 단기적이며, 재판소가 다루는 사건도 단기의 과제입니다. 따라서 여론과 헌법재판의 관계는 처음부터 전면적입니다. 그래서 여론의 지속 정도에 따라 다르게 평가하자는 주장과 이론은 언론인인 저의 생각에는 현실적이지 않습니다. 지난해 박근혜 대통령 탄핵심판이 대표적인 예입니다. 탄핵심판도 다른 헌법재판과 마찬가지로 180일이 시한입니다. 이렇게 보면 박근혜 대통령 탄핵심판을 둘러싼 여론이 아무리 길어도 6개월인 셈입니다. 재판소 밖에서는 탄핵을 인용하라거나 기각하라는 시위가 연일 벌어졌습니다. 이 가운데 탄핵 인용을 요구하

---

6) 한수웅, 헌법학 제6판, 서울 : 법문사, 2016, 1379쪽.
7) 한수웅, 헌법학 제6판, 서울 : 법문사, 2016, 1380쪽.

는 여론이 압도적으로 많다고 대부분 언론이 파악하고 있었습니다.

이 무렵 저는 헌법재판 전문가 3명을 잇따라 인터뷰했습니다. 조대현 전 헌법재판관, 이석연 전 법제처장, 김하열 고려대 교수입니다. 재판관이나 연구관으로 헌법재판에 관여한 전문가들입니다. 조대현 전 재판관과 이석연 전 처장은 탄핵이 인용되어야 한다고 직접 말했습니다. 재판소가 탄핵인용 결론을 내도록 여론을 형성한 셈입니다. 헌법재판소 산하 헌법재판연구원에 있던 김하열 교수만 유보적으로 말했습니다. 이들이 "나는 나대로 언론에 의견을 밝힐테니, 재판관들은 알아서 결론을 내시라"는 심정은 아니었을 것입니다. 전직 재판관과 연구관의 이런 발언을 두고 재판관들이 부당하게 여기거나 무시하지는 않았으리라 생각합니다. (이들을 취재해 여론을 형성하고 재판에 영향을 끼치려한 저의 내심의 의도도 부인하지 못합니다.)

이석연 전 처장은 박근혜 탄핵심판을 적절히 처리하지 못하면 재판소 존립에도 영향이 있을 것이라고 말했습니다. 이는 구체적인 사건에 관한 여론과 재판소의 존재에 관한 여론이 다르지 않다는 것을 보여줍니다. "박근혜 대통령을 파면할 사유가 너무도 명백하다. 노무현 대통령 결정례에 다 나와 있다. 2~3개월이면 충분하다. 소장 재임 중인 1월 선고도 가능하다. (중략) 박근혜 대통령 탄핵사건의 적절한 결론을 조속한 시일 내에 내놓지 않으면 그때는 헌법재판소가 국민 저항권의 대상이 될 수밖에 없다."[8] 전직 연구관이자 헌법학 박사인 이석연 전 처장이 이렇게까지 발언할 수 있던 배경에는 탄핵 인용을 요구하는 압도적인 여론이 있다고 생각합니다.

그렇지만 재판소가 여론을 추수(追隨)만 하는 경우에도 마찬가지로 존립의 근거를 잃습니다. 여론을 확인하는 기관으로 있어봐

---

8) 이범준, 이석연 전 법제처장 '탄핵정국·탄핵심판'을 말하다, 경향신문, 2016. 12. 19.

야 조직 자체가 존속될지는 몰라도 존재의 의미는 사라진다는 뜻입니다. 있으나 없으나 현실에 차이가 없는 기관으로 재판소의 전신인 헌법위원회가 있습니다. 이곳은 헌법에 따라 헌법재판 권한이 있었지만 실제로는 재판을 하지 않아 사실상 폐지된 기관이었습니다. 그래서 목영준 전 헌법재판관 같은 이들은 "여론을 따라만가는 재판소는 존재 이유가 없다. 돌이켜 보면 여론을 거슬렀을 때장기적으로 지지를 얻었다"고 제게 말하기도 했습니다. 그러면서예로 든 것이 청탁금지법입니다. 이 사건의 여론 추이를 보면 박근혜 대통령 탄핵사건과 달리 한쪽으로 쏠리지 않고 미묘하게 갈리는 사건이었습니다.

재판소가 여론을 어디까지 반영해야 하는지를 규범적으로 학술적으로 정치적으로 정의하거나 판단하기 어렵습니다. 다만 그동안저의 취재 경험을 종합하면 재판소가 주시한 것은 여론의 지속이아니라 강도입니다. 압도적 다수인 여론은 가능하면 따랐고 다소간 우위인 여론은 극복해왔습니다. 이런 흐름이 지속되는 동안 재판소는 전문가와 시민사회에서 모두 좋은 평가를 받았습니다. 여기에서 하나 생각해볼 문제는 압도적인 여론이 재판소의 전체 결론은 물론 재판관 개인의 의견까지 제압하는 문제입니다. 통합진보당 해산 결정에 반대한 김이수 재판관에게 공격이 계속되는 상황이 대표적이고, 박근혜 대통령 탄핵심판에서 반대의견이 없던점도 징후로 볼 수 있습니다.

III. 헌법재판이 여론을 주시하는 이유는

헌법재판이 여론을 반영하는 일이 현실적으로 계속되는 이상적절한 이유를 찾아내야 한다고 생각합니다. 먼저 여론의 압력을 마주하는 것이 우리 재판소만의 일이 아닙니다. 미국 연방대법원 역시 여론의 압력을 강하게 받는다고 연방항소법원 판사이자 시카고대학 로스쿨 교수인 리처드 포스너(Richard A. Posner)는 설명합니다. "대법원은 하급 법원들보다 여론의 제약을 더 크게 받는데, 이는 대법원의 판결이 미치는 충격이 큰 만큼 훨씬 많은 사람들이 그 판결을 지켜보고 있음에 기인한다. (중략) 대법원이 대중적으로 외면 받는 급진적인 판결을 내릴 경우에는 하급 법원에서 그렇게 하는 경우 보다 더 신속하고 더 격렬한 보복을 불러일으킨다."[9]

더 나아가 연방대법원에 대한 여론의 압력을 인정하고 긍정하는 대법관들도 많습니다. 벤자민 카도조 전 대법관은 "사람들을 에워싼 거대한 조수와 조류는 자신의 진로를 외면하지 않으며 판사들도 지나치지 않는다"[10]고 1921년 발표한 저서 <The Nature of the Judicial Process>에서 밝혔습니다. 샌드라 데이 오코너 전 대법관도 "우리는 의견을 관철시킬 군대를 갖고 있는 것이 아니다. 법원의 판단이 옳다고 믿는 대중의 신뢰에 의지할 뿐이다. 그래서 대중의 (판결에 대한) 의견과 사법제도에 관한 입장을 알아야 한다"[11]고 1999년 밝혔습니다.

사법기관 특히 헌법재판을 담당하는 사법기관이 여론에 민감한 이유는 자기 합리화를 하지 못한다는 본질적인 한계 때문이라고 생각합니다. 선거를 통해 선출됨으로서 민주적 정당성을 체현하는 입법부 그와 비슷한 행정부와 달리 사법부는 민주적 정당성이 없

---

9) 리처드 포스너 지음, 백계문·박종현 옮김, 법관은 어떻게 사고하는가, 서울 : 한울아카데미, 2016, 396~397쪽.

10) Linda Greenhouse, The U.S. Supreme Court: A Very Short Introduction, New York : Oxford University Press, 2012, p.72에서 재인용.

11) Sandra Day O'Connor, *Public Trust As a Dimension of Equal Justice: Some Suggestions to Increase Public Trust*, Court Review - Volume 36, Issue 3 - Fall 1999, American Judges Association.

거나 적습니다. 그래서 재판이라는 권력행위에 자기합리화가 필요
한데, 이것이 말처럼 쉽지가 않고 추상적 규범을 다루는 헌법재판
은 더욱 그런 듯합니다. 당장 1~4차 안마사 사건이 별다른 이론적
인 어려움도 없이 결론을 바꾼 것도 처음부터 별다른 논리가 없었
다는 얘기가 됩니다. 리처드 포스너도 미국 연방대법관들이 법규
를 분석하거나 선례에 따라 판결하는 게 아니라고 <법관은 어떻게
사고하는가>에서 말했습니다.

　포스너는 대법관들이 결국에는 정치적인 판단을 한다고 했습니
다. "대법관이 사법자제의 입장을 취한다 하더라도 그는 여전히 정
치인이다. 그러나 소심한 정치인이다. (중략) 대법원의 역할은 제방
이 터질 때까지만 손으로 막고 버티는데 그친다. 만약 여론이 압도
적으로 형성되면 정치인들과 마찬가지로 대법관들도 손을 들지 않
으면 안 되는 것이다."[12] 그렇기 때문에 여론이 대법원을 감시해야
한다고도 했습니다. "대법원이 헌법 사건을 판결할 때 정치적 법원
이 될 수밖에 없다면, 우리는 최소한 대법원이 헌법이론의 성격이
주관적이고 또 그 토대가 확실하지 않다는 것을 인식하기를, 이를
통해 대법원의 권한 행사가 제한받기를 희망할 수 있을 것이다."[13]

　여론과 헌법재판에 관한 논의 가운데, 대의제에서 시민의 정치
적 참여가 한계를 가지므로 입법에 영향을 끼치고자 하는 시민의
정치적 열망이 헌법소송을 통해 발현된다는 최근 주장[14]이 있습니
다. 이황희 헌법재판소 연구관은 "시민의 입장에서 보면, 자신이
어떤 위헌적 법률로 인해 피해를 입었을 때 이 법률을 폐지하기 위
한 주요 선택지로, 의회로 달려가 의원들에게 호소하는 것과 헌법

---

12) 리처드 포스너 지음, 백계문·박종현 옮김, 법관은 어떻게 사고하는가, 서
　　울 : 한울아카데미, 2016, 419쪽.
13) 리처드 포스너 지음, 백계문·박종현 옮김, 법관은 어떻게 사고하는가, 서
　　울 : 한울아카데미, 2016, 468쪽.
14) 이황희, 헌법재판과 공적 참여, 저스티스 제159호, 2017. 4.

재판소로 달려가 헌법소원을 제하는 것이 있을 것인데, 자신의 주장을 더 진지하고 신중하게 검토해 주는 곳이 어디를 생각해 보면 전자보다 후자의 선택이 더 나아 보일 이유가 있다"고 했습니다. 매우 흥미로운 이론이라고 생각합니다.

특히 헌법재판이 입법의 기능도 한다고도 주장했습니다. "우리 헌법재판소는 입법부작위라는 법적 관념을 인정하는데 (중략) 진정입법부작위 사안은 특정한 내용의 법률이 입법되지 않은 것이 위헌이라는 점에서 헌법재판소가 입법의무를 직접적으로 확인하게 되므로, 헌법재판소 결정의 정치적 성격이 뚜렷하게 드러나는 대목임에 분명하다. 어떤 특정한 내용으로 입법이 이루어지도록 명하는 것은 사실상 적극적인 입법과 동일한 까닭이다." 물론 이황희 연구관 본인의 분석대로 헌법재판이 입법기능을 대체하기는 어렵지만, 그러한 성격을 가진 점은 넉넉히 논증되고 있습니다. 이런 성격을 시민들이 부지불식간에라도 인식한다면 헌법재판에 관한 여론을 집약하겠다는 의사는 더욱 자연스러운 것이 됩니다.

사법기자로 일하면서 재판에 관여한 경험이 있습니다. 한국인과 결혼해 한국에 사는 재일동포 3세 주부들이 일본 특별영주권을 포기하지 않는다는 이유로 보육료 혜택에서 배제되자 제기한 헌법소원입니다. 저는 2015년 9월 이들의 사연을 기사화했고, 민형기 전 재판관을 대리인으로 주선했습니다. 재판소는 전원일치로 위헌을 결정15)했습니다. 만약 이 사건이 민사나 행정소송이었다면 저는 관여하지 않았을 겁니다. 아무리 공익소송으로 포장해도 일방 당사자를 돕는 일이기 때문입니다. 그러나 헌법소원을 제기하는 일은 고발기사를 보도하는 것과 크게 다르지 않다고 느꼈습니다. 이런 것이 저를 비롯한 시민들이 느끼는 헌법재판의 성격인 것 같습

---

15) 헌법재판소 2018. 1. 25 선고 2015헌마1047 결정.

니다. 다시 말해, 여론은 헌법재판과 재판소를 자신의 것으로 여기는 것입니다. 이것이 21세기 소셜미디어 시대의 재판소가 마주한 현실이라고 생각합니다.

제2부

분야별로 돌아본
헌법재판 30년

헌법재판소와 표현의 자유 30년의 역사

김 선 휴*

Ⅰ. 개관

헌법재판소는 민주화의 산물인 9차 개정헌법에 따라 세워졌다. 한국사회에서 헌법은 제헌 이래 오랫동안 규범적으로는 존재해왔으나, 국가권력을 통제하고 기본권을 보장하는 실질적 역할을 하게 된 것은 헌법재판소의 설립 및 헌법재판의 활성화 이후라고 해도 과언이 아니다. 지난 30년간 많은 법률과 국가의 공권력행사가 헌법재판소에서 그 위헌여부나 기본권 침해 여부를 심사받았다. 민주주의와 표현의 자유를 둘러싼 현실의 갈등과 치열한 다툼도 일정 단계에서 헌법재판소로 옮겨와 법리와 가치의 싸움으로 전환되는 경우가 많았다. 그 결과 적지 않은 위헌결정이 내려져 인권 신장의 계기를 마련하였지만, 헌법재판소에서 다수의 위헌의견으로 이어지지 못한 채 법률 개정이나 사회운동의 동력마저 상실된

---

* 변호사, 참여연대 공익법센터, 전 헌법연구관

경우도 있었다. 그래서 헌법재판소 결정을 살펴보는 것은, 민주화 이후 30년간 한국사회에서 표현의 자유와 관련된 중요한 다툼의 국면이 어떻게 전개되었는지를 파악하는 좋은 도구가 된다.

1. 통계적 고찰

헌법재판소가 그 동안 소위 '자유권' 내지 '표현의 자유'가 문제되는 사건에서는 적극적이거나 전향적인 결정을 내려왔다는 평가가 있다. 통계적 분석으로도 그러한 경향을 추론해볼 수 있다. 헌법재판소가 30년간 전원재판부를 통해 위헌여부 또는 기본권 침해 여부를 심리하여 내린 결정은 총 11,593건이다.[1] 그 중 위헌성이 일부라도 인정[2]된 사건은 1,125건으로 9.7% 정도의 비율을 차지한다. 표현의 자유가 쟁점에 포함된 사건[3]들을 살펴본 결과 전원재판부 결정이 내려진 사건이 총 300건이었는데, 그 중 위헌성이 일부라도 인정된 사건이 총 72건으로 그 비율은 거의 4분의1에 가까운 24%에 달하였다. 표현의 자유 침해가 주장되었던 사건들의 위헌성 인정 비율이 전체 평균에 비해 두 배 이상 높았다는 것을 살펴볼 수 있는 수치이다.

통계적 경향과 관련하여 헌법재판사건의 유형별 비중에서도 흥미로운 지점을 발견할 수 있다. 표현의 자유가 문제된 300건 중 위헌법률심판(헌가)은 37건, 권리구제형 헌법소원(헌마)은 152건, 위

---

1) 위헌법률심판, 권리구제형 헌법소원, 위헌심사형 헌법소원 사건 중 전원재판부에서 심리하여 결정한 사건을 기준으로 하고, 여러 사건이 병합되어 하나의 결정으로 선고된 것은 1건으로 계산하였다(2018. 6. 30. 헌법재판소 홈페이지 판례검색 기준).
2) 위헌, 헌법불합치, 한정위헌, 한정합헌, 인용 결정의 경우를 말한다.
3) 표현의 자유, 집회의 자유, 언론의 자유가 하나라도 결정문에 포함되어 다뤄진 결정 건수를 기준으로 분석하였다(병합결정은 한 건으로 계산).

헌심사형 헌법소원(헌바)은 121건을 차지한다. 전체 전원재판부 결정을 기준으로는 위헌법률심판이 463건, 권리구제형 헌법소원이 9,135건, 위헌심사형 헌법소원이 1,995건이다. 여기서 드러나는 특징은 첫째, 위헌법률심판의 비중이 높다는 것, 즉 법원이 표현의 자유와 관련하여서는 적극적으로 위헌제청을 하는 경향이 있다는 점, 둘째는 청구인이 일반 법원의 재판을 받는 당사자인 경우, 즉 '당해사건'이 존재하는 '헌가'사건과 '헌바'사건의 비중이 높다는 점이다.[4] 이는 많은 시민들이 표현행위를 했다는 이유로 기소되어 형사재판(ex.집시법 위반, 선거법 위반 등)을 받았다는 것, 또는 표현행위를 금지하는 행정처분(ex.등급분류보류결정)을 받았기 때문에 표현을 하기 위해서는 소송을 통해 그 처분의 취소를 구할 수밖에 없었다는 것, 그래서 그 과정에서 최후의 수단으로 법률의 위헌성을 다툴 수밖에 없었다는 억압된 현실의 단면을 보여주는 것으로 해석할 수도 있지 않을까 한다.

2. 시대별 특징

표현의 자유와 관련된 헌법재판의 주제는 시대에 따라서도 일정한 변화의 경향이 나타난다. 헌법재판소가 설립된 이후 표현의 자유와 관련한 최초의 사건은 "알 권리"를 표현의 자유에 포함되는 것으로 본 헌법소원 사건(헌법재판소 1989. 9. 4. 선고 88헌마22 결정)[5]이나, 이는 알 권리의 근거를 표현의 자유에서 찾은 것으로

---

4) 전체적으로는 당해사건이 있는 경우(헌가, 헌바)가 헌마 사건의 4분의1 수준이나, 표현의 자유가 문제된 사건의 경우 헌가사건과 헌바사건을 합하면 158건으로 헌마사건(152건)보다도 많다.
5) 군수관리의 임야조사서, 토지조사부에 대한 청구인의 열람·복사 신청에 불응한 부작위가 청구인의 알 권리를 침해하여 위헌이라고 본 사건임.

표현의 자유가 전면에서 다뤄졌다고 보기는 어렵다. 표현의 자유를 본격적으로 다룬 헌법재판소 초창기 주요 사건들로는 "국가보안법"과 "사전검열" 사건들을 들 수 있다.

국가보안법 제7조(찬양·고무죄)[6]에 대한 89헌가113 사건에서 헌법재판소는 해당 조항이 법문의 다의성과 그 적용범위의 광범성 때문에 형사처벌이 확대되어 국민의 표현의 자유를 위축시킬 수 있다는 점에서 위헌성을 인정하였다. 그럼에도 국가의 존립·안전을 위태롭게 하거나 자유민주적 기본질서에 위해를 줄 명백한 위험성이 있는 경우에 적용된다는 해석 하에서는 헌법에 위반되지 아니한다는 한정합헌 결정을 내렸다(헌법재판소 1990. 4. 2. 선고 89헌가113 결정). 이에 대해 법조항이 지닌 위헌성을 인정하면서도 위헌결정을 내리지 않은 채 결국 소추기관이나 법원의 해석론에 맡긴 소극적 결정이라며 아쉬움과 비판이 많이 제기되었다.[7] 이후 90년대 중후반에 걸쳐 국가보안법의 다른 조항에 대해서도 헌법재판소의 한정합헌 결정은 몇 차례 이어졌고, 한정합헌 결정의 취지를 반영해 개정된 국가보안법 제7조에 대해 2004년 헌법재판소가 단순합헌결정까지 내리면서 헌법재판소에서 국가보안법과 관련된 사건은 한동안 소강상태에 접어들게 되었다.

영화에 대한 공연윤리위원회 사전심의제도 위헌결정(헌법재판

---

6) 제7조(찬양·고무 등) ① 반국가단체나 그 구성원 또는 그 지령을 받은 자의 활동을 찬양·고무 또는 이에 동조하거나 기타의 방법으로 반국가단체를 이롭게 한 자는 7년이하의 징역에 처한다.
⑤ 제1항 내지 제4항의 행위를 할 목적으로 문서·도화 기타의 표현물을 제작·수입·복사·소지·운반·반포·판매 또는 취득한 자는 그 각항에 정한 형에 처한다.

7) 실제로 법원은 이후의 국가보안법 사건에서도 "국가의 존립·안전을 위태롭게 하거나 자유민주적 기본질서에 위해를 줄 명백한 위험성이 있는 경우"라는 헌법재판소 주문의 문구만을 판결문에 반영한 채 실제로는 기존의 해석론과 크게 다르지 않은 태도를 보였다.

소 1996. 10. 4. 선고 93헌가13 등 결정), 음반에 대한 공연윤리위원회의 사전심의제도 위헌결정(헌법재판소 1996. 10. 31. 선고 94헌가6 결정)을 시작으로, '저속'간행물을 발간한 출판사에 대해 등록취소를 가능케 한 출판사및인쇄소의등록에관한법률 위헌결정(헌법재판소 1998. 4. 30. 선고 95헌가16 결정), 비디오물에 대한 한국공연예술진흥협의회의 사전심의 위헌 결정(헌법재판소 1999. 9. 16. 선고 99헌가1 결정), 영상물등급위원회의 등급분류보류제도 위헌 결정(헌법재판소 2001. 8. 30. 선고 2000헌가9 결정), 영화진흥법상 '제한상영가' 등급제 헌법불합치 결정(헌법재판소 2008. 7. 31. 선고 2007헌가4 결정)까지, 문화·예술 분야의 검열제도들이 헌법재판소 초기 여러 차례 위헌결정을 통해 폐지되었다. 헌법재판소가 헌법이 금지하는 사전검열의 기준과 요건을 제시하며 군사정권부터 이어진 검열의 잔재를 청산함으로써, 표현의 자유를 적극 보장하는 헌법기관으로서의 위상을 세울 수 있었던 결정들이었다고 볼 수 있다. 그러나 헌법재판소의 위헌결정 이후 노골적인 사전검열 대신 형태를 변경한 자율규제, 민간심의, 공적지원 시스템 하에서 미시적으로 교묘하게 작동하는 검열기제는 헌법재판소가 판시한 검열의 기준에 포섭될 수 없는 한계가 있다.

2000년대 들어서는 표현의 자유와 관련하여 집회·시위를 둘러싼 여러 사건들이 헌법재판소의 판단을 받게 되었다. 최초 사건은 야간집회금지를 다툰 헌법재판소 1994. 4. 28. 선고 91헌바14 결정(합헌)이지만, 외교기관 경계 100미터 이내 집회금지를 다툰 헌법재판소 2003. 10. 30. 선고 2000헌바67 등 사건에서 한정위헌결정이 내려진 이후 집회·시위의 자유와 관련된 헌법재판들이 본격화되었고, 현재까지도 "집회 및 시위에 관한 법률"의 여러 조항을 둘러싼 헌법재판은 계속 제기되고 있다.

90년대 후반부터 통신기술의 발전과 인터넷의 보급으로 인해 인터넷 상에서의 의사표현이나 권리관계를 규율하는 새로운 법률이 생성되었다. 그 과정에서 새로 도입된 제도들의 위헌성 판단을 구하는 사례도 늘어나게 되었다. 온라인상 표현과 관련된 최초의 사건으로 볼 수 있는 소위 '불온통신' 위헌결정(헌법재판소 2002. 6. 27. 선고 99헌마480 결정) 이후로 전기통신기본법상 '허위통신'(헌법재판소 2010. 12. 28. 선고 2008헌바157 등 결정), 정보통신망법 임시조치제도(헌법재판소 2012. 5. 31. 선고 2010헌마88 결정), 정보통신망법상 본인확인제(헌법재판소 2012. 8. 23. 선고 2010헌마47 등 결정), 전기통신사업법상 통신자료제공요청(헌법재판소 2012. 8. 23. 선고 2010헌마439 결정) 등이 헌법재판소의 판단을 받았다.

한편, 헌법재판소 초창기부터 지금까지 표현의 자유와 관련해 위헌주장이 계속되는 주제로, 유권자 표현의 자유를 제한하는 각종 선거법상 규제를 들 수 있다. 선거운동을 원칙적으로 금지했던 구 대통령 선거법조항에 대한 위헌법률심판(헌법재판소 1994. 7. 29. 선고 93헌가4 등 결정) 이후로 선거운동의 주체, 시기, 방식과 관련된 여러 조항이 지속적으로 헌법재판의 대상이 되고 있다. 그만큼 선거법의 여러 조항들의 위헌성 논란이 쉽게 해소되지 않고 있다는 것의 방증이기도 하다.

표현의 자유는 자유로운 인격발현의 수단임과 동시에 합리적이고 건설적인 의사형성 및 진리발견의 수단이며, 민주주의 국가의 존립과 발전에 필수불가결한 기본권이다(헌법재판소 2011. 12. 29. 선고 2007헌마1001 등 결정). 무엇보다 표현의 자유는 약자와 소수자를 위한 소통과 연대의 권리이며, 정치적·사회적 약자의 의사 역시 국가의 정책결정에 반영될 수 있도록 하는 수단이다. 이번 발표문에서는 그런 의미가 강조되는 유형의 사건들, 즉 특별한 경제력이나 정치적 영향력, 언론·출판과 같은 별도의 표현수단을 갖지 못한 보편적인 시민들의 표현의 자유와 관련된 사례들을 위주로 살

퍼보려 한다. 첫 번째로 일반 유권자로서 자신들의 대표를 뽑는 과
정에서 자유롭게 후보자를 평가, 비판하고 의견을 나눌 수 있는 권
리와 관련해 공직선거법과 관련된 결정들을 검토하고, 두 번째로,
개인이 타인과 사회공동체로부터 고립되는 것으로부터 보호하는
기본권"(헌법재판소 2003. 10. 30. 선고 2000헌바67 결정)으로 집단
적인 형태의 인격발전을 보호하는 기본권인 집회·시위의 자유와
관련된 결정들, 세 번째로 정치적 영향력과 경제력에 상관없이 누
구나 공평하게 접근할 수 있는 자유와 평등의 공간인 온라인상 표
현의 자유와 관련된 결정들을 살펴보려 한다.

II. 유권자의 표현의 자유와 헌법재판소 결정

1. 정치적 표현의 자유 vs. 선거의 공정과 평온

오늘날 민주주의가 실질적 의미를 갖기 위해서는 국민이 선거
과정에서 정치적 의견을 자유로이 발표·교환함으로써 국민의 의사
에 부합하는 대표자가 선출될 수 있어야 한다. 선거과정에서의 정
치적 표현의 자유는 민주주의 달성을 위해 반드시 필요한 것이다.

그런데 한국사회의 공직선거법은 다른 어떤 나라의 선거법과
비교해볼 때에도 선거운동에 대한 강력하고 복잡한 규제조항들로
채워져 있다. 그나마 후보자 및 예비후보자에게는 일정한 범위 내
의 선거운동을 허용하면서 그 외의 선거운동방법을 금지하는 형태
지만, 일반 유권자들에게는 공직선거법상 허용된 선거운동 내지
정치적 의사표시의 영역이 매우 협소하다. 이 때문에 국민들이 선
거 시기에 후보자와 정책에 대해 충분한 정보를 취득하거나 자유

롭게 토론하고 의견을 주고받을 수 없다보니, 선거법의 여러 조항들에 대해 위헌성을 다투는 헌법재판이 지속적으로 제기되었으며, 입법개정에 대한 사회적 요구도 오랫동안 이어져왔다.

그럼에도 선거 시기 유권자 표현의 자유를 규제하는 선거법에 대한 헌법재판에서 그 위헌성이 인정된 사례는 거의 없다. 헌법재판소는 선거에 영향을 미치게 하기 위한 현수막의 설치, 표찰의 착용, 인쇄물의 제작, 배포 등을 금지하는 구 지방의회선거법 제57조8)에 관한 헌법소원에서 합헌결정(헌법재판소 1995. 4. 20. 선고 92헌바29 결정)을 내린 뒤 각종 선거법의 유사한 조항들에 대해서도 일관되게 합헌결정을 내렸는데 그 가장 주된 논거는 '선거의 공정과 평온' 확보의 중요성이었다.

"선거의 부당한 과열경쟁으로 인한 사회경제적 손실을 막고 후보자간의 실질적인 기회균등을 보장함과 동시에 탈법적인 선거운동으로 인하여 선거의 공정과 평온이 침해되는 것을 방지"한다는 목적이 정당하고, "선거의 자유와 공정을 해칠 우려가 크다고 인정되는 특정의 선거운동방법과 내용에 국한되는 것"으로서 그것이 폐해방지에 필요한 최소한의 정도를 넘는 것은 아니며, 과거 "금력, 권력, 폭력, 학연, 지연, 혈연 등에 의한 부패와 탈법"과 민의 왜곡의 경험에 비추어볼 때 선거의 실질적 자유와 공정의 확보는 "높은 국민적 열망"을 담은 것이기에 법익의 균형성에 반하지 않는다는 것이다(헌법재판소 1995. 4. 20. 선고 92헌바29 결정).

그러나 이러한 판시는 몇 가지 점에서 비판이 가능하다. 정치적 표현의 자유는 통치권자를 비판함으로써 피치자가 스스로 지배기구에 참가한다고 하는 자치정체(自治政體)의 이념을 그 근간으로 하는 것으로서 민주주의의 존립과 발전에 필수불가결한 기본권이

---

8) 현행 공직선거법 제90조 제1항과 제93조 제1항을 합한 것과 유사한 내용이다.

기에 선거의 '공정성'을 전제로 인정되는 것이 아니다.9) 더욱이 선거의 '평온'은 선거운동의 자유와 대등한 헌법적 가치라고 할 수도 없다.10) 또 선거법 전체를 종합해보면 결국 특정한 방법에 국한된 규제가 아니라 주체, 시기, 방법별로 가능한 거의 모든 표현양태들을 규제하고 있는 것임에도 이러한 선거법의 전체 체계를 고려하지 않았다. 과거 부정선거, 금권선거의 역사는 그 책임이 상당부분 유권자의 의사를 매수하고 왜곡하고자 했던 정치인과 후보자들에게 있음에도, 이를 들어 유권자의 자발적인 의사표현과 후보자에 대한 비판까지 규제하는 것을 정당화할 수 있는지도 의문이다.

2. 시민사회 낙천·낙선 운동과 시민불복종

한국사회 공직선거의 역사에서 중요한 전기를 마련한 사건은 2000년 16대 국회의원 선거를 앞두고 수백 개 시민사회단체들이 참여한 총선시민연대의 낙천, 낙선운동이다. 당시 부패, 비리 정치인에 대한 평가를 내세운 낙천운동에 대해 시민들의 전폭적인 호응이 있었고, 선거법 개정에 대한 높은 사회적 요구11)가 있었다. 그럼에도 국회의원 선거를 앞두고 2000. 2. 16.자 선거법 개정은 제

---

9) 헌법재판소 2014. 4. 24. 선고 2011헌바17 등 결정 중 재판관 3인의 소수의견 참조.

10) 선거의 공정과 균등한 기회의 보장은 헌법 제114조 제1항, 제116조 제1항, 공직선거법 제1조 등에 의하여 명시적으로 요구되는 헌법적 요구인 반면, 선거의 평온은 그와 동등한 차원의 공익으로 보기 어렵다(헌법재판소 2011. 12. 29. 선고 2007헌마1001 등 결정).

11) 당시 총선시민연대는 후보자나 정당 등 당사자측이 당선, 낙선을 목표로 하는 '협의의 선거운동'과 당사자측이 아닌 국민과 공익적 시민단체' 등의 '유권자 운동'을 구분해 전자에 대한 규제는 유지하되 후자는 크게 완화하여 시민단체와 국민의 정치적 참여를 전면 보장하는 쪽으로 선거법 개정을 요구했다.

한적인 수준12)에 그치고 말았고 결국 총선시민연대의 낙선운동은 일정 범위에서는 처벌을 감수한 시민불복종으로 나아가게 되었다. 이후 낙선운동 특히 장외 집회와 거리행진, 서명운동, 후보자 이름을 명시한 현수막 게시 등에 관여한 사람들은 공직선거법 위반으로 기소되었고, 피고인들은 선거법 조항에 대해 헌법소원을 제기하였으나, 공직선거법 조항은 모두 합헌결정을 받았고(헌법재판소 2001. 8. 30. 선고 2000헌마121 등 결정, 헌법재판소 2001. 12. 20. 선고 2000헌바96 결정), 형사재판은 유죄가 확정되었다. 유권자운동도 후보자 측의 선거운동과 마찬가지로 규율하는 것이 합헌이라고 본 이유는, 제3자편의 낙선운동과 후보자측이 자기의 당선을 위하여 경쟁 후보자에 대하여 벌이는 낙선운동이 분리 불가능하고, 일부 후보자들이 제3자편의 낙선운동을 상대 후보자를 비방하는 데 암묵적으로 악용할 우려가 있으며, 불분명한 기준의 도입은 단속기관의 자의가 개입할 여지를 열어주어 선거의 공정을 해할 우려도 있다는 점 때문이었다.

이후 법원 판결에서 명시적으로 가능하다고 판시한 낙선후보 발표 기자회견(대법원 2002. 2. 26. 선고 2000수162 판결) 외에 시민단체의 낙선운동은 크게 위축될 수밖에 없었다. 각계의 선거법 개정 노력에도 기존의 기득권을 보호하는 데 유리한 공직선거법은 국회의원들의 의지 부족으로 계속 개정되지 않았고, 그 사이 법원은 선거쟁점이 되었다는 이유로 무상급식, 사대강 등 정책이슈에 대한 시민단체 활동가나 유권자의 의사표현까지 선거법 위반으로 유죄를 선고하는 등 유권자 표현의 자유를 위축시키는 판례를 쌓

---

12) 선거운동에 관한 공직선거법 제58조 제1항에서 "정당의 후보자 추천에 관한 단순한 지지·반대의 의견개진 및 의사표시"를 선거운동에서 제외하는 정도에 그치고, 단체의 선거운동을 금지하는 공직선거법 제87조를 비롯한 여러 규제조항들은 유지되었다.

아갔다.

3. 인터넷 선거운동 금지 한정위헌결정의 의미와 한계

그런 경향 속에 공직선거법 제93조 제1항 "기타 이와 유사한 것"에 '인터넷'이 포함된다고 해석하는 한 위헌이라는 한정위헌 결정(헌법재판소 2011. 12. 29. 선고 2007헌마1001 등 결정)의 등장은 상당히 이례적이고 독특한 것이었다. 불과 2년 반 전 동일한 조항에 대해 내려진 합헌선례(헌법재판소 2009. 7. 30. 선고 2007헌마718 결정)도 변경되었다. '인터넷'이라는 매체의 특성, 누구나 손쉽게 접근 가능한 매체이고, 이를 이용하는 비용이 거의 발생하지 않거나 저렴하여 선거운동비용을 획기적으로 낮출 수 있는 수단이라는 점이 중요하게 고려된 것이다. 그러나 그 뿐 아니라 정당의 정강·정책 등에 대한 지지, 반대 등 의사표현을 금지하는 것은 일반국민의 정당이나 정부의 정책에 대한 비판을 봉쇄하여 정당정치나 책임정치의 구현이라는 대의제도의 이념적 기반을 약화시킨다는 점, 일반유권자의 정치적 표현 내지 선거운동 속에 비방·흑색선전 등의 부정적 요소가 개입될 여지가 있다 하여 '일정한 기간 정치적 표현을 전면적으로 금지'하는 것은 허용될 수 없다는 점 등도 위헌의 이유로 제시되었다.

해당 결정 이후 시민사회와 유권자들은 시기를 불문하고 온라인상에서의 정치적 의사표현, 후보자에 대한 찬성·반대 의사표시를 훨씬 자유롭게 할 수 있게 되었다. 다만 제93조 제1항의 한정위헌결정은 인터넷 상에서의 의사표현에 한정된 것이었고, 이후 제93조 제1항의 나머지 부분 및 기타 규제들에 대해서는 지속적으로 합헌결정이 내려지다보니, 동일한 내용의 의사표현이라도 온라인

에서는 자유로우나 오프라인에서는 금지되는, 다소 기형적인 상황
이 계속되고 있다.[13]

    헌법재판은 법령의 위헌여부에 대한 최종적인 해석권한을 통해
갈등을 해결, 종식시키는 역할을 부여받았다. 국회가 스스로 법을
개정하지 않고, 법원도 선거법 재판에서 합헌적 법률해석의 의무
를 다하지 않으며, 헌법재판소가 합헌 결정을 수차례 내렸는데도,
갈등이 해결되지 않고 재차 헌법소원이 제기되고 있다면, 앞으로
이 문제는 대체 어떻게 해결이 가능할지 고민이 된다. 향후 헌법재
판소가 한국사회의 선거풍토가 성숙하고 변화했음을 인정하며 다
시금 선례를 변경하여 오래된 갈등을 해결하기를 기대해도 될까.

III. 집회·시위의 자유와 헌법재판소 결정

    집회·시위의 자유와 관련된 헌법재판은 크게 보아 세 가지 국면
에서 위헌성 논란이 제기되었다. (1) 집회·시위에 대한 "장소" 규제,
(2) 집회·시위에 대한 "시간" 규제, (3) '집회 및 시위에 관한 법률'
(이하 '집시법'이라 한다)의 적용을 받는 집회의 개념과 미신고집
회 처벌의 문제다.[14]

---

13) 예를 들어 2016년 20대 국회의원 선거 공천시기에 청년단체 활동가가 채
    용비리에 연루된 최경환 후보자의 공천을 반대하는 내용이 담긴 피켓을
    들고 국회 앞에서 40분 동안 1인 시위를 한 것이 '선거에 영향을 미치기
    위한 광고물 게시'라는 이유로 선거법 위반으로 기소되었고, 낙선대상 후
    보자 사무소 앞에서 낙선이유를 밝히는 기자회견을 개최하거나 참석한
    시민단체 활동가 22명도 각종 선거법 조항 위반으로 기소되었다. 동일한
    낙선 주장을 온라인을 통해서 확산시킨 것은 문제되지 않았다.
14) 그 외에도 집회·시위의 자유와 관련하여 집시법의 해산명령불응죄, 형법
    상 일반교통방해죄, 경찰의 물포발사행위 등의 위헌을 구하는 사건들도
    있었다.

1. 집회장소선택의 자유

현행 집시법 제11조[15]는 국회의사당, 법원, 대통령관저, 국무총리공관 등 주요 국가기관 청사와 저택 경계지점 100미터 이내에서 옥외·집회 시위를 절대적으로 금지하고 있다. 그 모태는 1962년 제정된 구 집시법 제7조로, 당시 군사정권은 정통성 취약 때문에 국민들의 집회의 자유를 최대한 억제하기 위해 집시법에 절대적 집회금지사유(제3조), 옥외집회 또는 시위의 '신고제'(제4조), 야간옥외집회시위 금지(제6조), 국회의사당, 각급법원 주위 2백미터 등 절대적 집회금지장소(제7조), 주요도시 주요도로 집회시위 금지통고제도(제8조) 등 다양한 규제를 도입하였고, 이는 현행 집시법에도 상당 부분 남아있다.

외교기관 경계 100미터 내 절대적 집회금지의 위헌성을 판단한 2000헌바67결정은 집시법 조항에 대한 초기 결정이자 집회의 자유 침해를 인정한 첫 결정이다. 집회의 자유의 의미와 내용, 특히 집회에 있어 "장소"선택의 중요성 등 이정표가 될 만한 판시들이 주로 이 결정에서 등장하였다.

---

15) 제11조(옥외집회와 시위의 금지 장소) 누구든지 다음 각 호의 어느 하나에 해당하는 청사 또는 저택의 경계 지점으로부터 100 미터 이내의 장소에서는 옥외집회 또는 시위를 하여서는 아니 된다.
　1. 국회의사당, 각급 법원, 헌법재판소
　2. 대통령 관저(官邸), 국회의장 공관, 대법원장 공관, 헌법재판소장 공관
　3. 국무총리 공관. 다만, 행진의 경우에는 해당하지 아니한다.
　4. 국내 주재 외국의 외교기관이나 외교사절의 숙소. 다만, 다음 각 목의 어느 하나에 해당하는 경우로서 외교기관 또는 외교사절 숙소의 기능이나 안녕을 침해할 우려가 없다고 인정되는 때에는 해당하지 아니한다.
　　가. 해당 외교기관 또는 외교사절의 숙소를 대상으로 하지 아니하는 경우.
　　나. 대규모 집회 또는 시위로 확산될 우려가 없는 경우.
　　다. 외교기관의 업무가 없는 휴일에 개최하는 경우.

　　"집회의 자유는 다른 법익의 보호를 위하여 정당화되지 않는 한, 집
　　회장소를 항의의 대상으로부터 분리시키는 것을 금지한다."라거나, "집
　　회의 금지와 해산은 원칙적으로 공공의 안녕질서에 대한 직접적인 위
　　협이 명백하게 존재하는 경우에 한하여 허용될 수 있다."는 등의 판시
　　는 이후 집시법 위반 형사재판이나 집회 금지통고에 대한 취소소송, 집
　　시법에 대한 헌법재판 등에서도 집회의 자유를 정당화하기 위해 자주
　　활용되고 있다.

　헌법재판소 2003. 10. 30. 선고 2000헌바67 등 결정은 외교기관
인근에서의 집회·시위가 지닌 추상적 위험성이 구체적인 상황에
의하여 부인될 수 있는 경우(다른 항의대상에 대한 집회, 소규모
집회, 휴일에 개최되는 경우 등)가 있음에도 입법자가 어떤 예외도
두지 않은 채 절대적으로 금지한 것이 기본권 침해의 최소성 원칙
에 반한다는 점에서 위헌 결정을 하였다. 이후 집시법은 제11조 제
4호에 외교기관 인근에서 집회·시위가 가능한 예외사유를 추가하
는 방향으로 일부 개정되었다.

　그런데 이후 외교기관 뿐 아니라 법원과 국회의사당도 100미터
내 집회를 절대적으로 금지하고 있는 점이 헌법재판의 대상이 되
었으나, 결국 위헌결정에 이르지는 못하였다. 법원의 경우, 법원이
가지는 특수한 기능으로 인해 특별한 보호가 필요하고, 집회나 시
위로 인한 비평온상태는 재판관련 유무를 떠나 사법기능에 저해를
가져 오며, 달리 동일한 효과가 있는 보다 완화된 방법을 찾기 어
렵다는 등의 이유가 제시되었다(헌법재판소 2005. 11. 24. 선고 2004
헌가17 결정). 국회의 경우에는, 국회 인근에서의 옥외집회·시위는
이해관계나 이념이 대립되는 여러 당사자들 사이의 갈등이 극단으
로 치닫거나 물리적 충돌로 발전할 개연성이 높아 사후적 규제만
으로는 목적을 달성할 수 없고, 국회가 직접적 항의 대상이 아닌

경우나 소규모의 집회, 휴일이나 휴회기의 집회라도 국회의 기능을 저해할 위험성이 있다는 것 등이 합헌결정의 논거였다(헌법재판소 2009. 12. 29. 선고 2006헌바20 등 결정).

그러나 입법자는 국민의 대의기관으로서 국민의 다양한 의견과 이익을 수렴하여 정치적으로 결정하는 기관이며, 외부로부터의 정치적 영향을 피할 수 없고, 오히려 모든 중요한 사회적 세력과 이익의 영향을 고루 받아야 한다는 점에서 국회의사당 앞에서의 집회·시위는 입법이라는 의회기능의 본질에 반하는 것이 아니다. 따라서 국회 인근 집회·시위의 실질적 위험성이나 폭력행위 발생의 개연성을 묻지 아니하고 절대적 집회금지구역을 설정한 것은 입법목적의 정당성이 없거나 입법목적에 부합하지 않는 수단을 택한 것이라는 반론이 가능하다. 국회의 기능을 보호하는 것이 집시법과 형법의 다른 사후규제로 불충분하다는 실증적 논거도 없는 상황에서 막연한 추정만으로 표현의 자유를 사전적이고 절대적으로 금지하는 것은 침해최소성 원칙에도 반하는 것으로 보아야 한다. 법원 100미터 내 집회금지 또한 재판의 공정과 독립성을 침해할 직접적인 위협이 명백히 존재한다고 볼 수 없는 경우(다른 항의대상에 대한 경우, 진행 중인 구체적 재판과 관련되지 않은 경우 등) 집회·시위가 가능한 예외를 규정하지 않은 것이 최소침해성 원칙에 위배될 수 있다고 본다.

현재도 국회, 대통령관저, 법원, 국무총리공관 등 집시법 제11조에서 규정한 여러 집회금지장소에 대해 많은 헌법소원이 제기되어 헌법재판소가 이를 심리중이다. 국무총리공관 앞 집회금지 사건과 관련하여 헌법재판소는 2016년 11월 공개변론도 진행한 바 있고, 최근 국회 앞 집회금지조항 위반 재판에서는 합헌적 법률해석을 통한 무죄판결도 선고되었으며, 해당 조항에 대한 법원의 위헌제청도 있었다. 특히 최근 촛불집회를 거치며 드러난 한국 시민사회의 평화적 집회·시위 역량을 헌법재판소가 인식한다면, 절대적 집회금지조항에 대해서도 과거보다 전향적인 판시가 가능하지는 않을지 기대해 볼만하다.[16]

2. 야간옥외집회금지 헌법불합치 결정과 촛불집회

야간옥외집회금지에 대한 헌법불합치 결정(헌법재판소 2009. 9. 24. 선고 2008헌가25결정)은 집회·시위의 자유와 관련해 가장 의미 있는 헌법재판소 결정 중 하나이다.

군사정권 초기인 1962년 제5차 개정 헌법에는 '옥외집회에 대하여는 그 시간과 장소에 관한 규제를 법률로 정할 수 있다.'(제18조 제4항)는 규정이 있었고 이러한 헌법상 근거에 따라 1962년 제정 구 집시법은 시간과 장소에 대한 규제를 도입했다. 이 규제는 민주화운동 이후에도 계속 유지되어 집시법 제10조[17)]에서는 해 뜨기

---

16) 본고의 초안을 2018. 5. 4. 학술대회에서 발표한 이후 2018. 5. 30. 헌법재판소는 국회의사당 경계지점 100미터 이내 집회·시위를 절대적으로 금지하는 집시법 제11조 제1호 '국회의사당' 부분에 대하여 헌법불합치 결정을 내렸고(헌법재판소 2018. 5. 30. 선고 2013헌바322 등 결정), 2018. 6. 28.에는 국무총리공관 100미터 이내 절대적 집회·시위 금지, 2018. 7. 26.에는 각급 법원 100미터 이내 절대적 집회·시위 금지에 대해서도 각각 헌법불합치 결정을 내렸다(헌법재판소 2018. 6. 30 선고 2015헌가28 결정, 2018. 7. 26. 선고 2018헌바137 결정). 이는 절대적 집회금지장소 규제에 대한 커다란 진전으로 평가할 수 있다. 이에 따라 국회는 2018. 12. 31.까지 집시법을 헌법불합치 결정의 취지에 맞게 개정해야 할 입법의무를 부과받았다. 다만 대통령관저 경계지점 100미터 이내 절대적 집회시위 금지조항은 여전히 헌법재판소에서 심리 중이다.

17) 집회 및 시위에 관한 법률 제10조(옥외집회와 시위의 금지 시간) 누구든지 해가 뜨기 전이나 해가 진 후에는 옥외집회 또는 시위를 하여서는 아니 된다. 다만, 집회의 성격상 부득이하여 주최자가 질서유지인을 두고 미리 신고한 경우에는 관할경찰관서장은 질서 유지를 위한 조건을 붙여 해

전과 해가 진 후 옥외집회·시위를 금지했던 것이다.

2008헌가25 결정에서 2인의 헌법불합치 의견도 지적한 바 있지만, 야간옥외집회금지조항은 "낮 시간이 짧은 동절기의 평일의 경우에는 직장인이나 학생은 사실상 집회를 주최하거나 참가할 수 없게 되어, 헌법이 모든 국민에게 보장하는 집회의 자유를 실질적으로 박탈하거나 명목상의 것으로 만드는" 것이었다. 이 때문에 시민사회는 해가 진 후 함께 모여 촛불을 들기 위해서는 집시법의 규제를 피해가고자 '추모제' 또는 '문화제'라고 주장할 수밖에 없었다.18) 그러나 경찰은 추모제나 문화제의 형식을 취해도 실질은 집회라며 집시법 위반으로 수사했고, 대법원도 장갑차 희생 여중생 추모 촛불집회가 "순수한 추모의 범위를 넘어 사전신고가 필요한 집회"였다며 "집회가 금지된 일몰 후에 촛불시위를 벌인 것은 위법"이라고 유죄로 판결하였다. 2008년 미국산 쇠고기 수입협상 반대 촛불집회도 결국 야간집회라며 주최자인 시민단체 활동가들이 기소되었는데, 집시법 위반으로 형사재판을 받던 피고인이 집시법 제10조에 대해 위헌제청신청을 하고 재판부가 이를 받아들여 위헌제청을 하게 됨에 따라 헌법재판소의 판단을 받을 수 있었던 것이다.

야간집회에 대한 헌법재판소의 헌법불합치 결정으로, 이후에는 해산이나 형사처벌에 대한 두려움 없이 야간에도 옥외집회를 신고하고 촛불을 들 수 있게 되었다. 지난 2016년 겨울과 2017년의 봄, 과잉진압이나 충돌 없이 주말마다 밤까지 촛불을 들 수 있었던 데

가 뜨기 전이나 해가 진 후에도 옥외집회를 허용할 수 있다.

18) 집시법 제15조는 학문, 예술, 체육, 종교, 의식, 친목, 오락, 관혼상제(冠婚喪祭) 및 국경행사(國慶行事)에 관한 집회에는 집시법 제6조부터 제12조까지의 규정을 적용하지 아니한다고 규정하고 있기 때문이다. 2002년 미군 장갑차에 희생된 여중생 관련 촛불집회는 주로 '추모제'의 형식으로, 2008년 미국산 소고기 수입협상 관련 촛불집회는 주로 '촛불문화제'의 형식으로 진행하였다.

에 야간집회금지 헌법불합치 결정이 분명 큰 역할을 했다고 평가
할 수 있을 것이다.

3. 기자회견과 미신고집회

집시법은 그 적용을 받는 '옥외집회'에 대한 정의규정을 두고
있지만 '옥외'의 의미만 규명할 뿐 '집회'에 대해서는 따로 정의를
내리고 있지 않다. 이 때문에 집시법의 적용을 받는 집회인지 여부
에 따라 사전에 신고해야 하는 대상인지가 달라지는데, 현실에서
는 특히 옥외에서 개최되는 '기자회견'이 자주 문제되었다.

사실 실내가 아닌 옥외에서 개최하는 기자회견은 옥외집회·시
위를 과도하게 제약하는 집시법이 존재하는 상황에서, 언론의 자
유라는 기본권에 힘입어 가능한 한 합법적인 공동 의사표현의 영
역을 찾고자 하는 치열한 고민의 산물이라고도 볼 수 있다. 집회·
시위 금지장소인 법원이나 국회의사당 100미터 이내에서 기자회견
을 통해 일정한 공동의 의사를 표명하는 것도 집시법 제11조 집회
금지장소 조항이 지닌 위헌성에 대응하는 하나의 방식인 것이다.

그러나 시민사회단체나 노동조합 등은 기자회견이 집시법의 적
용에서 제외되는 것이라고 주장하며 경찰에 신고 없이 개최하는
반면, 경찰은 구호를 외치는지 여부와 같은 자의적 기준으로 기자
회견을 집시법 적용대상인 집회로 보아 해산명령을 내리고 검찰은
이를 선별적으로 기소하면, 법원은 광의 또는 최광의의 집회개념
을 내세워 이를 모두 집시법상 미신고집회로 형사처벌하였다. 이
지점에서 여러 개의 헌법소원 사건이 제기되었다.

청구인들은 집시법상 신고대상인 옥외집회의 개념이 불명확하
다는 점, 행정적 협조의무 위반에 불과한 미신고집회 주최자를 징

역형이 있는 형벌로 규율하는 것이 과잉금지원칙에 반한다는 점 등을 주장하였으나, 모두 합헌결정을 받았고(헌법재판소 2009. 5. 28. 선고 2007헌바22 결정; 헌법재판소 2014. 1. 28. 선고 2011헌바 174 등 결정), 기자회견을 둘러싼 주최 측과 경찰의 실랑이는 현장 에서도 수시로 반복되었다.

　다만 한국사회에서는 최근 집회·시위의 자유를 둘러싼 일부 개선의 흐름이 감지되고 있다. 지난 촛불집회 때 청와대 방향 행진에 대한 경찰 금지통고를 정지시킨 일련의 판결들, 경찰개혁위원회의 집회·시위 관련 권고와 경찰청의 수용, 경찰의 집회·시위 대응 방침의 변화도 나타나고 있다. 그러나 개별 사건에서의 법원 판결이나, 법이 아닌 경찰의 관행 변화만으로는 기본권을 공고히 보장하는 데 한계가 있을 수밖에 없다. 결국 이 분야에 있어서도 헌법재판소의 보다 적극적 역할이 요청될 수밖에 없다고 본다.

IV. 온라인상 표현의 자유와 헌법재판소 결정

　정보통신기술의 발달에 따라 이제 수많은 표현행위들은 정보통신망을 매개로 이루어지고 있다. 정보통신망에서의 표현행위도 일반적인 표현의 자유의 보호를 받는다는 점에서 근본적인 차이는 없지만, 다음 두 가지는 정보통신망에서의 표현행위가 지닌 특징이 부각되는 점에서 주목해볼만한 결정들이다.

1. 익명표현의 자유와 관련한 엇갈린 두 결정

　정보통신망이라는 공간이 지닌 가장 중요한 특징 중 하나가 바로 익명성이다. 의사의 '자유로운' 표명과 전파의 자유에는 자신의 신원을 누구에게도 밝히지 아니한 채 익명 또는 가명으로 자신의 사상이나 견해를 표명하고 전파할 익명표현의 자유도 포함된다.

그런데 정보통신망법 제44조의5 제1항 제2호는 소위 악플이나 신상털기 등 인터넷에서의 역기능을 막는다는 목적으로 인터넷게 시판을 설치·운영하는 정보통신서비스 제공자에게 본인확인조치 의무를 부과하여 게시판 이용자로 하여금 본인확인절차를 거쳐야 만 게시판을 이용할 수 있도록 하는 본인확인제를 규정하고 있었 다. 그런데 헌법재판소는 익명표현의 가치를 다음과 같이 강조하 며 전원일치로 정보통신망법상 본인확인제[19]에 대한 위헌결정을 내려 시민사회에도 신선한 충격을 주었다.

> 익명이나 가명으로 이루어지는 표현은, 외부의 명시적·묵시적 압력 에 굴복하지 아니하고 자신의 생각과 사상을 자유롭게 표출하고 전파 하여 국가권력이나 사회의 다수의견에 대한 비판을 가능하게 하며, 이 를 통해 정치적·사회적 약자의 의사 역시 국가의 정책결정에 반영될 가능성을 열어 준다는 점에서 표현의 자유의 내용에서 빼놓을 수 없는 것이다. 그리고 인터넷 공간에서 이루어지는 익명표현은 인터넷이 가 지는 정보전달의 신속성 및 상호성과 결합하여 현실 공간에서의 경제 력이나 권력에 의한 위계구조를 극복하여 계층·지위·나이·성 등으로부 터 자유로운 여론을 형성함으로써 다양한 계층의 국민 의사를 평등하 게 반영하여 민주주의가 더욱 발전되게 한다. 따라서 비록 인터넷 공간 에서의 익명표현이 부작용을 초래할 우려가 있다 하더라도 그것이 갖 는 헌법적 가치에 비추어 강하게 보호되어야 한다(헌법재판소 2012. 8. 23. 선고 2010헌마47 결정).

---

19) 흔히 인터넷 실명제라고 많이 이야기한다.

그런데 같은 날 선고된 전기통신사업법의 '통신자료제공' 사건 역시 익명표현의 자유와 관련이 있는데, 이 사건에서는 각하결정을 내림으로써 통신자료제공의 문제점에 대해 본격적인 판단에 나아가지 않았다는 점이 아쉽다.

구 전기통신사업법 제54조 제3항은 전기통신사업자가 법원, 검사, 수사관서의 장, 정보수사기관의 장으로부터 재판, 수사 등을 이하여 통신자료(이용자의 성명, 주민등록번호, 주소, 전화번호, 아이디, 가입 또는 해지일자)의 열람이나 제출을 요청받으면 이를 제공할 수 있다는 내용을 담고 있다. 예를 들어 온라인 게시물 내용이 명예훼손에 해당한다고 판단한 수사기관이 해당 게시물의 작성자를 알기 위해 게시판 관리자에게 요청을 하면 게시판 관리자가 게시물 작성자의 이름과 주민등록번호 등 신원정보를 수사기관에 제공할 수 있다는 것이다.

이와 같은 통신자료제공은 정보통신망에서 표현행위를 한 주체의 신원정보를 수사기관이 영장 없이 취득할 수 있게 함으로써 결과적으로 자신의 신원을 알리지 않고 표현행위를 할 자유, 즉 익명표현의 자유에 대한 제약을 가져온다.

그러나 헌법재판소의 다수의견은 수사기관 등의 요청에 대해 전기통신사업자가 가입자정보를 제공할 수 있는 권한을 부여할 뿐 강제력이 개입된 것이 아닌 임의수사이기 때문에 헌법소원의 대상이 되는 공권력 행사가 아니라는 취지로 각하하였다(헌법재판소 2012. 8. 23. 선고 2010헌마439 결정). 이에 대해선 한 해 수백만 건의 가입자정보가 수사기관의 요청에 의해 예외 없이 제공됨으로써 사실상 임의수사라고 보기 어려운 현실을 도외시한 것이라는 비판도 제기된 바 있다.

2. 표현의 자유와 인격권 사이의 긴장

정보통신망에서의 표현행위는 익명성과 함께 그 표현이 신속하게 전파된다는 특징으로 인해, 때로 타인의 인격권이나 사생활 등에 대한 침해가 심각하게 발생할 위험이 있다. 그래서 표현의 자유를 제한하는 규제의 위헌성을 심사하는 과정에 있어 타인의 인격권과 사생활은 항상 중요한 고려요소가 되곤 한다.

앞서 살펴본 소위 인터넷 실명제 위헌확인 사건의 경우, 인터넷 공간에서의 익명표현이 부작용을 초래할 우려가 있다 하더라도 그것이 갖는 헌법적 가치에 비추어 강하게 보호되어야 한다며 위헌결정을 내렸지만, 반면 타인의 명예나 사생활 등 인격권을 중시하여 표현의 자유 제약의 합헌성을 인정한 사례로는 정보통신망법 임시조치제도에 대한 합헌결정(헌법재판소 2012. 5. 31. 선고 2010헌마88 결정), 정보통신망법상 명예훼손죄에 대한 합헌결정(헌법재판소 2016. 2. 25. 선고 2013헌바105 등 결정) 등을 들 수 있다.

임시조치제도는 명예훼손, 사생활 등 권리침해를 주장하며 인터넷 게시물에 대해 삭제를 요청하였을 때, 정보통신서비스제공자가 권리침해여부를 판단하기 어려운 경우 30일간 게시물을 차단하는 조치(임시조치)를 취하도록 의무화하는 제도이다(정보통신망법 제44조의2). 현행 임시조치제도는 일방 당사자의 삭제요구권만 규정한 채 게시물 작성자의 이의제기권을 명문화하지 않았고, 삭제, 임시조치를 한 경우에만 정보통신서비스제공자의 책임이 감면될 수 있도록 규정함으로써 게시물 삭제나 임시조치를 할 동기만 강화시키는 등의 문제가 있었다. 특히 해당 제도 도입 이래 임시조치가 취해지는 게시물은 계속 증가하여 한 해 수십만 건에 이를 정도로 많아져 남용되고 있다는 우려도 있었다.

그러나 헌법재판소는 "사이버 폭력으로 인한 타인의 사생활 침해나 명예훼손 등의 권리침해 및 그로 인한 사회적 혼란은 이미 심각한 상황"이라거나 "인터넷상의 표현의 익명성과 비대면성, 빠른 전파가능성으로 말미암아 타인의 인격 파괴에 대한 최소한의 감정적·이성적 배려마저도 상실한 채 신뢰성 없는 정보를 무차별적으로 살포하는 경우도 종종 발견되고, 아주 짧은 시간에 어떤 개인과 그와 관련된 집단의 인격을 형해화시키고 회복 불능의 상황으로 몰아가기도 한다."며 인격권 침해의 심각성을 내세워 과잉금지원칙에 위반되지 않는다는 결론을 내렸다.[20]

이 결정과 인터넷실명제 위헌결정은 불과 석 달의 간격을 두고 선고되었는데, 각 결정에서 인터넷 게시물로 인한 폐해의 심각성이나 자정가능성에 대한 인식, 표현의 자유의 중요성에 대한 인식이 큰 차이를 보이는 점이 흥미롭다. 인터넷에서 나타나는 게시물의 경향과 인터넷 이용문화는 시대에 따라 변하는 만큼, 표현의 자유와 인격권 사이의 갈등과 긴장 속에 그 때마다 어디에 방점을 둔 결정이 나올지도 향후 주목해볼 필요가 있을 것이다.

V. 결어

표현의 자유 분야에 있어 지난 30년간 헌법재판소가 내린 결정들을 살펴보았다. 헌법재판소의 결정이 기존의 질서를 정당화하거나 현실의 벽을 넘어서지 못한 경우도 많이 있었지만, 그럼에도 표현의 자유 분야에서 불가역적인 확실한 진전을 이뤄낸 결정들도

---

[20] 참고로 임시조치제도는 그 문제점을 개선하기 위한 입법적 노력이 가시적으로 진행되고 있다.

분명히 찾을 수 있었다.

온라인에서나마 익명으로 정치적 의사표현을 훨씬 더 자유롭게 할 수 있게 되었고, 해가 진 다음에도 해산이나 처벌의 두려움 없이 함께 모여 촛불을 들고 행진을 할 수 있게 되었다. 표현의 자유에 있어서 위축효과가 지닌 위험성을 생각할 때 분명 헌법재판소의 결정은 표현의 자유를 위축시키는 모호성을 제거해줌으로써 중요한 안전망을 제공해주었다. 악플이나 댓글조작 논란이 발생하면 인터넷 실명제를 도입하자는 의견이 어김없이 등장하지만, 헌법재판소의 인터넷 실명제 위헌결정과 해당 결정문에 익명표현의 자유가 가진 빛나는 가치가 새겨져 있는 한 이 또한 쉽게 되돌려지지는 않을 것이다.

표현의 자유는 헌법에도 대체로 명문으로 규정된 가장 고전적인 기본권이다. 그 분야에서 헌법재판소는 나름의 역할을 해왔다. 앞으로 다가올 시대에는 과학기술의 발전과 사회변화 속에서 새롭게 대두되는 인권의 의미를 포착하고 지켜내는 역할을 헌법재판소가 더 많이 해주기를 기대해본다.

양심의 자유에 관한 헌법재판소 결정에 대한 비판적 검토

강 재 원*

Ⅰ. 들어가며

이른바 '1987년 헌법'이 시행됨에 따라 1988년 헌법재판소가 출범한지 올해로 30년이 되었다. 30년 동안 헌법재판소가 국민의 기본권 신장을 위해 중대한 역할을 하였음은 물론 그 이전 독재정권 또는 권위적 정권 하에서의 무분별하고 일방적이었던 공권력 행사를 헌법의 틀과 기본권 보장을 위한 체계 내로 재편(再編)하였음에

---

* 제주지방법원 판사

는 이론의 여지가 없다. 특히 이 글을 작성하던 중인 2018. 6. 28. 헌법재판소는 양심적 병역거부가 문제된 사건에서 "양심적 병역거부자에 대한 대체복무제를 규정하지 아니한" 병역법 제5조 제1항은 과잉금지원칙에 위배하여 양심적 병역거부자의 양심의 자유를 침해한다는 이유로 헌법불합치결정을 하였다. 위 결정은 그에 대한 이론적·실천적 평가 등은 차치하더라도 소수자 보호 및 인권 보장에 관한 기념비적인 결정이라고 할 것이다.

아래에서는 헌법재판소가 지난 30년간 선고한 결정 중 헌법 제19조가 보장하고 있는 양심의 자유에 관한 결정에 대하여 실무가의 관점에서 몇 가지 점을 비판적으로 검토하고자 한다.

II. 양심의 자유의 헌법적 의미, 법적 성격, 기능(보호대상), 보장 내용

1. 양심의 자유의 헌법적 의미

양심은 인간 내면의 소리이고, 도덕과 인격을 근거지어 주는 현상으로 인격의 기본요소이다. 칸트에 의하면, 양심은 인간에게 구체적인 상황에서 자신의 행위의 선악정사(善惡正邪)를 판단하게 하는 등 가치선택의 상황에서 기준을 제공하고 그 선택에 대하여 책임을 지게 하는 일종의 도덕적 나침반으로 '자신의 생각이 거기에서 고발되기도 하고 변호되기도 하는 인간의 내면적 법정에 대한 의식' 또는 '모든 자유로운 행위들을 넘어서는 내적인 재판관'이거나 '그 보다 상위에는 어떠한 법관도 인정될 수 없는 모든 확신들의 법관'이다.

인간은 이같이 자신만의 내심의 법관인 양심에 따라 행동하고, 그것은 누구에 의해서도 대체될 수 없기 때문에 인간으로서의 존엄과 가치를 가진다.[1] 즉 양심의 자유는 인간을 인간답게 만들어주며 인간이 존엄성과 가치를 갖게 하는 기초적 기본권일 뿐만 아니라 공동체의 민주적 질서를 형성하는 데 있어서 그 기초를 이루는 기본권이다.[2]

이와 같이 정신적 기본권의 근원을 이루는 양심의 자유는 대부분 국가의 헌법뿐만 아니라, 세계인권선언 제18조, 시민적 및 정치적 권리에 관한 국제규약(이하, '자유권규약'이라 한다) 제18조, 인간과 인민의 권리에 관한 아프리카 헌장 제8조, 미주인권협약 제12조, 인권 및 기본적 자유의 보호에 관한 유럽협약(이하, '유럽인권협약'이라 한다) 제9조 등 다수의 국제인권규약(국제인권법)에 의하여도 보장되고 있다.[3]

유럽인권협약에 근거하여 설립된 이래 현재는 명실상부하게 '유럽의 헌법재판소' 역할을 하고 있는 유럽인권재판소는 "유럽인권협약 제9조가 규정한 사상, 양심 및 종교의 자유는 '민주사회'의 근본 중 하나"임을 강조하고 있고, "민주사회의 본질적 요소인 다원주의는 사상, 종교, 양심의 자유 등의 기본권에 달려 있다"고 판시하고 있다.[4]

---

1) 허영, 헌법이론과 헌법, 박영사 2005년 518쪽 참조.
2) 계희열, 헌법학(중)-기본권편, 박영사, 2004년 329쪽.
3) 각 인권규약 중 양심의 자유를 규정한 조항에 대한 상세는 법원 국제인권법연구회, '국제인권법과 사법-법률가(법관, 검사, 변호사)를 위한 인권편람', 사법발전재단 2014년, 646~648쪽 참조.
4) 유럽인권재판소 1993. 5. 25. 선고 CASE OF KOKKINAKIS v. GREECE (Application no. 14307/88) 31문단, 최근의 유럽인권재판소 판결로는 2017. 10. 12. 선고 CASE OF ADYAN AND OTHERS v. ARMENIA (Application no. 75604/11) 63문단.

2. 법적 성격

양심의 자유는 일차적으로 국가에 대한 방어권으로 국가가 양심의 형성 또는 결정과 양심상 결정을 실현하는 과정에 대하여 부당한 간섭이나 강요를 하지 말 것을 요구하는 주관적 권리이다. 또한 양심의 자유는, 국가가 국민에게 특정 종교나 세계관, 가치관을 강요하여서는 안 된다는 국가의 중립의무와 다수의 사회구성원과 달리 생각하고 다른 윤리가치를 가진 소수자에 대하여 국가가 관용을 베풀어야 한다는 관용의 원칙의 헌법적 표현이다.[5]

3. 기능

헌법재판소는 양심의 자유에 대하여 "개인적 자유의 시초라고 일컬어지는 이러한 양심의 자유는 인간으로서의 존엄성 유지와 개인의 자유로운 인격발현을 위해 개인의 윤리적 정체성을 보장하는 기능을 담당한다"거나(준법서약서에 관한 헌법재판소 2002. 4. 25. 선고 98헌마425 결정, 판례집 14-1, 351), "인간의 존엄성 유지와 개인의 자유로운 인격발현을 최고의 가치로 삼는 우리 헌법상의 기본권체계 내에서 양심의 자유의 기능은 개인적 인격의 정체성과 동질성을 유지하는 데 있다"고 판시하였다[양심적 병역거부에 관한 헌법재판소 2004. 8. 26. 선고 2002헌가1 결정(판례집 16-2상, 141) 등 참조].

---

5) 한수웅, 헌법 제19조의 양심의 자유, 헌법논총 제12집, 2001년, 392쪽(위 문헌에 의하면, 관용의 원칙이라는 표현은 독일 연방헌법재판소가 언급한 것이라고 한다).

4. 보장 내용

헌법재판소는 지극히 당연하게도, "헌법 제19조가 보호하고 있는 양심의 자유는 양심형성의 자유와 양심적 결정의 자유를 포함하는 내심적 자유(forum internum)뿐만 아니라, 양심적 결정을 외부로 표현하고 실현할 수 있는 양심실현의 자유(forum externum)를 포함한다고 할 수 있다. 내심적 자유, 즉 양심형성의 자유와 양심적 결정의 자유는 내심에 머무르는 한 절대적 자유라고 할 수 있지만, 양심실현의 자유는 타인의 기본권이나 다른 헌법적 질서와 저촉되는 경우 헌법 제37조 제2항에 따라 국가안전보장·질서유지 또는 공공복리를 위하여 법률에 의하여 제한될 수 있는 상대적 자유라고 할 수 있다. 그리고 양심실현은 적극적인 작위의 방법으로도 실현될 수 있지만 소극적으로 부작위에 의해서도 그 실현이 가능하다 할 것이다."고 판시한 이래(헌법재판소 1998. 7. 16. 선고 96헌바35 결정, 판례집 10-2, 159), 양심실현의 자유에 관하여 "양심실현의 자유란 형성된 양심을 외부로 표명하고 양심에 따라 삶을 형성할 자유, 구체적으로는 양심을 표명하거나 또는 양심을 표명하도록 강요받지 아니할 자유(양심표명의 자유), 양심에 반하는 행동을 강요받지 아니할 자유(부작위에 의한 양심실현의 자유), 양심에 따른 행동을 할 자유(작위에 의한 양심실현의 자유)를 모두 포함한다."고 판시하였다(헌법재판소 2004. 8. 26. 선고 2002헌가1, 판례집 16-2 상, 141, 헌법재판소 2011. 8. 30. 선고 2007헌가12 등, 판례집 23-2 상, 132, 헌법재판소 2011. 8. 30. 선고 2008헌가22 등, 판례집 23-2 상, 174).

III. 양심의 자유에 관한 헌법재판소 결정의 전반적인 개요

가. 헌법재판소는 헌법재판이론 및 실무상 본안판단을 하면서 심판대상조항 등에 의하여 직접 제한되거나 가장 밀접한 관련성을 가지는 기본권을 특정하고, 그와 같이 특정된 기본권 침해 여부를 중심으로 판단하고 있다. 그에 따라 제청법원이나 청구인이 양심의 자유가 침해되었다고 제청 또는 주장함에도 양심의 자유에 관한 침해 여부를 따로 판단되지 아니한 사례가 많다.6) 그와 같은 실

---

6) 제청법원이나 청구인들이 위헌법률심판제청 또는 헌법소원을 제기하면서 침해된 기본권으로 양심의 자유를 적시하는 경우는 일일이 확인할 수 없을 정도로 많다. 그런데 헌법재판소는 "쟁점의 정리" 또는 "제한되는 기본권"이라는 항목에서 심판대상 법률조항 등에 의하여 직접적이고 가장 밀접하게 제한되는 기본권이 무엇인지 사실상 직권으로 확정하고, 그와 같이 확정된 기본권의 침해 여부에 관하여만 과잉금지원칙을 비롯한 위헌심사의 기준을 적용하여 본안 판단을 하고 있다. 이러한 예는 매우 많으나, 대표적으로 2가지 사례만 들어본다. ① 방송통신위원회가 심의규정을 위반한 방송사업자에 대하여 시청자에 대한 사과를 명하도록 한 방송법 조항에 관한 헌법재판소 2012. 8. 23. 선고 2009헌가27 결정(판례집 24-2상, 355)에서 법원이 직권으로 위헌법률심판제청을 하면서 위헌이라 의심되는 사정으로 사과방송을 명하도록 하는 것은 (사죄광고에 관한 89헌마180 결정에서의 헌법재판소 판단과 마찬가지로) 양심의 자유와 인격권을 침해한다고 적시하였으나, 헌법재판소는 "쟁점의 정리"라는 소제목 하에 심판대상조항이 '방송사업자의 의사에 반한 사과행위를 강제함으로써 방송사업자의 인격권을 제한'한다고 확정하고, 양심의 자유의 제한 여부에 관하여는 따로 언급하지 않고, 인격권에 대한 제한이 과잉금지원칙에 위배되는지에 관하여만 판단하였다. 불공정한 기사를 게재한 언론사에 대하여 사과문을 게재할 것을 명할 수 있는 공직선거법 조항에 관한 헌재 2015. 7. 30. 2013헌가8, 판례집 27-2상, 1도 같다(법인은 인격권의 주체가 될 수 없다는 별개의견이 있음). ② 이적행위를 처벌하는 국가보안법 제7조 제1항 중 '찬양·고무·선전 또는 이에 동조한 자'에 관한 부분에 관하여 청구인이나 제청법원의 표현의 자유 및 양심의 자유, 일반적 행동의 자유권 침해

무례로 인하여 지난 30년간 선고된 결정 중 양심의 자유에 대한 침해 여부가 '본격적으로'[7] 판단되어 구체적으로 설시된 사건이 많지는 않다.

　그 중 위헌으로 결정된 사건은 "민법 제764조(1958. 2. 22. 법률 제471호)의 '명예회복에 적당한 처분'에 사죄광고를 포함시키는 것은 헌법에 위반된다."는 결정을 한 헌법재판소 1991. 4. 1. 선고 89헌마160 결정(판례집 3, 149)이 있을 뿐이고, 헌법불합치로 결정된 사건은 앞서 본 바와 같이 병역종류로 대체복무제를 규정하지 아니한 병역법 제5조 제1항에 대한 헌법재판소 2018. 6. 28. 선고 2011헌바379 등 결정(공보 제261호, 1017)이 있을 뿐이다.

　나. 위 결정을 제외한 다른 결정들에서는 양심의 자유의 보호범위(보호영역)에 포함되지 않는다는 이유로 과잉금지원칙의 적용 등을 통한 실질적인 위헌심사까지 나아가지 않은 채 청구를 받아들이지 않은 결정들과 과잉금지원칙 등을 적용하여 실질적으로 위헌심사를 한 결과 헌법에 위반되지 않는다고 판단한 결정들로 나누어 볼 수 있는데, 전자와 같은 판단례가 훨씬 다수를 차지한다. 이는 양심의 자유의 보호범위(영역)에 관한 일련의 결정들에서 양심의 개념에 관하여 헌법재판소가 일관성을 유지하지 못하고 있을

　　주장 등에도 불구하고 헌법재판소는 "이적행위 조항에 의해 양심에 따른 행동을 할 자유가 제한되는 측면이 있기는 하나 이러한 행동이 표현행위를 통해 이루어지는 이상 위 조항으로 인하여 보다 직접적으로 제한되는 기본권은 표현의 자유라고 할 것이고, 위 조항은 개인의 결단이 내심에 머무르는 한 양심을 형성하고 양심상의 결정을 내리는 자유, 즉 양심형성의 자유 그 자체를 직접 제한하지는 아니하므로, 이적행위 조항의 위헌성은 표현의 자유 침해 여부를 기준으로 판단하기로 한다'고 쟁점을 정리하였다.
7) 공간된 헌법재판소 판례집(이하 '판례집'이라 한다)과 결정공보를 기준으로 한 것이고, '본격적'으로 라고 함은 구체적인 위헌심사까지 나아가지는 않았더라도, 양심의 자유의 보호범위에 포함되는지에 관하여 판단을 한 결정까지 포함한 것이다.

뿐만 아니라 양심의 개념을 좁게 판단하고 있는데 기인하고 있는 것으로 보인다. 그런데 양심 개념을 넓게 보거나, 좁게 보는 데에 대한 각 결정의 일관성에 대해 여러 문헌에서 비판하고 있음에도 헌법재판소가 보호범위에 관하여 명확한 판시를 통하여 양심의 개념을 달리 설정하는 이유 등을 언급한 바는 없다.

다른 한편 일단 명시적 또는 묵시적으로 양심의 자유의 보호범위에는 포함된다고 판단한 사안에서도 위헌 여부를 판단하는 데 있어 위헌심사의 일반원칙인 과잉금지원칙이 적용되는지 등에 관하여도 일관되지는 않은 모습을 보였다.

이하에서는 양심 개념에 관한 헌법재판소 결정들에 관하여 살펴보고, 양심의 자유와 다른 기본권의 관계, 양심의 자유에 대한 제한 문제와 더불어 과잉금지원칙 등 심사기준에 관한 문제, 그리고 마지막으로 우리 사회에서 가장 논쟁적인 양심적 병역거부에 관하여 살펴본다.

IV. 헌법 제19조가 말하는 양심의 개념과 헌법 제19조가 양심의 자유의 보호 범위

1. 헌법 제19조의 양심 개념에 관한 헌법재판소의 결정 추이

가. 광의[8]의 양심 개념

(1) 양심의 개념을 최초로 설시한 선례

사죄광고의 위헌 여부가 문제된 헌법재판소 1991. 4. 1. 선고 89

---

8) 학계에서는 윤리적 양심설, 사회적 양심설로 구분하기도 하나, 여기서는 광의, 협의로 구분한다.

헌마160 결정에서 헌법재판소는, 양심의 개념에 대하여 "<u>양심이란
세계관·인생관·주의·신조 등은 물론, 이에 이르지 아니하여도 보다
널리 개인의 인격형성에 관계되는 내심에 있어서의 가치적·윤리적
판단도 포함된다고 볼 것이다</u>(밑줄은 필자, 이하 같다). 그러므로
양심의 자유에는 널리 사물의 시시비비나 선악과 같은 윤리적 판
단에 국가가 개입해서는 안 되는 내심적 자유는 물론, 이와 같은
윤리적 판단을 국가권력에 의하여 외부에 표명하도록 강제받지 않
는 자유 즉 윤리적 판단사항에 관한 침묵의 자유까지 포괄한다고
할 것이다. 이와 같이 해석하는 것이 다른 나라의 헌법과 달리 양
심의 자유를 신앙의 자유와도 구별하고 사상의 자유에 포함시키지
않은 채 별개의 조항으로 독립시킨 우리 헌법의 취지에 부합할 것"
이라고 판시하였다.

헌법재판소는 위와 같은 양심의 개념을 전제로 하여 "사죄광고
의 강제는 양심도 아닌 것이 양심인 것처럼 표현할 것의 강제로 인
간양심의 왜곡·굴절이고 겉과 속이 다른 이중인격형성의 강요인
것으로서 침묵의 자유의 파생인 양심에 반하는 행위의 강제금지에
저촉되는 것이며 따라서 우리 헌법이 보호하고자 하는 정신적 기
본권의 하나인 양심의 자유의 제약(법인의 경우라면 그 대표자에
게 양심표명의 강제를 요구하는 결과가 된다.[9])이라고 보지 않을

---

9) 위 헌법소원의 청구인 중에는 법인인 신문사도 있었는데, 법인인 청구인
을 염두에 둔 부가적 판단으로 보인다. 다만 이 부분 설시와 관련하여 법
인이 양심의 자유의 주체가 될 수 있는지에 관하여는 의문이 제기되었다.
각주 6에서 본 바와 같이 공권력이 법인에게 사과문을 게재하도록 명령할
수 있는 법률조항에 대한 헌법재판소 2012. 8. 23. 선고 2009헌가27 결정,
헌법재판소 2015. 7. 30. 선고 2013헌가8 결정은 심판대상조항으로 제한되
는 기본권을 법인의 인격권으로 확정하고 양심의 자유에 관하여는 판단하
지 아니하였다. 위 두 결정에서 침해된 기본권이 무엇인지를 명확히 판시
한 것은 바람직하다고 할 수 있으나, 2009헌가27 결정은 사죄광고에 대한
선행 결정의 판시를 명시적으로 변경한 것임에도 변경 이유 등에 대하여

수 없다.”면서 과잉금지원칙에 따른 심사를 한 결과 “명예회복에 적당한 처분으로 사죄광고를 명하는 것은 유일무이한 수단이 아닐 뿐만 아니라 과도하고 불필요한 기본권의 제한이 된다.”고 판단하였다.

(2) 광의의 양심 개념을 인용한 후속 결정

(가) 광의의 양심 개념은 아래에서 보는 바와 같이 음주측정 사건에서 광의의 양심 개념에 관한 설시 후 협의의 양심 개념이 추가적으로 설시되는 형식의 결정이 선고(1997. 3. 27.)된 이후에도, 국가보안법위반으로 형집행을 종료한 자에게 보안관찰을 부가하는 보안관찰법 제2조 등에 관한 헌법재판소 1997. 11. 27. 선고 92헌바28 결정(판례집 9-2, 548), 국가보안법상 불고지죄에 관한 헌법재판소 1998. 7. 15. 선고 96헌바35 결정(판례집 10-2, 159), 법위반자로 하여금 위반사실을 공표하도록 하는 독점규제 및 공정거래에 관한 법률 제27조에 관한 헌법재판소 2002. 1. 31. 선고 2001헌바43 결정(판례집 14-1, 49), 주민등록증을 발급받을 경우 열 손가락 지문을 모두 날인하도록 한 주민등록법 시행령 조항에 관한 헌법재판소 2005. 5. 26. 선고 99헌마513 등 결정(판례집 17-1, 66), 재산명시의무 위반 채무자를 감치할 수 있도록 한 민사집행법 조항에 관한 헌법재판소 2014. 9. 25. 선고 2013헌마11 결정(판례집 26-2상, 593) 등에서도 계속 인용되었다.

(나) 한편, 배우자의 금품수수 사실에 관하여 신고하도록 한 약칭 ‘부정청탁방지법’ 조항에 관한 헌법재판소 2016. 7. 28. 선고 2015헌마236 등 결정(판례집 28-2상, 128)은 ‘쟁점 정리’ 부분에서

는 별다른 설시를 하지 않고 있는데, 이는 아쉬운 점이다.

"신고조항과 제재조항(신고의무위반자에 대하여 형벌 또는 과태료를 부과하는 조항 - 필자 주)은 배우자가 수수 금지 금품 등을 받거나 그 제공의 약속 또는 의사표시를 받았다는 객관적 사실 즉, 배우자를 통해 부적절한 청탁을 시도한 사람이 있다는 것을 고지할 의무를 부과할 뿐이다. 신고조항이 개인의 세계관·인생관·주의·신조 등이나 내심에서의 윤리적 판단을 고지 대상으로 하는 것은 아니다. 따라서 신고조항과 제재조항이 청구인들의 양심의 자유를 직접 제한한다고 볼 수 없다."고 판시하면서 참조 선례로 불고지죄에 대한 96헌바35를 인용하였는데, 이 역시 광의의 양심 개념을 전제로 판단한 것이다.

(3) 광의의 양심 개념만을 명시적으로 설시한 후 양심의 자유의 보호범위에 포함되지 아니한다고 판단한 결정례

아래 각 결정에서 헌법재판소는 사죄광고 사건인 89헌마160 결정에서 명시한 광의의 양심 개념을 그대로 인용하였고(결정 본문에서 참고 선례로 89헌마160결정을 인용한 것으로는 92헌바28 결정, 96헌바35 결정, 2001헌바43 결정, 99헌마513 결정 등이 있다), 2001헌바43 결정에서는 "<u>보호되어야 할 양심에는 세계관·인생관·주의·신조 등은 물론, 이에 이르지 아니하여도 보다 널리 개인의 인격형성에 관계되는 내심에 있어서의 가치적·윤리적 판단도 포함될 수 있다.</u>"라고 표현만 달리 하여 광의의 양심 개념을 채택하고 있으나, 보호범위에 속하지 않는다고 판단하였다.

(가) 헌법재판소 1997. 11. 27. 선고 92헌바28 결정(보안관찰법 조항)

"이 법상의 보안관찰처분은 보안관찰처분대상자의 내심의 작용을 문제삼는 것이 아니라, 보안관찰처분대상자가 보안관찰해당범죄를 다시 저지를 위험성이 내심의 영역을 벗어나 외부에 표출되

는 경우에 재범의 방지를 위하여 내려지는 특별예방적 목적의 처분이므로, 이 법상의 보안관찰처분이 양심의 자유를 보장한 헌법규정에 위반된다고 할 수 없다.”[10]

(나) 헌법재판소 1998. 7. 16. 선고 96헌바35 결정(불고지죄)

“불고지죄는 국가의 존립과 안전에 저해가 되는 타인의 범행에 관한 객관적 사실을 고지할 의무를 부과할 뿐이고 개인의 세계관·인생관·주의·신조 등이나 내심에 있어서의 윤리적 판단을 그 고지의 대상으로 하는 것은 아니므로 양심의 자유 특히 침묵의 자유를 직접적으로 침해하는 것이라고 볼 수 없을 뿐만 아니(다).”[11]

(다) 헌법재판소 2002. 1. 31. 선고 2001헌바43 결정(법위반사실 공표명령 조항)

“단순한 사실관계의 확인과 같이 가치적·윤리적 판단이 개입될 여지가 없는 경우는 물론, 법률해석에 관하여 여러 견해가 갈리는 경우처럼 다소의 가치관련성을 가진다고 하더라도 개인의 인격형성과는 관계가 없는 사사로운 사유나 의견 등은 그 보호대상이 아

---

10) 위 결정의 심판대상 법률조항과 사실상 내용이 같은 보안관찰에 관한 근거조항이 헌법재판소 2015. 11. 26. 선고 2014헌바475 결정(판례집 27-2하, 284)에서도 판단되었는데, 헌법재판소는 위 92헌바28 결정의 이유를 원용하는 것으로 그 판단을 갈음하였다.

11) 이와 같이 양심의 자유를 직접적으로 침해하는 것으로 볼 수 없다고 판시하는 한편, 헌법재판소는 예비적 판단으로 “남·북한의 정치·군사적 대결이나 긴장관계가 여전히 존재하고 있는 우리의 현실, 불고지죄가 보호하고자 하는 국가의 존립·안전이라는 법익의 중요성, 범인의 친족에 대한 형사처벌에 있어서의 특례설정 등 제반사정에 비추어 볼 때 이 사건 심판대상 법률조항이 양심의 자유를 제한하고 있다 하더라도 그것이 헌법 제37조 제2항이 정한 과잉금지의 원칙이나 기본권의 본질적 내용에 대한 침해금지의 원칙에 위반된 것이라고 볼 수 없다.”고 하였다.

니라고 할 것이다."12)

    (라) 헌법재판소 2005. 5. 26. 선고 99헌마513 등 결정(지문날인의
        무 조항)

  "지문을 날인할 것인지 여부의 결정이 선악의 기준에 따른 개인
의 진지한 윤리적 결정에 해당한다고 보기는 어려워, 열 손가락 지
문날인의 의무를 부과하는 이 사건 시행령조항에 대하여 국가가
개인의 윤리적 판단에 개입한다거나 그 윤리적 판단을 표명하도록
강제하는 것으로 볼 여지는 없다고 할 것이므로, 이 사건 시행령조
항에 의한 양심의 자유의 침해가능성 또한 없는 것으로 보인다."

    (마) 헌법재판소 2014. 9. 25. 선고 2013헌마11 결정(재산명시의
        무 및 감치조항)

  "강제집행의 대상이 되는 재산관계를 명시한 재산목록을 제출

---

12) 위 결정에서 헌법재판소는 "공정거래법에 위반하였는지 여부에 있어서도
각 개인의 소신에 따라 어느 정도의 가치판단이 개입될 수 있는 소지가
있고 그 한도에서 다소의 윤리적 도덕적 관련성을 가질 수도 있겠으나,
이러한 법률판단의 문제는 개인의 인격형성과는 무관하며, 대화와 토론을
통하여 가장 합리적인 것으로 그 내용이 동화되거나 수렴될 수 있는 포용
성을 가지는 분야에 속한다고 할 것이므로 헌법 제19조에 의하여 보장되
는 양심의 영역에 포함되지 아니한다고 봄이 상당하다"고 하였다(더불어
헌법재판소는 '법위반사실의 공표명령'은 법규정의 문언상으로 보아도
단순히 법위반사실 자체를 공표하라는 것일 뿐, 사죄 내지 사과하라는 의
미요소를 가지고 있지는 아니하고, 실제 운용에 있어서도 '특정한 내용의
행위를 함으로써 공정거래법을 위반하였다는 사실'을 일간지 등에 공표
하라는 것이어서 단지 사실관계와 법을 위반하였다는 점을 공표하라는
것이지 행위자에게 사죄 내지 사과를 요구하고 있는 것은 아니므로, 사죄
내지 사과를 강요함으로 인하여 발생하는 양심의 자유의 침해문제는 발
생하지 않는다고 하였다). 다만 헌법재판소는 위 결정의 심판대상조항의
내용인 법위반사실 공표명령의 근거조항은 일반적 행동 자유권 및 명예
권의 침해, 무죄추정의 원칙 위반, 진술거부권 침해를 이유로 위헌결정을
하였다.

하고 그 재산목록의 진실함을 법관 앞에서 선서하는 것(은) … 개인의 인격형성에 관계되는 내심의 가치적·윤리적 판단이 개입될 여지가 없는 단순한 사실관계의 확인에 불과한 것이므로, 헌법 제19조에 의하여 보장되는 양심의 영역에 포함되지 않는다."13)

나. 광의의 양심 개념과 협의의 양심 개념을 병렬적 설시한 선례

(1) 음주측정에 응할 의무에 관한 조항 및 불응시 처벌조항에 관한 헌법재판소 1997. 3. 27. 선고 96헌가11 결정(판례집 9-1, 24)은 사죄광고 사건에서 설시한 광의의 양심 개념을 그대로 원용하면서도 그 설시 바로 다음에 병렬적으로 "요컨대 양심이란 인간의 윤리적·도덕적 내심영역의 문제이고, 헌법이 보호하려는 양심은 어떤 일의 옳고 그름을 판단함에 있어서 그렇게 행동하지 아니하고는 자신의 인격적인 존재가치가 허물어지고 말 것이라는 강력하고 진지한 마음의 소리이지, 막연하고 추상적인 개념으로서의 양심이 아니다."라고 판시하고 있다.

실제 판단에 있어 헌법재판소는 위와 같이 병렬적으로 설시된 협의의 양심 개념을 전제로 "음주측정에 응해야 할 것인지, 거부해야 할 것인지 그 상황에서 고민에 빠질 수는 있겠으나 그러한 고민은 선(善)과 악(惡)의 범주에 관한 진지한 윤리적 결정을 위한 고민이라 할 수 없으므로 그 고민 끝에 어쩔 수 없이 음주측정에 응하였다 하여 내면적으로 구축된 인간양심이 왜곡·굴절된다고 할 수도 없다. 따라서 음주측정요구와 그 거부는 양심의 자유의 보호영역에 포괄되지 아니하므로 이 사건 법률조항을 두고 헌법 제19조

---

13) 헌법재판소 2015. 5. 28. 선고 2011헌마731 결정(판례집 27-1하, 279)에서도 같은 조항이 심사되었으나, 이 결정에서는 청구인들의 주장에도 불구하고, 양심의 자유에 관하여는 판단하지 않았다.

에서 보장하는 양심의 자유를 침해하는 것이라고 할 수 없다."고
판시하였다.

(2) 광의의 양심 개념과 협의의 양심 개념을 병렬적으로 명시한
경우는 공직선거법상 허용된 경우를 제외한 선거운동을 제한하는
조항에 관한 헌법재판소 2001. 8. 30. 선고 99헌바92 등 결정(판례집
13-2, 174), 좌석 안전띠 착용의무에 관한 헌법재판소 2003. 10. 30.
2002헌마518 결정(판례집 15-2하, 185) 등으로 이어졌는데, 양심의
자유의 보호범위 내에 포섭되는지에 관한 판단은 아래와 같다.

(가) 헌법재판소 2001. 8. 30. 선고 99헌바92 결정(선거운동제한
　　　조항)
"자신의 태도나 입장을 외부에 설명하거나 해명하는 행위는, 진
지한 윤리적 결정에 관계된 행위라기보다는 단순한 생각이나 의견,
사상이나 확신 등의 표현행위라고 볼 수 있어, 그 행위가 선거에
영향을 미치게 하기 위한 것이라는 이유로 이를 하지 못하게 된다
하더라도 내면적으로 구축된 인간의 양심이 왜곡 굴절된다고는 할
수 없다는 점에서 양심의 자유의 보호영역에 포괄되지 아니한다
할 것이므로, 공선법 제93조 제1항이 헌법 제19조에서 보장하는 양
심의 자유를 침해한다고 볼 수는 없다."

(나) 헌법재판소 2003. 10. 30. 선고 2002헌마518 결정(안전띠 착
　　　용의무 등에 관한 조항)
"자동차를 운전하며 좌석안전띠를 맬 것인지의 여부에 대하여
고민할 수는 있겠으나, 그 고민 끝에 제재를 받지 않기 위하여 어
쩔 수 없이 좌석안전띠를 매었다 하여 청구인이 내면적으로 구축
한 인간양심이 왜곡·굴절되고 청구인의 인격적인 존재가치가 허물

어진다고 할 수는 없다. 따라서 운전 중 운전자의 좌석안전띠착용은 양심의 자유의 보호영역에 속하지 아니하므로 이 사건 심판대상조항들은 청구인의 양심의 자유를 침해하는 것이라 할 수 없다."

다. 협의의 양심 개념

(1) 준법서약서에 관한 결정에서의 협의의 양심 개념

(가) 위와 같이 양심에 관하여 광의의 개념과 협의의 개념이 별다른 통일성이나 엄격한 이론적 검토 없이 혼용되던 중 준법서약서가 문제된 헌법재판소 2002. 4. 25. 선고 98헌마425 결정(판례집 14-1, 351)의 다수의견(재판관 7인)은 "헌법이 보호하고자 하는 양심은 어떤 일의 옳고 그름을 판단함에 있어서 그렇게 행동하지 않고는 자신의 인격적 존재가치가 파멸되고 말 것이라는 강력하고 진지한 마음의 소리로서의 절박하고 구체적인 양심을 말한다. 따라서 막연하고 추상적인 개념으로서의 양심이 아니다."는 협의의 양심 개념만을 설시하면서 음주측정 의무조항에 관한 헌법재판소 1997. 3. 27. 선고 96헌가11 결정을 인용하고 있다.

다수의견은 협의의 양심 개념을 설시함과 더불어, 헌법상 침해로부터 보호되는 양심이 되기 위한 요건 세 가지를 제시하면서(이에 대하여서는 다음 항에서 살펴본다), "준법서약의 내용은 국법질서를 준수하겠다는 것에 불과하여 어떠한 가정적 혹은 실제적 상황 하에서 특정의 사유(思惟)를 하거나 특별한 행동을 할 것을 새로이 요구하는 것은 아니므로, 어떤 구체적이거나 적극적인 내용을 담지 않은 채 단순한 헌법적 의무의 확인, 서약에 불과하여 양심의 영역을 건드리는 것이 아니다"라고 하였다.

(나) 이에 대하여 위 결정의 소수의견은 "헌법재판소는 이미 사죄광고에 관한 89헌마160 결정, 보안관찰에 관한 92헌바28 결정,

불고지죄에 관한 96헌바35 결정 등이 이미 양심의 자유의 보호범위에 관하여 광의의 양심 개념을 채택하였고," "우리 헌법상 양심의 자유에서의 양심은 단순한 윤리적 선악 판단보다도 더 넓은 보호범위를 지니며, 세계관·주의·신조 등까지 포함"되며, 이렇게 헌법재판소가 양심의 자유의 보호범위를 넓게 인정하는 것은 "우리 헌법이 사상 혹은 이데올로기의 자유에 관한 보호규정을 두고 있지 않는 점을 감안하고, 민주주의의 정신적 기초로서의 양심의 자유의 중요성에 비추어 이를 폭넓게 인정하겠다는 취지이므로, 타당"하다고 반박하였다.

(다) "'양심의 자유'가 보장하고자 하는 '양심'은 민주적 다수의 사고나 가치관과 일치하는 것이 아니라, 개인적 현상으로서 지극히 주관적인 것이다. 양심은 그 대상이나 내용 또는 동기에 의하여 판단될 수 없으며, 특히 양심상의 결정이 이성적·합리적인가, 타당한가 또는 법질서나 사회규범, 도덕률과 일치하는가 하는 관점은 양심의 존재를 판단하는 기준이 될 수 없다"(2002헌가1 결정). 이처럼 협의의 양심 개념에 의하더라도 양심의 자유가 주관적이고 구체적인 상황 하에서만 문제된다는 점이나 보호되는 양심인지는 진지한 내심의 결정인지가 핵심적인 판단대상이 되어야 하는 점 등을 고려한다면, 기본권 주체에게 내면화된 가치가 구속력을 가지고, 내심의 결정이 그러한 구속력에 따른 것이라면, 진지성을 구비하고 있다고 보아야 할 것이므로, 내심의 진지성이 아니라 준법서약서 제출 여부에 따른 법적 불이익의 존재 여부를 따지는 등의 다른 사유로 위 사건의 청구인들의 내면화된 가치의 구속력에 따른 준법서약서 제출 거부행위를 양심의 영역을 건드리는 것이 아니라는 다수의견에는 찬성하기 어렵다.

(2) 협의의 양심 개념에 관한 후속 결정

협의의 양심 개념은 양심적 병역거부에 관한 세 번의 결정[헌법 재판소 2004. 8. 26. 선고 2002헌가1 등 결정(판례집 16-2상, 141), 헌법재판소 2011. 8. 30. 선고 2008헌가22(판례집 23-2상, 174) 및 같은 날 선고 2007헌가12 결정(판례집 23-2상, 132), 헌법재판소 2018. 6. 28. 선고 2011헌바379 결정(공보 제261호, 1017)] 등에서도 원용되었는데, 위 각 결정에서는 협의의 양심 개념을 설시하면서 동시에 "즉 '양심상의 결정'이란 선과 악의 기준에 따른 모든 진지한 윤리적 결정으로서 구체적인 상황에서 개인이 이러한 결정을 자신을 구속하고 무조건적으로 따라야 하는 것으로 받아들이기 때문에 양심상의 심각한 갈등이 없이는 그에 반하여 행동할 수 없는 것을 말한다."고 설시하였다. 위 결정의 표현만으로 보면, '협의의 양심' 개념과 '양심상 결정'은 동일한 의미로 사용한 것으로 평가된다.

라. 광의의 양심 개념에 '양심상 결정'에 관한 2002헌가1 결정 등에서의 설시를 추가한 사례

(1) 헌법재판소는 연말정산 간소화를 위해 의료기관 등에게 의료비 내역을 제출하도록 한 소득세법 조항에 관한 헌법재판소 2008. 10. 30. 선고 2006헌마1401 등 결정(판례집 20-2상, 1115)의 재판관 5인은 "보호되어야 할 양심에는 세계관·인생관·주의·신조 등은 물론, 이에 이르지 아니하여도 보다 널리 개인의 인격형성에 관계되는 내심에 있어서의 가치적·윤리적 판단도 포함될 수 있다(헌재 2005. 5. 26. 99헌마513, 2004헌마190, 판례집 17-1, 668, 684)."고 분명하게 광의의 양심 개념을 설시한 바로 다음 "나아가 '양심상의 결정'이란 선과 악의 기준에 따른 모든 진지한 윤리적 결정으로서 구체적인 상황에서 개인이 이러한 결정을 자신을 구속하고 무조건

적으로 따라야 하는 것으로 받아들이기 때문에 양심상의 심각한 갈등 없이는 그에 반하여 행동할 수 없는 것을 말한다(2004. 8. 26. 2002헌가1, 판례집 16-2상, 141, 151)."는 2002헌가1 결정이 양심 개념과 함께 설시한 '양심상 결정'의 정의를 함께 인용하였다.

위 다수의견은 환자의 비밀과 사생활을 보호해야 한다는 의사 윤리강령과, 의사윤리지침 등을 근거로 의사의 환자에 관한 사생활 등 비밀 유지는 의사의 근원적이고 보편적인 윤리이자 도덕이고, 환자와의 묵시적 약속이라고 할 것이므로, 의사가 환자의 신병(身病)에 관한 사실을 자신의 의사에 반하여 외부에 알려야 한다면, 이는 의사로서의 윤리적·도덕적 가치에 반하는 것으로서 심한 양심적 갈등을 겪을 수밖에 없을 것이고, 한편 심판대상조항에 의하여 의사들이 제출해야 되는 내용은 누가, 언제, 어디에서 진료비로 얼마를 지급하였는지에 관한 것으로 개인의 존엄과 인격의 핵심에 관한 내용은 아니지만 개인의 진료내역은 물론, 진료를 받았다는 사실 그 자체가 사람의 신체적·정신적 결함을 평가하는 요소일 뿐만 아니라 사회적·경제적 평가의 판단기준이 되는 사생활의 핵심을 이루는 비밀이므로 환자의 비밀을 국가기관에 통보하도록 강제하는 것은 의사들에게 '직업적 신념 내지 가치관에 반하는 비윤리적 행위의무'를 부과하는 것이고, 따라서 심판대상조항에 의한 증빙서류 제출의무는, 환자와 특별한 관계에 있는 의사의 진지한 윤리적 결정에 반하는 행동을 강제하는 것으로서 헌법 제19조가 보장하는 양심의 자유의 보호범위에 포함된다고 판단하였다.

이러한 다수의견의 결론에 대하여 종래의 헌법재판소 결정을 인식하고 판시한 것으로 양심의 자유의 보호범위 내지 양심의 개념에 대한 종래 선례를 변경한 것으로 볼 수 있다는 평가가 있다.[14] 다만 위 결정 내용만을 놓고 보면, 광의의 양심 개념이든 협의의 양심 개념이든, 양심상 갈등 없이는 그에 반하는 행동할 수 없는 경우에 이른다는 것이 증명되면, 양심의 자유의 보호 영역 내에 있다고 할 수 있을 것이다.

다만 재판관 3인의 별개의견은 협의의 양심 개념을 전제로 하여 위와 같은 증빙서류 제출의무는 강력하고 진지한 마음의 소리에 해당한다고 할 수 없다면서 다수의견이 '진지성' 요건을 완화하였다고 비판하고 있다.15)

(2) 위 결정과 같이 광의의 양심 개념과 동시에 '양심상 결정'의 정의를 함께 설시한 판단례는 자필증서에 의한 유언에 대한 헌법재판소 2008. 12. 26. 선고 2007헌바128 결정(판례집 20-2하, 648)이 있다(위 결정에서는 양심 개념에 관하여는 지문날인제도에 관한 99헌마513 결정을, 양심상 결정의 정의에 관하여는 양심적 병역거부에 관한 2002헌가1 결정과 진료비 내역 제출의무에 관한 위 2006헌마1401 결정을 참조 선례로 인용하고 있다).

이 결정은 그와 같이 설시한 후 "유언자가 자신의 재산권을 처분하는 단독행위로서 유증을 하는 경우에 있어서 유언자의 의사표시는 재산적 처분행위로서 재산권과 밀접한 관련을 갖는 것일 뿐이고, 인간의 윤리적 내심 영역에서의 가치적·윤리적 판단과는 직접적인 관계가 없다 할 것이므로 헌법 제19조에서 규정하는 양심의 자유의 보호대상은 아니라고 할 것이다."라고 판단하였다.

---

14) 노희범, 소득세법 제165조 제1항 등 위헌확인 등 - 의료기관의 진료정보 제출과 개인정보보호 - (헌법재판소 2008. 10. 30. 2006헌마1401·1409(병합), 판례집 20-2상, 1115), 헌법재판소결정 해설집 2008, 헌법재판소 2009년, 474면.

15) 위 결정문에서 별개의견은 협의의 양심 개념을 채택한 선례로 법위반사실 공표제도에 관한 2001헌바43 결정, 지문날인제도에 관한 99헌마513 결정을 양심의 개념을 협의로 해석한 선례로 거시하고 있으나, 앞서 본 바와 같이 정확하지 않다.

마. 양심의 개념 내지 양심의 자유의 보호범위에 대한 재검토의 필요

(1) 이상에서 살펴 본 바와 같이 헌법재판소는, 의료기관 등에게 의료비 증빙서류를 제출하도록 한 위 2006헌마1401 등 결정을 제외하고는, 양심의 개념에 관하여 별다른 이론적 일관성 또는 정합성에 관한 논증이나 개념 변경의 필요성에 관하여 명시적인 판시 내용 없이 개별 사건에 따라 광의의 개념과 협의의 개념을 혼용하고 있다.[16]

다만 지금까지의 헌법재판소 결정들에 의하더라도 단순한 사실관계 확인이나 사실 고지의무 등을 부과하는 법률조항, 인간의 윤리적 내심영역에서의 가치적, 윤리적 판단과는 직접적인 관련이 없는 법률조항 등은 양심의 자유를 제한하지 않는다고 판단될 것으로 보인다. 더욱이 양심적 병역거부에 관한 세 번의 결정 등에서 설시한 '양심상 결정'의 정의에 비추어 보면, '심각한 양심상의 갈등 없이는 그에 반하여 행동할 수 없는 경우'여야 헌법 제19조의 보호범위에 포함되는 것으로 보는 입장으로 정리한 것으로 평가할 수도 있다. 그러나 선고 일시를 기준으로 보면, 헌법재판소는 2004년 선고한 양심적 병역거부에 관한 첫 번째 결정(2002헌가1 등 결

---

16) 헌법재판소는 각 결정에서 양심의 개념을 설시하면서, 참조된 선례를 인용하고 있는데, 그 인용 대상 선례도 적절한 것인지 의문스러운 경우가 있다. 예컨대, 보안관찰법 조항에 관한 헌법재판소 1997. 11. 27. 선고 92헌바28 결정은 광의의 양심 개념만 설시하면서도, 광의의 양심 개념을 최초로 설시한 사죄광고에 관한 89헌마160 뿐만 아니라, 광의의 개념과 협의의 개념을 병렬적으로 설시한 음주측정 의무조항에 관한 96헌가11 결정도 선례로 인용하고 있고, 준법서약서 제도에 관한 98헌마425 결정과 양심적 병역거부에 관한 첫 번째 결정인 2002헌가1 결정에서는 협의 양심 개념만을 설시하면서도, 광의의 양심 개념과 협의의 양심 개념을 혼용한 음주측정 의무조항에 관한 96헌가11이나, 선거운동제한 조항에 관한 99헌바92 결정을 선례로서 기재하고 있다.

정)이나 2011년 선고한 두 번째 결정(2007헌가12 결정 및 2008헌가22 결정) 이후에도, 앞서 본 지문날인에 관한 사건(2005. 5. 26. 선고), 의료비 내역 제출의무에 관한 사건(2008. 10. 30. 선고), 자필증서에 의한 유언에 관한 사건(2008. 12. 26. 선고), 재산명시의무와 감치조항에 관한 사건(2014. 9. 25. 선고), 부정청탁방지법상 신고조항 등에 관한 사건(2016. 7. 28. 선고)등에서는 다시 광의의 양심 개념을 따르고 있고, 한편 2018. 6. 28. 선고된 양심적 병역거부에 관한 결정에서는 앞선 양심적 병역거부에 관한 결정에서의 협의의 개념을 또 그대로 인용하고 있다.

⑶ 헌법재판소가 명시적으로 설시한 광의의 양심 개념에 따르면, 첫째, '세계관·인생관·주의·신조 등'도 양심의 보호범위에 포함되고, 둘째, '세계관·인생관·주의·신조에 이르지 아니하여도 보다 널리 개인의 인격형성에 관계되는 내심에 있어서의 가치적·윤리적 판단'도 양심의 개념에 포섭된다. 그리고 이러한 광의의 개념에 의해 양심에 포섭되는 세계관, 주의, 신조의 사전적 의미17)를 고려하면, 국가보안법위반으로 무기징역형을 선고받아 약 20년간의 형 집행을 받거나, 이른바 '사상범'에 해당하여 유죄판결을 받아 형 집행 중이었던 준법서약서 사건의 청구인들이 자신들이 옳다고 믿는 사상이나 신조 또는 신념에 따라 준법서약서를 거부한 것은 양심의 자유의 보호범위 내로 포섭된다고 보아야 할 것이다.

또한, 국가보안법 위반사실을 알면서 수사기관 등에 고지하지

---

17) "세계관"의 사전적 의미는 "세계와 인간의 관계 및 인생의 가치나 의의에 대한 통일적인 관점"이고, "주의"의 사전적 의미는 "특정한 일에 대한 일관성 있는 인식과 행동의 원칙 또는 외부 세계를 일정한 틀로 인식하거나 파악하여 그에 따르는 행동을 설정하는 임의의 관념 체계"이며, "신조"의 사전적 의미는 "반드시 지키겠다고 결심하여 마음속에 새긴 굳은 맹세"이다(포털 사이트 다음 국어 사전 참조).

아니한 경우를 처벌하는 불고지죄나, 배우자의 금품수령 사실을 알면서 신고하지 아니한 경우도 단순히 타인의 법위반에 대한 사실고지에 불과하다고 볼 여지가 없는 것은 아니지만, 그러한 사실고지는 고지 또는 신고의무자의 도덕관념이나 신념, 신조 등과 충돌하여 상당한 양심상 갈등을 야기하는 것으로 양심의 자유의 보호범위 내에 포섭할 수 있다는 견해도 충분히 가능한 것으로 보인다.18)

이같이 양심의 개념을 어떻게 확정하는지에 따라 헌법 제19조의 보호범위 내인지가 달라질 수 있는 것으로 보이고, 이는 과잉금지원칙의 적용 여부 및 그 과정에서의 사실적 및 규범적 평가의 강도 등이 달라 질 수 있는 등 위헌심사에서 중요한 부분이라 아니할 수 없다. 따라서 헌법 제19조가 말하는 양심의 개념에 관하여 엄격한 이론적·실천적 검토를 거친 개념의 재정립이 반드시 필요하다고 생각한다.

(2) 헌법재판소가 양심의 자유의 기능을 독일의 다수설과 독일 연방헌법재판소가 설시한 바와 같이 '개인의 윤리적 정체성'이라고 보고, 양심의 개념을 '윤리적 선악의 범주에 관한 진지한 결정'이라고 좁게 해석하는 것은 독일 연방헌법재판소의 결정례를 따른 것으로 보인다.19) 이는 독일 기본법이 제2조 제1항에서 일반적 행

---

18) 국가보안법상 불고지지에 관한 결정에서 양심의 자유를 직접적으로 침해한다고 볼 수 없다고 하면서도, 가정적으로 "양심의 자유를 제한하고 있다 하더라도" 과잉금지의 원칙이나 기본권의 본질적 내용에 대한 침해금지의 원칙에 위반된 것이라고 볼 수 없다고 하였음은 앞서 본 바와 같다.

19) BVerfGE 12, 45(55), 48, 127(173). 다만 독일 연방헌법재판소도 '양심적 병역거부자의 양심상 결정에 대한 법원의 심사는 양심상 결정의 배후에 있는 양심의 실질적인 평가에까지 확장될 수 없고, 양심적 병역거부자가 진지한 양심적 결정을 내렸는지를 확인하는 범위 내에서만 허용될 뿐'이라고 판시하였다고 한다(이재승, 독일에서 병역거부와 민간봉사, 민주법학

동의 자유가 원칙적으로 개별 기본권의 보호대상이 되는 모든 행위를 보호하고 있기 때문에 굳이 사상의 자유를 양심의 자유의 보호영역으로 둘 필요가 없기 때문이라고 한다.[20]

독일은 위 견해가 지적한 바와 같이 일반적 행동의 자유권을 포괄적 기본권으로 명시하고 있을 뿐만 아니라, 독일 기본법 제4조 제1항은 양심의 자유와 나란히 종교의 자유는 물론 사상의 자유를 포함하는 '세계관적 고백의 자유'를 기본권으로 보장하고 있기 때문에, 양심의 자유를 윤리적 개념으로 한정지어도, 진지한 윤리적 결정에는 포함되지 않는 철학적 확신이나 신념, 사상 등과 관련된 기본권을 보장하는데 공백이 생길 가능성이 없지만, 사상의 자유를 따로 기본권으로 명시하지 않고 있는 우리 헌법의 해석상으로는 양심에 세계관, 주의, 신조 등을 포함하는 넓은 개념으로 보는 것이 타당하다고 생각한다.

또한, 그와 같이 해석하는 것이 유엔 등 국제인권기구가 자유권규약 제18조 제1항에 의해 보장되는 사상, 양심 및 종교의 자유에 대한 권리에 관하여 "광범위하고 심오하다. 그것은 모든 문제에 관한 사상의 자유를 포함하며, 그 표현방식의 개별성, 집단성을 불문한 개인적 신념 및 종교 또는 믿음을 포함한다. … 사상의 자유와 양심의 자유는 종교 및 신념의 자유와 동등하게 보호된다."고 해석하고 있고,[21] 양심적 병역거부에 관한 결의(Resolution)에서는 그 양심상 결정은 "종교적, 도덕적, 윤리적, 인도주의적 또는 그와 유사한 동기에서 발생하는 심오한 확신을 포함한 양심에서 유래하는 것"[22]이라고 하면서 양심상 결정의 계기 또는 동기를 넓게 인정하

제20호, 2001. 8. 159쪽).

20) 노희범, 앞의 글 472쪽.

21) 자유권규약위원회(Human Rights Committee)의 자유권규약 제18조에 관한 일반논평 제22호(General Comment No. 22), 1문단.

22) 양심적 병역거부에 관한 유엔인권위원회(Commission on Human Rights)의

고 있으며, 유럽인권재판소도 유럽인권협약 제9조가 보장하는 사상, 양심, 종교의 자유를 향유하기 위하여는 '상당한 정도의 확신, 진지성, 밀접성(엄밀성)과 중요성의 요건을 충족하여야 한다'고만 설시하고[23] 윤리적 결정에 국한하지 않고 있으며, 구체적으로는 전통적 종교나 신흥 종교는 물론 위와 같은 요건만 갖추고 있으면, 철학적 확신까지도 포함하여 보호범위에 포함하고 있는 등 국제적 인권 보호 수준에도 부합한다.[24]

적어도 결정문상 표현에 의하면, 바람직하게도 헌법재판소 2018. 6. 28. 선고 2011헌바379등 결정에서는 "특정한 내적인 확신 또는 신념이 양심으로 형성된 이상 그 내용 여하를 떠나 양심의 자유에 의해 보호되는 양심이 될 수 있으므로, 헌법상 양심의 자유에 의해 보호받는 '양심'으로 인정할 것인지의 판단은 그것이 깊고, 확고하며, 진실된 것인지 여부에 따르게 된다."라고 판시하고 있다. 이는 위 유럽인권재판소 판결의 영향을 받은 것으로 보이는데, 양심 개념에 관한 헌법재판소의 입장이 어떻게 전개될 것인지는 좀 더 지켜볼 부분이다.

1998년 결의(resolution 1998/77).

23) 유럽인권재판소의 확립된 이론이다[2011. 7. 7. 선고 CASE OF BAYAT YAN v. ARMENIA(Application no. 23459/03), 110문단, 2013. 5. 27. 선고 CASE OF EWEIDA AND OTHERS v. THE UNITED KINGDOM(Applications nos. 48420/10, 59842/10, 51671/10 and 36516/10) 81문단 등 참조].

24) 유럽인권재판소는 '어떤 원리나 신념이 어떤 종교나 신념에서 핵심적인 것인지 등에 관하여 결정하는 것은 재판소가 관여할 일이 아니'라고 판시하고 있다[2012. 1. 31. 선고한 CASE OF KOVALKOVS v. LATVIA(Application no. 35021/05). 이러한 입장에서 유럽인권재판소나 유럽인권위원회는 평화주의, 채식주의, 낙태반대, 동성간 시민적 결합에 대한 반대 등도 보호받는 철학적 확신으로 보고 있다. 특히 양심적 병역거부에 관하여 획기적인 판결이라는 평가받은 위 BAYATYAN v. ARMENIA 사건의 청구인인 BAYATYAN은 '여호와의 증인' 등 특정 종교적 교리에 기초한 것이 아니라 '군 복무에 대한 거부를 자신의 확신으로 가진 사람'일 뿐이었다.

2. 사상의 자유는 헌법 제19조에 의해 보장되는지

가. 사상의 자유의 인정 여부

우리 헌법상 사상의 자유도 기본권으로 보장되는지에 관하여는 이론이 없는 듯하다. 헌법재판소도 사상의 자유를 기본권으로 인정하고 있다.[25]

나. 사상의 자유의 근거 조항

다만 사상의 자유의 헌법상 근거조항이 무엇인지는 견해가 다를 수 있다.

우리 헌법이 다른 나라의 헌법과 달리 양심의 자유를 신앙의 자

---

25) ► 학교 정화구역 내에서의 극장시설 및 영업을 금지하고 있는 학교보건법 제6조 제1항 본문 제2호에 관한 헌법재판소 2004. 5. 27. 선고 2003헌가1 등 결정(판례집 16-1, 670): "헌법은 문화국가를 실현하기 위하여 보장되어야 할 정신적 기본권으로 양심과 사상의 자유, 종교의 자유, 언론·출판의 자유, 학문과 예술의 자유 등을 규정하고 있는바 … "
   ► 이적표현물 소지 등이 문제된 헌법재판소 2004. 8. 26. 선고 2003헌바85 등 결정(판례집 16-2상, 297): "국가보안법 제7조 제5항에서 이적표현물의 소지행위를 처벌하는 것이 양심 또는 사상의 자유를 본질적으로 침해하는 것은 아니라고 할 것이다."
   ► 불온도서의 소지 등을 금지한 군인사법 조항 등에 관한 헌법재판소 2010. 10. 28. 선고 2008헌마638 결정(판례집 22-2하, 216): "국가권력이 일정한 학문적, 사상적 내용을 갖고 있는 정보에 대한 접근을 그 내용을 이유로 차단하는 경우에는 개인의 자유로운 사고형성이 제한되어 학문·사상·양심의 자유가 제한될 수 있는 것…"
   ► 반국가단체 찬양·고무죄, 이적표현물 소지죄 등이 다시 문제된 헌법재판소 2015. 4. 30. 선고2012헌바95 등 결정(판례집 27-1상, 453) 중 이적표현물 소지 등 조항에 관한 다수의견과 반대의견 및 찬양·고무죄의 구성요건 중 '동조' 부분에 관한 김이수 재판관의 위헌의견 등에서도 분명하게 '사상의 자유'를 기본권으로 명시하고 있다.

유와도 구별하고 사상의 자유에 포함시키지 않은 채 별개의 조항으로 독립시킨 우리 헌법의 취지(사죄광고에 관한 89헌마160 결정 내용 참조)에 비추어 양심의 자유만을 규정한 헌법 제19조가 아니라, 학문의 자유나 표현의 자유 그 밖에 일반적 행동의 자유권 등에 의하여 보장된다고 보는 견해가 있을 수 있다.[26]

그러나 양심, 종교, 세계관이나 사상, 신념은 각각 연접하거나 중첩될 수 있고, 양심은 또한 세계관적 동기에서 비롯될 수 있기 때문에 양심과 세계관을 엄격하게 구별하기는 어려우며, 그러한 사정으로 말미암아 다른 명목의 자유권으로 보호받는 외에 양심의 자유에 의해 보호받아야 할 필요도 있다. 또한, 신앙의 자유에서 분리되어 '세속적' 양심을 보호하기 위한 독자적인 기본권으로 발전한 양심의 자유의 연혁이나, 우리 헌법에 신념의 자유 또는 사상의 자유에 관한 명시적인 규정이 없는 점과 사상의 자유를 포함한 신념·신조·주의 등을 양심의 자유의 보호범위에서 제외하는 대신 표현의 자유나 일반적 행동자유권과 같은 다른 개별기본권에 의하여 보호할 수 있다고 하더라도 문제되는 기본권에 따라 침해 여부를 판단하는 심사기준이나 심사강도를 달리 적용하고 있는 헌법재판의 실무적인 측면까지 고려하면, 신념, 신조, 사상 등도 헌법 제19조가 규정한 양심의 개념에 포함된다고 보아 그 침해 여부를 엄격한 과잉금지원칙에 따라 심사하는 것은 기본권의 충실한 보장에

---

26) 한수웅, 헌법학(제4판), 법문사 2014년, 698쪽이 가장 분명하게 구분하고 있다. 위 문헌은 양심의 자유가 보호하고자 하는 바는 양심과 관련된 영역, 즉 개인의 인격적·윤리적 정체성을 형성하고 유지하고 외부세계에 관철하는 영역으로 인격적 정체성을 지키고자 하는 소극적인 성격의 기본권인 반면, 사상의 자유는 외부세계에 정신적으로 작용하고자 하는 적극적인 성격의 기본권이므로, 자신의 사상과 내적 결정에 따라 외부세계에 영향을 미치고 사회를 적극적으로 형성하는 가능성을 보호하고자 하는 것은 양심의 자유의 헌법적 기능이 아니라고 한다.

더 기여할 수 있다. 다수설도 사상의 자유가 양심의 자유에 포함된다고 보고 있다.27)

헌법재판소도 헌법 제19조를 사상의 자유의 근거조항으로 보고 있다.28)29)

---

27) 김철수, 헌법학개론(제17 전정 신판), 박영사, 2005년, 792쪽(우리 헌법상에서 사상의 자유를 보장한 특별규정이 없으며, 양심의 자유만을 규정하고 있는 것은 이를 일체로 본 때문이라고 한다. 이러한 논증은, 권형준, 양심의 자유에 관한 고찰, 금석 권형준 교수 정년기념논문집, 현대헌법학의 이론적 전개와 조망, 박영사, 2013년, 229쪽도 같다), 종교의 자유에서 양심의 자유가 분리된 입법 연혁에 비추어 창조주나 초월자에 대한 신앙은 종교의 자유로, 세속사에 관한 세계관적·윤리적 신념은 양심의 자유가 보장하고자 하는 규범구조라는 근거(박종보, 양심의 자유의 규범구조와 보호범위-준법서약제를 중심으로-, 헌법실무연구 제3권, 헌법실무연구회, 2002년 12월, 247쪽 및 267쪽), 양심이 윤리적 차원의 사고(思考)라면, 세계관적 확신을 의미하는 사상은 논리적 차원의 사고라는 점에서 구별되나, 양자는 양심의 자유가 특수한 형태의 사상의 자유라고 할 수 있을 만큼 불가분의 밀접한 관계를 맺고 있으며, 양심의 자유는 사상의 내면화를 의미하기 때문에 양심의 개념은 사상을 포괄하는 것으로 보아야 하기 때문이라는 근거(계희열, 앞의 책 332쪽) 등이 제시되고 있다.

28) ▶ 위에서 본 바와 같이(각주 26) 헌법재판소는 "양심 내지 사상의 자유", "양심 또는 사상의 자유"라는 표현을 사용하고 있다.

▶ 국가보안법 제7조 제5항에 관한 위 90헌가11 결정의 변정수 재판관의 위헌의견: "양심과 사상의 자유를 규정한 헌법 제19조"

▶ 불온도서 소지 등이 문제된 위 2008헌마638 결정의 이공현, 송두환 재판관의 반대(위헌)의견: "책을 읽는다는 것, 즉 독서는 사람이 그 생각의 폭을 넓히고 자유롭게 사상을 형성해 나가며 그 인격을 발전시키는 데 있어서 긴요한 수단이며, 또한 육체적·정신적으로 어려움에 처하였을 때 정신적 평화를 추구하는 수단이 되기도 한다. 이와 같은 '책 읽을 자유'는 단순히 '알 권리'의 문제를 넘어서 헌법이 보장하는 사상의 자유(제19조), 학문의 자유(제22조) 및 행복추구권 등 정신적 자유의 핵심영역에 위치하는 것"

▶ 국가보안법 제7조가 문제된 위 2012헌바95 결정 중 이적표현물 소지, 취득 부분

• 다수의견(합헌의견, 재판관 6인): "표현물에 담긴 내용이나 사상은 개

V. 양심의 자유와 다른 기본권과의 관계

1. 종교의 자유의 관계

가. 양심은 기본적으로 윤리적 판단에 관한 것이고, 종교는 신과 피안에 대한 내적 확신으로, 양자는 구별되고, 이를 전제로 우리 헌법에는 따로 규정되어 있다. 대부분의 학자들은 양심을 종교보다는 넓은 개념으로 보고 있다.[30]

나. 헌법재판소에서 문제된 양심적 병역거부 사안에서 위헌법률심판제청 사건의 당사자나 헌법소원의 청구인들 및 실제 우리나라에서 양심적 병역거부로 인하여 병역법위반죄 또는 예비군법위반죄로 형사처벌을 받는 사람들의 대부분은 '여호와의 증인'이라는 특정 종교의 신도들이다. 이와 관련하여 '양심적' 병역거부라는 용어에 대한 부정적 여론이나, 위에서 본 바와 같은 양심의 자유가 종교의 자유보다 넓은 영역을 포섭할 수 있어 두 기본권의 관계는 일반법과 특별법의 관계라고 할 수 있는 점 등에 비추어, 위 사안

개인이 자신의 세계관이나 가치체계를 형성해 나가는 데 영향을 주는 것으로 어떠한 신념에 근거하여 윤리적 결정을 하고 삶의 방향을 설정해 나갈 것인가를 정하는 기초가 된다. 따라서 특정한 내용이 담긴 표현물의 소지나 취득을 금지함으로써 정신적 사유의 범위를 제한하는 것은, 내적 영역에서 양심을 형성하고 사상을 발전시켜 나가고자 하는 <u>양심의 자유 내지는 사상의 자유</u>를 제한한다."(다수의견은 제한을 인정하면서 과잉금지원칙에 위배되지 않았다고 판단하였다)

29) 사상의 자유에 관한 이 같은 판시 내용을 고려하면, 협의의 양심 개념을 전제로 양심의 자유의 보호영역이 아니라고만 판단하고, 사상의 자유 등 다른 기본권의 제한 여부에 관하여 더 이상 판단하지 아니한 98헌마425 결정(준법서약서 사건)은 충실한 심사였다고 보기 어렵다.

30) 계희열, 앞의 책 331쪽, 권형준, 앞의 글 228~229쪽.

에서 제한되는 기본권을 양심의 자유가 아니라 종교의 자유로 확정하여야 하는 것이 타당하다는 견해가 있을 수 있다.

그러나 헌법재판소는 양심적 병역거부에 관한 결정 등(2002헌가1, 2007헌가12, 2008헌가22, 2011헌바379)에서 "양심적 병역거부가 종교의 교리나 종교적 신념에 따라 이루어진 것이라면, 이 사건 법률조항에 의하여 양심적 병역거부자의 종교의 자유도 함께 제한된다. 그러나 양심의 자유는 종교적 신념에 기초한 양심뿐만 아니라 비종교적인 양심도 포함하는 포괄적인 기본권"이고(2002헌가1), "종교적 신앙에 의한 행위라도 개인의 주관적·윤리적 판단을 동반하는 것인 한 양심의 자유에 포함시켜 고찰할 수 있"으며(2007헌가12, 2008헌가22, 2011헌바379), "양심에 의한 병역거부는 종교적인 이유에서부터 철학·사상에 바탕을 둔 세계관·인생관에 의한 것까지 다양하게 전개되고 있는데 종교의 자유의 문제로만 보게 되면 비종교적 이유에 의한 병역거부자를 포괄하지 못하는 문제가 발생"(2007헌가12)한다는 이유로 양심의 자유를 중심으로 검토하였다. 즉 윤리적 결정으로서 절박성 또는 개인의 정체성과 관련될 정도로 중대하고 진지성을 갖추는 경우에는 비록 그것이 협의의 양심 개념만을 헌법이 보장하는 양심의 개념에 속한다고 보더라도 그 기초(계기, 동기, 이유 및 근거)가 종교관이나 세계관 등 무엇인지는 중요하지 않고(2011헌바379), 윤리적 결정인 한 양심으로서 보호된다는 입장[31]에서 양심의 자유를 제한되는 주된 기본권으로 보았다.

다. 생각건대, 개인 차원에서든 국가 차원에서든 사유를 불문하고 일체의 살상을 거부하는 사상은 역사상 꾸준히 나타났고, 비폭

---

31) 윤영미, 양심의 자유, 헌법재판 주요선례연구 1, 헌법재판연구원, 2012년, 119쪽.

력, 불살생, 평화주의 등으로 나타나는 평화에 대한 이상은 그 실현가능성 여부에 불구하고 인류가 오랫동안 추구하고 존중해온 것이다(2002헌가1 결정 중 재판관 김경일, 재판관 전효숙의 반대의견 및 2011헌바379 결정 참조). 또한, '인간은 그 자신과 다른 모든 사람의 인격을 언제나 목적으로 간주하여야 하고, 결코 단순한 수단으로 간주해서는 아니된다'는 칸트의 언급을 비롯한 근대 철학에 기반한 인간 존엄에 대한 보편적 원리에 의하면, 전쟁은 어떠한 경우에도 정당화될 수 없고, 따라서 인간은 전쟁을 지양하고 평화를 위하여 노력해야 할 보편적이고 도덕적인 의무를 부담한다고 할 것이다. 따라서 신앙이나 종교적 신념에 기초한 집총거부 뿐만 아니라, 살생(殺生)을 금하는 불교의 교리에 근거하거나, 종교가 아닌 이른바 평화주의 이념에 근거한 집총거부 등도 보호대상이 되어야 한다. 한편으로는 재판 실무상으로도 양심적 병역거부자의 양심의 진지성 등에 관한 증명이 필수적으로 이루어져야 하는데, 그 증명 과정에서 특정종교의 교리를 전제로 한 당사자의 병역거부에 대한 결정 과정 등이 심사되기 보다는 동기나 계기가 무엇이든 간에 그와 같은 결정의 진지성 자체가 심사의 중점이 되는 것이 바람직하다. 한편 양심적 병역거부를 인정하는 다수의 국가의 입법례도 병역거부의 사유를 종교에 따른 결정에 한정하지 않는 점 등을 고려한다면, 양심적 병역거부 사건에서도 종교의 자유보다는 보편적인 보호범위를 지닌 양심의 자유를 제한되는 기본권으로 보는 견해가 옳다고 본다.

2. 표현의 자유 등과 관계

표현(언론·출판)의 자유는 양심의 자유와 표리관계에 있다고 할 수 있는데, 이는 양심의 자유를 외부적으로 표현하는 자유가 표현의 자유이기 때문이다(헌법재판소 1992. 11. 12. 선고 89헌마88 결정, 판례집 4, 739, 헌법재판소 2009. 5. 28. 선고 2006헌바109 등 결정, 판례집 21-1하, 545). 따라서 인간의 내심에서 형성된 양심이 표현행위나 학문·예술적 공표, 집회·시위 등을 통하여 외부로 표현되는 경우 원칙적으로는 내심의 의사결정을 외부로 표현한 행위 태양을 보호하기 위한 표현의 자유 등이 직접적인 관련 기본권이라고 할 것이다.[32]

---

32) 표현의 자유와 양심의 자유의 경합관계 등에 관한 헌법재판소의 판단례
  ▶ 국가보안법 제7조 제1항(반국가단체 찬양, 고무 등), 제3항(반국가단체 가입 등),제5항(이적표현물 소지·취득 등)에 관한 2012헌바95 등 결정: ① 위 법 제7조 제1항과 제3항이 양심의 자유도 침해한다는 주장에 대하여, 양심에 따른 행동을 할 자유가 제한되는 측면이 있기는 하나 이러한 행동이 표현행위를 통해 이루어지는 이상 위 조항으로 인하여 보다 직접적으로 제한되는 기본권은 표현의 자유이고, 반국가단체 가입이라는 행위를 통하여 외부로 표출된 양심은 표현의 자유나 결사의 자유의 보호범위에 포섭된다는 이유로, 각 조항의 위헌 심사에서 표현의 자유 제한 여부만 판단하고, 양심의 자유 제한 여부에 대해서는 별도로 판단하지 아니하였고, ② 위 법 제7조 제5항 중 제작이나 반포행위를 금지하는 것은 표현물에 담긴 사상, 내용을 자유롭게 표명하고 그것을 다른 사람들에게 전파하고자 하는 표현의 자유를 제한하는 것이고, 특정한 내용이 담긴 표현물의 소지나 취득을 금지함으로써 정신적 사유의 범위를 제한하는 것은, 내적 영역에서 양심을 형성하고 사상을 발전시켜 나가고자 하는 양심의 자유 내지는 사상의 자유를 제한한다고 판시하였다.
  ▶ 구체적인 전달이나 전파의 상대방이 없는 '집필' 단계에 관한 결정[금치기간 중인 수형자에 대하여 예외 없이 일체의 집필을 금지한 행형법 시행령 조항에 대한 헌법재판소 2005. 2. 24. 선고 2003헌마289 결정(판례집 17-1, 261)]에서는 "집필은 문자를 통한 모든 의사표현의 기본 전제가 된다는 점에서 당연히 표현의 자유의 보호영역에 속해 있다."고 판단하였다[위 행형법 시행령이 개정되어 금치기간 중인 수형자에 대하여 일정한 경우 예외를 두고, 집필 등을 금지할 수 있도록 한 '형의 집행 및 수용자의 처우에 관한 법률' 조항에 관한 헌법재판소 2014. 8. 28. 선고 2012헌마623 결정(판례집 26-2상, 381)]의 다수의견도 같다].

Ⅵ. 양심의 자유가 침해되었는지 판단하는 전제조건에 관한 결정

1. 헌법재판소 2002. 4. 25. 선고 98헌마425 결정이 판시한 보호 요건

헌법재판소는 준법서약서 제도가 문제된 위 결정에서 양심의 자유는 윤리적 정체성을 보장하는 기능을 하나, 내심의 결정에 근거한 "인간의 모든 행위가 헌법상 양심의 자유라는 보호영역에 당연히 포괄되는 것은 아니"므로, … "헌법상 그 침해로부터 보호되는 양심은 첫째 문제된 당해 실정법의 내용이 양심의 영역과 관련되는 사항을 규율하는 것이어야 하고, 둘째 이에 위반하는 경우 이행강제, 처벌 또는 법적 불이익의 부과 등 법적 강제가 따라야 하며, 셋째 그 위반이 양심상의 명령에 따른 것이어야 한다."는 요건을 설시하였다. 즉 실정법적 제약이나 불이익이 있는 경우에만 양심의 자유가 침해된다고 판단하였다.

이를 전제로 위 결정은, "당해 실정법이 특정의 행위를 금지하거나 명령하는 것이 아니라 단지 특별한 혜택을 부여하거나 권고 내지 허용하고 있는 데에 불과하다면, 수범자는 수혜를 스스로 포기하거나 권고를 거부함으로써 법질서와 충돌하지 아니한 채 자신의 양심을 유지, 보존할 수 있으므로 양심의 자유에 대한 침해가 된다 할 수 없는데, 준법서약서의 제출이 법적으로 강제되는 것이 아니고, 가석방은 교정정책상 은혜적 조치에 불과하며, 준법서약서의 제출을 거부하면 가석방의 혜택을 받을 수 없게 될 것이지만, 이는 은혜적 조치를 받지 않겠다는 그것뿐이며 더 이상 당해 수형자의 법적 지위가 불안해지거나 법적 상태가 악화되는 것이 아니라 원래의 형기대로 복역하는 수형생활에 아무런 변화가 없기 되기 때문에 양심의 자유를 침해하지 아니한다"고 보았다.

생각건대, 국법질서를 준수하겠다는 내용일 뿐인 준법서약서라고 하더라도, 그것의 제출을 거부하였다고 하여 길게는 약 20년의 형 집행을 받은 비전향장기수가 포함된 위 사건의 청구인들을 가석방에서 제외하는 효과를 단순히 은혜적 조치를 자신의 임의적 의사에 의하여 거부하기로 선택하였으므로 양심의 자유를 제한하는 것이 아니라고 본 위 결정에는 찬성할 수 없다. 즉 위 청구인들이 가석방의 혜택을 받기 위하여 자신의 양심이나 신념 혹은 사상에 반하는 준법서약서를 제출하는 것은 자신의 양심이나 신념 혹은 사상이 아닌 것을 외부적으로 그것인 것처럼 표현하도록 사실상 강제하는 것이라고 하지 않을 수 없다.33)

2. 헌법재판소 2008. 10. 30. 선고 2006헌마1401 등 결정의 판시 내용

헌법재판소는 의료인에게 부과된 소득공제를 위한 증빙서류 제출의무가 문제된 위 결정에서는 준법서약서 사건에서와 달리, "양심의 자유는 인간으로서의 존엄성 유지와 개인의 자유로운 인격발현을 위해 개인의 윤리적 정체성을 보장하는 기능을 담당하기 때

---

33) 미국에서 발전한 '정부는 개인이 헌법상 권리를 포기하는 것을 조건으로 하여 혜택을 베풀어서는 안된다'는 '위헌 조건의 법리'(unconstitutional conditions doctrine) 이론으로 소개하면서, "형이 확정되어 집행 중인 일부 수형자 집단에게는 가석방의 혜택을 보기 위하여 다른 수형자들에게 요구되지 않는 준법서약을 하도록 요구하는 것은 자유로운 선택의 문제라고 볼 수 없다. 가석방은 모든 수형자에게 개방되어 있는 제도인데, 이 제도의 혜택을 보기 위하여 양심상 결정을 외부에 표하게 하는 것은 별도의 위헌 조건 설정"이라고 비판하는 글로는 박종보, 앞의 글 262~272쪽 참조.

문에, 비록 법적 강제수단이 없더라도 사실상 내지 간접적인 강제수단에 의하여 인간 내심과 다른 내용의 실현을 강요하고 인간의 정신활동의 자유를 제한하며 인격의 자유로운 형성과 발현을 방해한다면, 이 또한 양심의 자유를 제한하는 것이라고 보아야 한다." 면서, "의료기관 등으로서는 과세자료를 제출하지 않을 경우 국세청으로부터 행정지도와 함께 세무조사와 같은 불이익을 받을 수 있다는 심리적 강박감을 가지게 되는바, 결국 의무불이행에 대하여 간접적이고 사실적인 강제수단이 존재하므로 법적 강제수단의 존부와 관계없이 청구인들의 양심의 자유를 제한한다"고 판시하였다.

위 결정은 준법서약서 사건의 판시 내용을 사실상 변경한 것이지만, 종전 판시 사항을 변경한다고 명시하지는 않았다. 이 결정 후 이 쟁점에 관한 헌법재판소의 새로운 결정은 현재까지는 없다.

생각건대, 사실행위, 혜택부여의 배제 등을 통한 사실상의 기본권 제약도 기본권 제약에 포함하는 것이 현대 헌법학계의 경향인 점[34]이나, 현대 헌법 국가에서는 사회적 기본권의 중요성이 점차 큰 비중을 차지하고 있고, 그와 관련하여 국민의 국가에 대한 급부 요구 등과 관련된 기본권의 실질적인 구체화가 확대되는 경향이라 할 것인데, 그러한 경향에서 적극적 청구권으로 인정되는(소구권이 인정된다는 의미이다) 급부청구권에 따른 급부에서 특정 기본권 주체를 배제하는 것뿐만 아니라, 구체적인 청구권에 이르지는 않더라도 예컨대 보조금 등의 혜택에서 배제하는 것 등도 법적 불이익이 아니라고 할 수는 없을 것이다. 그런 점에서는 위 결정에서 취한 견해가 옳다고 생각한다.

---

34) 윤영미, 앞의 글 124쪽.

VII. 과잉금지원칙(비례의 원칙)의 적용 문제

1. 양심의 자유의 제한 가능성

앞서 본 바와 같이 헌법재판소는 내심적 자유에 해당하는 양심 형성 및 양심 결정의 자유는 내면에 머무르는 한 절대적 자유이나, 양심실현의 자유는 헌법 제37조 제2항에 따라 제한할 수 있는 상대적 자유라고 보고 있다.

2. 기본권 제한 입법의 한계로서의 과잉금지원칙

헌법재판소는 과잉금지원칙(광의의 비례의 원칙)을 기본권 제한 입법이 지켜야 할 기본원칙 내지 입법의 한계를 의미한다고 보고 있고, 이를 자유권은 물론 재산권, 선거권, 재판청구권 등에도 적용하고 있다.[35] 이와 같은 헌법재판소의 태도에 대한 타당 여부는 별론으로 하고, 자유권인 양심의 자유를 제한하는 법률조항에 대한 위헌심사기준으로 과잉금지원칙이 적용된다는 데에는 별다른 이론이 없는 것으로 보인다.

---

35) 신체의 자유에 관하여 헌법재판소 1992. 12. 24. 선고 92헌가8 결정(판례집 4, 853), 재산권에 관하여 헌법재판소 1990. 9. 3. 89헌가95 결정(판례집 2, 245), 선거권에 관하여 헌법재판소 1999. 1. 28. 97헌마253 등(판례집 11-1, 54), 재판청구권에 대하여 4단계 과잉금지원칙을 적용한 헌법재판소 2001. 6. 28. 선고 2000헌바77 결정(판례집 13-1, 1358) 및 헌법재판소 2018. 1. 25. 선고 2016헌바208 결정(공보 제256호, 294) 등 다수의 결정.

3. 헌법재판소의 선례에 대한 검토

양심의 자유에 관한 여러 결정 중 양심의 자유의 보호범위에 포함된다고 보고, 실질적인 위헌심사까지 나아간 결정들에서의 심사기준을 선고시기에 따라 살펴본다.

가. 과잉금지원칙을 적용한 판단례(사죄광고에 관한 헌법 재판소 1991. 4. 1. 선고 89헌마160 결정)

헌법재판소는 사죄광고 제도가 민사책임을 규정한 민법 제764조의 의의와 목적에는 적합하지 않은 처분이고, 가해자의 비용으로 그가 패소한 민사손해배상판결의 신문·잡지 등에 게재하는 등 사죄광고가 아니고도 충분히 민법 제764조의 목적을 달성할 수 있는 방법이 있는 등 덜 제한적인 조치가 있다고 판시하는 등으로 수단의 적합성과 침해의 최소성을 심사하였는바, 위 결정 자체에서도 "선택된 수단이 목적에 적합하지 않고, 또한 과잉하여 비례의 원칙이 정한 한계를 벗어난 것"이라고 하였다. 즉 과잉금지원칙에 따라 심사하였다.

나. 합리성 기준을 적용한 것으로 보이는 판단례

(1) 현역병으로 입대한 사람을 전투경찰로 전임할 수 있도록 하고, 또 시위에 대한 진압명령의 근거가 되는 법률조항의 양심의 자유 침해 여부가 문제된 헌법재판소 1995. 12. 28. 선고 91헌마80 결정(판례집 7-2, 851)에서는 입법목적만 설시한 뒤, "국방의 의무의 이행을 위하여 현역병으로 입영한 사람을 어디에 배치하여 어떠한 임무를 부여할 것인가의 문제 등은 입법자가 국가의 안보상황 및 재정, 대간첩작전의 효율성 등 여러 가지 사정을 고려하여 합목적

적으로 정할 사항이므로, 전투경찰순경을 현역병으로 입영하여 복무중인 군인에서 전임시켜 충원할 수 있도록 한 법률조항은 그 자체로서 양심의 자유를 침해한 것이라고 볼 수 없다"고 판단하였다. 즉 과잉금지원칙이 아니라 이른바 합리성 심사에 그친 것으로 보인다.

(2) 국가보안법상 불고지죄에 대한 헌법재판소 1998. 8. 16. 선고 96헌바35 결정에서도, 예비적 판단에서 "여러 가지 국내외 정세의 변화에도 불구하고 남·북한의 정치·군사적 대결이나 긴장관계가 여전히 존재하고 있는 우리의 현실, 불고지죄가 보호하고자 하는 국가의 존립·안전이라는 법익의 중요성, 범인의 친족에 대한 형사처벌에 있어서의 특례설정 등 제반사정에 비추어 볼 때 이 사건 심판대상 법률조항이 양심의 자유를 제한하고 있다 하더라도 그것이 헌법 제37조 제2항이 정한 과잉금지의 원칙이나 기본권의 본질적 내용에 대한 침해금지의 원칙에 위반된 것이라고 볼 수 없다."고 판시하였다. 그런데 위 결정 자체에서 과잉금지원칙을 명시적으로 언급하였으나, 판시 내용을 보면 실제 심사는 그에 따른 것이라고 보기 어렵다.

다. '명백성 통제'라는 심사기준에 따른 판단례(양심적 병역거부가 문제된 헌법재판소 2004. 8. 26. 선고 2002헌가1 결정)

위 결정의 다수의견은 "비례원칙의 일반적 심사과정은 양심의 자유에 있어서는 그대로 적용되지 않는다. 양심의 자유의 경우 비례의 원칙을 통하여 양심의 자유를 공익과 교량하고 공익을 실현하기 위하여 양심을 상대화하는 것은 양심의 자유의 본질과 부합될 수 없다. … 양심의 자유의 경우에는 법익교량을 통하여 양심의 자유와 공익을 조화와 균형의 상태로 이루어 양 법익을 함께 실현하는 것이 아니라, 단지 '양심의 자유'와 '공익' 중 양자택일 즉, 양심에 반하는 작위나 부작위를 법질서에 의하여 '강요받는가 아니면 강요받지 않는가'의 문제가 있을 뿐"이고, "입법자가 양심의 자유로부터 파생하는 양심보호의무를 이행할 것인지의 여부 및 그 방법에 있어서 광범위한 형성권을 가(지며), 달성하고자 하는 공익은 국가의 존립과 모든 자유의 전제조건인 '국가안보'라는 대단히 중요한 공익"이고, "병역의무의 공평한 부담의 관점에서 볼 때, 타인과 사회공동체 전반에 미치는 파급효과가 크다고 할 수 있고, 이로써 기본권행사의 강한 사회적 연관성이 인정"되므로, "'국가가 대체복무제를 채택하더라도 국가안보란 공익을 효율적으로 달성할 수 있기 때문에 이를 채택하지 않은 것은 양심의 자유에 반하는가'에 대한 판단은 '입법자의 판단이 현저하게 잘못되었는가.'하는 명백성의 통제에 그칠 수밖에 없다."고 판시하였다. 이 결정의 명백성 통제라는 기준에 대하여는 많은 비판이 있었다.[36]

라. 과잉금지원칙을 적용한 판단례

(1) 연말정산 간소화를 위해 의료기관으로 하여금 의료비 내역을 제출하도록 한 소득세법 조항에 대한 헌법재판소 2008. 10. 30. 선고 2006헌마1401 등 결정에서는 별다른 판시 사항 없이 목적의 정당성, 수단의 적합성, 침해의 최소성, 법익균형성의 이른바 4단계 심사를 하였다.

---

36) 상세한 내용은 윤영미, 앞의 글 125~126쪽 참조.

(2) 양심적 병역거부에 관한 2011. 8. 30. 선고 2007헌가12 및 2008헌가22
     결정 및 2018. 6. 28. 선고 20011헌바379등 결정

2007헌가12 및 2008헌가22 결정에서는 첫 번째 양심적 병역거부
에 관한 2002헌가1 결정의 심사기준에 대한 비판을 의식한 때문인
지, "헌법상 보장되는 양심의 자유는 우리 헌법이 실현하고자 하는
가치의 핵이라고 할 '인간의 존엄과 가치'와 직결되는 기본권이다.
반면 이 사건 법률조항은 헌법상 기본의무인 국방의 의무를 형성
하기 위한 법률인데, 국방의 의무는 국가의 존립과 안전을 위한 불
가결한 헌법적 가치를 담고 있으므로 헌법적으로 양심의 자유와
국방의 의무 중 어느 것이 더 가치 있는 것이라 말하기는 곤란하
다. 이처럼 헌법적 가치가 서로 충돌하는 경우, 국가권력은 양 가
치를 양립시킬 수 있는 조화점을 최대한 모색해 보아야 하며, 그것
이 불가능하여 부득이 어느 하나의 헌법적 가치를 후퇴시킬 수밖
에 없는 경우에도 그 목적에 비례하는 범위 내에 그쳐야 한다. 이
처럼 헌법 제37조 제2항의 비례원칙은, 단순히 기본권제한의 일반
원칙에 그치지 않고 모든 국가작용은 정당한 목적을 달성하기 위
하여 필요한 범위 내에서만 행사되어야 한다는 국가작용의 한계를
선언한 것이므로, 비록 이 사건 법률조항이 헌법 제39조에 규정된
국방의 의무를 형성하는 입법이라 할지라도 그에 대한 심사는 헌
법상 비례원칙에 의하여야 한다."면서 일반적인 과잉금지원칙에
따라 4단계 심사를 하였다.

(3) 이후 국가보안법 제7조가 문제된 헌법재판소 2015. 4. 30. 선
고 2012헌바95 등 결정에서도 과잉금지원칙을 적용하여 위헌심사
를 하였고, 양심적 병역거부에 관한 헌법재판소 2018. 6. 28. 선고
2011헌바379 등 결정도 같다.

4. 검토

두 번째 양심적 병역거부에 관한 결정(2007헌가12 결정 등)이 적절히 판시한 바와 같이 양심의 자유는 헌법 최고의 가치이자 국가의 궁극적 존재 목표인 인간의 존엄성과 직결되는 중요한 기본권이다. 한편 과잉금지원칙, 즉 비례의 원칙에서 말하는 "비례성이라는 척도는 법적 판단과 관련된 경험적 요소와 규범적 요소를 전체적으로 결합할 수 있게 해주고, (기본권 보호를) 입법자의 판단에만 맡기는 것이 아니라, 입법자의 판단 자체를 최대한 가시적 요소에 구속시키며, 이를 통해 그에 대한 통제가능성을 높이거나 통제가능성을 비로소 마련할 수 있게 된다."[37]

더욱이 과잉금지원칙상 수단의 적합성 및 침해 최소성에서 문제되는 것은 수단이 목적의 실현에 기여하는지 또는 가장 기본권을 적게 제한하는 수단인지에 관한 것인데, 이는 헌법해석자의 현실 판단 및 경험적 판단에 의존하고 있는 영역이고, 그것은 입법적 수단과 규율효과 사이의 인과관계, 규율되는 현실에 대한 사회학적·경제학적 이해 등 경험적 판단을 요하는 것이다.[38] 이는 반드시 유일한 수단을 선택해야 한다는 의미는 아니라고 할 수도 있지만, 입법목적을 달성할 수 있는 동등하게 적합한 여러 수단 중 개인의 자유를 가장 적게 제한하는 수단을 택해야 한다는 선택의 문제[39]라 할 수 있다. 그러므로 이 단계에서의 심사에는 가치판단이 아니

---

37) 하세머((Winfried Hassemer)(배종대, 윤재왕 옮김), 범죄와 형벌, 나남, 2011년 175쪽(이 문헌은 독일 형법에 관한 내용이지만, 비례의 원칙이 어떤 원칙이고 어떤 기능을 하는지 이해하는데 크게 도움을 주었다).

38) 한수웅, 앞의 책, 469쪽, 이준일, 헌법학강의, 홍문사, 2013년, 336쪽, 오승철, '양심적 부작위권의 제한의 한계'(양심적 병역거부와 대체복무자, 경인문화사, 2013년), 101쪽도 참고.

39) 헌법주석[Ⅰ], 한국헌법학회, 박영사, 2013년 1196쪽(김대환 집필).

라 사실판단(사실인정)이 더 중시되어야 할 것이고, 이는 실제 판단에 있어 관계되는 모든 법익에 대해 개별적이고 구체적인 형량을 요함은 물론, 그 판단에 있어서도 형량의 전제되는 사실과 그로 인한 영향에 대한 상당한 정도의 인과관계가 입증이 가능할 정도로 제시되어야 한다는 의미로 받아들여야 할 것이다.40)41)

양심의 자유의 중요성 및 비례의 원칙의 입법자에 대한 구속력과 그에 따를 경우 기본권제한 입법에 대한 통제가능성이 증가되는 점, 과잉금지원칙의 침해최소성에 대한 위와 같은 판단방법 등을 고려할 때, 양심의 자유를 제한하는 입법과 관련하여 입법부에게 상당한 형성권이 인정되는 경우라도 엄격하게 과잉금지원칙을

---

40) 헌법재판소도 기본권을 제한하는 법률의 위헌성 여부가 미래에 나타날 법률효과에 달려 있다면, 규범심사에도 예측판단이 불가피하다는 전제에서 입증의 문제를 정면으로 판단한 바 있다.

"법률이 제정되면 미래에 있어서 작용하고 효과를 발생시키므로, 입법자는 법률의 형태로써 정치적 결정을 내리는 과정에서 법률과 법현실과의 관계에 관한 일정한 예측으로부터 출발한다. 그러나 이러한 예측판단에는 항상 불확실한 요소가 내재되어 있다. 따라서 헌법재판소의 규범심사과정에서 결정의 전제가 되는 중요한 사실관계가 밝혀지지 않는다든지 특히 법률의 효과가 예측되기 어렵다면, 이러한 불확실성이 공익실현을 위하여 국민의 기본권을 침해하는 입법자와 기본권을 침해당하는 국민 중에서 누구의 부담으로 돌아가야 하는가 하는 문제가 제기된다. 법률이 개인의 핵심적 자유영역(생명권, 신체의 자유, 직업선택의 자유 등)을 침해하는 경우 이러한 자유에 대한 보호는 더욱 강화되어야 하므로, 입법자는 입법의 동기가 된 구체적 위험이나 공익의 존재 및 법률에 의하여 입법목적이 달성될 수 있다는 구체적 인과관계를 헌법재판소가 납득하게끔 소명·입증해야 할 책임을 진다고 할 것이다."(헌재 2002. 10. 31. 99헌바76 등, 판례집 14-2, 410, 432-433). 위 판시는 입법자를 향한 것이지만, 재판을 담당하는 사법기관에도 그대로 유효하다고 할 것이므로, 헌법재판소는 위와 같은 법리가 헌법재판 과정에서 구현될 수 있는 소송절차적 방안을 시급히 마련하여야 한다고 생각한다.

41) 하세머, 앞의 책 175~180쪽(위 문헌에서 설명하는 '적합성'과 '필요성원칙'에 대한 설명 참조).

적용하는 것이 타당하다.

VIII. 양심적 병역거부에 관한 헌법재판소 결정들에 관한 검토

1. 논의의 범위

현재 우리 사회에서 대체복무제를 도입하여 양심적 병역거부를 인정할 것인지, 대체복무제를 도입되지 아니한 채 양심상 결정에 의한 병역거부자들을 일률적으로 처벌하는 것이 헌법위반은 아닌지에 관하여 만큼 첨예한 쟁점은 없었을 것이다. 헌법재판소도 이미 대체복무제를 도입하지 않은 상태에서 양심적 병역거부자를 처벌하는 병역법 제88조 제1항 해당 부분에 대하여는 이미 두 차례에 걸쳐 합헌으로 판단하였다. 그런데 2018. 6. 28. 헌법재판소는 병역법 제88조 제1항의 위헌성이 문제된 헌법소원청구사건 및 위헌법률심판제청사건에서 병역의 종류를 규정하면서도 대체복무제도를 포함하지 아니한 병역법 제5조 제1항에 대하여 헌법불합치결정을 하는 한편, '처벌조항'인 병역법 제88조 제1항에 대하여는 또 다시 합헌결정을 하였다(2011헌바379 결정). 이 결정에 대하여는 적법요건, 병역법 제88조 제1항에 대한 합헌의견 중 일부의 판시 내용 등에 관하여 신중한 검토가 필요하다고 생각한다. 이 글에서 위 결정 전반을 검토하기는 부족하므로, 기존 결정과 2018. 6. 28.자 결정의 내용을 간략히 살펴본다.

2. 두 차례 헌법재판소의 합헌 결정에서의 구체적인 심사 과정에 대한 검토

가. 기존 헌법재판소 결정의 위헌성 심사에서 판단한 사항

헌법재판소는 처벌조항에 대한 첫 번째 합헌결정인 2002헌가1 결정에서 명백성 통제라는 심사기준을 전제로 하여, 대체복무제 도입에 따른 낙관적인 '예상'과 부정적인 '예상'을 대비하면서 "한국의 안보상황, 징병의 형평성에 대한 사회적 요구, 대체복무제를 채택하는 데 수반될 수 있는 여러 가지 제약적 요소 등을 감안할 때, 대체복무제를 도입하더라도 국가안보라는 중대한 헌법적 법익에 손상이 없으리라고 단정할 수 없는 것이 현재의 상황이라 할 것인바, 대체복무제를 도입하기 위해서는 남북한 사이에 평화공존관계가 정착되어야 하고, 군복무여건의 개선 등을 통하여 병역기피의 요인이 제거되어야 하며, 나아가 우리 사회에 양심적 병역거부자에 대한 이해와 관용이 자리 잡음으로써 그들에게 대체복무를 허용하더라도 병역의무의 이행에 있어서 부담의 평등이 실현되며 사회통합이 저해되지 않는다는 사회공동체 구성원의 공감대가 형성되어야 하는데, 이러한 선행조건들이 충족되지 않은 현 단계에서 대체복무제를 도입하기는 어렵다고 본 입법자의 판단이 현저히 불합리하다거나 명백히 잘못되었다고 볼 수 없다."고 판시하였다.

두 번째 결정(2008헌가22 결정 및 향토예비군법 조항에 대한 2007헌가12 결정)에서는 과잉금지원칙 중 침해 최소성에 관한 판단 부분에서 '형사처벌의 필요성'(양심상 결정을 이유로 예비군 훈련을 거부한 것이 문제된 사건에서는 '행정적 제재의 대체가능성'을 검토하였다), '대체복무제 도입시 병력자원의 손실', '심사의 곤란성', '사회 통합의 문제', '종전 헌법재판소의 결정에서 제시한 선행조건을 충족하였는지 여부'(2002헌가1 결정에서 적시한 남북한 사이의 평화공존관계 정착 등을 말한다)에 관하여 설시하면서 과잉금지원칙에 위배되지 아니한다고 판단하였다.

나. 비판

(1) 2001헌가1 결정은 명백성 통제라는 완화된 심사기준을 적용하였음은 물론, 결정문의 표현 그대로 각 '예상'을 상정하여 위헌성을 판단하였을 뿐이고, 2008헌가22 등 결정도 병력자원의 손실, 심사의 곤란성, 군복무여건 등의 각 항목에서 제시된 요소들과 그에 따른 구체적인 판시 내용은 경험적 사실관계나 신빙성 있는 자료 등을 통해 실질적인 인과관계가 증명된 것이라고 보기는 어렵고, 한편으로는 실제로 사회복무요원 제도 등 이미 다른 형태의 대체복무제가 실시되고 있고, 그를 통해 국방의 의무를 이행하는 인원수가 매년 양심적 병역거부로 인하여 형사처벌을 받은 사람들보다 월등히 많다는 사실 등 더 적게 기본권을 제한하는 대안의 존재 여부나 공익과 사익 사이의 형량을 위한 중요한 사실관계가 누락되어 있는 등 침해 최소성 및 법익균형성을 판단하는 여러 요소를 경험적 자료에 의해 정밀하게 논증하였다고 보기는 어렵다.

(2) 과잉금지원칙의 개별 기준에 대한 심사방법에 관한 앞서 본 이론에 비추어 보면, 위와 같은 추상적인 수준의 과잉금지원칙 적용은, 기존 양심적 병역거부에 관한 결정들에 국한된 문제가 아니라 과잉금지원칙을 적용하는 헌법재판소의 재판실무 전반에 관하여 근본적으로 재검토되어야 할 중요한 사항이라고 생각한다. 즉 현재의 헌법재판소 실무가 과잉금지원칙의 4단계 심사대상 중, 입법부나 행정부가 아니라 위헌 여부에 관한 심판기관인 헌법재판소

가 스스로 기본권을 제한하는 심판대상 법률조항의 입법목적이 무엇인지 확정할 뿐만 아니라, 수단이 되는 법률 등이 헌법재판소 스스로 확정한 입법목적을 위해 어느 정도 효과적이기만 하면 별다른 논증 없이 수단의 적합성을 인정한 결과 수단의 적합성 단계의 심사가 사실상 무의미하게 되었다.[42] 나아가 침해 최소성과 법익 균형성의 각 심사단계에서도 입법부나 행정부로 하여금 덜 제한적인 대안이 존재하는지, 선택된 수단이 가장 덜 제한적인 조치인지 등에 관하여 증거 등을 제출하게 하고, 분명하게 주장·입증하게 하거나, 공익의 달성 정도나 사익의 침해 정도에 관하여 사실적·경험적·규범적 측면에서의 주장 및 그에 관한 소명활동 등을 하게 하는 등의 변론활동이 거의 이루어지지 않는 현재의 헌법재판 실무례를 근본적인 부분에서부터 전면적으로 재검토해야 할 문제라고 생각한다. 이 글이 담당하는 부분에만 한정하여 보더라도 양심적 병역거부에 관한 위의 두 결정에서의 위헌성 심사는 증거에 의하여 구체적으로 증명되지 아니한 사실에 근거한 것이라고 평가할 수 있다.

---

42) 이러한 실무례에 따른 결과 목적의 정당성이 인정되지 않아 위헌으로 결정된 사례는 매우 드물고(동성동본 간의 혼인을 금지한 민법 제809조에 관한 헌법재판소 1997. 7. 16. 선고 95헌가6 등 결정, 판례집 9-2, 1과 혼인빙자간음죄를 정한 형법 제304조에 관한 헌법재판소 2009. 11. 26. 선고 2008헌바58 등 결정, 판례집 21-2하, 520이 입법목적이 헌법에 위반된다고 판단한 선례이다). 수단의 적합하지 않다고 판단된 선례도 많지는 않다(복수조합설립을 금지한 축산업협동조합법 조항에 관한 헌법재판소 1996. 4. 25. 선고 92헌바47 결정, 판례집 8-1, 370, 군사법경찰관의 구속기간의 연장을 허용하는 군사법원법 조항에 대한 헌법재판소 2003. 11. 27. 선고 2002헌마193 결정, 판례집 15-2하, 311, 임원이 금고 이상의 형을 선고받은 경우 법인의 건설업 등록을 필요적으로 말소하도록 규정한 구 건설산업기본법 조항에 관한 헌법재판소 2014. 4. 24. 선고 2013헌바25 결정, 판례집 26-1하, 78, 변호사시험 성적을 합격자에게 공개하지 않도록 규정한 변호사시험법 조항에 관한 헌법재판소 2015. 6. 25. 선고 2011헌마769 등 결정, 판례집 27-1하, 513 등이 그러하다).

3. 헌법재판소 2018. 6. 28. 선고 2011헌바379등 결정의 판시 내용

가. 결정 내용의 개요[43]

위 결정의 다수의견(재판관 6인)은 병역의 종류를 현역, 예비역, 보충역, 병역준비역, 전시근로역의 다섯 가지로만 한정하고 대체복무 등 다른 종류를 규정하지 아니한 병역법 제5조 제1항에 대하여 2019. 12. 31.까지 개정할 것을 내용으로 하는 헌법불합치(계속 적용)의견이었다. 그 외 재판관 2인은 진정입법부작위를 다투는 것이어서 부적법하는 이유, 재판관 1인은 재판 전제성을 구비하지 못하여 부적법하다는 이유로 한 각하의견이었다.

한편 '정당한 사유' 없이 입영을 거부하는 경우를 처벌하는 병역법 제88조 제1항에 대하여는 재판관 4인이 위헌의견, 이유는 다르나 재판관 4인이 합헌의견, 재판관 1인이 각하의견이었다. 각하의견은 헌법재판소법 제68조 제2항에 따른 헌법소원청구이든, 위헌법률심판제청이든 법원의 처벌조항에 대한 해석·적용이나 재판 결과 또는 정당한 사유에 대한 포섭이나 해석·적용을 다투는 것에 불과하여 부적법하다는 것이었다.

이하에서는 병역종류조항에 대한 다수의견(헌법불합치)과 각하의견을 제외한 형벌조항에 대한 판시 내용을 살펴보기로 한다.

---

43) 이 결정은 병역종류조항과 처벌조항에 대하여 재판관별로 여러 의견으로 나뉘었고, 의견별로도 각각의 보충의견이 부가되어 있는 등 검토할 내용이 매우 많으나, 다음 기회로 미루고, 이 글에서는 다수의견을 중심으로 살펴보고자 한다.

나. 병역종류 조항에 대한 다수의견(헌법불합치)의 판시 내용 및 평가

(1) 판시 내용

(가) 먼저 다수의견은 양심적 병역거부가 인류의 평화적 공존이라는 인류 보편의 이상과 연계되어 있고, 양심적 병역거부자들은 병역의무의 이행에 갈음하는 대체복무제를 마련해달라고 호소하고 있으므로, 군복무의 위험과 어려움 때문에 병역의무 이행을 회피하고자 하는 다른 병역기피자들과는 구별된다고 보아야 하며, 국가가 양심적 병역거부자들의 절박한 상황과 대안의 가능성을 외면하고 양심을 지키려는 국민에 대해 그 양심의 포기 아니면 교도소에의 수용이라는 양자택일을 강요하여 왔을 뿐이라고 하였다.

(나) 다수의견은 자유권규약 제18조, 자유권규약위원회의 1993년 일반논평 제22호, 유엔 인권위원회(Commission on Human Rights)의 1998년 제77호 결의, 유엔 인권이사회의 2013. 9. 27.자 결의, 양심적 병역거부권을 명시적으로 인정한 유럽연합 기본권헌장 제10조 제2항, 유럽인권재판소의 2011. 7. 7. 선고 Bayatyan v. Armenia (Application no. 23459/03) 판결, 대한민국에 대한 보편적 인권 정례검토(Universal Periodic Review)에서의 자유권규약위원회의 최종견해, 우리나라 국민이 제기한 개인통보사건(Communication)에 대한 자유권규약위원회의 견해 등이 양심적 병역거부를 인정하라고 결정하거나 권고하고 있음을 결정문에 상세히 설시하였다.[44]

---

44) 결정문에 설시된 자유권규약위원회의 개인통보에 관한 결정, 일반논평 등의 결의, 유럽인권재판소 판결 내용 등에 관한 상세는 법원 국제인권법연구회와 대한변호사협회 인권위원회가 2014. 12. 20. 공동개최한 '양심적 병역거부의 문제점과 대체복무제도의 필요성'라는 학술대회 자료집 및 한인섭, 이재승 엮음, 양심적 병역거부와 대체복무제'(단행본), 경인문화

(다) 다수의견은 구체적인 과잉금지원칙 위배 여부에 관한 심사에서 병역종류조항은 병역의무의 형평을 기하고, 병역자원을 효율적으로 배분할 수 있도록 함과 동시에 병역의 종류를 한정적으로 열거하고 그에 대한 예외를 인정하지 않음으로써 병역자원을 효과적으로 확보할 수 있도록 하여 궁극적으로 국가안전보장이라는 헌법적 법익을 실현하고자 하는 것이므로 목적과 수단의 정당하다고 보았다.

그러나 다수의견은 침해 최소성과 법익균형성을 준수하지 못하였다고 판단하였다.[45]

1) 최소 침해성 부분에서 다수의견은 대체복무제를 도입하더라도 ① 2016년 기준 우리나라 병역 규모가 총 62만 5천 명에 이르는 한편, 2016년 병역판정검사를 받은 인원은 총 34만 명에 달하는 것에 비해 양심적 병역거부자는 연평균 약 600명 내외일 뿐이므로 병역자원이나 전투력의 감소를 논할 정도로 의미 있는 규모는 아니며, 오늘날의 국방력은 인적 병역자원에만 의존하는 것은 아니고, 국방부의 계획에 의하면, 장차 국군의 상비병력 규모를 연차적으로 감축하기로 되어 있는 점 등을 고려하면, 양심적 병역거부자에게 대체복무를 부과하더라도 우리나라의 국방력에 의미 있는 수준의 영향을 미친다고 보기는 어려운 점(국방력에 미치는 효과의

사, 2013년 각 참조.
45) 이 결정에서 보여주는 다수의견의 논증은 새로운 것은 아니다. 양심적 병역거부에 관한 첫 번째 결정인 헌법재판소 2004. 8. 26. 선고 2002헌가1 결정의 재판관 2인의 위헌의견, 두 번째 결정인 헌법재판소 2011. 8. 30. 선고 2008헌가22 결정(같은 날 선고한 향토예비군법에 관한 헌법재판소 2011. 8. 30. 2007헌가12 등도 같다)의 재판관 2인의 위헌의견과 같고, 양심적 병역거부자에 대한 형사처벌의 위헌성을 논의하는 여러 문헌에서 여러 차례 제시된 것이다.

측면), ② 국가가 관리하는 객관적이고 공정한 사전심사절차와 엄격한 사후관리절차를 갖출 경우, 진정한 양심적 병역거부자와 그렇지 않은 자를 가려내는 데 큰 어려움은 없을 것으로 보이고, 현역복무와 대체복무 사이에 복무의 난이도나 기간과 관련하여 형평성을 확보할 수 있어 심사의 곤란성 문제를 상당 부분 극복하고 병역기피자의 증가도 막을 수 있을 것인 점(병역의무의 형평성 측면), ③ 우리나라가 처한 특수한 안보상황을 감안하더라도 대체복무제의 도입이 우리나라의 국방력에 유의미한 영향을 미친다거나 병역제도의 실효성을 떨어뜨린다고 보기 어렵고, 미국은 제2차 세계대전 중에, 서독이 동서냉전이 진행 중에 대체복무제를 도입한 점 등을 고려하면, 안보위협이 심각하더라도 양심적 병역거부자에 대한 대체복무제를 실시하는 것이 충분히 가능하다는 사실을 실증적으로 뒷받침하는 점(우리나라 안보의 특수성이라는 상황적 측면) 등을 논증하면서 대체복무제라는 대안이 있음에도 불구하고 군사훈련을 수반하는 병역의무만을 규정한 병역종류조항은, 침해의 최소성 원칙에 어긋난다고 판시하였다.

2) 법익균형성에 관한 판단에서, '국가안보' 및 '병역의무의 공평한 부담'이라는 공익이 대단히 중요한 것이기는 하나, ① 양심적 병역거부자들은 처벌조항에 의하여 대부분 최소 1년 6월 이상의 징역형을 선고받으며 형 집행이 종료된 이후에도 일정기간 공무원으로 임용될 수 없을 뿐 아니라 처벌 이후 사회생활에서도 전과자로서 유·무형의 냉대와 취업곤란을 포함한 불이익을 감수하여야 하고, ② 다른 한편으로 우리나라에서는 아버지와 아들이 대를 이어 처벌받거나 형제들 모두가 처벌받는 가혹한 사례가 발생하고 있으며, ③ 양심을 지키려 소극적으로 병역을 거부하는 행위를 가장 강력한 수단인 형벌권을 곧바로 발동하여야 할 정도의 반사회

적인 행위라고 할 수는 없고, ④ 양심적 병역거부자를 처벌하는 것
보다 대체복무제를 통하여 이들에게 소방·보건·의료·방재·구호 등
의 공익 관련 업무에 종사하도록 한다면, 일률적으로 처벌하여 단
순히 교도소에 수용하고 있는 것보다 넓은 의미의 안보에 실질적
으로 더 유익한 효과를 거둘 수 있을 것이라고 논증하면서, 병역종
류조항이 추구하는 공익은 대체복무제의 도입으로 충분히 달성할
수 있는 반면, 병역종류조항에 대체복무제가 규정되지 않음으로
인하여 양심적 병역거부자가 감수하여야 하는 불이익은 심대하므
로 법익의 균형성 요건도 충족하지 못하였다고 판단하였다.

(라) 다수의견은, 이와 같이 판단하면서 처벌조항에 대한 첫 번
째 합헌결정에서의 입법권고, 국가인권위원회 등의 여러 차례의
도입 권고, 국회에서 여러 차례 입법안이 발의되었으나, 실질적인
논의로 이어지지 못한 점, 2007년경 국방부도 대체복무제 도입계획
을 세웠던 점, 최근 법원에서 여러 차례 무죄가 선고되는 점 등을
고려할 때, 국가는 이 문제의 해결을 더 이상 미룰 수 없으며 대체
복무제를 도입함으로써 병역종류조항으로 인한 기본권 침해 상황
을 제거할 의무가 있다고 하였다. 다만 병역종류조항의 위헌성은
양심적 병역거부자에 대한 대체복무제를 규정하지 아니한 부작위
에 있고, 단순위헌 결정을 할 경우 병역의 종류와 각 병역의 구체
적인 범위에 관한 근거규정이 사라지게 되어 법적 공백이 생기게
됨은 물론 입법자는 대체복무제를 형성함에 있어 광범위한 입법재
량을 가지므로, 병역종류조항에 대하여 헌법불합치 결정을 선고하
되, 입법자의 개선입법이 이루어질 때까지 계속 적용할 것을 명하
였다.

(2) 평가

다수의견이 침해최소성 판단에서 우리나라 병력규모 등에 관한 실증적 통계자료, 양심적 병역거부자에 관한 통계, 병력 감축에 대한 실정법 내용 및 국방계획의 내용, 양심상 결정인지를 결정하기 위한 심사절차의 구체적인 내용, 대체복무제 도입과 관련된 외국의 입법례와 안보상황에 대한 사실인정 등을 판단의 근거로 삼았다. 이는 침해최소성 심사에서는 사실판단이 더 중시되어야 한다는 앞서 본 이론에 부합하는 것으로 과잉금지원칙 심사에서 진일보한 방법을 채택한 것으로 평가할 수 있다. 또한, 법익균형성 심사에서도 대체복무제가 규정되지 아니한 현재의 법적 규율 아래에서의 추구되는 공익과 제한되는 사익과의 비교만이 아니라, 대체복무제의 도입으로 인하여 증대될 수 있는 공익에 대한 규범적 평가까지 포함하여 결론을 내렸는바, 관련된 모든 법익에 대해 개별적이고 구체적으로 형량한 것으로 평가할 수 있다.

다. 처벌조항에 대한 판시 내용

(1) 재판관 2인(재판관 강일원, 재판관 서기석)의 합헌의견

위 합헌의견은 침해 최소성 판단에서 양심적 병역거부자에 대한 처벌은 대체복무제를 규정하지 아니한 병역종류조항의 입법상 불비와 양심적 병역거부는 처벌조항의 '정당한 사유'에 해당하지 않는다는 법원의 해석이 결합되어 발생한 문제일 뿐, 처벌조항 자체에서 비롯된 문제가 아니고, 처벌조항이 추구하는 국가안보 및 병역의무의 공평한 부담이라는 공익은 대단히 중요하고, 처벌조항으로 인하여 병역기피자가 3년 이하의 징역에 처해진다고 하더라도 그러한 불이익이 위와 같은 공익에 비하여 결코 크다고 할 수 없다고 하였다.

(2) 재판관 2인(재판관 안창호, 재판관 조용호)의 합헌의견

위 합헌의견은 그 설시에서 보다 상세한 내용이 포함되어 있으나, 대체적으로 두 번째 합헌결정인 2008헌가22 결정에서와 같은 판단요소, 즉 병역기피에 대한 일반적인 제재수단으로 형사처벌이 필요하고, 한반도의 특수상황, 군의 전투력에 미치는 효과, 양심에 대한 심사의 곤란성, 대체복무제의 등가성 마련의 어려움, 대체복무제 도입에 대한 국민적 합의의 부존재 등을 이유로 현재와 같은 대한민국의 상황에서 처벌조항이 양심적 병역거부자에 대해 형벌을 부과한다고 하여 침해의 최소성 요건을 충족하지 못한다고 볼 수 없고, 법익균형성도 준수하였다고 보았다.

(3) 재판관 4인(재판관 이진성, 재판관 김이수, 재판관 이선애, 재판관 유남석)의 위헌의견

위 위헌의견은, 병역종류조항은 처벌조항의 의미를 해석하는 근거가 되고, 처벌조항은 병역종류조항의 내용을 전제로 하므로, 병역종류조항에 대하여 양심적 병역거부자에 대한 대체복무제를 규정하고 있지 않다는 이유로 헌법불합치 결정을 하는 이상, 처벌조항 중 양심적 병역거부자를 처벌하는 부분에 대하여도 위헌 결정을 하는 것이 자연스러운 결론이라고 하면서, 추가적으로, 대체복무제를 도입하지 아니한 채 양심적 병역거부자에게 오로지 가장 강력한 제재수단인 형사처벌만을 부과하는 처벌조항은, 침해의 최소성 원칙에 어긋남은 물론, 양심적 병역거부자들이 오랜 기간 형사처벌 및 이에 뒤따르는 막대한 불이익을 겪으면서도 꾸준히 입영이나 집총을 거부하여 왔다는 사실은 형사처벌이 그들에게 특별예방효과나 일반예방효과를 가지지 못한다는 점을 실증적으로 뒷받침하는 것이고, 양심적 병역거부자를 처벌함으로써 다른 병역기피자의 억제나 병역의무 이행의 형평성 확보 등에 긍정적 영향을

미치게 할 수 있음을 뒷받침하는 자료나 외국사례 등을 쉽사리 찾아보기는 어려우며, 형사처벌로 인하여 양심적 병역거부자들이 감수하여야 하는 불이익은 최소 1년 6월 이상의 징역형과 그에 따른 공무원 임용 제한 및 해직, 전과자로서의 각종 유·무형의 불이익 등 심대하므로, 법익의 균형성 요건도 충족하지 못하였다고 판단하였다.

라. 헌법 제6조 제1항 위반 여부에 관한 판단 및 평가

(1) 판단 내용

헌법재판소는 두 번째 합헌결정인 2008헌가22 결정(및 향토예비군설치법상 처벌조항에 대한 2007헌가12 결정)에서 "(자유권)규약 제18조는 물론, 규약의 다른 어느 조문에서도 양심적 병역거부권을 기본적인 인권의 하나로 명시하고 있지 않고, … (양심적 병역거부권이 자유권규약 제18조에 따른 정당한 권리행사이고, 이를 인정하지 않는 국가에 대하여 대체복무제를 도입할 것을 권고한 것 등) 국제인권기구의 해석은 각국에 권고적 효력만 있을 뿐 법적인 구속력을 갖는 것은 아니"고, "유럽 등의 일부국가에서 양심적 병역거부권이 보장된다고 하더라도 전 세계적으로 양심적 병역거부권의 보장에 관한 국제관습법이 형성되었다고 할 수 없으므로, 양심적 병역거부가 일반적으로 승인된 국제법규로서 우리나라에 수용될 수는 없다."고 판시하였다. 2018. 6. 28. 선고 2011헌바379 결정에서의 처벌조항에 대한 재판관 2인(재판관 안창호, 재판관 조용호)의 합헌의견도 위 판시 내용을 그대로 따랐다.

한편 다수의견은 앞서 본 바와 같이 병역종류조항에 대한 위헌성 판단 과정에서 국제인권규약의 내용이나 국제인권기구의 견해 등을 설시하였으나, 이 쟁점에 대하여는 "대체복무제를 규정하지 아니한 병역종류조항이 헌법에 위반된다고 이미 판단한 이상, 위 주장에 대하여는 따로 판단하지 아니한다."고만 하였다.

(2) 평가

자유권규약 제2조는 가입국으로 하여금 권리 또는 자유를 침해 당한 사람에 대해 구제조치를 받도록 확보할 것 등을 규정하고 있고, 우리나라는 자유권규약 가입 당시 자유권규약에 의해 설치된 자유권규약위원회가 "규약에 규정된 권리에 대한 침해의 희생자임을 주장하는 개인으로부터의 통보를 이 의정서에 따라 접수하고 심리하도록 하는 것"을 허용하는 것에 관한 선택의정서(Optional Protocol)도 함께 가입하였다. 이러한 자유권규약 제2조 및 위 선택 의정서의 여러 규정 내용을 종합하면, 선택의정서에 의한 개인통보제도에 가입하였다는 것은 당사국 내에 있는 개인의 진정에 대한 자유권규약위원회의 심사권을 인정한다는 것인데, 심사권을 인정한다는 것은 결국 그 심사결과에 따르겠다는 의미를 당연히 내포하는 것이다. 따라서 선택의정서 가입국은 적어도 자유권규약이라는 보편적인 인권에 관한 국제조약에 따라 자유권규약위원회가 내린 개인통보에 대한 결정을 받아들일 국제법상 의무를 진다. 위와 같은 규약 자체의 규정 내용뿐만 아니라 헌법불합치 의견에서 설시된 우리나라에 대한 자유권규약위원회의 권고나 개인통보사건에 관한 여러 차례의 결정 내용을 종합하여 보면, 현재 우리나라는 자유권규약에 따른 국제법적 관계에 있어서는 규약위반국가임이 분명하다.

생각건대, 이번 헌법불합치결정에 따른 개선입법에 의하여 비군사적 성격의 대체복무제가 도입되어 제대로 시행된다면, 향후에는 양심의 자유 침해 문제나 헌법 제6조 제1항 위반 문제가 제기되지는 아니할 것이다. 그런데 우리나라에서도 법률과 같은 효력이 있음이 분명한 자유권규약과 그에 관하여 적어도 설득적 권위를 인정하여야 하는 자유권규약위원회의 규약에 대한 해석, 자유권규약 선택의정서를 통한 대한민국을 당사국으로 하는 여러 차례의 결정, 그러한 결정으로 인해 유엔을 중심으로 한 국제사회에서 우리나라가 처한 자유권규약위반국가라는 불명예, 유럽의 여러 국가의 실제 입법례나 유럽인권재판소 판결 등을 통한 국제인권법 분야의 획기적인 진전 등을 고려할 때, 이번 결정에서 헌법 이론적 측면에서 이 쟁점에 대하여 명시적으로 판단하지 아니한 점은 못내 아쉽다. 다른 한편 실무적으로 보더라도 자유권규약위원회나 유엔 인권이사회 등이 우리나라에 대하여 한 여러 권고나 견해·결정 중에는 양심적 병역거부자로 처벌받은 사람들에 대한 사면이나 보상조치를 취할 것(유엔 인권이사회의 2013. 9. 27. 양심적 병역거부에 관한 결의) 또는 전과기록을 말소할 것(김영관 등 49인이 제기한 개인통보사건에 관한 Communication No. 2179/2012에 관한 2014. 10. 15. 채택된 견해)이 포함되어 있어 그에 따른 전과기록말소청구나 형사보상 또는 재심청구의 가능 여부 등이 사법적 판단의 대상이 될 가능성도 없지 않은 점을 고려한다면 더욱 그러하다.

IX. 나오며

민주주의는 다원주의(pluralism), 관용(tolerance), 그리고 포용력(broadmindedness)을 전형적인 특징으로 한다. 또한 민주주의는 다수가 그들의 지배적 지위를 남용하지 않고 소수에게 공정하고 합리적 대우를 보장함을 그 본연의 요소로 내포하고 있다(유럽인권재판소의 위 BAYATYAN 판결 참조). 양심의 자유는 대국가적 방어권으로서의 기능에만 국한되는 것이 아니라 위와 같은 요소를 내포하고 있는 민주주의가 제대로 작동하기 위한 필수불가결한 기본권이다. 그와 같은 핵심적 기본권인 양심의 자유가 보호되지 않는 곳에는 종교의 자유는 물론, 학문과 예술의 자유, 정치활동의 자유, 사법권의 독립 등이 핵심적인 기본권들이 실질적으로 보장될 수 없다. 이러한 의미에서 양심의 자유는 '최상의 기본권' 내지 모든 '기본권의 초석'이라고 평가되었을 것이다. 한편 양심의 자유는 법질서에 반하는 국민들에 대하여 관용을 베풀어야 한다는 관용의 원칙의 헌법적 표현이고, 국가는 이러한 방법을 통하여 달리 사고하는 소수 국민에 대하여 자신의 관대함과 강함을 보이고, 국가권력의 보다 강력한 정당성을 이끌어 내는 것이다.46) 독일의 저명한 헌법학자가 양심의 자유를 '자유권의 출발이 아니라 자유권의 완성'47)이라고 표현한 것은 이 같은 점을 강조하기 위한 것이라 생각한다. 그런 점에서 헌법재판소 2018. 6. 28. 선고 2011헌바379 등 결정은 양심의 자유라는 핵심적 기본권에 대한 보장 정도를 최대한 확장한 기념비적인 결정이라고 생각한다.

지난 30년 동안 국민의 기본권 신장에 그 누구보다 큰 역할을 한 헌법재판소가 앞으로도 양심의 자유에 관한 쟁점을 판단함에 있어서는 이와 같은 양심의 자유의 성격을 심도 있게 고민하여 반영하고, 그 결과 양심의 자유를 강화하는 방향의 결정이 선고되기를 바란다.

---

46) 한수웅, 앞의 글 393쪽.
47) 한수웅, 앞의 글 393쪽(독일의 헌법학자이자 헌법재판관이었던 Böckenförde 의 저서 'Das Grundrecht der Gewissensfreiheit'가 출처로 표시되어 있다).

정보인권에 관한 헌법재판소 판례의 분석[*]

권 건 보[**]

Ⅰ. 정보인권의 개관

정보통신의 기술이 우리의 일상을 거의 주관하다시피 한 오늘날, 우리가 일순간이라도 정보로부터 단절된 삶을 영위한다는 것은 상상하기 어려운 일이 될 것이다. 이처럼 정보에 대한 의존도가 극대화되어 있는 상황에서 정보에 대한 접근과 유통이 자유롭지 않게 된다면, 혈류가 막힌 육신과 마찬가지로 그 사회는 활력을 잃고 마침내 붕괴되고 말 것이다. 또한 정보가 구조적으로 편재된 곳에서는 정보를 매개로 한 권력의 독점이 나타나고, 그것을 기반으로 한 소수가 힘없는 다수를 힘으로 억누르는 상황을 초래하게 될

---

 * 이 글은 2011. 11. 30. 「공법학연구」 제12권 제4호, 3~33면에 게재되었던 졸고 "정보인권에 관한 헌법재판소 판례의 분석"을 현재의 상황에 맞게 일부 수정·보완한 것임을 밝힌다.
** 아주대학교 법학전문대학원 교수

것이다.

민주사회에서 개인이 모두 존엄한 인격체로서 동등한 대우를 받고 주권자로서의 권리를 누릴 수 있으려면, 무엇보다도 자신의 의사를 자유롭게 형성하고 이를 거리낌 없이 외부에 표현할 수 있어야 한다. 이를 위하여 누구든지 생활에 필요한 기본적인 정보에 자유롭게 접근하여 이를 수집, 전파, 이용할 수 있는 권리가 보장되지 않으면 안 될 것이다.[1] 이러한 맥락에서 오늘날 대다수의 국가는 정보에 대한 접근권(access right to information)을 명시적이든 묵시적이든 기본권의 하나로서 보장하고 있다. 이것은 인간의 의사소통에 필수적인 기본권으로서 표현의 자유에 속한다고 볼 수 있다.

한편 지식정보화시대의 도래로 정보의 수집과 전파는 더욱 신속·용이해지면서, 개인정보에 대한 국가나 시장의 수요는 더욱 증가하게 되었다.[2] 하지만 개인이 종종 그 전파에 대한 통제권을 가지지 않음으로 말미암아 개인정보의 수집의 결과로서 적잖은 문제점들이 발생하고 있다.[3] 때때로 개인이 통제할 수 없어서 유포된 정보를 바로잡을 수 없기 때문에 정보는 자칫 잘못된 정보가 될 가능성도 있다. 나아가 왜곡되지 않는 개인적 사실도 고도로 민감하고 사적인 성질을 가진 것이어서, 비록 그것이 정확하다 할지라도, 잠재적으로 해악을 미치고 부주의하게 유포될 경우 난처한 것이 된다. 개인은 그러한 부당한 인격적 침해로부터 보호되어야 한다. 이러한 점에서 개인에게는 자신에 관한 정보의 형성과 유통을 자율적으로 통제할 수 있는 권리가 보장될 필요가 있다. 이러한 권리

---

1) 허영, 헌법이론과 헌법, 박영사, 2009, 739면 참조.
2) Richard A. Posner, "The Right of Privacy," 12 Georgia Law Review 393, 1978. p. 394.
3) Arthur R. Miller, *The Assault on Privacy: Computers, Data Banks, and Dossiers,* Ann Arber: The University of Michigan Press, 1971. pp. 25~46.

는 흔히 자기정보통제권 내지 개인정보자기결정권으로 불린다.

오늘날 정보화의 진전에 따라 정보를 전파하고 정보에 접근하며, 때로는 정보를 숨기고 때로는 정보를 제공할 수 있는 권리가 인간다운 삶에 있어서 매우 긴요한 기본권으로 대두되고 있다. 이러한 다양한 정보적 활동과 관련된 여러 기본권들을 통틀어 정보인권 내지 정보기본권(이하 '정보인권'이라 함)이라고 부를 수 있을 것이다. 정보인권에 포함되는 주된 것으로는 의사표현의 자유, 정보접근권, 사생활의 비밀과 자유, 개인정보자기결정권 등을 들 수 있다.

우리 헌법재판소도 이와 같은 정보인권의 중요성을 충분히 인식하고 그 침해가 문제된 수많은 사례들에 대해 다양한 법리와 심사기준을 활용하여 나름의 결론을 내려 왔다. 그 중에는 정보인권의 신장에 크게 기여한 결정으로 평가할 만한 것도 있고, 때로는 오히려 정보인권을 위축시켰다고 비판을 받는 결정도 더러 있다. 그러면 이하에서는 의사표현의 자유, 정보접근권, 개인정보자기결정권 등에 관한 판례에 나타난 주요 내용 가운데 주목할 만한 부분을 소개하고 분석하고자 한다.

II. 의사표현의 자유에 관한 판례

1. 의사표현의 자유

1789년의 프랑스 인권선언은 제11조에서 "사상과 의견의 전달은 인간의 가장 고귀한 권리 중의 하나이다."라고 언급하고 있다. 독일의 현행 기본법도 제5조 제1항에서 자유로이 자신의 의사를

표현하고 전파할 권리를 보장하고 있다. 우리의 현행 헌법은 제21
조 제1항에서 "모든 국민은 언론·출판의 자유와 집회·결사의 자유
를 가진다."고 규정하고 있다. 여기서 언론의 자유는 일반적으로
불특정다수인을 상대로 자신의 의견이나 사상을 자유로이 표명하
거나 전달할 수 있는 자유로 이해되고 있다.4)

헌법재판소는 언론·출판의 자유를 민주주의의 불가결의 요소로
서 민주주의의 전제이며 존립요건으로 파악하면서, 인간이 그 생
활 속에서 지각하고 사고한 결과를 자유롭게 외부에 표출하고 타
인과 소통함으로써 스스로 공동사회의 일원으로 포섭되는 동시에
자신의 인격을 발현하는 가장 유효하고도 직접적인 수단으로서 기
능한다고 본다.5)

언론·출판의 자유는 종래 국가권력으로부터의 자유를 의미하는
소극적 자유권으로 이해되어 왔다. 그러나 정보사회의 가속화와
더불어 언론·출판의 자유는 적극적인 정보의 수집·처리·유통까지
포괄하는 정보의 자유까지 내포하는 것으로 이해되고 있다. 이에
따라 우리 헌법상 언론·출판의 자유에는 의사표현의 자유, 알 권리,
액세스권, 보도의 자유 등이 포함된다고 보는 것이 일반적이다.

이 가운데서 의사표현의 자유는 자신의 의견을 자유롭게 표명
할 수 있는 권리를 말하는 것으로, 헌법상 언론·출판의 자유에 있
어서 가장 핵심적 요소라고 할 수 있다. 이러한 의사표현의 자유는
자신의 생각이나 사상, 지식 등과 같은 정보를 타인에게 전파하는
것을 내용으로 한다는 점에서 정보전달에 관한 활동의 자유라고도
할 수 있다.6)

한편 의사표현의 자유도 헌법 제37조 제2항에 따라 국가안전보

---

4) 성낙인, 헌법학, 법문사, 2011, 544면 참조.
5) 헌재 1998. 4. 30. 95헌가16.
6) 김철수, 헌법학개론, 박영사, 2007, 832면.

장, 질서유지, 공공복리를 위하여 제한할 수 있음은 물론이다. 하지
만 우월적 지위를 가지는 기본권으로서 그 규제에는 사전억제금지
론, 명확성의 이론, 필요최소한도의 규제 원칙, 비교형량의 원칙 등
이 준수될 것이 요구된다.[7] 이에 따라 우리 헌법재판소도 의사표
현의 자유를 규제함에 있어서 검열금지의 원칙, 명확성의 원칙, 과
잉금지의 원칙, 포괄위임입법금지의 원칙 등을 기준으로 합헌성을
판단하고 있다. 헌법재판소의 결정 가운데 의사표현의 자유 침해
가 문제된 주요 사례 몇 가지를 아래에서 살펴본다.

2. 관련 판례

(1) 전기통신사업법상 불온통신 조항에 대한 위헌결정

헌법재판소는 2002. 6. 27. 현행 전기통신사업법 제53조 및 같은
법 시행령 제16조가 규정하고 있는 불온통신에 대한 정보통신부장
관의 취급거부·정지·제한명령제도에 대해서 위헌결정을 내렸다.[8]
이 결정에서 재판관들의 의견은 위헌의견 6인, 합헌의견 3인으로
갈리었다.

1) 판시사항

먼저, 명확성의 원칙과 관련하여 다수의견은 "공공의 안녕질서

---

7) 앞의 책, 833~839면 참조.
8) 헌재 2002. 6. 27. 99헌마480, 전기통신사업법 제53조 등 위헌확인 : 청구인
   은 1999. 6. 15. 위 '나우누리'에 개설되어 있는 '찬우물'이라는 동호회의
   '속보란' 게시판에 "서해안 총격전, 어설프다 김대중!"이라는 제목의 글을
   게시하였는데, '나우누리' 운영자가 같은 달 21. 정보통신부장관의 명령에
   따라 위 게시물을 삭제하고 청구인에 대하여 '나우누리' 이용을 1개월 중
   지시켰다.

또는 미풍양속을 해하는"이라는 불온통신의 개념은 너무나 불명확하고 애매하다고 판시하였다. 여기서의 "공공의 안녕질서"는 위 헌법 제37조 제2항의 "국가의 안전보장·질서유지"와, "미풍양속"은 헌법 제21조 제4항의 "공중도덕이나 사회윤리"와 비교하여 볼 때 동어반복이라 해도 좋을 정도로 전혀 구체화되어 있지 아니하다고 하면서, 이처럼, "공공의 안녕질서", "미풍양속"은 매우 추상적인 개념이어서 어떠한 표현행위가 과연 "공공의 안녕질서"나 "미풍양속"을 해하는 것인지, 아닌지에 관한 판단은 사람마다의 가치관, 윤리관에 따라 크게 달라질 수밖에 없고, 법집행자의 통상적 해석을 통하여 그 의미내용을 객관적으로 확정하기도 어렵다고 하였다.

다음으로, 과잉금지의 원칙과 관련하여 다수의견은 "공공의 안녕질서 또는 미풍양속을 해하는"이라는 불온통신의 개념을 전제로 하여 규제를 가하는 것은 불온통신 개념의 모호성, 추상성, 포괄성으로 말미암아 필연적으로 규제되지 않아야 할 표현까지 다함께 규제하게 되어 과잉금지원칙에 어긋난다고 판시하였다. 헌법재판소가 명시적으로 보호받는 표현으로 분류한 바 있는 '저속한' 표현이나, 이른바 '청소년유해매체물' 중 음란물에 이르지 아니하여 성인에 의한 표현과 접근까지 금지할 이유가 없는 선정적인 표현물도 '미풍양속'에 반한다 하여 규제될 수 있고, 성(性), 혼인, 가족제도에 관한 표현들이 "미풍양속"을 해하는 것으로 규제되고 예민한 정치적, 사회적 이슈에 관한 표현들이 "공공의 안녕질서"를 해하는 것으로 규제될 가능성이 있어 표현의 자유의 본질적 기능이 훼손된다는 점을 논거로 들고 있다.

한편, 포괄위임입법금지의 원칙과 관련하여 전기통신사업법 제53조 제2항은 "제1항의 규정에 의한 공공의 안녕질서 또는 미풍양속을 해하는 것으로 인정되는 통신의 대상 등은 대통령령으로 정한다"고 규정한 것은 포괄위임입법금지원칙에 위배된다고 판시하였다. "공공의 안녕질서"나 "미풍양속"의 개념은 대단히 추상적이고 불명확하여, 행정입법자는 다분히 자신이 판단하는 또는 원하는 "안녕질서", "미풍양속"의 관념에 따라 헌법적으로 보호받아야 할 표현까지 얼마든지 규제대상으로 삼을 수 있게 되어 있다고 그 이유를 밝히고 있다.

마지막으로 불온통신의 취급거부, 정지, 제한에 관한 전기통신사업법 제53조 제3항 및 불온통신의 개념을 정하고 있는 같은법시행령 제16조는 위헌인 같은 조 제1항, 제2항을 전제로 하고 있어 더 나아가 살필 필요 없이 각 위헌이라고 판단하였다.

2) 평가

이러한 위헌결정은 인터넷의 매체적 특성을 고려하여 그 내용의 규제가 특히 엄격한 조건하에서만 허용된다는 것을 전제로 법률에 의한 규제의 범위가 구체적이고 엄밀하게 한정되어야 한다는 원칙을 제시하였다는 점에서 그 의미가 매우 크다고 할 수 있다. 이 결정은 가히 미국 연방대법원의 Reno v. ACLU 판결(1997)에 버금가는 의미를 지닌다고 할 수 있을 것이다. 그 논지에 있어서도 인터넷을 비롯한 온라인매체를 "가장 참여적인 시장(the most participatory marketplace)", "표현촉진적인 매체(speech-enhancing medium)"라고 인정함으로써 미국 법원의 논리를 많이 원용한 것을 볼 수 있다.9) 아무튼 헌법재판소의 위헌결정에 따라 2002. 12. 26. 개정법에서는 종래의 '불온통신의 단속'을 '불법통신의 금지'로 바꾸고 불법통신의 내용을 9가지로 나열하는 한편, 정보통신부장관의 취급거부·정지·제한 명령권을 절차를 보완해 존속시켰다. 하지만 2007. 1. 26. 개정법에서 동법 제53조가 삭제되고, 같은 날 개정된

─────────────────────

9) 황성기, "전기통신사업법 53조 위헌결정에 대한 소고", 아이뉴스24, 2002. 7.14자 기사 참조.

「정보통신망 이용촉진 및 정보보호 등에 관한 법률」에서 '불법정보의 유통금지 등'의 규정을 신설하였다(제44조의7). 여기서 방송통신위원회는 방송통신심의위원회의 심의를 거쳐 정보통신서비스제공자 또는 게시판 관리·운영자로 하여금 그 취급을 거부·정지 또는 제한하도록 명할 수 있도록 하였다. 이러한 불법통신의 금지 조항에 대해서는 헌법재판소의 위헌결정을 왜곡하는 입법이라는 비판이 있다. 물론 개정된 법률에서 불법통신의 개념을 보다 명확히 하기 위하여 그 구체적인 유형을 9가지로 열거한 것이나 의견진술의 기회를 주는 조항을 추가한 사실 등에 비추어 볼 때 진일보한 입법이라고 볼 여지가 있다. 하지만 그 대상이 불법정보에 국한한다고 하더라도 사법부에 의한 궁극적인 판단이 이루어지기 이전에 행정기관에 의한 규제조치가 발동되는 것이 과연 정당한가의 문제가 제기될 수 있다. 더욱이 현행 법제상 의견제출의 기회를 주지 않을 수 있는 예외사유가 광범하게 설정되어 있는 것도 위헌결정의 취지에 부합되기 어려운 점이라고 할 것이다.

(2) 공직선거법상 UCC 배포 금지 조항에 대한 합헌결정

공직선거법 제93조 제1항이 지나치게 광범위하고 불명확하며, 위 조항에 의하여 'UCC'의 제작·배포를 금지하는 것은 국민의 표현의 자유를 침해한다는 이유로 헌법소원심판이 청구되었던 사안이다.[10] 이에 대해서는 재판관 3인이 합헌의견, 재판관 5인이 위헌의견을 제시하였다. 하지만 헌법소원의 인용결정에 필요한 정족수 6인에 미달하여 공식적으로 심판청구에 대한 기각결정이 내려졌다.

---

10) 헌재 2009. 7. 30. 2007헌마718, 공직선거법 제93조 제1항 위헌확인.

1) 판시사항

3인의 합헌의견에 의하면, 이 사건 법률조항은 매체의 형식에 중점을 두고 있는 것이 아니라 사람의 관념이나 의사를 시각이나 청각 또는 시청각에 호소하는 방법으로 다른 사람에게 전달하는 것에 중점을 두고 있는 것이고, 일반조항으로서의 '기타 이와 유사한 것'은 선거에 영향을 미치게 하기 위하여 정당 또는 후보자를 지지, 추천하거나 반대하는 내용을 포함할 수 있는 가독성 내지 가청성을 가진 공직선거법 제93조 제1항에 열거된 매체와 유사한 매체, 관념이나 의사전달의 기능을 가진 매체나 수단을 의미하는 것으로 볼 수 있으므로, 이 사건 법률조항은 죄형법정주의의 명확성의 원칙에 반하지 아니한다. 그리고 이 사건 법률조항은 선거운동의 부당한 경쟁 및 후보자들 간의 경제력 차이에 따른 불균형이라는 폐해를 막고, 선거의 평온과 공정을 해하는 결과의 발생을 방지함으로써 선거의 자유와 공정의 보장을 도모하는 것으로서 정당한 목적달성을 위한 적절한 수단에 해당한다. 한편 후보자에 대한 인신공격적 비난, 허위사실 적시를 통한 비방 등은 후보자의 당선 여부에 치명적 영향을 주고, 온라인 공간의 익명성, 개방성은 선거권 없는 19세 미만 국민, 외국인의 선거운동이나 후보자 사칭 등의 허위표시에 유권자들을 그대로 노출시켜 선거의 공정을 치명적으로 해할 수 있는바, 단순한 사후적 규제만으로 이러한 문제가 해소되기 어렵고, 달리 이 사건 법률조항에 비하여 덜 제약적이면서 같은 효과를 지닌 수단이 명백하다고 볼 수 없으며, 예비후보자나 후보자의 경우(공직선거법 제59조) 및 선거운동 기간 중의 경우(공직선거법 제82조의4 제1항)에는 상당한 범위에서 이미 'UCC(이용자제작콘텐츠)'의 배포가 허용되어 있는바, 이 사건 법률조항에 의한 제한은 입법목적 달성을 위한 최소한의 것이다. 또한, 이 사건 법률조항에 의하여 달성되는 선거의 공정과 평온이라는 공익은 민주

국가에서 매우 크고 중요하다고 할 수 있는 반면, 그로 인한 기본
권 제한은 수인이 불가능할 정도로 큰 것은 아니라고 할 것이어서
법익균형성도 인정된다. 따라서 이 사건 법률조항은 과잉금지원칙
에 위배하여 선거운동의 자유를 침해하지 않는다.

2) 평가

그러나 다수의 위헌의견에서 보는 것과 같이 이 사건 법률조항
은 구체적 예시에 의하여 그 범위와 한계가 명백하게 드러난다고
보기 어렵다. 그리고 이용자제작콘텐츠(UCC)의 배포의 경우 후보
자의 경제력에 따른 불균형 문제가 심각하지 않고, 후보자간 공정
성을 해치거나 선거의 평온을 깨뜨린다고 보기 어려우며, 목적 달
성을 위한 다른 덜 제약적인 수단들도 존재하고, 후보자가 선거운
동의 자유를 제한받음으로써 생기는 불이익이 매우 크다는 점에서
과잉금지원칙에 위배하여 정치적 표현의 자유와 선거운동의 자유
를 침해한다고 볼 것이다. 한편 UCC는 인터넷 홈페이지 등에 게시
되거나 정보통신망을 통하여 배포됨으로써 한 번에 후보자에 대한
정보를 유권자에게 알릴 수 있고, 유권자 입장에서도 확인과 보관
및 그에 대한 의견교환이 용이하다. 이러한 점에서 UCC의 자유로
운 활용은 유권자의 선거정보에 대한 접근권을 신장하는 결과를
가져올 수 있다. 그럼에도 불구하고 UCC의 제작·배포 자체를 일률
적으로 금지하는 것은 유권자의 선거정보에 대한 접근권을 과도하
게 제한하는 것이라 할 것이다. 불법선거운동의 문제는 UCC라는
수단에 대한 규제보다는 개별적 행위규제의 방식으로 대처하면 충
분할 것으로 본다.

(3) 공직선거법상 인터넷 실명제 조항에 대한 합헌결정

헌법재판소는 2010. 2. 25. 구 공직선거법 제82조의6 인터넷 실

명제에 대하여 7:2의 의견으로 합헌이라고 결장하였다. 이 조항은
선거운동기간 중 인터넷언론사가 게시판·대화방 등에 실명인증의
기술적 조치를 하도록 의무화하고 이를 따르지 않을 경우 1천만원
의 과태료를 부과하도록 하고 있다. 2004년 공직선거법이 개정된
후 표현의 자유 침해 논란이 계속되어 왔고, 2007년 제17대 대통령
선거운동기간 동안 인터넷실명제를 거부한 민중언론 참세상이 과
태료 재판을 받는 과정에서 헌법소원을 제기한 바 있다.[11] 이 사안
에서는 명확성의 원칙, 사전검열금지의 원칙, 과잉금지의 원칙의
위반 여부 및 양심의 자유, 사생활 비밀의 자유, 개인정보자기결정
권의 침해 여부가 쟁점이 되었다.

1) 판시사항

다수의견에 의하면, 1) 관계법령의 규정 내용이 구체적으로 인
터넷언론사의 범위에 관하여 규정하고 있고 독립된 헌법기관인 중
앙선거관리위원회가 설치·운영하는 인터넷선거보도심의위원회가
이를 결정·게시하는 이상, 해당 인터넷언론사가 자신이 실명확인
확인 조치의무를 지는지 여부에 관하여 확신이 없는 상태에 빠지
는 경우를 상정할 수 없고, ‘지지·반대의 글’은 건전한 상식과 통상
적인 법감정을 가진 사람이면 자신의 글이 이에 해당하는지를 충
분히 알 수 있다고 할 것이므로 명확성의 원칙에 위배된다고 할 수
없다. 2) 인터넷이용자로서는 스스로의 판단에 따라 실명확인 절차
를 거치거나 거치지 아니하고 자신의 글을 게시할 수 있으므로 이
사건 법률조항이 사전검열금지의 원칙에 위배된다고도 할 수 없다.
3) 이 사건 법률조항은 소수에 의한 여론 왜곡으로 선거의 평온과
공정이 위협받아 발생하는 사회경제적 손실과 부작용을 방지하고

---

11) 헌재 2010. 2. 25. 2008헌마324, 공직선거법 제82조의6 제1항 등 위헌확인 등.

선거의 공정성을 확보하기 위한 것이므로 목적의 정당성이 인정되고 그 수단의 적합성 또한 인정되며, 인터넷의 특성상 흑색선전이나 허위사실이 빠르게 유포되어 정보의 왜곡이 쉬운 점, 짧은 선거운동기간 중 이를 치유하기 불가능한 점, 인터넷이용자의 실명이 표출되지 않고 다만 '실명확인' 표시만이 나타나는 점을 고려하면, 피해를 최소화하기 위한 요건도 갖추었다. 따라서 이 사건 법률조항은 과잉금지의 원칙에 위배되어 표현의 자유를 침해한다고 할 수 없다. 4) 인터넷언론사의 공개된 게시판·대화방에서 스스로의 의사에 의하여 정당·후보자에 대한 지지·반대의 글을 게시하는 행위가 양심의 자유나 사생활 비밀의 자유에 의하여 보호되는 영역이라고 할 수 없다. 5) 실명인증자료의 보관 및 제출의무는 개인의 인적정보를 수집할 목적으로 규정된 조항이 아니므로 개인정보를 대상으로 한 개인정보자기결정권에 대한 제한은 아니라고 할 것이다.[12]

2) 평가

생각건대 우리 헌법상 표현의 자유에 대한 제한은 매우 엄격한 조건하에서만 정당화될 수 있으며, 특히 인터넷은 가장 참여적인 시장, 표현촉진적인 매체라는 점에서 인터넷상의 표현에 대하여 질서위주의 규제 방식은 정치적 표현의 자유를 크게 위축시킬 우려가 있다. 문제된 조항은 소수의견에서 제시된 바와 같이 보다 덜 제한적인 수단을 선택할 수 있음에도 불구하고 인터넷언론 이용자가 그 게시판에 글을 쓰기 위해서는 반드시 실명확인을 받도록 강제하는 것은 인터넷 언론 이용자의 익명표현의 자유를 과도하게

---

12) 2015년에도 같은 조항에 대해 헌법재판소는 과잉금지원칙에 위배되어 게시판 이용자의 정치적 익명표현의 자유, 인터넷언론사의 언론의 자유 등을 침해한다고 볼 수 없다고 결정한 바 있다. 헌재 2015. 7. 30. 2012헌마734 등, 공직선거법 제82조의6 제1항 등 위헌확인 등, 판례집 27-2상, 308.

제한하는 것이라 할 것이다. 국가인권위원회에서는 2004년 2월에 이 제도의 도입과 관련하여 "익명성에서 기인하는 인터넷상의 표현의 자유와 언론형성의 권리를 제한하여, 세계인권선언 제19조와 헌법 제21조의 표현의 자유에 부합하지 않는다."고 반대의견을 표명한 바 있다.13) 또한 다수의견에서는 "개인의 인적정보를 수집할 목적으로 규정된 조항은 아니므로 개인정보를 대상으로 한 개인정보자기결정권에 대한 제한은 아니라고 할 것"이라고 하고 있는데, 이는 정보주체의 의사와 무관한 개인정보의 처리를 허용하게 되는 현실을 도외시한 판단이라고 생각한다. 실명확인제가 개인정보의 제공과 보관을 의무화함으로써 수사기관을 비롯한 공공기관이 이에 대해 손쉽게 개인정보를 제공받을 수 있도록 한다는 점에서 개인정보자기결정권을 제한함을 인정한 후에 그 침해 여부의 판단으로 나아가는 것이 바람직하였을 것으로 본다. 한편 이 사건 법률조항은 실명인증방법의 기준과 범위를 전혀 제한하지 않고 행정자치부장관에게 모든 것을 위임하고 있는데, 이는 포괄위임입법금지의 원칙에 어긋나는 것이라고 본다. 정부가 실명인증방법을 어떻게 설정하느냐에 따라 특정 인터넷언론사나 특정 인터넷언론 이용자에게 차별적인 결과를 가져올 수도 있을 것이다.14)

참고로 인터넷게시판을 설치·운영하는 정보통신서비스 제공자에게 본인확인조치의무를 부과하여 게시판 이용자로 하여금 본인확인절차를 거쳐야만 게시판을 이용할 수 있도록 하는 본인확인제에 대해서는, 2012년 8월에 헌법재판소가 과잉금지원칙에 위배하여 인터넷게시판 이용자의 표현의 자유, 인터넷게시판을 운영하는

---

13) 국가인권위원회 2004. 2. 16. 결정, 정치관계법 개정에 대한 의견.

14) 헌재 2015. 7. 30. 2012헌마734 등 사건에서는 재판관 4인(이정미, 김이수, 이진성, 강일원)이 과잉금지원칙에 위배되어 표현의 자유를 침해한다는 반대의견을 밝힌 바 있다. 판례집 27-2상, 309-310.

정보통신서비스 제공자의 언론의 자유 등을 침해한다며 위헌결정
을 내린 바 있다.15)

(4) 전기통신기본법상 허위통신 처벌 조항에 대한 위헌결정

헌법재판소는 2010. 12. 28. 공익을 해할 목적으로 전기통신설비
에 의하여 공연히 허위의 통신을 한 자를 형사 처벌하는 전기통신
기본법 제47조 제1항에 대해 죄형법정주의의 명확성원칙에 위반된
다며 위헌결정을 선고하였다.16) 이 사건에서 미네르바 박대성 씨
가 청구한 헌법소원심판(2009헌바88)에 대해서도 함께 판단이 이루
어졌다. 이에 대하여서는 7인의 재판관이 위헌의견을, 2인의 재판
관이 합헌의견을 제시하였다.

1) 판시사항

"이 사건 법률조항은 표현의 자유에 대한 제한입법이며, 동시에
형벌조항에 해당하므로, 엄격한 의미의 명확성원칙이 적용된다. 그
런데 이 사건 법률조항은 "공익을 해할 목적"의 허위의 통신을 금
지하는바, 여기서의 "공익"은 형벌조항의 구성요건으로서 구체적
인 표지를 정하고 있는 것이 아니라, 헌법상 기본권 제한에 필요한
최소한의 요건 또는 헌법상 언론·출판의 자유의 한계를 그대로 법
률에 옮겨 놓은 것에 불과할 정도로 그 의미가 불명확하고 추상적
이다. 따라서 어떠한 표현행위가 "공익"을 해하는 것인지, 아닌지
에 관한 판단은 사람마다의 가치관, 윤리관에 따라 크게 달라질 수
밖에 없으며, 이는 판단주체가 법전문가라 하여도 마찬가지이고,
법집행자의 통상적 해석을 통하여 그 의미내용이 객관적으로 확정

---

15) 헌재 2012. 8. 23. 2010헌마47 등, 정보통신망 이용촉진 및 정보보호 등에
   관한 법률 제44조의5 제1항 제2호 등 위헌확인.
16) 헌재 2010. 12. 28. 2008헌바157, 전기통신기본법 제47조 제1항 위헌소원.

될 수 있다고 보기 어렵다. 나아가 현재의 다원적이고 가치상대적인 사회구조 하에서 구체적으로 어떤 행위상황이 문제되었을 때에 문제되는 공익은 하나로 수렴되지 않는 경우가 대부분인바, 공익을 해할 목적이 있는지 여부를 판단하기 위한 공익간 형량의 결과가 언제나 객관적으로 명백한 것도 아니다. 결국, 이 사건 법률조항은 수범자인 국민에 대하여 일반적으로 허용되는 '허위의 통신' 가운데 어떤 목적의 통신이 금지되는 것인지 고지하여 주지 못하고 있으므로 표현의 자유에서 요구하는 명확성의 요청 및 죄형법정주의의 명확성원칙에 위배하여 헌법에 위반된다."

2) 평가

이러한 결정은 비록 사회적 파급력이 큰 인터넷상의 표현이라 할지라도 그에 대한 규제 역시 명확한 법률에 근거한 것이어야 한다는 점을 밝혔다는 점에서 그 의의가 크다고 할 것이다. 이를 통하여 우리 사회가 유언비어에 대한 자정능력을 상당한 정도로 갖추고 있다는 자신감이 표출되었다고 볼 수 있을 것이다. 적어도 허위사실의 유포를 범죄로 처벌하려면 '공익'과 같은 모호한 개념을 구성요건으로 사용해서는 곤란할 것이다. 이 결정은 표현의 자유 내지 정보인권의 신장에 있어서 큰 이정표를 세운 것으로 평가할 만하다.

III. 정보접근권에 관한 판례

1. 알권리와 정보접근권

(1) 헌법상 알 권리(right to know)는 정보원(情報源)으로부터 의사형성에 필요한 정보를 수집할 수 있는 권리를 말한다. 우리나라에서는 헌법상 명문의 규정은 없지만, 알 권리를 기본권의 하나로 인정하고 있다. 학설에서는 알 권리를 대체로 정보의 자유와 동일한 것으로 이해하면서, 일반적으로 접근할 수 있는 정보를 받아들이고 받아들인 정보를 취사·선택할 수 있으며, 의사형성·여론형성에 필요한 정보를 적극적으로 수집할 수 있는 권리로 파악하고 있다.17) 헌법재판소도 "자유로운 의사의 형성은 정보에의 접근이 충분히 보장됨으로써 비로소 가능한 것이며, 그러한 의미에서 정보에의 접근·수집·처리의 자유, 즉 "알 권리"는 표현의 자유와 표리일체의 관계에 있으며…"라고 하여 알 권리의 보장을 승인하고 있다. 나아가 알 권리는 정보에 접근하고 수집·처리함에 있어서 국가권력의 방해를 받지 아니할 뿐만 아니라, 의사형성이나 여론 형성에 필요한 정보를 적극적으로 수집하고 수집을 방해하는 방해제거를 청구할 수 있다는 것을 의미하므로, 정보수집권 또는 정보공개청구권으로 나타날 수도 있다.18)

정보의 수집이나 처리의 자유는 기본적으로 정보에 대한 자유로운 접근을 전제로 한다는 점에서 알 권리는 정보접근권(access right to information)으로 파악할 수도 있다. 정보접근권은 정보에의 자유로운 접근과 수용은 주권자인 국민에게 정확한 공적 정보를

---

17) 성낙인, 헌법학, 법문사, 2011, 578면.
18) 헌재 1991. 5. 13. 90헌마133, 기록등사신청에 대한 헌법소원.

제공할 수 있게 함으로써 국민주권주의의 실질화에 기여하며, 정보사회에서 소비자의 권리와 인간다운 생활을 할 권리의 실현에도 이바지한다.19) 나아가 국가로 하여금 정보의 편재로 인한 정치적·경제적·사회적·문화적 소외의 문제를 시정하도록 하는 법적 토대가 된다.

정보접근권은 우선 정보에 대한 접근을 차단하는 제도나 조치의 제거를 요구할 수 있는 권리(정보방해제거청구권)를 내용으로 하며, 나아가 국가가 보유하는 정보를 공개해줄 것을 청구할 수 있는 권리(정보공개청구권) 등을 포함한다고 할 것이다. 여기서 정보방해제거청구권은 일반적인 자유권적 기본권이 그러하듯이 정보의 자유가 내포하는 방어권의 일부로서 당연히 인정될 수 있는 것이다. 그에 비하여 후자의 정보공개청구권은 전통적인 자유권적 기본권의 내용을 넘어서는 적극적 성격의 것으로, 그 법적 근거나 보장의 정도 등에 대해서는 다양한 의견이 제시될 수 있다.20)

(2) 일반적으로 정보공개청구권은 일반 국민에 의한 정보공개청구이든 이해관계인에 의한 정보공개청구이든 불문하고 모두 알 권리에서 도출되는 헌법직접적 권리로 이해되고 있다.21) 하지만 최근에 들어 정보공개청구권을 일반적 정보공개청구권과 개별적 정보공개청구권으로 나누어 그 법적 근거와 성격 등을 달리 파악하려는 시도들이 나타나고 있다.22) 일찍이 헌법재판소의 소수의견23)

---

19) 계희열, 헌법학(중), 박영사, 2000, 384면 참조.
20) 헌법재판소는 '알 권리'의 근거를 헌법 제21조에서 찾고 있다. 헌재 1989. 9. 4. 88헌마22.
21) 헌재 1989. 9. 4. 88헌마22, 검사의 공소권행사 에 관한 헌법소원; 헌재 1991. 5. 13. 90헌마133, 기록등사신청 에 대한 헌법소원.
22) 홍준형, "정보공개청구권과 정보공개법", 「법과사회」제6호, 1992, 76면 이하; 홍준형, "정보공개청구권과 정보의 자유", 현대법의 이론과 실제(금랑

에서 나타났던 이러한 이원적 고찰방식은 자신의 권익보호와 직접 관련이 있는 정보의 공개를 청구하는 경우를 개별적 정보공개청구권으로 관념하려는 대법원판결[24]에서도 발견된다.

　여기서 일반적 정보공개청구권이란 주관적인 권리침해 여부와는 상관없이 모든 국민들에게 국가가 갖고 있는 서류나 기록 등에 일반적으로 접근할 권리를 말하고, 개별적 공개청구권은 자신에 관한 정보 또는 자기의 권익보호와 직접 관련이 있는 정보에 접근할 권리를 의미한다. 전자는 국가행정의 투명성을 확보함으로써 국민들의 정치적 참여기회를 넓히고 민주주의의 실현을 강화하고자 하는 데에 그 목표가 있기 때문에 해당 개인의 주관적인 권리가 침해되는지와 상관없이 보장된다. 이러한 공익적 성격의 정보공개

　　　김철수 교수 화갑기념 논문집), 1993, 557면; 경건, 정보공개청구제도에 관한 연구, 서울대 박사학위논문, 1998, 26~28면, 315면; 박종보, "공공정보공개제도와 알 권리의 헌법적 근거", 헌법규범과 헌법현실(권영성교수 정년기념논문집), 법문사, 1999, 1014면 이하 등.

23) 헌법재판소 1991. 5. 13, 90헌마133 결정, 기록등사신청 에 대한 헌법소원, 최광률 재판관의 소수의견 : 「"알 권리"의 내용은 이를 세분하면, (1) "정보를 받을 권리"와 "정보를 구할 권리"로 나누이고, (2) 후자의 정보를 구할 권리는 다시, 국민이 일반적으로 접근할 수 있는 정보원으로부터 정보를 수집하거나 언론기관이 취재활동을 함에 있어서 공권력에 의한 방해 또는 간섭을 받지 않을 권리(자유권적인 정보수집의 자유 또는 권리)와 국가 또는 지방자치단체에 대하여 보유하고 있는 정보의 공개를 요구한 권리(청구권적인 정보공개의 요구권)로 나누이며, (3) 그 후자의 정보공개청구권은 다시 공권력이 보유하는 모든 정보에 대하여 일반국민 또는 언론기관이 공개를 요구할 권리(일반적 공개청구권)와 공권력이 보유하는 특정의 정보에 대하여 이해관계가 있는 특정 개인이 공개를 요구할 권리(개별적 공개청구권)로 나누인다.」 판례집 제3권, 258면.

24) 대판 1999. 9. 21. 98두3426, 공99.11.1.[93], 2237 : 「국민의 알권리 특히 국가 정보에의 접근의 권리는 우리 헌법상 기본적으로 표현의 자유와 관련하여 인정되는 것으로, 그 권리의 내용에는 자신의 권익보호와 직접 관련이 있는 정보의 공개를 청구할 수 있는 이른바 개별적 정보공개청구권이 포함(된다)」.

청구권에 의해 일반 국민들은 국가가 갖고 있는 서류나 기록에 접근할 권리를 가지게 된다. 이에 반하여 후자는 자신의 권리보호를 위하여 인정되는 것이다. 특히 자신에 관한 정보의 공개청구는 공공기관이 보유하고 있는 개인정보의 열람을 요구하는 것으로 개인정보자기결정권으로서의 성격도 가진다.

물론 정보주체에 의한 개인정보의 열람청구는 개인정보보호법에 의해서도 인정되고 있다. 하지만 내용상 개인정보자기결정권에 해당될 수 있지만 개인정보보호제도보다 정보공개청구제도를 이용하는 것이 정보주체에게 유리한 결과가 될 수 있는 경우 혹은 정보주체에게 법률에 대한 구체적 이해를 기대하기 어려운 경우에 개별적 정보공개청구권을 인정할 실익이 있을 것이다. 정보주체에게 열람청구와 정보공개청구를 선택적 권리행사를 가능하게 하는 것은 정보주체의 권리보호를 강화하는 의미가 된다.

하지만 객관적 공익실현제도로서 기능하는 정보공개법에서 주관적 권리보호를 위한 정보공개까지 규율하려는 것은 법체계간의 부조화를 가져올 수 있다. 이와 관련하여 정보공개제도를 개인정보를 포함하는 행정정보 일반에 대한 공개제도로 파악하여 개인정보공개제도를 일반적 정보공개제도에 편입하여야 한다든가25) 개인정보자기결정권을 정보공개제도 중에 위치시키는 것이 바람직하다든가26) 하는 주장이 제기되고 있다.

생각건대 정보주체의 열람청구권은 행정기관이 보유하는 정보의 보유와 처리에 대한 감시나 통제의 장치로서 작용될 수 있지만, 무엇보다도 본인의 권익을 보호하기 위한 수단적 성격을 강하게 띠고 있다는 점을 무시할 수 없다. 또한 개인정보자기결정권은 개

---

25) 경건, 정보공개청구제도에 관한 연구, 서울대 박사학위논문, 1998, 317면.
26) 김효진, "정보공개와 개인정보의 법적 보호", 헌법규범과 헌법현실(권영성 교수 정년기념논문집), 법문사, 1999, 261면.

별적 정보공개청구권뿐만 아니라 개인정보의 수정·삭제청구 등도 포함하는 것이므로 개인정보자기결정권이 그 작용의 국면에 있어서 정보공개청구권보다 훨씬 광범하다고 할 수 있다. 이처럼 양자는 독자적 기능을 수행하는 별개의 권리 혹은 제도라 할 것이므로, 개인정보열람청구를 군이 일반적 정보공개청구의 일부로서 편입시킨다든가 반드시 정보공개법에서 규정해야 할 내용으로 이해할 필요는 없다고 본다. 오히려 자신에 관한 정보의 공개청구가 이념상으로 개인정보자기결정권에 입각한 것으로 볼 수 있는 만큼, 정보주체의 열람청구권을 실질화함으로써 개인정보보호법이 이를 충분히 규율할 수 있도록 하는 것이 바람직할 것이다.

2. 관련 판례

(1) 공직자등의병역사항신고및공개에관한법률에 관한 헌법불합치결정

4급 이상 공무원들의 병역 면제사유인 질병명을 관보와 인터넷을 통해 공개하도록 하는 것에 대해 헌법재판소는 2007. 5. 31. 헌법불합치결정을 선고하면서 계속적용을 명하였다.[27] 그 요지 가운데 주요 내용을 살펴보면 다음과 같다.

1) 판시사항

"사람의 육체적·정신적 상태나 건강에 대한 정보, 성생활에 대한 정보와 같은 것은 인간의 존엄성이나 인격의 내적 핵심을 이루는 요소이다. 따라서 외부세계의 어떤 이해관계에 따라 그에 대한

---

27) 헌재 2007. 5. 31. 2005헌마1139, 공직자등의병역사항신고및공개에관한법률 제3조 등 위헌확인.

정보를 수집하고 공표하는 것이 쉽게 허용되어서는 개인의 내밀한 인격과 자기정체성이 유지될 수 없다. '공직자등의 병역사항 신고 및 공개에 관한 법률' 제8조 제1항 본문 가운데 '4급 이상의 공무원 본인의 질병명에 관한 부분'에 의하여 그 공개가 강제되는 질병명은 내밀한 사적 영역에 근접하는 민감한 개인정보로서, 특별한 사정이 없는 한 타인의 지득(知得), 외부에 대한 공개로부터 차단되어 개인의 내밀한 영역 내에 유보되어야 하는 정보이다. 이러한 성격의 개인정보를 공개함으로써 사생활의 비밀과 자유를 제한하는 국가적 조치는 엄격한 기준과 방법에 따라 섬세하게 행하여지지 않으면 아니 된다." 그런데 "병무행정에 관한 부정과 비리가 근절되지 않고 있으며, 그 척결 및 병역부담평등에 대한 사회적 요구가 대단히 강한 우리 사회에서, '부정한 병역면탈의 방지'와 '병역의무의 자진이행에 기여'라는 입법목적을 달성하기 위해서는 병역사항을 신고하게 하고 적정한 방법으로 이를 공개하는 것이 필요하다고 할 수 있다. 한편, 질병은 병역처분에 있어 고려되는 본질적 요소이므로 병역공개제도의 실현을 위해 질병명에 대한 신고와 그 적정한 공개 자체는 필요하다 할 수 있다." 하지만 "이 사건 법률조항은 사생활 보호의 헌법적 요청을 거의 고려하지 않은 채 인격 또는 사생활의 핵심에 관련되는 질병명과 그렇지 않은 것을 가리지 않고 무차별적으로 공개토록 하고 있으며, 일정한 질병에 대한 비공개요구권도 인정하고 있지 않다. 그리하여 그 공개 시 인격이나 사생활의 심각한 침해를 초래할 수 있는 질병이나 심신장애내용까지도 예외 없이 공개함으로써 신고의무자인 공무원의 사생활의 비밀을 심각하게 침해하고 있다." 결론적으로, "이 사건 법률조항이 공적 관심의 정도가 약한 4급 이상의 공무원들까지 대상으로 삼아 모든 질병명을 아무런 예외 없이 공개토록 한 것은 입법목적 실현에 치중한 나머지 사생활 보호의 헌법적 요청을 현저히 무시한 것이고, 이로 인하여 청구인들을 비롯한 해당 공무원들의 헌법 제17조가 보장하는 기본권인 사생활의 비밀과 자유를 침해하는 것이다." 다만 "우리 현실에서 병역공개제도의 필요성이 인정되고, 이를 위해 질병명에 대한 신고와 적정한 방법에 의한 공개가 반드시 불필요하다고 단정할 수 없는 이상 이 사건 법률조항에 대하여 단순위헌결정을 함으로써 4급 이상 공무원 모두에 대하여 어떤 질병명도 당장 공개할 수 없는 결과를 초래하는 것은 적절하지 않다. 따라서 입법자가 사생활 제한을 완화하는 조치를 취할 수 있도록 헌법불합치결정을 선고하되, 입법자의 개선입법이 있을 때까지 계속적용을 명한다."

2) 평가

이 결정은 내밀한 사적 영역에 근접하는 민감한 개인정보를 공개함으로써 사생활의 비밀과 자유를 제한하는 국가적 조치에 대한 위헌심사는 엄격한 기준과 방법에 따라 섬세하게 이루어져야 한다고 하여, 특별한 위헌심사의 기준을 제시하였다는 점에서 의미가 있다. 그리고 병역사항의 공개 요청과 사생활의 보호에 관한 기본권 사이의 갈등에 있어서 공개정보의 민감성과 대상자에 대한 공적 관심의 정도 등을 고려하여 조화적 해결을 꾀하고 있음을 볼 수 있다.

(2) 개인정보의 비공개 조항에 대한 합헌결정

이 사건에서는 공공기관이 보유·관리하는 개인정보를 공개하면 개인의 사생활의 비밀 또는 자유를 침해할 우려가 있다고 인정되는 경우에 이를 비공개할 수 있도록 규정하고 있는 '공공기관의 정보공개에 관한 법률' 제9조 제1항 제6호 본문이 명확성의 원칙에

위배되는지, 그리고 청구인의 알권리(정보공개청구권)를 침해하는
지 여부가 다투어졌다.28) 이에 대해서 헌법재판소는 "공개"의 개념
은 그 의미가 법 집행기관에게 자의적 해석의 여지를 주거나 수범
자의 예견가능성을 해할 정도로 불명확하지 아니하며, "사생활의
비밀 또는 자유"의 개념도 헌법의 해석을 통하여 구체화될 수 있어
법 집행기관이 이를 자의적으로 해석할 염려는 희박하므로 명확성
의 원칙에 위반되지 않는다고 하였다. 이어서 개인정보를 비공개
사유로 정한 것이 알권리를 침해하였는지에 대해 다음과 같이 판
시하고 있다.

1) 판시사항

"개인정보가 정보주체의 의사와 무관하게 누구에게나 노출되어
개인의 사생활의 비밀과 자유가 침해되는 것을 방지하고자 하는
이 사건 법률조항의 입법목적은 정당하고, 공개하면 개인의 사생
활의 비밀 또는 자유를 침해할 우려가 있다고 인정되는 개인정보
를 비공개할 수 있도록 한 것은 그 입법목적을 달성하기 위한 효과
적이고 적절한 수단이라고 할 수 있다. 한편, 정보공개법은 비공개
대상으로 정할 수 있는 개인정보의 범위를 공개될 경우 개인의 사
생활의 비밀 또는 자유를 침해할 우려가 있다고 인정되는 정보로
제한하고 있으며, 공개청구한 정보가 비공개대상정보에 해당하는
부분과 공개가 가능한 부분이 혼합되어 있는 경우로서 공개청구의
취지에 어긋나지 아니하는 범위 안에서 두 부분을 분리할 수 있는
때에는 비공개대상정보에 해당하는 부분을 제외하고 공개하도록
규정하고 있으며(정보공개법 제14조), 공공기관은 비공개대상정보
에 해당하는 개인정보가 비공개의 필요성이 없어진 경우에는 그

---

28) 헌재 2010. 12. 28. 2009헌바258, 공공기관의 정보공개에 관한 법률 제9조
제1항 제6호 가목 등 위헌소원.

정보를 공개대상으로 하여야 한다고 규정하여(정보공개법 제9조 제2항), 국민의 알권리(정보공개청구권)를 필요·최소한으로 제한하고 있다. 나아가 이 사건 법률조항에 따른 비공개로 인하여 법률상 이익을 침해받은 자를 위한 구제절차(이의신청, 행정심판, 행정소송)도 마련되어 있어, 국민의 알권리(정보공개청구권)와 개인정보 주체의 사생활의 비밀과 자유 사이에 균형을 도모하고 있으므로 이 사건 법률조항은 청구인의 알권리(정보공개청구권)를 침해하지 아니한다."

2) 평가

이 사건에서는 헌법상 사생활의 비밀과 자유라는 기본권과 국민의 알권리(정보공개청구권)가 충돌되는 상황에 대해 헌법재판소는 정보공개법의 비공개대상정보에 대해 기본적으로 비례의 원칙에 입각하여 합헌성을 인정하고 있다. 여기서 두 기본권의 충돌을 해결하는 방법으로 분리공개의 법리와 이익형량의 법리 등을 통하여 규범조화적 해석을 시도하고 있는 것으로 보인다. 그 논지에 설득력이 있다고 본다.

(3) 구 의료법상 태아성별 고지금지 조항에 대한 헌법불합치 결정

구 의료법 제19조의2 제2항이 태아의 성별에 대하여 이를 고지하는 것을 금지하는 것이 의료인의 직업수행의 자유와 부모의 태아성별정보에 대한 접근을 방해받지 않을 권리를 침해하는 것인지 여부가 문제된 사안이다.[29] 이에 대해 헌법재판소가 판시한 내용은 다음과 같다.

---

29) 헌재 2008. 7. 31. 2004헌마1010, 의료법 제19조의2 제2항 위헌확인 등.

1) 판시사항

이 사건 규정의 태아 성별 고지 금지는 낙태, 특히 성별을 이유로 한 낙태를 방지함으로써 성비의 불균형을 해소하고 태아의 생명권을 보호하기 위해 입법된 것이다. 그런데 임신 기간이 통상 40주라고 할 때, 낙태가 비교적 자유롭게 행해질 수 있는 시기가 있는 반면, 낙태를 할 경우 태아는 물론, 산모의 생명이나 건강에 중대한 위험을 초래하여 낙태가 거의 불가능하게 되는 시기도 있는데, 성별을 이유로 하는 낙태가 임신 기간의 전 기간에 걸쳐 이루어질 것이라는 전제 하에, 이 사건 규정이 낙태가 사실상 불가능하게 되는 임신 후반기에 이르러서도 태아에 대한 성별 정보를 태아의 부모에게 알려 주지 못하게 하는 것은 최소침해성원칙을 위반하는 것이고, 이와 같이 임신후반기 공익에 대한 보호의 필요성이 거의 제기되지 않는 낙태 불가능 시기 이후에도 의사가 자유롭게 직업수행을 하는 자유를 제한하고, 임부나 그 가족의 태아 성별 정보에 대한 접근을 방해하는 것은 기본권 제한의 법익 균형성 요건도 갖추지 못한 것이다. 따라서 이 사건 규정은 헌법에 위반된다 할 것이다.

국회는 2007. 4. 11. 법률 제8366호로 의료법을 전부 개정하여 위 19조의2 제2항을 제20조 제2항에서 규정하고 있는데, 그 내용에는 변함이 없으므로 이 규정 역시 의료인의 직업수행의 자유와 태아 부모의 태아성별 정보에 대한 접근을 방해받지 않을 권리를 침해하므로 헌법에 위반된다. 그런데 위와 같은 이 사건 심판대상 규정들에 대해 단순위헌결정을 할 경우 태아의 성별 고지 금지에 대한 근거 규정이 사라져 법적 공백상태가 발생하게 될 것이므로 헌법불합치결정을 한다. 그리고 의료법 제20조 제2항은 입법자가 2009. 12. 31.을 기한으로 새 입법을 마련할 때까지 잠정 적용하며, 구 의료법 제19조의2 제2항은 이미 개정되어 효력을 상실하고 있지만,

2005헌바90 당해 사건과 관련하여서는 여전히 그 효력을 유지하고 있다고 할 것이므로 당해 사건과 관련하여 그 적용을 중지하고, 국회가 의료법 규정을 개정하면 그 개정법률을 적용하여야 한다.

2) 평가

여기서 '부모의 태아성별 정보에 대한 접근을 방해받지 않을 권리'가 언급되고 있는데, 헌법재판소는 이를 일반적 인격권에서 도출되는 것으로 보고 있다. 즉 "헌법 제10조로부터 도출되는 일반적 인격권에는 각 개인이 그 삶을 사적으로 형성할 수 있는 자율영역에 대한 보장이 포함되어 있음을 감안할 때, 장래 가족의 구성원이 될 태아의 성별 정보에 대한 접근을 국가로부터 방해받지 않을 부모의 권리는 이와 같은 일반적 인격권에 의하여 보호된다고 보아야 할 것인바, 이 사건 규정은 일반적 인격권으로부터 나오는 부모의 태아 성별 정보에 대한 접근을 방해받지 않을 권리를 제한하고 있다고 할 것이다."라고 판시하고 있다. 이러한 정보접근권도 우리 헌법상 보장되는 정보인권의 한 내용이라 할 것이다.

IV. 개인정보자기결정권에 관한 판례

1. 개인정보자기결정권의 의의

(1) 개인정보자기결정권이란 개인에 관한 정보에 있어서 스스로 결정할 수 있는 권리를 의미하는 것으로 이해할 수 있다. 구체적으로는 개인에 관한 정보를 정보의 주체가 타인에게 알릴 것인지 말 것인지, 알린다면 언제, 어떻게 또 어느 정도 전달할 것인가에 관

하여 스스로 결정할 수 있는 권리라고 할 수 있을 것이다. 이러한 개념은 자신에 관한 사항이 자신의 의사와 무관하게 타인에 의하여 결정될 경우 정보주체의 인격적 가치가 형해화될 위험이 있다는 문제의식에서 출발한 것이라 할 수 있다.

개인정보자기결정권은 정보주체가 정보시스템 안에 보관되어 있는 자기의 개인정보에 접근하여 그 정보를 열람하고, 정보처리기관에 대하여 자신에 대한 정보의 정정, 차단, 삭제, 공개 등을 요구함으로써 자신에 관한 정보에 통제력을 행사할 있는 권리로서 파악될 수 있다. 라고 할 수 있다. 이는 자신에 관한 정보에 있어서 자율적으로 통제 내지 관리할 수 있는 권리, 즉 자기정보통제권으로 불리기도 한다.30)

(2) 헌법재판소는 지문날인제도에 대한 주민등록법 제17조의8 등 위헌확인사건31)에서 "자신에 관한 정보가 언제 누구에게 어느 범위까지 알려지고 또 이용되도록 할 것인지를 그 정보주체가 스스로 결정할 수 있는 권리"를 '개인정보자기결정권'으로서 정의하면서, 그 보호의 대상이 되는 개인정보는 반드시 개인의 내밀한 영역이나 사사(私事)의 영역에 속하는 정보에 국한되지 않고 공적 생활에서 형성되었거나 이미 공개된 개인정보까지 거기에 포함될 수 있다고 하였다. 나아가 헌법재판소는 정보사회로의 급격한 진입으로 개인정보의 수집·처리와 관련한 사생활보호라는 새로운 차원의 헌법문제가 야기되었고, 그에 따라 개인정보자기결정권을 새로운 독자적 기본권으로서의 '개인정보자기결정권'을 헌법적으로 승인할 필요가 있다고 하였다. 그리고 이것이 "현대의 정보통신기술의

---

30) 이하 졸고, "자기정보통제권에 관한 판례의 평석",「헌법실무연구」제8권, 헌법실무연구회, 2007, 200~225면 참조.
31) 헌재 2005. 5. 26. 99헌마513 등, 주민등록법 제17조의8 등 위헌확인.

발달에 내재된 위험성으로부터 개인정보를 보호함으로써 궁극적으로는 개인의 결정의 자유를 보호하고, 나아가 자유민주체제의 근간이 총체적으로 훼손될 가능성을 차단하기 위하여 필요한 최소한의 헌법적 보장장치"라고 설명하고 있다. 아무튼 개인정보자기결정권의 개념과 의의에 관한 헌법재판소의 판시내용은 그간 국내외의 학계와 판례에서 전개되어온 개인정보자기결정권 내지 정보자기결정권에 관한 논의들을 헌법재판소가 적극적으로 수용한 것으로 보인다. 이 결정을 통해 헌법재판소는 개인정보의 보호가 단순한 법적·제도적 보장의 차원이 아니라 기본권보장의 차원에서 다루어져야 할 헌법적 과제임을 분명히 하였다고 할 수 있다.

   (3) 헌법재판소는 주민등록법 제17조의8등 위헌확인[32)]에서 "개인정보자기결정권의 헌법상 근거로는 헌법 제17조의 사생활의 비밀과 자유, 헌법 제10조 제1문의 인간의 존엄과 가치 및 행복추구권에 근거를 둔 일반적 인격권 또는 위 조문들과 동시에 우리 헌법의 자유민주적 기본질서 규정 또는 국민주권원리와 민주주의원리 등을 고려할 수 있으나, 개인정보자기결정권으로 보호하려는 내용을 위 각 기본권들 및 헌법원리들 중 일부에 완전히 포섭시키는 것은 불가능하다고 할 것이므로, 그 헌법적 근거를 굳이 어느 한두 개에 국한시키는 것은 바람직하지 않은 것으로 보이고, 오히려 개인정보자기결정권은 이들을 이념적 기초로 하는 독자적 기본권으로서 헌법에 명시되지 아니한 기본권이라고 보아야 할 것이다."라고 판시하고 있다. 한편, 교육행정정보시스템(NEIS)과 관련한 개인정보수집 등 위헌확인사건[33)]에서 헌법재판소는 "인간의 존엄과 가치, 행복추구권을 규정한 헌법 제10조 제1문에서 도출되는 일반적

---

32) 헌재 2005. 5. 26. 99헌마513 등, 주민등록법 제17조의8 등 위헌확인.
33) 헌재 2005. 7. 21. 2003헌마282 등, 개인정보수집 등 위헌확인.

인격권 및 헌법 제17조의 사생활의 비밀과 자유에 의하여 보장되는 개인정보자기결정권은 자신에 관한 정보가 언제 누구에게 어느 범위까지 알려지고 또 이용되도록 할 것인지를 그 정보주체가 스스로 결정할 수 있는 권리이다. 즉 정보주체가 개인정보의 공개와 이용에 관하여 스스로 결정할 권리를 말한다.”고 판시하였다.

헌법재판소는 위의 지문날인제도에 관한 결정에서 개인정보자기결정권을 다양한 헌법적 이념에 기초한 독자적 기본권이라는 설명으로 그 헌법적 근거에 관한 논의를 비켜가고 있다. 개인정보자기결정권으로 보호하려는 내용을 특정의 기본권이나 헌법원리들 중 일부에 완전히 포섭시키기 어렵다는 이유를 들고 있으나, 개인정보자기결정권을 헌법상의 독자적 기본권으로 승인하는 최초의 결정이라는 점을 고려할 때 그 헌법적 근거에 대해 충실하게 논증하였다면 하는 아쉬움이 남는다. 이러한 점에서 교육행정정보시스템(NEIS) 사건에서 개인정보자기결정권의 헌법적 근거를 일반적 인격권(헌법 제10조 제1문)과 사생활의 비밀과 자유(제17조)로 명시한 점은 진일보한 자세라고 평가할 수 있을 것이다. 다만 헌법적 근거에 대한 규명에 있어서 구체적인 설명이 없는 상태에서 이 둘의 차이가 얼마나 의식적이고 적극적인 태도변화라고 할 수 있을지는 섣불리 단정하기 어렵다.

생각건대 개인정보자기결정권의 헌법적 근거는 개인의 사생활에 관련된 정보의 보호와 관련해서는 헌법 제17조의 사생활의 비밀과 자유에서, 사생활과 직접적인 관련이 없는 개인정보의 경우는 헌법 제10조의 인간으로서의 존엄과 가치 및 행복추구권에 도출되는 일반적 인격권에서 찾을 수 있다고 본다. 물론 통화기록이나 양심, 신앙, 사상, 정치적 견해, 교육정보, 신용정보, 고용정보, 신체장애 등에 관한 정보의 보호는 통신의 자유(제18조), 양심의 자유(제19조), 종교의 자유(제20조), 선거권(제24조), 교육권(제31조),

재산권(제23조), 노동권(제32조, 제33조), 사회보장수급권(제34조) 등의 보장으로 나타날 수도 있다. 또한 언론매체에 대한 액세스권이나 행정기관이 보유하는 개인정보의 열람권은 표현의 자유(제21조)와 알 권리(제1조, 제10조, 제21조 등)의 내용이 될 수 있다. 이러한 점에서 이들 개별적 기본권도 개인정보자기결정권과 일정한 관련을 가질 수 있다.

2. 법률에 의한 개인정보자기결정권의 제한

(1) 공권력에 의하여 이루어지는 개인정보의 조사, 저장, 제공, 공개 등은 개인정보자기결정권이라는 기본권의 제한이라 할 수 있으므로, 그 제한에는 반드시 법률의 수권이 있어야 한다. 개인정보의 처리를 허용하는 법률이 있다고 하더라도 그것은 법치국가원리에서 도출되는 명확성의 요청을 따라야 한다. 규범의 의미내용으로부터 무엇이 금지되는 행위이고 무엇이 허용되는 행위인지를 수범자가 알 수 없다면 법적 안정성과 예측가능성은 확보될 수 없게 될 것이고, 또한 법집행 당국에 의한 자의적 집행을 가능하게 할 것이기 때문이다.[34] 이를 개인정보의 수집·처리와 관련지어 보면 이러한 규범명확성(Normenklarheit)의 원칙은 자신에 관한 정보가 어떤 구체적인 처리목적들을 위하여 필요한지를 해당 개인이 명확하게 인식할 수 있어야만 한다는 것을 뜻한다. 하지만 입법자가 각 개인의 법률상 의무에 대하여 구체적 목적까지 그 법률에서 밝힐 필요는 없고, 일반적으로 그 목적이 당해 법률의 체계 및 입법취지 등에 비추어 그 의미가 분명하여질 수 있다면 그 법률은 이미 충분히 명확하다고 할 수 있다.[35]

---

34) 헌재 1990. 4. 2. 89헌가113, 판례집 2, 49면 참조.

이와 관련하여 개인정보자기결정권을 제한하는 입법의 체계는 정보처리의 각 영역별로 특수하게 규율하는 형태를 취하여야 한다는 요청이 나타난다.[36] 이러한 영역별 특별규율론[37]은 오늘날 개인들이 컴퓨터에 의한 정보의 완벽한 결합가능성과 전자방식의 정보조사와 처리를 개관하기 어렵다는 것이 현대정보기술에 대한 우려의 원인이 되고 있으며, 그와 같은 우려를 완화시키기 위해 개인이 국가의 정보활동을 개관할 수 있도록 하려면 영역별특별규율이 필요하다는 것이 그 주된 논거이다.[38] 물론 법률에서 정보처리의 단계별로 일일이 명시적인 규정을 두는 것은 현실적으로 용이하지 않을 뿐만 아니라 바람직하지도 않을 것이다. 하지만 가령 민감한 정보의 처리나 개인정보의 전자적 처리 등에 있어서와 같이 정보처리의 단계마다 새로운 기본권제한의 결과를 초래하는 때에는 단계별로 특수한 규율이 필요하다고 본다. 다만 이 경우 개별적인 규율의 정도와 형태는 수범자인 정보주체의 수인가능성을 검토하여 결정될 수 있을 것이다.

(2) 지문날인제도에 대한 주민등록법 제17조의8등 위헌확인 사건에서 헌법재판소는 주민등록법 제17조의8 제2항 본문이 주민등록증의 수록사항으로 "오른손 엄지손가락 지문"이라고 특정한 바가 없기 때문에 동법시행령 제33조 제2항 등에서 주민등록증발급신청서의 서식을 정하면서 보다 정확한 신원확인이 가능하도록 하

---

35) BVerfGE 65, 1 (54) 참조.
36) BVerfGE 65, 1 (44, 46); S. Simitis, Die informationelle Selbstbestimmung - Grundbedingung einer verfassungskonformen Informationsordnung, NJW 1984, S. 400.
37) 이에 관해서는 정태호, "개인정보자결권의 헌법적 근거 및 구조에 대한 고찰", 「헌법논총」 제15집, 2003, 463~465면 참조.
38) BVerfGE 65, 1 (50); Bäumler JR 1984(주 158), 361 이하.

기 위하여 열 손가락의 지문을 날인하도록 하고 있는 것은 주민등록법 제17조의8 제5항의 위임규정에 근거한 것으로 볼 수 있다고 판시하고 있다.

하지만 주민등록법 제17조의8 제2항 본문에 규정된 '지문'은 성명·사진·주민등록번호 등과 함께 '주민등록증'에 수록되는 "오른손 엄지손가락 지문"을 의미한다고 보는 것이 자연스러운 해석일 것이다. 이를 주민등록증과는 아무런 관련이 없는 '열 손가락 지문'을 의미하는 것으로 해석하는 데는 논리적으로 무리가 따를 수밖에 없다고 본다. 일반 국민들의 입장에서도 그 동안의 관행을 고려하지 않는다면 주민등록증에 오른 손 엄지손가락 지문만 수록되고 있는 상황에서 해당 법률조항을 통해서 주민등록증발급신청서에 십지지문을 날인해야 할 것으로 예측하기는 쉽지 않을 것이다. 이러한 점 때문에 헌법재판소가 "법은 현실여건의 바탕 위에서 그 시대의 역사인식이나 가치이념을 반영하고 있는 것이므로, 어느 특정한 법이 뿌리박고 있는 정치·경제·사회적인 현실과 역사적 특성을 무시하고 헌법의 순수한 일반이론에만 의존하여서는 그 법에 관련된 헌법문제에 대하여 완전한 이해와 적절한 판단을 할 수 없다"[39]고 토로한 것으로 짐작된다.

(3) 한편, 경찰청장의 지문정보 보관에 관련하여 다수의견은 경찰청장이 지문정보를 보관하는 행위와 관련하여 요청되는 법률에 의한 규율의 밀도 내지 수권법률의 명확성의 정도는 그다지 강하다고 할 수 없다고 한다. 하지만 3인의 반대의견에서 적절히 지적하고 있는 것처럼 지문은 개인의 신체의 일부분으로 개인정보의 연결자로 사용될 경우 인간의 기본적인 자유와 권리 전반에 걸쳐

---

39) 판례집 17-1, 692면.

영향을 미치고 제약할 가능성과 여지가 있다. 따라서 중앙행정기관인 경찰청장이 주민등록증발급신청서상 개인의 지문정보를 수집·보관하고자 하는 경우에도 국회가 제정한 법률로 그 수집·보관의 목적, 대상, 범위, 기한 등 요건을 구체적으로 특정할 필요가 있다고 볼 것이다. 그런데 지문정보가 포함된 주민등록증발급신청서를 관할동장이 관할경찰서의 파출소장에게 송부·제공하는 행위는 오로지 주민등록법시행규칙에 규정되어 있을 뿐, 경찰청장이 지문원지를 수집보관할 수 있도록 하는 법률의 직접적인 규정은 찾아볼 수 없다.

한편 주민등록증발급신청서에 기록된 지문정보를 전산화하는 것은 새로운 기본권제한의 결과를 가져올 수 있다. 왜냐하면 컴퓨터에 의한 정보처리에 있어서 정보가 당초의 목적을 넘어서서 전파될 수 있는 위험성이 크기 때문이다. 따라서 수기식 파일을 전산화할 경우 본래의 목적에 반하는 정보의 결합이나 네트워크화를 방지하기 위하여 입법자는 별도의 법률적 근거를 둘 필요가 있다. 그런데 지문날인제도에 있어서 이러한 전산화를 허용하는 법률규정을 찾아보기 어렵다. 또한 보유하고 있는 지문정보를 수사목적으로 활용하는 것은 당초의 행정목적을 넘어서는 목적외의 이용에 해당한다고 할 것이다. 정보수집의 당시에 정보주체의 동의나 법률상의 근거가 있었다고 하더라도, 개인정보를 수집하거나 보유하게 된 원래의 목적과 다른 용도에 활용할 수 있도록 하는 것은 개인정보자기결정권에 대한 새로운 제한을 야기한다고 볼 수 있다. 그렇다면 그 활용에 대해 새로이 동의를 얻거나 또 다른 법률에 근거할 필요가 있다. 이와 관련하여 다수의견은 개인정보파일의 보유를 허용하고 있던 구 공공기관의개인정보보호에관한법률 제5조를 그 근거로 들고 있으나, 동법 제5조는 전산파일의 보유에 관한 규정이지, 수기식 파일의 전산처리를 허용하는 법적 근거가 되기 어렵다. 또한 경찰청장이 범죄수사목적으로 지문정보를 수집·활용할 경우 단순한 행정작용의 수준을 넘어 수사절차로 이행하게 됨에 따라 개인의 기본적 인권에 미치는 영향과 의미는 달라질 수 있다. 따라서 그에 대한 별도의 법적 근거가 필요할 것인데, 동법 제10조 제2항 제6호도 구체적인 수사상 필요가 있을 경우에 한하는 것으로 해석해야 할 것이므로 그 법률상의 근거가 될 수 없다고 할 것이다.

결국 십지지문을 날인하도록 하고, 나아가 경찰청장이 지문정보를 보관 및 전산화하고 이를 범죄수사목적에 활용하는 것은 모두 법률에 근거가 불충분하여 기본권제한의 법률유보원칙에 위배된다고 볼 소지가 크다고 판단된다.[40]

참고로 헌법재판소는 2015년 5월 28일 주민등록증 발급신청서에 열 손가락 지문을 날인하도록 규정한 구 주민등록법 시행령 제36조 제2항에 의한 별지 제30호 서식 중 열 손가락 지문을 찍도록 한 부분이 법률유보원칙에 위배되지 않는다고 판시하였다. 이 사건의 다수의견은 위에서 살펴본 2005년의 결정에서 제시한 결정과 달리 판단하여야 할 아무런 사정변경이 없다고 밝혔다. 다만 "국가권력에 의하여 개인정보자기결정권을 제한함에 있어서는 개인정보의 수집·보관·이용 등의 주체, 목적, 대상 및 범위 등을 법률에 구체적으로 규정함으로써 그 법률적 근거를 보다 명확히 하는 것이 바람직하므로, 현행 주민등록법을 개정하여 지문정보의 수집, 보관, 활용에 대하여 그 목적, 대상과 범위, 기한 등의 요건을 구체

---

40) 다수의견도 "오늘날 정보화사회로의 급속한 진전에 따라 개인정보보호의 필요성이 날로 증대하고 있는 현실에 비추어 볼 때, 경찰청장이 지문정보를 보관·전산화하고 이를 범죄수사목적 등에 이용하기 위해서는 그 보관·전산화·이용의 주체, 목적, 대상 및 범위 등을 법률에 구체적으로 규정함으로써 그 법률적 근거를 보다 명확히 하는 것이 바람직하다"는 지적을 덧붙이고 있다. 판례집 17-1, 689~690면.

적으로 규정하는 입법개선의 노력이 필요하다"는 점을 지적한 대목은 주목할 만하다.41)

(4) 교육행정정보시스템(NEIS) 사건과 관련하여 NEIS에 개인의 기본적 인권을 현저히 침해할 우려가 있는 개인정보가 수록될 경우 정보주체의 명시적 동의가 없는 한 다른 법률에 그 수집에 관한 명시적 규정이 있어야 한다. 하지만 당시의 교육기본법, 초·중등교육법 등에는 NEIS와 같은 방식으로 학생신상정보를 수집한다는 명시적인 근거규정이 없었다. 그럼에도 헌법재판소의 다수의견은 구 공공기관의개인정보보호에관한법률 제5조에서 그 근거를 찾고 있다. 성명, 생년월일, 졸업일자 등은 개인의 인격에 밀접히 연관된 민감한 정보라고 보기는 어려우므로 수권법률의 명확성이 특별히 강하게 요구된다고는 할 수 없다고 하면서, 동조와 같은 일반적 수권조항에 근거하여 피청구인들의 보유행위가 이루어졌다하더라도 법률유보원칙에 위배된다고 단정하기는 어렵다고 판시하였다.42) 하지만 그 규율의 목적이나 대상에 따라 법률이 갖추어야 할 명확성의 정도가 상대화될 수 있을지 몰라도, 그로부터 정보처리의 상황에 대해 일반 국민들이 일말의 단서라도 발견할 수 있어야 한다는 요청까지 외면해서는 안 된다. NEIS와 같이 통합 데이터베이스를 구축하고 이를 상호 연계하여 관리하는 전자적 정보처리시스템은 정보처리 방식의 면에서 개인정보자기결정권에 대한 제약의 정도가 대단히 큰 방식이다. 이러한 정보처리 방식의 위험성에 비추어 수권법률의 특정성과 명확성이 상당한 정도로 요구된다고 할 것이다. 뿐만 아니라 전술한 바와 같이 법률의 수권은 정보처리의

---

41) 헌재 2015. 5. 28. 2011헌마731, 주민등록법 시행령 별지 제30호 서식 위헌확인, 판례집 27-1하, 279, 289-290.

42) 헌재 2005. 7. 21. 2003헌마282 등, 개인정보수집 등 위헌확인.

각 단계별로 요구된다고 할 수 있다. 따라서 정보의 보유단계 이전에 그 수집단계에서부터 법률의 근거가 요구된다는 것은 당연하다. 그럼에도 불구하고 다수의견이 일반적 수권조항을 근거로 내세운다면 법률유보의 요청을 유명무실화하는 결과를 초래할 수도 있을 것이다.

2005년 3월 24일에는 교육행정정보시스템(NEIS)에 의한 학생정보의 처리를 둘러싸고 벌어진 논란을 해소하기 위하여 교육기본법, 초·중등교육법, 학교보건법 등 교육관련법이 대폭적으로 개정되기에 이르렀다. 특히 초·중등교육법(일부개정 2005.3.24 법률 7398호)과 학교보건법(일부개정 2005.3.24 법률 7396호)에서는 교육정보시스템의 구축·운영에 관한 법적 근거를 마련하고, 학교의 장이 학생의 건강검사 결과를 작성·관리할 때 교육정보시스템을 이용하여 처리하여야 할 사항을 명시하였다. 이처럼 NEIS의 구축·운영에 관한 법적 근거를 명시하고 구체적인 사항에 대한 위임규정을 마련함으로써 법률유보의 원칙과 관련한 논란은 해소하려고 한 점은 일단 긍정적으로 평가할 수 있을 것이다.

3. 과잉금지원칙에 관한 판례

(1) 주민등록법 제17조의8등 위헌확인

다수의견은 지문날인제도가 신원확인기능의 효율적인 수행을 도모하고, 신원확인의 정확성 내지 완벽성을 제고하기 위한 것으로서, 범죄수사활동, 대형사건사고나 변사자가 발생한 경우의 신원확인, 타인의 인적사항 도용 방지 등 각종 신원확인의 목적을 위하여 이용함으로써 달성할 수 있게 되는 공익이 매우 크기 때문에 과잉금지원칙에 위배되지 않는다고 판시하였다.

하지만 그 만인부동의 특성으로 말미암아 지문정보는 전산망을 통해 다른 민감한 개인정보와 결합시키는 연결자(key data)로서 기능할 수도 있다. 특히 주민등록번호를 광범하게 사용하고 있는 우리나라의 현실에서는 그에 따른 위험성을 결코 무시할 수 없다. 또한 17세 이상 모든 국민의 지문정보를 구체적 사건과 관련 없이 사전에 포괄적으로 수집하고 이를 보관·전산화하여 범죄수사목적 등에 이용하는 것은 개인정보에 대한 과도한 수집 및 이용이 아닌가 하는 의문을 강하게 불러일으킨다. 지문정보를 국가에서 활용하고 있는 나라가 적지 않지만, 모두 범죄자나 외국인의 경우 등 특별한 경우에 한하여 지문날인을 요구하고 있을 뿐이다.43) 우리나라처럼 범죄의 전력이 없는 모든 일반 국민의 주민등록증발급신청의 기회에 열 손가락의 지문 일체를 보관·전산화하고 있다가 일반적인 범죄수사목적 등에 활용하는 경우는 세계에서 그 유례를 찾아볼 수 없다. 지문정보가 범죄수사 등에 있어서 신원확인수단으로서 불가피하다고 하지만, 과거 서래마을 프랑스인 살해사건에서 보듯이 지문정보에 의존할 수 없는 외국인의 범죄에 대해서도 유전자의 감식과 같은 과학적인 수사기법을 통해 얼마든지 수사목적을 달성할 수 있다. 이렇게 볼 때 현행의 지문날인제도는 개인정보자기결정권에 대한 최소한의 침해라고 하기 어려울 것이다. 범죄의 전력에 따라 지문날인과 그 범위를 단계화한다거나 그 수록이나 보유의 범위, 대상, 기한 등에 관해 명시적인 법률상의 제한을 가하는 방법을 모색해볼 필요가 있을 것이다.

마지막으로 개인의 지문정보는 만인부동·종생불멸의 특징을 지니고 있기 때문에 개인의 고유성·동일성을 나타내는 중요한 정보이고, 신체의 일부분인 지문은 그 개인 자체를 징표하는 중요한 도

---

43) 이에 관한 자세한 내용은 졸고, "지문날인제도의 현황과 헌법적 문제점의 검토", 「세계헌법연구」 제14권 1호, 2008, 39~74면 참조.

구가 되는 것이다. 따라서 고도정보화사회에서는 특히 지문정보의 오·남용으로 인해 국민 개인의 기본적 인권이 침해될 가능성이 크다고 할 수 있다. 다수의견이 지적하는 바와 같이 우리나라는 분단국가로서 아직도 체제대립이 상존하고 있는 실정이므로, 그러한 사정에 있지 아니한 다른 나라들에 비하여 국가안보차원에서 국민의 정확한 신원확인의 필요성이 크다는 점도 고려되어야 할 것이다. 하지만 지문감식의 실제를 보면 신원확인의 효과가 생각만큼 그리 큰 편은 아니다.44) 현실적으로 범죄현장에 남아 있는 지문의 융선이 불선명하거나 지문이 여러 조각으로 나누어져 있는 경우가 많아 의뢰 건수 대비 신원확인의 실적은 저조할 수밖에 없을 것이다. 뿐만 아니라 그 남용가능성을 차단할 수 있는 입법적 보완장치가 마련되어 있지도 않다. 이러한 상황에서 전 국민을 대상으로 하는 지문정보는 일반적인 범죄의 예방이나 범죄정보의 수집 내지는 범죄수사를 빙자한 특정한 개인에 대한 행동의 감시에 남용될 위험성이 크다고 할 수 있다. 이렇게 볼 때 지문날인제도를 통해 달성하고자 하는 공익이 그로 인해 정보의 주체가 입을 수 있는 불이익보다 현저히 크다고 하기 어려울 것이다. 따라서 현행의 지문날인제도는 법익의 균형성을 갖추고 있다고 하기 어려울 것이다.45)

---

44) 가령 2005년의 경우 연간 발생하는 범죄의 건수 총 1,893,896건 가운데 지문확인 의뢰건수는 전체 범죄수의 1.09%에 불과하며, 그나마 신원을 확인한 경우는 0.51%로 지극히 미미한 것으로 나타났다. 법무연수원, 범죄백서 2006, 통권 제23호, 2006.12. 28면.

45) 2015년 결정에서도 과잉금지원칙에 위배되어 개인정보자기결정권을 침해하지 않는다고 판단하였다. 여기서 "선례의 결정 이후 신원확인수단에 대한 과학기술의 구준한 발전에도 불구하고 현재로서도 간편하고 정확하며 효율적인 신원확인수단으로 지문정보에 상응하면서 보다 덜 기본권 제한적인 수단을 발견하기 어렵다."고 밝히고 있다. 헌재 2015. 5. 28. 2011헌마731, 주민등록법 시행령 별지 제30호 서식 위헌확인, 판례집 27-1하, 279, 293-294.

(2) 교육행정정보시스템(NEIS) 사건

1) 국가인권위원회 전원위원회는 2003년 5월 12일 교육인적자원부가 추진하는 교육행정정보시스템(NEIS)의 운영에 관하여 교육행정정보시스템의 27개 개발영역 가운데 사생활의 비밀침해 등 인권침해 소지가 있는 교무/학사, 입(진)학 및 보건 영역은 입력 대상에서 제외하고, 교원인사 기록 중 별지목록 기재 항목은 사생활의 비밀침해 등 인권 침해 소지가 있으므로 입력항목에서 제외되도록 '교육공무원인사기록및인사사무처리규칙'을 개정하고, 개인정보의 누출로 인한 사생활 비밀침해 등 인권침해가 없도록 학교중앙정보시스템(CS)에 대한 보안체계 강화 조치를 강구할 것을 권고한 바 있다.

이에 따라 교육인적자원부장관은 교육정보시스템의 운영과 관련하여 2003. 5. 26. 교무·학사, 보건, 입·진학 등의 영역에 관하여 교육인적자원부장관 및 시·도교육감에 의한 개인정보의 수집 및 관리를 재검토하기로 발표하였다가, 같은 해 6. 1. 'NEIS 중 교무/학사 업무 등 3개영역 시행 지침'을 발표하여 '고2 이하에 대하여는 정보화위원회에서 최종방침을 정할 때까지 한시적으로 교무·학사, 입(진)학, 보건 3개 영역에 대하여 일선교사가 수기로 하되, 학교실정에 따라 불가피한 경우 S/A, C/S, NEIS 등 현실적으로 가능한 방법을 선택하여 사용'하도록 하였다.

2) 이 사건에서 본안판단의 대상이 되고 있는 것은 청구인 문○준의 성명, 주민등록번호, 생년월일, 졸업학교명, 졸업연월일에 관한 정보를 수집하고 이에 대한 정보파일을 보유하고 있는 부분이다. 따라서 과잉금지원칙의 준수 여부도 이 부분에 국한하여 검토되고 있다.

이에 대해서는 다수의견의 논지가 대체로 수긍할 만하다고 본다. 과연 성명과 생년월일은 개인식별정보의 최소한이고, 졸업일자는 졸업관련 사항의 최소한이라 할 수 있다. 또한 그러한 정보들은 사회적 영역에서 흔히 현출되는 정보라고 할 수 있으므로 특별한 보호가 요구되는 경우라고 보기 어렵다. 따라서 피청구인들이 청구인 문○준의 위 개인정보를 보유하고 있는 것은 목적의 달성에 필요한 최소한의 정보만을 보유하는 것이라 할 수 있다.

하지만 다수의견과 달리 구 공공기관의개인정보보호에관한법률 제9조 내지 11조, 교육행정정보시스템운영규정(교육인적자원부 훈령 제633호) 제17조(시설보안), 제18조(공인인증시스템을 통한 인원보안) 등은 정보주권 침해로부터 개인을 보호할 수 있는 장치로서 충분하다고 하기 어려울 것이다. 왜냐하면 구 공공기관의개인정보보호에관한법률상 목적외의 이용 및 타 기관에의 정보제공 금지에 대한 예외가 지나치게 포괄적이고 불명확하게 규정되어 있었고, 정보주체의 열람·정정청구권의 범위가 매우 제한적이었기 때문이다. 이처럼 개인정보보호법의 체계가 미흡한 상황에서 졸업증명서의 발급과 같이 시·도 교육감이 맡아야 할 이유가 없는 일의 처리를 위하여, 개인정보를 수집·보유하는 제도나 시스템을 신중한 검토 없이 도입·운영하는 것은 피해의 최소성과 법익의 균형성을 충족시키기에 어려움이 있다고 보인다.

(3) 주민등록번호 변경 불허 사건

주민등록법상 개인별로 주민등록번호를 부여하면서 주민등록번호 변경에 관한 규정을 두고 있지 않은 것이 개인정보자기결정권을 침해하는지 문제된 사안에서, 헌법재판소는 2015. 12. 23. "주민등록번호 유출 또는 오·남용으로 인하여 발생할 수 있는 피해 등에 대한 아무런 고려 없이 주민등록번호 변경을 일체 허용하지 않는 것은 그 자체로 개인정보자기결정권에 대한 과도한 침해가 될 수 있다."며 헌법불합치결정을 내린 바 있다.[46]

다수의견은 개별적인 주민등록번호 변경을 허용하더라도 개인 식별 및 본인 동일성 증명에 큰 어려움이 없고, 객관성과 공정성을 갖춘 기관의 심사를 거쳐 변경할 수 있도록 한다면 주민등록번호 변경을 악용하는 것을 막을 수 있다는 점에서 주민등록번호 변경에 관한 규정을 두고 있지 않은 것은 과잉금지원칙에 위배되어 개인정보자기결정권을 침해한다고 판단한 것이다.[47]

이 결정에 따라 2016. 5. 29. 개정된 주민등록법에서 주민등록번호의 변경(제7조의4), 주민등록번호변경위원회(제7조의5)에 관한 규정을 신설하였다.

생각건대 모든 국민을 대상으로 다량의 개인정보를 내포하는 고유식별번호를 영구적으로 고정된 형태로 부여하고 그것이 공적·사적 영역에 걸쳐 광범한 목적에 활용되도록 하는 현행의 시스템은 결코 바람직하다고 할 수 없다. 장기적으로는 개인의 식별이 필요한 분야마다 별도의 일련번호를 부여하는 것이 필요하며, 각각의 번호체계도 인적 동일성을 가급적 덜 노출시키는 형태로 변경하여야 할 것으로 본다. 하지만 현재와 같은 주민등록번호의 부여방식을 당장 바꾸는 것은 적잖은 비용이 소요될 수 있고 여러 가지 혼란도 따를 수 있다. 따라서 단기적으로 개인별로 고유식별번호를 부여하더라도 영구적인 것이 아니라 변경의 가능성을 열어두는 것이 바람직하다.[48] 이러한 점에서 2016년 헌법재판소의 결정은 개

---

46) 헌재 2015. 12. 23. 2013헌바68 등, 주민등록법 제7조 제3항 등 위헌소원 등.
47) 헌재 2015. 12. 23. 2013헌바68 등, 판례집 27-2하, 480, 480-481.
48) 이에 대해서는 졸고, "주민등록번호제도의 문제점과 개선방안", 『공익과 인권』 제1권 제2호, 서울대학교 공익인권법센터, 2004.8. 23-43면 참조.

인정보자기결정권의 보장에 있어서 매우 의미 있는 사건으로 기록
될 만하다고 본다.

V. 결어

오늘날 정보화의 진전에 따라 정보를 전파하고 정보에 접근하
며, 때로는 정보를 숨기고 때로는 정보를 제공할 수 있는 권리가
인간다운 삶에 있어서 매우 긴요한 기본권으로 대두되고 있다. 본
고에서는 이러한 다양한 정보적 활동과 관련된 여러 기본권들을
통틀어 정보인권이라고 부르고 있다. 정보인권에 포함되는 주된
것으로는 의사표현의 자유, 정보접근권, 사생활의 비밀과 자유, 개
인정보자기결정권 등을 들 수 있다.

지금까지 이들 정보인권 가운데 의사표현의 자유, 정보접근권,
개인정보자기결정권 등에 관한 우리 헌법재판소의 판례들을 소개
하고 분석하였다. 헌법재판소는 정보통신망의 이용증대에 따라 정
보인권의 실질적 보장이 필요하다는 기본적인 인식을 갖고 있는
것으로 보인다. 몇몇 사례에서는 인터넷이라는 매체의 특수성에
입각하여 표현의 자유에 대한 규제에 엄격한 기준을 제시하기도
하고, 규제 입법에 있어서 보다 명확한 규정을 둘 것을 요구하기도
한다. 하지만 개별 사안에 있어서는 과거와 같이 질서유지의 관점
에서 정보인권의 보장에 소극적인 태도를 보이는 사례가 적지 않
았다. 특히 공직선거와 관련하여서는 의사표현의 억압을 다소 너
그럽게 보는 경향이 있는데, 정치적 의사표현의 자유가 가지는 민
주적 기능을 고려할 때 그 제한의 정당성을 판단함에 있어서 매우
엄격한 기준이 적용되어야 할 것이다.

한편 헌법재판소가 개인정보자기결정권을 헌법상 독자적 기본

권의 하나로 공식적으로 승인한 것은 정보인권의 역사에 있어서 획기적인 일이라 할 것이다. 하지만 그 규범적 체계에 관하여 충분한 설명을 하고 있지 못하고 있다. 지문날인제도와 관련하여서도 법률상의 근거가 명확하지 않음에도 불구하고 국가안보적 측면과 범죄수사에서의 유용성을 들어 합헌결정을 내림으로써 국가감시의 위험성을 묵인하였다는 비판을 면하기 어려울 것이다.

아무튼 위에서 살펴본 헌법재판소의 결정들은 그 동안 우리 사회에서 꾸준히 논란이 되어 왔거나 격심한 갈등을 초래하였던 정보인권의 문제를 법적으로 종결지었다는 점에서 매우 귀중한 사례로서 평가받을 만하다고 생각한다. 앞으로 헌법재판소가 보다 적극적인 자세로 정보인권이 가지는 체계적 지위를 명확히 설정하고, 다른 헌법적 가치와의 관계에서 그 보호의 수준과 한계를 좀 더 구체적으로 제시해 주기를 기대한다.

헌법상 변호인의 조력을 받을 권리의 의미
- 헌법재판소 결정을 중심으로 -

김 영 중*

Ⅰ. 서론

헌법 제12조는 "모든 국민은 누구든지 신체의 자유를 가진다"라는 문구를 통해 모든 국민에게 신체의 자유가 헌법적으로 보장됨을 선언하고 있다. 헌법 제12조는 신체의 자유 보장의 주요 내용으로 체포, 구속, 압수, 수색, 심문에 있어서 법률주의(제1항 2문 전단), 처벌, 보안처분, 강제노역에 있어서 법률과 적법한 절차에 의할 것(제1항 2문 후단), 고문금지 및 자기에게 불리한 진술을 강요당하지 아니할 권리(제2항), 체포, 구속, 압수, 수색에 있어서 영장주의 및 사후영장 요건(제3항), 체포, 구속을 당한 때에 변호인의 조력을 받을 권리 및 국선변호인제도(동조 제4항) 등이 규정되어 있다.

---

* 서울대학교 법학연구소 공익인권법센터 사무국장, 법학박사

이렇듯 헌법상 신체의 자유에는 여러 가지 세부적인 기본권을 보장하는 내용이 포함되어 있다. 이 글은 그 중에서 변호인의 조력을 받을 권리를 중심으로 고찰하고자 한다. 인간은 기본적으로 자신의 신체에 대해 타인 또는 국가에게 제한당하지 않을 권리를 가지고 있으며, 국가는 법률에 의하지 않고는 신체에 대한 제한을 가할 수 없다. 다만, 국가가 제한을 가할 수 있는 경우도 있는데, 헌법에서는 국가안전보장, 질서유지 또는 공공복리를 위한 경우로 그 목적을 한정하고 있다. 헌법 제12조는 이러한 신체의 자유가 제한되는 경우 중에서 특히 체포 또는 구속을 당한 자(특별히 형사절차로 한정하고 있지는 않음)에 대해 변호인의 조력을 받을 권리를 보장하고 있다.

형사소송법에서는 헌법의 이러한 규정을 더욱 구체적으로 규정한다. 변호인 또는 변호인이 되려는 자는 신체구속을 당한 피고인 또는 피의자와 접견하고 서류 또는 물건을 수수할 수 있으며 의사로 하여금 진료하게 할 수 있다(형사소송법 제34조). 또한 피고인과 변호인은 소송계속 중의 관계 서류 또는 증거물을 열람하거나 복사할 수 있다. 또한 피고인을 구속 때에는 즉시 공소사실의 요지와 변호인을 선임할 수 있음을 알려야 한다(동법 제88조). 변호인은 압수, 수색영장의 집행에 참여할 수 있으며(동법 제121조), 증인을 신문할 때 참여할 수 있다(동법 제163조 제1항). 검사 또는 사법경찰관은 피의자 또는 변호인 등의 신청에 따라 변호인을 피의자와 접견하게 하거나 정당한 사유가 없는 한 피의자에 대한 신문에 참여하게 하여야 한다. 신문에 참여한 변호인은 신문 후 의견을 진술할 수 있으며, 신문 중이라도 부당한 신문방법에 대하여 이의를 제기할 수 있다(동법 제243조의 2).

헌법재판소는 1988년 9월에 설치되어 현재에 이르기까지 약 30년에 걸쳐 변호인의 조력을 받을 권리의 주체부터 그 내용에 이르

기까지 다양한 결정을 통하여 시민의 인권보장을 위한 파수꾼으로
서의 역할을 해 오고 있다. 또한 대법원도 형사절차에서 변호인의
조력에 대한 형사소송법 규정의 해석과 관련하여 몇 가지 견해를
개진한 바 있다. 이 글은 헌법재판 30년을 되돌아보는 의미에서 헌
법재판소의 주요 결정을 중심으로 형사절차에서 변호인의 조력을
받을 권리에 대해 살펴보고자 한다.

II. 변호인의 조력을 받을 권리의 내용과 헌법재판소 결정개관

주지한 바와 같이 헌법 제12조 4항은 체포 또는 구속을 당한 자
가 변호인의 조력을 받을 권리가 있다는 점을 명문으로 두었다. 헌
법 규정상 변호인의 조력을 받을 권리를 가지는 주체는 체포 또는
구속을 당한 자로 한정하고 있고, 조력의 의미에 대해서는 별도의
세부규정을 두고 있지 않다.

변호인의 조력을 받을 권리는 국가가 형벌권을 행사함에 있어
서 수사기관이 가지는 지위와 대등한 지위를 피의자 등에게 보장
함으로써 신체의 자유를 보장함에 그 목적이 있다. 대등한 지위를
보장하기 위한 수단으로 볼 수 있는 것은 변호인과의 자유로운 접
견교통권, 변호인을 통한 수사서류 열람, 등사권, 변호인과의 서신
비밀 보장 등을 들 수 있다.

"형사소송법의 역사는 변호인의 변호권 확장 역사이다"라는 말
처럼 변호인의 조력을 받을 권리는 당사자주의의 및 인권 개념의
발전과 함께 점차 확대되어 왔다. 또한 그 의미도 시대상황에 따라
발전하고 변화되어 왔다. 이러한 확대의 중심에 우리 헌법재판소
가 있다.

1988년부터 2017년 말까지 변호인의 조력을 받을 권리에 관한 헌법재판소의 결정(결정문에 포함된 경우)은 권리의 행사주체, 접견교통권, 열람·등사권, 서신 비밀 보장 등으로 나눌 수 있으며, 간단하게 표로 정리하면 다음과 같다.

〈표 1〉 1988년부터 2017년까지 변호인의 조력을 받을 권리 관련
헌법재판소 주요결정

구분	종국일자	사건번호	사건명	종국결과
1	1991. 07. 08.	89헌마181	수사기관에 의한 기본권침해에 대한 헌법소원	각하
2	1992. 01. 28.	91헌마111	변호인의 조력을 받을 권리에 대한 헌법소원	인용(위헌확인), 위헌
3	1995. 07. 21.	92헌마144	서신검열 등 위헌확인	인용(위헌확인), 한정위헌, 기각, 각하
4	1997. 03. 27.	92헌마273	변호인접견실간막이설치 위헌확인	각하
5	1997. 11. 27.	94헌마60	등사신청거부처분취소	인용(위헌확인)
6	1998. 02. 27.	96헌마211	열람및복사거부처분취소	각하
7	1998. 08. 27.	96헌마398	통신의 자유침해 등 위헌확인	기각, 각하
8	2000. 3. 30.	98헌마294	열람 등사 거부 위헌확인	각하
9	2003. 1. 14.	2003헌마5	형사법정좌석배치 위헌확인	각하
10	2003. 4. 24.	2001헌마630	열람등사신청거부처분 위헌확인	각하
11	2004. 09. 23.	2000헌마138	변호인의조력을받을권리 등 침해 위헌확인	인용(위헌확인)
12	2004. 12. 16.	2002헌마478	접견불허처분 등 위헌확인	위헌, 기각
13	2004. 2. 26.	2003헌마624	열람등사거부처분취소	각하
14	2005. 05. 26.	2003헌가7	형사소송법 제312조 제1항 위헌제청	합헌
15	2008. 04. 24.	2005헌마914	행형법 제18조의2 제3항 등 위헌확인	각하
16	2008. 08. 28.	2005헌마396	열람, 등사거부처분 위헌확인	각하

구분	종국일자	사건번호	사건명	종국결과
17	2009. 10. 29.	2007헌마992	변호인의 조력을 받을권리 침해 위헌확인	기각
18	2010. 02. 02.	2009헌마257	공권력행사 위헌확인	각하(1호후문), 각하(4호)
19	2011. 05. 26.	2009헌마341	미결수용자 변호인 접견 불허 처분 위헌확인	기각
20	2012. 02. 23.	2009헌마333	형의 집행 및 수용자의 처우에 관한 법률 제43조 제3항 등 위헌 확인	위헌, 각하
21	2012. 06. 27.	2011헌마360	열람, 등사 불허 결정 위헌확인	각하
22	2012. 10. 25.	2011헌마598	가사소송법 제7조 등 위헌확인	기각, 각하
23	2013. 08. 29.	2011헌마122	형의 집행 및 수용자의 처우에 관한 법률 제41조 등 위헌확인	헌법불합치, 각하
24	2013. 08. 29.	2012헌마886	변호인의 조력을 받을 권리 침해 등 위헌확인	각하
25	2013. 09. 26.	2011헌마398	접견교통권 방해 등 위헌확인	인용(위헌확인), 각하
26	2013. 11. 28.	2011헌마529	형의 집행 및 수용자의 처우에 관한 법률 제88조 위헌학인	각하
27	2014. 06. 05.	2014헌사592	효력정지가처분신청	인용
28	2015. 03. 03.	2015헌마177	변호인의 조력을 받을 권리 침해 위헌확인	각하(4호)
29	2015. 07. 30.	2012헌마610	체포영장 열람, 등사신청 거부 처분 위헌확인	각하
30	2015. 11. 26.	2012헌마858	변호인접견불허 위헌확인	헌법불합치
31	2016. 04. 28.	2015헌마243	접견실내 CCTV 감시, 녹화행위 등 위헌확인	기각
32	2016. 05. 26.	2013헌마879	통행제지행위 관련 공권력행사 위헌확인	각하
33	2016. 12. 29.	2015헌바221	형사소송법 제165조의2 제3호 위헌소원	합헌
34	2017. 05. 02.	2017헌마375	전화 통화 제한 행위 위헌확인 등	각하(1호 전문), 각하(4호)

구분	종국일자	사건번호	사건명	종국결과
35	2017. 10. 24.	2017헌마1138	재판취소 등	각하(1호 후문)
36	2017. 11. 30.	2016헌바101	형사소송법 제70조 제1항 등 위헌소원	각하
37	2017. 11. 30.	2016헌마503	변호인 참여신청서 요구행위 등 위헌확인	인용(위헌확인), 각하
38	2017. 12. 12.	2017헌마1271	입법부작위 등 위헌확인	각하(2호), 각하(4호)
39	2017. 12. 28.	2015헌마632	열람·등사신청 거부행위 위헌확인	인용(위헌확인)
40	2018. 5. 31.	2014헌마346	변호인 접견 불허처분 등 위헌확인	인용(위헌확인)

III. 변호인의 조력을 받을 권리에 대한 헌법재판소 주요결정 및 평석

1. 변호인의 조력을 받을 권리의 행사주체와 피의자 신문참여

헌법 제12조 제4항의 해석상 구속된 피의자, 피고인의 경우 변호인의 조력을 받을 권리를 갖는다는 점은 명백하다. 헌법재판소는 구속상태에 있는 피의자 또는 피고인에 대해서는 "법률적 소양이 부족하고 구속상태에 있는 피의자 또는 피고인으로서는 그 심리적 압박감이나 공포감과 행동의 자유의 제한 때문에 정당한 자기권리의 주장과 방어에 있어서 많은 제한을 받을 수밖에 없으며, 따라서 국가권력의 일방적인 형벌권행사로부터 인신의 부당한 침해를 막기 위하여는 변호인의 조력은 필수적인 것이다. 이러한 변호인의 조력을 받을 권리의 가장 중요한 내용으로서는 변호인과의 자유로운 접견교통권이 있으며, 이에 대하여 헌법재판소는 국가안전보장이나 질서유지 또는 공공복리 등 어떠한 명분으로도 제한될 수 없다"[1]고 판시하여 변호인과의 접견교통권은 수사기관인 국가기관에 대응하기 위한 수단으로써 작용해야 한다고 보았다.

하지만 불구속 피의자, 피고인의 경우에는 헌법에 명시적인 규정이 없다는 점에서 해석의 여지가 있었다. 이에 대해 헌법재판소는 2004년에 불구속 피의자 및 피고인에게 변호인의 조력을 받을 권리가 헌법상으로 인정되는 근거로 헌법상 법치국가원리, 적법절차원칙을 들면서 그러한 권리가 헌법상 기본권임을 선언하였다.[2]

> 우리 헌법은 변호인의 조력을 받을 권리가 불구속 피의자·피고인 모두에게 포괄적으로 인정되는지 여부에 관하여 명시적으로 규율하고 있지는 않지만, 불구속 피의자의 경우에도 변호인의 조력을 받을 권리는 우리 헌법에 나타난 법치국가원리, 적법절차원칙에서 인정되는 당연한 내용이고, 헌법 제12조 제4항도 이를 전제로 특히 신체구속을 당한 사람에 대하여 변호인의 조력을 받을 권리의 중요성을 강조하기 위하여 별도로 명시하고 있다. 피의자·피고인의 구속 여부를 불문하고 조언과 상담을 통하여 이루어지는 변호인의 조력자로서의 역할은 변호인선임권과 마찬가지로 변호인의 조력을 받을 권리의 내용 중 가장 핵심적인 것이고, 변호인과 상담하고 조언을 구할 권리는 변호인의 조력을 받을 권리의 내용 중 구체적인 입법형성이 필요한 다른 절차적 권리의 필수적인 전제요건으로서 변호인의 조력을 받을 권리 그 자체에서 막 바로 도출되는 것이다.
>
> 불구속 피의자나 피고인의 경우 형사소송법상 특별한 명문의 규정이 없더라도 스스로 선임한 변호인의 조력을 받기 위하여 변호인을 옆에 두고 조언과 상담을 구하는 것은 수사절차의 개시에서부터 재판절차의 종료에 이르기까지 언제나 가능하다. 따라서 불구속 피의자가 피

---

1) 헌재 1992. 1. 28. 선고, 91헌마111 결정 참조.
2) 헌재 2004. 9. 23. 2000헌마138 참조.

의자신문시 변호인을 대동하여 신문과정에서 조언과 상담을 구하는 것
은 신문과정에서 필요할 때마다 퇴거하여 변호인으로부터 조언과 상담
을 구하는 번거로움을 피하기 위한 것으로서 불구속 피의자가 피의자
신문장소를 이탈하여 변호인의 조언과 상담을 구하는 것과 본질적으로
아무런 차이가 없다. 형사소송법 제243조는 피의자신문시 의무적으로
참여하여야 하는 자를 규정하고 있을 뿐 적극적으로 위 조항에서 규정
한 자 이외의 자의 참여나 입회를 배제하고 있는 것은 아니다. 따라서
불구속 피의자가 피의자신문시 변호인의 조언과 상담을 원한다면, 위
법한 조력의 우려가 있어 이를 제한하는 다른 규정이 있고 그가 이에
해당한다고 하지 않는 한 수사기관은 피의자의 위 요구를 거절할 수
없다.[3]

　헌법재판소가 헌법의 문언에서 명시적으로 규정되어 있지 않음
에도 불구하고 불구속 피의자의 변호인의 조력을 받을 권리도 헌
법상 기본권이라고 판단한 것은 불구속 피의자의 인권보호를 위해
한 걸음 나아갔다는 의미가 있다. 헌법 제12조 4항의 변호인의 조
력을 받을 권리는 형사소송법상 변호인선임권과 변호인 접견교통
권의 보장을 통하여 실질적으로 보장되고, 변호인의 참여권은 변
호인선임권과 접견교통권의 핵심적 권리로 이해되어야 할 것이다.

---

3) 이 결정에는 재판관 김영일의 반대의견이 있다. 반대의견에서는 헌법 제
　12조 제4항을 유추적용하여 불구속피의자에 대해 적용하는 것은 체포, 구
　속된 피의자와 불구속 피의자의 상황이 상이하기 때문에 허용될 수 없고,
　법치국가원리나 적법절차의 원칙과 같은 추상적인 원칙으로 불구속피의
　자에게 변호인의 조력을 받을 권리를 허용하게 되면 헌법 제12조 제4항
　문언과 충돌하게 되므로 불구속 피의자의 피의자신문시 변호인참여요구
　권은 헌법상 보장된 기본권이 아니라고 보았다. 마찬가지로 송인준 재판
　관과 주선회 재판관도 불구속 피의자의 변호인 참여요구권이 절차적 기본
　권 또는 청구권적 기본권으로 입법자의 구체적인 형성을 통해 보장되는
　권리라는 반대의견을 제시하였다.

피의자는 구속, 불구속을 불문하고 무죄임이 추정된다. 이러한 무죄추정이 되는 피의자가 방어권을 충분히 행사하려면 신문단계에서 변호인이 참여하는 것은 필수적이며, 이 참여가 권리로 보장되지 않으면 '무기평등'을 통한 공정한 재판은 실현되기 힘들 것이다. 재판의 공정성이 보장되기 위해서는 공판단계에서 뿐만 아니라 수사단계에서도 일정한 무기평등이 필요하기 때문이다.[4]

이에 반하여 헌법재판소는 형사절차가 종료되어 교정시설에 수용중인 수형자는 원칙적으로 변호인의 조력을 받을 권리의 주체가 될 수 없다고 보았으나, 수형자의 경우에도 재심절차 등에는 변호인 선임을 위한 일반적인 교통·통신이 보장될 수도 있다고 판시하였다.[5]

경찰수사단계에서 변호인은 피의자의 신문에 참여할 수 있으며,[6] 검찰수사단계에서는 변호인의 피의자 신문참여가 2003년부터 '인권보호수사준칙' 제4조에서 규정되어 있다.[7]

이에 앞서 시행된 대검찰청 지침 '변호인의 피의자신문 참여운영지침'(2002. 12. 30.) 제4조에서는 "검사는 피의자 후방의 적절한 위치에 신문에 참여하는 변호인의 좌석을 마련하여야 한다"라고 하여 변호인이 피의자 옆에서 조언할 기회를 원천적으로 차단하고

---

4) 이영돈, "변호인의 피의자신문참여권," 치안정책연구 제19호, 치안정책연구소, 2006, 28면.
5) 헌재 1998 8. 27. 96헌마398 전원재판부 결정.
6) 1999년 6월부터 경찰청은 수사절차상 피의자 인권보호를 위해 피의자 신문시 변호인 참여제를 시행하였다. 수사기관 최초로 변호인 참여제를 시행하여 초기에는 시민단체 등으로부터 좋은 제도라는 평가를 받아왔으나, 수사단계의 변호인 선임률이 저조하고, 변호인의 소극적 소송수행 등의 이유로 기대했던 만큼 성과는 높지 않았다. 2002년도에는 136건, 2003년도에는 212건에 불과하였다(이영돈. 48면).
7) 인권보호수사준칙 제4조(변호인 접견 등의 보장) 검사는 피의자의 인권보호를 위하여 변호인의 접견교통과 신문절차 참여를 보장한다.

있었다. 또한, 제5조에서는 변호인 퇴거사유로 "변호인이 검사의 신문에 개입하는 경우, 피의자 대신 답변하거나 유도답변하는 경우, 피의자에게 메모지를 전달하는 경우, 진술번복을 유도하는 경우, 기타 수사에 현저한 지장을 초래하거나 초래할 염려가 있는 경우 등"으로 되어 변호인의 참여권을 사실상 유명무실하게 만들었다. 제6조는 검사의 신문종료 이후에만 변호인은 조서를 확인하고 의견을 진술하도록 하였다. 그 결과 변호인은 조용히 피의자 뒤에 앉아 있다가 조사가 끝난 후 의견서 한 장 쓰는 것으로 만족해야 한다는 것이다.8) 이러한 지침은 일부 개정되어 2017년에 이르기까지 시행되었다.

헌법재판소는 최근 검찰수사관이 피의자신문에 참여한 변호인에게 피의자 후방에 앉으라고 요구한 행위가 변호인의 변호권을 침해하는지 여부에 대해,9) 다음과 같이 결정한 바 있다.

문제가 되었던 규정은 앞서 보았던 '변호인의 피의자신문 참여 운영지침'(2005. 6. 30 시행)으로 이 지침 제5조 제1항 "검사는 피의자 후방의 적절한 위치에 신문에 참여하는 변호인의 좌석을 마련하여야 한다", 제12조 "본 지침은 검찰수사관 등 사법경찰관의 직무를 수행하는 검찰청직원이 피의자를 신문하는 경우에 준용한다" 라고 규정되어 있었다.

헌법재판소는 결정에서 "피의자신문의 결과는 수사의 방향을 결정하고, 피의자의 기소 및 유죄 입증에 중요한 증거자료로 사용될 수 있으므로, 형사절차에서 매우 중요한 의미를 가진다. 변호인이 피의자신문에 자유롭게 참여할 수 없다면, 변호인은 피의자가 조언과 상담을 요청할 때 이를 시의적절하게 제공할 수 없고, 나아

---

8) 송호창, "피의자신문과정에서 변호인 참여권", 수사과정에서의 변호인 참여권 확대 토론회자료집, 참여연대, 2004. 6, 5면.
9) 헌재 2017. 11. 30. 2016헌마503 결정.

가 스스로의 판단에 따라 의견을 진술하거나 수사기관의 부당한 신문방법 등에 대하여 이의를 제기할 수 없게 된다"는 점에서 피의자신문의 시기에 변호인으로부터 충분한 조력을 받을 수 있게 해야 할 필요가 있다고 보았다. 따라서 변호인의 피의자신문에 자유롭게 참여할 수 있는 권리는 피의자가 가지는 변호인의 조력을 받을 권리를 실현하는 수단으로 헌법상 기본권인 변호인의 변호권으로서 보호해야 한다고 판단하였다.

또한 헌법재판소는 변호인의 후방착석요구행위가 변호인의 피의자신문참여에 관한 권리를 과도하게 제한한다고 보았다. 변호인이 후방에 착석하게 되면 수사기관의 신문 내용을 청취하는 정도만 가능할 뿐 신문에 사용되는 복잡한 서류내용을 바탕으로 법률적 쟁점이 될 사항을 즉각적으로 파악하기 쉽지 않으므로, 실질적으로 피의자에게 조언과 상담을 하기 어렵다는 점이다. 따라서 변호인이 피의자 옆에 앉아 조언하는 것을 거절할 경우 변호인의 변호권에 대한 침해가 된다고 파악하였다.

다만, 기본권이 아니라고 하더라도 이 사건에서 후방착석요구행위에 대해 변호사의 직업수행의 자유를 침해하는 것으로 보았다.[10]

이 결정을 전후하여 검찰개혁위원회에서는 변호인 피의자신문 참여운영지침 및 검찰사건사무규칙의 개정을 권고하였고, 이에 따라 대검찰청에서는 지난 2017년 12월 4일부터 변호인은 피의자의 옆자리에 앉아, 검찰의 신문 도중 언제든지 피의자에게 조언을 할 수 있게 하였다고 한다.[11]

헌법재판소는 최근에 행정절차에서 구속을 당한 사람에게도 헌

---

10) 헌재 2017. 11. 30. 2016헌마503 결정 별개의견.
11) [단독] 피의자 신문 참여 변호인의 조력권 획기적 강화, 법률신문 2017. 12. 11.자(https://www.lawtimes.co.kr/Legal-News/Legal-News-View?serial=123606 2018. 4. 30. 최종방문).

법 제12조 제4항 본문에 규정된 변호인의 받을 권리가 있다는 결정을 하였다. 즉 헌법재판소는 청구인이 인천국제공항 송환대기실에서 약 5개월째 수용되어 있는 상황에서 변호인 접견 신청을 하였으나 거부된 사안에 대해 현행법상 법률상 근거가 없이 청구인의 변호인의 조력을 받을 권리를 제한한 것으로 보았다. 이 결정은 난민의 권리를 보호하고 난민에 대해 변호인의 조력을 받을 권리를 보장하여 주는 최초의 결정으로 난민협약에 가입하였음에도 불구하고 실질적인 권리보장이 제대로 이루어지지 않는 우리나라 현실에 비추어 볼 때 난민의 인권신장에 한발짝 나아갔다는 점에서 의미가 있다.[12]

2. 변호인과의 자유로운 접견, 교통

헌법재판소는 미결수용자인 청구인이 국가안전기획부 면회실에서 그의 변호인과 접견할 때 소속직원이 참여하여 대화내용을 듣거나 기록한 사안의 헌법소원 심판에서 "변호인과의 자유로운 접견은 신체구속을 당한 사람에게 보장된 변호인의 조력을 받을 권리의 가장 중요한 내용이어서 국가안전보장, 질서유지, 공공복리 등 어떠한 명분으로도 제한될 수 있는 성질의 것이 아니"라고 보았다.[13] 이 결정에는 "가시거리 내에서 접견은 가능해도 가청거리 내에서는 안된다"라는 내용이 포함되어 있는데, 이는 접견, 교통권이 어떠한 방식으로 이루어져야 하는 지에 대해 중요한 기준점을 제시하여 주었다고 생각된다.

다만 접견교통권도 국가안전보장이나 질서유지 또는 공공복리

---

12) 자세한 내용은 헌법재판소 2018. 5. 31. 2014헌마346 결정 참조.
13) 헌재 1992. 1. 28. 91헌마111 전원합의체 [판례집 4권, 51-63].

를 위해 필요한 경우에는 법률로써 제한될 수 있다는 입장을 취했는데, 그럼에도 불구하고 접견이 불허된 특정한 시점을 전후한 수사 또는 재판의 진행경과에 비추어 보아, 그 시점에 접견이 불허됨으로써 피의자 또는 피고인의 방어권행사에 어느 정도 불이익이 초래되었다고 인정할 수 있는 경우에는 변호인의 조력을 받을 권리가 침해되었다고 볼 수 있으나, 그 시점을 전후한 변호인 접견의 상황이나 수사 또는 재판의 진행 과정에 비추어 미결수용자가 방어권을 행사하기 위해 변호인의 조력을 받을 기회가 충분히 보장되었다고 인정될 수 있는 경우에는, 비록 미결수용자 또는 그 상대방인 변호인이 원하는 특정 시점에는 접견이 이루어지지 못하였다 하더라도 변호인의 조력을 받을 권리가 침해되었다고 할 수 없다는 입장을 취하였다.14) 이 결정에는 토요일 또는 공휴일이라는 이유만으로 미결수용자와 변호인의 접견을 원칙적으로 불허하고 있는 것이 교정시설의 현재 실무 관행이므로, 접견의 시간대를 평일에 비해 단축하거나, 그 횟수를 미결수용자별로 제한하는 방법 또는 미결수용자가 처음 실시하는 변호인접견에 한하여 원칙적으로 허용해 주고 그 이후에는 필요하다고 인정되는 경우에만 허용해 주는 방법 등을 통해서라도 미결수용자와 변호인의 접견을 특별한 사정이 없는 한 토요일과 공휴일에도 허용해 줄 필요가 있다는 재판관 조대현, 재판관 이동흡, 재판관 목영준의 보충의견이 있었다.15)

또한 미결수용자와 변호인과의 사이의 서신검열의 위헌성에 대해서도 헌법 제12조 4항의 변호인과의 조력을 받을 권리를 실현하기 위하여 신체구속을 당한 사람에게 변호인과의 사이의 충분한 접견교통을 허용함은 물론 교통내용에 대하여 비밀이 보장되고 부

---

14) 헌재 2011. 5. 26. 2009헌마341 결정, 202면.
15) 헌재 2011. 5. 26. 2009헌마341 결정, 202~203면.

당한 간섭이 없어야 한다는 전제에서, 접견뿐만 아니라 변호인과 미결수용자 사이의 서신에도 적용되어 비밀이 보장되어야 한다고 보았다.[16)]

헌법재판소는 결정을 통해 소송대리인인 변호사와의 접견을 원칙적으로 접촉차단시설이 설치된 장소에서 하도록 규정한 구 '형의 집행 및 수용자의 처우에 관한 법률 시행령' 제58조 제4항에 대해 수용자의 재판청구권을 침해한다는 이유로 헌법불합치 결정을 한 바 있고,[17)] 이에 따라 이 조항은 변호사와의 접견을 접촉차단시설이 없는 장소에서 실시하도록 개정되었다.

다만, 변호인의 접견교통권에 대해서는 "변호인의 접견교통권은 체포 또는 구속당한 피의자, 피고인 자신에만 한정되는 신체적 자유에 관한 기본권이고, 변호인 자신의 구속된 피의자, 피고인과의 접견교통권은 헌법상 권리라고 말할 수 없으며, 단지 형사소송법 제34조에 의하여 비로소 보장되는 권리"[18)]라고 하여 구속된 피의자, 피고인의 접견교통권은 헌법적 기본권에 해당하지 않는다는 다소 소극적인 입장을 취한 바 있다. 다만 이 결정에서 반대의견[19)]은 "변호인 자신의 구속된 피고인, 피의자와의 접견교통권 역시 피구속자의 변호인 접견교통권과 상호 보완적으로 작용하여 피구속자의 인권보장과 방어준비를 위하여 헌법에서 당연히 우러나오는 헌법상의 권리"라고 보아 변호인의 구속된 피고인, 피의자와의 접견교통권도 헌법상의 권리라는 의견을 표명한 바 있다.

---

16) 헌재 1995. 7. 21. 92헌마144 전원재판부 결정.
17) 헌재 2013. 8. 29. 2011헌마122 결정.
18) 헌재 1991. 7. 8. 89헌마181 전원합의체 결정 [판례집 3권, 356~379면].
19) 헌재 1991. 7. 8. 89헌마181 전원합의체 결정. 재판관 조규광, 재판관 변정수의 반대의견.

3. 변호인의 수사서류 열람 등사청구권

무기대등원칙을 실현하기 위해 피의자, 피고인 또는 변호인은 수사기관이 가지고 있는 서류를 자유롭게 열람, 등사할 수 있어야 한다. 이러한 권리가 헌법상 기본권인가에 대해 헌법재판소는 상황에 따라 기본권성을 긍정 또는 부정하는 입장을 보여왔다. 우선, 헌법재판소는 구속적부심사절차에서 고소장 및 피의자신문조서를 열람·등사할 변호인의 권리가 문제된 사안에서는 변호인의 조력할 권리의 핵심적인 부분으로서 헌법상 기본권으로 인정된다고 판단하였다.[20] 한편, 체포적부심사절차에서 변호인의 체포영장 등사요구를 거부한 행위가 헌법상 기본권을 침해하였는지 여부가 문제된 사안에서는 변호인의 조력할 권리의 핵심적인 부분은 헌법상 기본권이라고 하면서 변호인의 체포영장 등사권은 이러한 헌법상 기본권의 내용으로서 보호되므로 변호인의 체포영장 등사요구를 거부한 수사기관의 행위는 헌법상 기본권을 침해한다는 견해[21]와 변호인의 조력할 권리는 단순한 법률상 권리에 불과하다고 하면서 변호인의 체포영장 등사요구를 거부한 수사기관의 행위는 이러한 법률상 권리를 침해한 것에 불과하고 헌법상 기본권을 침해하지 아니하므로 심판청구가 적법하지 아니하다는 견해가 있었다.[22]

검사보관 수사기록에 대하여 변호인의 열람·등사를 지나치게 제한하는 경우에 대해 헌법재판소는 "변호인의 조력을 받을 권리는 변호인과의 자유로운 접견교통권에 그치지 아니하고 더 나아가

---

20) 헌재 2003. 3. 27. 2000헌마474 참조.
21) 헌재 2015. 7. 30. 2012헌마610 결정. 재판관 박한철, 재판관 이정미, 재판관 김이수, 재판관 안창호의 반대의견.
22) 헌재 2015. 7. 30. 2012헌마610 결정. 재판관 김창종, 재판관 강일원, 재판관 조용호의 별개의견.

변호인을 통하여 수사서류를 포함한 소송관계 서류를 열람·등사하고 이에 대한 검토결과를 토대로 공격과 방어의 준비를 할 수 있는 권리도 포함된다고 보아야 할 것이므로 변호인의 수사기록 열람·등사에 대한 지나친 제한은 결국 피고인에게 보장된 변호인의 조력을 받을 권리를 침해하는 것"23)이라고 보았다.

현행 형사소송법은 헌법재판소의 일련의 결정을 반영하여 2007년 형사소송법을 개정하는 입법을 단행하였는데, 그럼에도 불구하고 열람, 등사 거부사유를 명시하지 않은 채 "...." 등으로 열람, 등사 불허가 통지서를 작성한 경우, 아래와 같은 판시를 통해 형사소송법상으로 일부 문제들이 해결되었다는 점을 표명하였다.24)

개정된 형사소송법 규정에 비추어 보면, 검사는 적어도 서류 등의 목록에 대한 열람·등사는 거부할 수 없고, 다만 그 목록에 기재되어 있는 개별적인 서류 등에 한하여 열람·등사를 거부할 수 있으나, 그 경우라도 각 서류 등에 대하여 같은 법 제266조의3 제2항의 사유들 중 어느 것으로 열람·등사를 거부하는 것인지 각기 개별적으로 밝힌 서면을 작성하여 피고인 또는 변호인에게 통지할 의무가 있다 할 것이다.

즉 검사가 각 서류별·물건별로 열람·등사 등이 거부되는 사유를 명시하지 않은 채, 정형화된 서식 중 불허부분 난에 '…… 등'이라고 개괄적으로 기재하는 방법으로 열람·등사 불허가통지서를 작성하여 통지함으로써 피고인이나 변호인으로 하여금 각 서류별·물건별로 거부되는 사유가 개별적으로 무엇인지 알 수 없도록 하는 것은 위법하여 더 이상 허용되지 아니하고, 그와 같이 위법한 조치는 법원에 의한 통제의 대상이 되는 것이다.

그러므로 앞으로는 이 사건의 경우와 같이 각 서류별로 개별적으로

---

23) 헌재 1997. 11. 27. 94헌마60 전원재판부 결정.
24) 헌재 2008. 2. 28. 2005헌마396 전원재판부 결정.

열람·등사의 거부 사유를 명시하지 않은 채 극히 개괄적인 불허가통지
서에 의하여 열람·등사를 거부하는 행위가 더 이상 반복하여 행하여질
위험성이 있다고 보기 어렵다 할 것이고, 달리 이와 관련하여 헌법질서
의 수호·유지를 위한 헌법적 해명이 긴요하다고 볼만한 사정을 찾아
볼 수 없다.

한편, 법원이 수사서류 열람, 등사 허용 결정을 하였음에도 해당
수사서류에 대한 열람은 허용하고 등사만을 거부한 사안에서 헌법
재판소는, "변호인이 수사서류를 열람은 하였지만 등사가 허용되
지 않는다면, 변호인은 형사소송절차에서 청구인들에게 유리한 수
사서류의 내용을 법원에 현출할 수 있는 방법이 없어 불리한 지위
에 놓이게 되고, 그 결과 청구인들을 충분히 조력할 수 없음이 명
백하므로, 피청구인이 수사서류에 대한 등사만을 거부하였다 하더
라도 청구인들의 신속·공정한 재판을 받을 권리 및 변호인의 조력
을 받을 권리가 침해되었다고 보아야 한다"고 판단하였다.25)

4. 변호인의 변호권

우선 헌법재판소는 변호인의 변호권을 기본권이라고 보았다. 즉
피의자 및 피고인이 가지는 변호인의 조력을 받을 권리는 변호인
과 피의자, 피고인 상호관계에서 실현될 수 있으며, 변호인의 조력
을 받을 권리는 그들을 조력할 변호인의 권리가 보장됨으로써 공
고해 질 수 있다는 것이다.26) 따라서 피의자 및 피고인이 가지는
변호인의 조력을 받을 권리가 실질적으로 확보되기 위해 그 핵심

---

25) 헌재 2017. 12. 28. 2015헌마632 결정.
26) 헌재 2017. 12. 28. 2015헌마632 결정, 235면.

적인 부분인 변호인의 변호권이 헌법상 기본권으로 보호되어야 한다고 보았다.[27]

변호인의 변호권을 기본권이 아닌 법률상의 권리로 보는 견해도 있다.[28] 이 의견은 변호인의 변호권은 "피의자나 피고인의 헌법상 기본권인 변호인의 조력을 받을 권리를 충실하게 보장하기 위하여 형사소송법 등 개별 법률을 통하여 구체적으로 형성된 법률상의 권리"로 파악하였다.[29] 즉 변호인은 피의자나 피고인의 기본권 보호를 위해 법률로 보장된 변호권을 행사하는 것이지, 변호권 자체를 변호인의 기본권으로 볼 수는 없다는 것이다.

한편, 김창종 재판관은 이에 대해 반대의견을 제시하였다. 반대의견은 "수사절차에서의 변호인은 전문적인 법률지식을 가지고 피의자가 수사기관과 대립되는 당사자의 지위에서 적극적으로 방어하는 것을 지원하는 조력자로서의 역할과 피의자에게 유리하게 형사절차에 영향을 미치고 피의자의 수사절차 상의 권리가 제대로 준수되는지를 감시·통제하는 역할을 담당하므로,[30] 피의자신문에 참여하는 변호인은 피의자와는 달리 수사기관과 대등한 위치에 있다고 보아야 한다. 따라서 피청구인이 자신의 우월한 지위를 이용하여 청구인에게 이 사건 후방착석요구행위를 일방적으로 강제한 것"이라는 다수의견에 찬성할 수 없다고 보았다. 이러한 측면에서 이 사건 후방착석요구행위는 권력적 사실행위는 아니라고 판단하였다. 또, 반대의견은 '변호인의 피의자에 대한 접견교통권'은 헌법상 기본권인 '변호인의 조력을 받을 권리'를 실질적으로 보장하기 위하여 형사소송법 등 개별 법률에 의하여 비로소 인정된 법률상

---

27) 헌재 2003. 3. 27. 2000헌마474 결정.
28) 헌재 2017. 11. 30. 2016헌마503 결정, 강일원 재판관과 조용호 재판관의 별개의견.
29) 헌재 2017. 11. 30. 2016헌마503 결정, 239~240면.
30) 헌재 2004. 9. 23. 2000헌마138 결정 참조.

의 권리일 뿐 헌법상 보장되는 기본권은 아니라고 보았다. 그 이유
는 변호인에게 피의자 등과의 접견교통권이나 피의자신문참여권
등과 같은 특별한 권리를 인정하는 이유가 피의자 등이 가지는 '변
호인의 조력을 받을 권리'를 충실하게 보장하기 위한 목적에서 인
정되는 것이지 변호인 자신의 기본권을 보장하기 위해 인정되는
권리라고 볼 수 없다는 점 때문이라고 보았다.[31]

안창호 재판관은 이 사건 후방착석요구행위에 대해 변호인의
기본권을 침해한다는 점에서 다수의견과 견해를 같이 했지만, 피
의자나 피고인에 대한 변호인의 조력하는 행위는 변호사의 직업수
행의 자유의 범주에 포함될 수 있다고 보았다. 다만, '피의자 및 피
고인을 조력할 변호인의 권리'는 "변호사의 직업수행의 자유에 포
섭될 수 있지만, 피의자 및 변호인이 가지는 헌법상 기본권인 변호
인의 조력을 받을 권리와 표리의 관계에 있으며 이러한 권리를 보
다 확실하게 보장하기 위해서는 변호사의 직업수행의 자유의 침해
여부를 판단하는 심사기준보다 엄격한 기준을 적용할 필요가 있
다"고 판단하였다.

변호인의 조력할 권리가 일정한 범위에서 헌법상의 기본권으로
인정받게 됨에 따라, 변호인의 조력할 권리가 침해된 경우, 피의자,
피고인의 협조가 없더라도 변호인이 독자적으로 헌법상 기본권이
침해되었음을 이유로 권리를 행사할 수 있게 된 데 이 결정의 의미
가 있는 것으로 보인다.

---

31) 헌재 2017. 11. 30. 2016헌마503 결정, 247면.

IV. 결론

헌법재판소는 지난 30년 동안 국민의 기본권을 수호하고 확장하는 역할을 수행해 왔다. 그러한 노력은 변호인의 조력을 받을 권리의 확대에도 반영되었다. 물론 그것이 가능할 수 있었던 이유는 변호인의 조력을 받을 권리가 헌법의 기본권으로 규정되어 있다는 점이 크게 작용한 것으로 보인다.

우선 헌법재판소 결정을 통해 헌법에 규정된 구속된 피의자에 대한 변호인의 조력 뿐만 아니라 불구속상태의 피의자에 대해서까지 변호인의 조력을 받을 권리가 기본권으로 선언되었다는 점은 피의자의 방어권을 확보하는 데 중요한 지점으로 작용하였다고 본다. 피의자 신문 참여뿐만 아니라 접견교통권에 이르기까지 다양한 쟁점에서 헌법재판소는 기본권 보호 및 신장을 위하여 노력하여 왔고, 해석을 통해 최대한 확장하려는 시도를 하여 왔다고 평가할 수 있다. 물론 이러한 노력에도 불구하고 헌법의 해석에서 나올 수밖에 없는 한계(예를 들어, 국선변호인의 조력을 받을 권리가 헌법상의 권리는 아니라는 결정)는,[32] 현행 헌법의 해석을 통한 변호인의 조력을 받을 권리의 확대가 어느 정도 벽에 부딪힌 것이 아닌가 하는 생각이 든다.

그럼에도 불구하고 헌법재판소의 인권보호를 위한 이러한 일련의 노력들이 법률 및 하부규칙 등 실제 형사절차의 변호에서 적용되는 규정들의 개정으로 이어졌다는 점은 헌법재판소가 우리사회에서 가지는 위상과 역할을 다시 한 번 생각해 보게 한다.

---

32) 헌재 2008. 9. 25. 2007헌마1126 결정.

노동기본권 보장의 시각에서 본 헌법재판소의 30년

서 채 완*

Ⅰ. 머리말: 여전히 노동기본권 보장을 외치는 노동자

현대 자본주의 사회에 살아가는 인간은 누구나 가치 있는 노동을 통하여 자신의 삶을 영위한다.[1] 따라서 오늘날 '노동'은 존엄한 주체인 인간의 가치창조 활동이자 그 인격을 실현하는 수단이라 평가된다.[2] 이러한 관점에서 노동기본권은 한 노동자의 인간의 존엄성 그 자체를 실현하기 위해 반드시 보장되어야 할 '인권'이다.

필자가 근무하고 있는 민주사회를 위한 변호사모임 공익인권변론센터에는 일그러진 현실에 아픔을 호소하는 많은 노동자들이 찾아와 상담을 요청한다. 찾아온 노동자들의 대부분은 노동조합이

---

* 변호사, 민주사회를 위한 변호사모임 공익인권변론센터
1) 김진곤, 노동기본권의 실현을 위한 의회와 법원의 역할, 공법연구 제46집 제3호(2018. 2. 28.), 2면.
2) 문무기, 노동법적 시각에서 본 헌법재판소의 입법정책기능, 법과 정책연구 8권 2호(2018. 12.), 26면.

구성되어 있지 않은 사업장에 종사하는 노동자 또는 제도권 밖에 있는 특수형태노동자들이다.[3] 노동자들은 상담과정에서 열악한 노동 환경 속에 자신의 삶을 어떻게 희생했는지, 어떠한 이유에서 견딜 수밖에 없었는지, 그럼에도 불구하고 인간의 존엄을 지키기 어렵게 된 현재의 상황을 설명하며 조력을 요청한다.

위와 같은 노동자들에게 제공할 수 있는 법적 조언은 매우 한정적이다. 현행 노동관계법령의 한계로 사법적 구제가 어렵다는 점, 제도개선을 위해 헌법재판을 청구하더라도 노동자 자신이 감수해야할 경제적·시간적 비용에 비해 제도개선의 여지가 좁다는 점 등 사실상 사법적 권리구제는 어렵다는 내용의 조언을 할 수밖에 없다. 이러한 상담에 노동자들은「대한민국 헌법」(이하 '헌법'이라 한다)이 규정하고 있는 노동기본권의 보장이 현실에서 실현되고 있는지에 대해 의문을 제기한다.

헌법재판소가 공식적으로 출범한 1988년으로부터 30년이 되는 해이다. 철저한 정치권력의 통제 상태에서 협애한 활동 공간만을 보장받았던 헌법재판은 1988년 제9차 헌법 개정으로 설치된 헌법재판소로 인해 유례없이 활성화 되었다.[4] 헌법재판소는 지난 2017년에는 촛불을 든 시민들의 의지에 부합하여 대통령 탄핵 사건에 대해 최초로 인용결정을 했다.[5] 이로 인해 헌법재판소가 기본권 수호기관으로서 갖는 위상은 더욱 높아질 것으로 예상된다. 하지만 높아진 위상에 걸맞은 노동기본권 보장이 헌법재판소에 의해 이루어지고 있을까?

---

3) 개별적 사례를 본 글에 모두 설명할 수 없지만 몇 가지 최근 사례들을 공유하자면 골프장 캐디, 비노조 사업장의 정리해고대상 노동자, 고령 기간제 근로자, 사실상 노무에 종사하는 공무원 등의 사례를 소개할 수 있다.
4) 남복현, 박인수, 조홍석, 헌법재판소에 의한 헌법재판이 우리 사회에 미친 영향, 헌법재판소 정책개발연구 1권(2010. 12.), 56~57쪽.
5) 헌법재판소 2017. 3. 10. 선고 2016헌나1 결정.

앞서 살펴보았듯이, 노동자들은 여전히 헌법이 규정하고 있는 노동기본권 보장에 대해 의문을 제기한다. 본 글은 노동기본권 보장의 측면에서 30년 간 헌법재판소의 결정이 어떻게 이루어져왔는지를 검토하고자 한다. 개별 사건의 구체적 타당성을 따지기보다는 헌법재판소가 가진 노동기본권 보장에 대한 근본적인 시각을 살펴봄으로써 헌법재판소가 30년 간 노동기본권의 보장에 충실한 역할을 다해왔는지를 평가하고자 한다.

위 평가를 위해 본 글은 헌법재판소의 결정을 분석한다. 30년의 역사를 모두 짧은 글에 담는 것은 불가능하기 때문에, 다양한 논의가 함축되어 있는 최근 헌법재판소의 결정을 주제별로 나누어 검토한다. 구체적으로 이하 II. 노동자와 헌법재판에서 노동자에게 헌법재판은 실효성 있는 사법적 구제수단으로서 기능하고 있는지를, III. 헌법재판에서의 노동기본권에서 헌법재판소가 어떠한 인식 아래 노동기본권을 보장하고 있는지를, IV. 국제인권규범과 노동기본권에서 헌법재판소가 노동기본권에 관한 국제인권규범을 어떠한 관점에서 고려하고 있는지를 검토한다. 마지막 부분에서는 위 검토 결과를 바탕으로 헌법재판소가 30년간 노동기본권 실현에 어떠한 역할을 해왔는지를 평가하고, 향후 헌법재판소에게 요구되는 모습에 대한 의견을 제시하고자 한다.

II. 노동자와 헌법재판

1. 헌법재판이 봉쇄당한 특수형태노동자

헌법재판이 노동자에게 실효성 있는 구제수단으로 기능하고 있는지와 관련하여 의문점을 남기는 최근 헌법재판소의 결정은 2016. 11. 24.에 선고된 2015헌바413 등 결정이다. 특수형태노동자로 분류되는 골프장 캐디로 근무하였던 한 노동자는 노동위원회에 제기한 부당해고 구제신청이 기각되자 취소소송을 제기했고 재판 과정에서「근로기준법」에 대한 위헌법률심판제청을 신청했다. 법원은 위 신청을 기각했고, 위 노동자는 규범통제형 헌법소원심판을(「헌법재판소법」 제68조 제2항에 따른 헌법소원) 청구했다. 그리고 헌법재판소는 약 1년에 거친 심리 끝에 아래와 같은 이유로 해당 청구를 각하했다(이하 인용 판례에서 **진하게** 표시한 부분은 필자가 표시한 것이다).6)

> 특수형태근로종사자의 지위, 노무제공의 방법, 성격, 경제적 종속의 정도의 다양성 등을 고려하였을 때 **특수형태근로종사자에게 근로기준법은 그대로 적용될 수 없고, 특수형태근로종사자의 특성이 고려된 별도의 특별법에 의한 보호가 필요하다.** 이 사건 심판청구는 성질상 근로기준법이 전면적으로 적용되지 못하는 특수형태근로종사자의 노무조건·환경 등에 대하여 근로기준법과 동일한 정도의 보호를 내용으로 하는 새로운 입법을 하여 달라는 것으로, **실질적으로 진정입법부작위를 다투는 것과 다름없다. 따라서 이 사건 심판청구는 헌법재판소법 제68조 제2항에 따른 헌법소원에서 진정입법부작위를 다투는 것으로써 모두 부적법하다.** <헌법재판소 2016. 11. 24. 2015헌바413 등 결정>

헌법재판소는 위 결정에서 특수형태노동자에 대한 근로기준법의 적용가능성이 전면 부정된다는 전제 아래 위 노동자의 청구가 진정입법부작위에 대한 헌법소원심판청구에 해당하여 부적법하다

---

6) 헌법재판소 2016. 11. 24. 2015헌바413 등 결정.

고 판단했다. 형식적으로 본안판단을 포기한 위 결정 자체에 대한
비판도 가능할 것이지만,7) 더욱 심각한 문제는 위 결정 이후에 선
고된 헌법재판소의 관련 결정이다.

위 노동자는 위 각하결정의 취지에 따라 헌법재판소에 진정입
법부작위를 다투는 권리구제형 헌법소원심판을 다시 청구했다. 하
지만 헌법재판소는 위 노동자가 다시 청구한 사건에 대해 위 노동
자가 더 이상 캐디로 근무하고 있지 않기 때문에 권리보호이익이
없다며 위 노동자가 제기한 헌법소원심판 청구를 각하했다.8) 결과
적으로 위 노동자는 어떠한 방식으로도 노동기본권 침해를 다투기
위한 헌법재판을 제기할 수 없게 되었다. 대법원이 골프장 캐디의
근로자성을 전면 부인하고 있다는 점을 고려했을 때,9) 위 노동자
가 법원에 제기했던 소송의 승소가능성도 거의 없다. 즉 위 노동자
는 자신의 노동기본권 침해 상황에 대한 사법적 구제를 사실상 봉
쇄당한 것이다.

---

7) 위 결정에서 김이수 재판관은 다음과 같은 반대의견을 제시했다. "우리 사
   회에서 특수형태근로종사자의 수는 점차 증가하고 있음에도, 이들에 대한
   노동법적 보호가 미흡함에 따라 사회적인 문제가 야기되고 있다. 심판대
   상조항은 사업주와 사용종속관계에 있는 노무제공자만을 근로자로 인정
   하고, 근로자와 유사한 지위에 있는 노무제공자들에 대하여 근로기준법의
   적용을 전면적으로 배제함으로써, 노무제공자들의 근로조건 등에 대한 보
   호가 '전부 아니면 전무'하게 이루어지도록 하고 있다. 이처럼 근로기준법
   의 적용 여부를 결정짓고 있는 심판대상조항이 위헌임을 다투는 이 사건
   심판청구는 적법하고, 따라서 이에 대한 본안판단에 나아가야 한다."(헌법
   재판소 2016. 11. 24. 선고 2015헌바143 등 결정 중 재판관 김이수의 반대
   의견)
8) 헌법재판소 2017. 6. 27. 선고 2017헌마648 결정.
9) 대법원 2014. 2. 13. 선고 2011다78804 판결.

2. 본래의 목적을 외면한 헌법재판소의 절차적 규율

열악한 사회적, 경제적 환경에 처해있는 노동자들에게 별도의 소송을 전제해야만 하는 위헌법률심판의 제청을 신청하거나 규범통제형 헌법소원심판을 청구하는 것은 매우 어려운 일이다. 앞서 살펴본 사례와 같이, 위헌법률심판 제청을 신청할 수 있는 노동자는 사실상 찾기 어렵다. 제도의 위헌성 인정 여부가 불확실한 상황에서 위헌법률심판 제청을 신청하기 위해 패소가능성이 높고 소송비용을 감수해야하는 행정소송 또는 민사소송을 제기하는 것은 사회적·경제적으로 열악한 지위에 있는 노동자에게 사실상 불가능한 일이기 때문이다. 결국 노동기본권 침해를 헌법적으로 다투기 위해 노동자들이 사실상 선택할 수 있는 헌법적 절차는 권리구제형 헌법소원밖에 없다.

하지만 권리구제형 헌법소원심판에 요구되는 엄격한 적법요건 때문에 노동자들은 노동기본권 실현을 포기할 수밖에 없다. 노동관계 조정·감독 등 업무에 종사하는 공무원들이 자신들을 노동조합에 가입할 수 없도록 한 「공무원 노동조합 설립 및 운영 등에 관한 법률」 제6조 제2항 제4호에 대한 헌법소원심판을 청구했으나, 심판대상 법률조항과 관련 법령의 시행일을 기본권 침해의 기산점으로 보고 청구기간을 도과하여 부적법하므로 각하한 사례,[10] 상시 4인 이하의 근로자를 사용하는 사업장에서 근무하는 노동자를 근로기준법의 적용대상에서 배제하는 위헌이라는 취지로 제기된 헌법소원심판청구를 노동자가 수당을 받은 시점,[11] 또는 근무한 시점[12]을 기본권 침해의 기산점으로 보아 청구기간을 도과했다고 본

---

10) 헌법재판소 2018. 3. 20. 선고 2018헌마100 결정.
11) 헌법재판소 2015. 7. 6. 선고 2015헌마582 결정.
12) 헌법재판소 2018. 2. 13. 선고 2018헌마142 결정.

사례들 등 노동기본권의 실체적 실현을 외면한 각하결정이 최근 헌법재판소에서 지속되고 있다. 아래는 상시 근로자 4명 이하의 근로자를 사용하는 사업장에서 14년간 산모 도우미로 근무한 한 노동자의 헌법소원심판청구를 각하한 사례이다.

> 기록에 의하면 청구인은 **2007. 11.경부터 산모 도우미로 혼자 고용되어 일해 온 점이 인정되는바, 그렇다면 2007. 11.경에는 이 사건 법률조항에 해당되는 사유가 발생하였다고 할 것이므로,** 이로부터 1년이 경과한 이후에 제기되었음이 역수상 명백한 이 사건 심판청구는 청구기간 또한 도과하였다. <헌법재판소 2014. 3. 25. 선고 2014헌마171 결정>

헌법재판의 절차적 규율은 가급적 실체적 헌법의 실현에 기여하도록 이루어져야 한다.[13] 헌법재판소가 지나치게 형식적 규율을 요구하는 경우, 헌법재판이 가지는 본래의 목적인 기본권 실현이 이루어질 수 없다. 이와 같은 취지에서 헌법재판소는 이미 권리보호이익, 청구기간, 직접성 등 적법요건의 예외를 인정하는 법리를 형성하고 있다. 지금으로부터 약 16년 전에 선고된 헌법재판소 2002. 7. 18. 선고 2000헌마707결정은 아래와 같이 권리보호이익의 예외를 폭넓게 인정한바 있다.

> 청구인들의 이 사건 헌법소원 심판청구가 인용된다고 하더라도 그 사유만으로는 위 확정판결에 대하여 재심을 청구할 수도 없다. 이러한 점에서 청구인들은 노동부장관의 평균임금 산정에 관한 결정·고시가 이루어지더라도 권리구제를 받을 수 없어 이 사건 헌법소원 심판청구는 그 권리보호의 이익이 없는 것이 아닌가 하는 의문을 가질 수도 있다. (생략) 이 사건에서 **설사 청구인들의 주관적인 권리보호의 이익이**

---

13) 김하열, 헌법소송법 제2판, 박영사, 2016. 86면.

없다고 보는 경우라고 하더라도 노동부장관의 행정입법 부작위로 인하여 청구인들과 같은 처지에 있는 사건들이 계속 반복될 수 있을 뿐만 아니라, 그러한 부작위가 헌법에 위반되는지 여부에 대한 해명이 헌법질서의 수호·유지를 위하여 필요하다고 보지 않을 수 없으므로 이 사건 헌법소원 심판청구는 그 심판청구의 이익도 인정된다. <헌법재판소 2002. 7. 18. 선고 2000헌마707 결정>

그럼에도 불구하고 앞서 살펴본 최근 사례들에서 볼 수 있듯이, 헌법재판소는 절차적 규율의 예외를 전혀 인정하지 않고 형식적으로 노동자들의 헌법소원심판청구를 각하하고 있다. 이러한 헌법재판소의 태도는 사용자와의 관계, 근로조건 침해의 발생시점 등에 따라 적절한 청구기간 내 또는 근로자의 지위를 유지한 상태로 권리구제형 헌법소원심판을 청구하기 어려운 노동자들의 현실을 고려하지 않은 채 절차적 규율만을 지나치게 강조하는 태도이다.

3. 소결

노동기본권이 헌법적으로 실현되기 위해선 헌법재판소의 구제절차가 실효성 있는 절차이어야 한다. 헌법재판소는 최근 결정에서 노동기본권 실현이라는 헌법재판의 본래적 목적에 대한 진지한 고려 없이 엄격한 절차적 규율만을 강조하는 경향을 보이고 있다. 앞서 각하된 결정들에서 당사자들이 제기한 문제는 노동기본권 보장 측면에서 헌법적 해명이 반드시 필요한 사항이었다. 4인 이하 사업장에 종사하여 「근로기준법」의 보호를 받지 못하는 노동자의 문제제기, 노동조합에 가입을 하지 못하여 단결권을 박탈당한 공무원의 문제제기 등 헌법적 해명이 필요한 노동기본권 침해상황이 절차의 엄격성이라는 미명아래 헌법재판의 실체적 심리를 받지 못하고 있다. 이와 같은 측면을 고려했을 때, 헌법재판소에 의한 헌법재판이 노동자에게 노동기본권 실현을 위한 실효성 있는 구제절차로서 적절히 기능하고 있는지에 대해 의문을 가질 수밖에 없다.14)

III. 헌법재판에서의 노동기본권

노동자가 이상에서 살펴본 헌법재판의 엄격한 절차적 규율을 통과하더라도 자신의 노동기본권에 대한 실질적인 재판이 이루어지지 않는다면 노동기본권 실현은 담보될 수 없다. 헌법이 규정하고 있는 노동기본권은 제32조15)가 규정하고 있는 '근로의 권리'와 제33조16)가 규정하고 있는 노동3권17)으로 나누어볼 수 있다. 이하

---

14) 노동기본권 사건에 대한 헌법재판의 장기화 현상 역시 헌법재판이 노동자에게 실효성이 없는 구제절차라는 점을 보여주나, 이는 다른 영역에서도 마찬가지이기 때문에 별도로 언급하지 않았다. 대표적으로 구 파견근로자 보호등에 관한 법률 제6조 제3항 위헌사건(2010헌바474 사건)을 예로 들 수 있는데, 헌법재판소는 해당 사건이 접수시점으로부터 약 2년 6개월 후 공개변론을 하였다. 공개변론 이후에도 헌법재판소는 결정을 유보하였고, 청구인이 약 5년 5개월 만에 소를 취하함으로써 사건이 종결되었다.

15) 「대한민국 헌법」 제32조 ① 모든 국민은 근로의 권리를 가진다. 국가는 사회적·경제적 방법으로 근로자의 고용의 증진과 적정임금의 보장에 노력하여야 하며, 법률이 정하는 바에 의하여 최저임금제를 시행하여야 한다. ② 모든 국민은 근로의 의무를 진다. 국가는 근로의 의무의 내용과 조건을 민주주의원칙에 따라 법률로 정한다.
③ 근로조건의 기준은 인간의 존엄성을 보장하도록 법률로 정한다.
④ 여자의 근로는 특별한 보호를 받으며, 고용·임금 및 근로조건에 있어서 부당한 차별을 받지 아니한다.
⑤ 연소자의 근로는 특별한 보호를 받는다.
⑥ 국가유공자·상이군경 및 전몰군경의 유가족은 법률이 정하는 바에 의하여 우선적으로 근로의 기회를 부여받는다.

에서는 '근로의 권리'와 노동3권을 각 나누어 헌법재판소의 결정을
검토한다.

1. 헌법재판이 보장하는 근로의 권리

가. 퇴직급여를 청구할 수 없는 계속근로기간이 1년 미만인 노동자

헌법이 규정하고 있는 근로의 권리를 헌법재판소가 어떠한 인식 아래 보장하는지와 관련하여 계속근로기간 1년 미만인 노동자를 퇴직급여 지급대상에서 제외하는 「근로자퇴직급여 보장법」에 대한 헌법소원심판청구 사건18)을 주목할 필요성이 있다. 해당 사건에서 헌법재판소는 계속근로기간이 1년 미만인 노동자에게 퇴직급여를 배제하는 것이 근로의 권리 및 평등권을 침해하지 않는다는 취지로 기각 결정하였다. 해당 결정에서 근로의 권리와 관련하여 설시한 주요 사항은 아래와 같다.

> 근로의 권리보장은 생활의 기본적인 수요를 충족시킬 수 있는 생활
> 수단을 확보해 주며, 나아가 인격의 자유로운 발현과 인간의 존엄성을
> 보장해 주는 의의를 지닌다. 그러나, 이러한 근로의 권리는 **사회적 기**

---

16) 「대한민국 헌법」 제33조 ① 근로자는 근로조건의 향상을 위하여 자주적인 단결권·단체교섭권 및 단체행동권을 가진다.
   ② 공무원인 근로자는 법률이 정하는 자에 한하여 단결권·단체교섭권 및 단체행동권을 가진다.
   ③ 법률이 정하는 주요방위산업체에 종사하는 근로자의 단체행동권은 법률이 정하는 바에 의하여 이를 제한하거나 인정하지 아니할 수 있다.
17) 이하 판례를 직접 인용하는 경우를 제외하고 본문에서는 '노동3권'이라 한다.
18) 헌법재판소 2011. 7. 28. 선고 2009헌마408 결정.

본권으로서 국가에 대하여 직접 일자리를 청구하거나 일자리에 갈음하는 생계비의 지급청구권을 의미하는 것이 아니라 고용증진을 위한 사회적·경제적 정책을 요구할 수 있는 권리에 그치며, 근로의 권리로부터 국가에 대한 직접적인 직장존속청구권이 도출되는 것도 아니다. 나아가 근로자가 퇴직급여를 청구할 수 있는 권리도 헌법상 바로 도출되는 것이 아니라 퇴직급여법 등 관련 **법률이 구체적으로 정하는 바에 따라 비로소 인정될 수 있는 것**이다. (생략) 인간의 존엄에 상응하는 근로조건의 기준이 무엇인지를 구체적으로 정하는 것은 **일차적으로 입법자의 형성의 자유**에 속한다고 할 것인데, 앞서 본 바와 같이 이 사건 법률조항이 '계속근로기간 1년 이상인 근로자인지 여부'라는 기준에 따라 퇴직급여법의 적용 여부를 달리한 것에는 합리적 이유가 있다고 인정되고, 그 기준이 인간의 존엄성을 전혀 보장할 수 없을 정도라고도 보기 어려우므로, 이 사건 법률조항이 헌법 제32조 제3항에 위반된다고 할 수 없다. <헌법재판소 2011. 7. 28. 선고 2009헌마408 결정>

헌법재판소는 위 결정에서 근로의 권리는 사회적 기본권으로서 고용증진을 위한 사회적, 경제적 정책을 요구할 수 있는 권리에 그친다며 퇴직급여를 청구할 수 있는 권리가 헌법상 근로의 권리의 내용에 포함되지 않는다고 판단했다. 나아가 헌법재판소는 계속근로기간 1년 미만인 노동자에게 퇴직급여를 보장하지 않는 것이 헌법 제32조 제3항이 규정하고 있는 인간존엄에 상응하는 근로기준을 보장하지 않은 경우에 해당하지 않는다고 판단했다.

나. 근로의 권리의 내용에 대한 협소한 이해

앞서 가. 에서 살펴본 헌법재판소 2011. 7. 28. 선고 2009헌마408 결정에서 헌법재판소가 제시한 근로의 권리에 대한 정의는 과거로부터 2012년까지 반복되어 온 근로의 권리에 대한 헌법재판소의 이해이다. 우선 이러한 이해는 사회권과 자유권을 구분하는 입장에서 사회적 기본권의 권리성을 부정하거나 자유권에 비해 열등하게 보는 견해에 입각하여 이루어진 설시로 보인다.[19] 즉 위 결정이 근로의 권리의 법적 성격을 (기본권성을 인정하기 어려운)사회적 기본권으로 정의하고, 근로의 권리의 내용을 고용증진을 위한 사회적·정책적 결정을 요구할 권리에 그친다고 본 것은, 본질적으로 근로의 권리가 기본권성을 인정하기 어려운 권리[20]라고 보고 있는 것이다.

먼저 위와 같은 근로의 권리에 대한 헌법재판소의 이해는 근로의 권리의 내용을 매우 협소하게 규정한다는 점에서 오늘날 근로의 권리의 실제를 전혀 반영하지 못한다. 오늘날 근로의 권리는 단순히 고용증진을 위한 정책을 요구할 권리로 한정되는 것이 아닌 노동보호, 고용상의 각종 차별 철폐, 인간다운 삶을 영위하기 위한 근로조건 보장 등을 포함하는 의미를 지니기 때문이다.[21] 한편 헌법재판소는 아래와 같이 근로의 권리의 내용을 규정하며, 위와 같은 협소한 입장을 벗어나려는 시도를 하고 있다.

---

19) 박찬운, 사회권의 성격과 사법구제 가능성: 헌법재판에서의 사법구제 가능성을 중심으로, 법학논총 제25집 제3호(2008. 9.), 22면. 박찬운 교수는 구분론에 반대하는 입장이다. 박찬운 교수는 위 문헌에서 자유권과 사회권에 대한 구분론은 국제사회에서 인권의 보편성, 불가분성, 상호의존성, 상호관련성 등을 이유로 극복되었고 사회권과 자유권은 동등한 가치우선성을 부여할 수 있다고 설명한다.

20) 이와 유사한 취지로는 정영훈, 근로의 권리 보장과 비정규직 근로자의 고용안정, 헌법이론과 실무(2017), 34~36면 참조. 해당 연구보고서에서는 "근로의 권리가 기본권으로 인정될 수 있느냐의 논쟁은 사회적 기본권을 기본권으로 인정할 수 있느냐의 논쟁과 본질적으로 크게 다르지 않다."라고 설명하고 있다.

21) 정영훈, 위의 글, 16면.

헌법이 보장하는 근로의 권리에는 '**일할 자리에 관한 권리**'뿐만 아
니라 '**일할 환경에 관한 권리**'도 포함되는데, 일할 환경에 관한 권리는
인간의 존엄성에 대한 침해를 막기 위한 권리로서 건강한 작업환경, 정
당한 보수, 합리적 근로조건의 보장 등을 요구할 수 있는 권리를 포함
한다. <2017. 5. 25. 헌법재판소 2016헌마640 결정>

위와 같은 근로의 권리의 내용을 확장하여 이해하는 설시는
2007. 8. 30. 2004헌마670결정에서 최초로 이루어졌다.[22] 그럼에도
불구하고 헌법재판소는 비교적 최근인 2012. 10. 25.까지 앞서 살펴
본 근로의 권리의 내용을 협소하게 이해하는 입장을 개별 사례에
서 고수했다.[23] 헌법재판소가 근로의 권리의 내용에 이해를 명시
적으로 변경하지 않았기 때문에 여전히 개별 사안에 따라 근로의
권리의 내용은 다시 협소하게 이해될 가능성이 있다. 즉 헌법재판
소가 아직 완벽하게 근로의 권리의 내용에 대한 협소한 이해를 벗
어났다고 평가하기는 어렵다.

한편 헌법재판소가 근로의 권리의 내용에 대한 협소한 이해를
벗어나더라도, 여전히 근로의 권리의 기본권성이 소극적으로 인식
된다면, 근로의 권리 실현은 실질적으로 관철될 수 없다. 이하에서
는 헌법재판소가 근로의 권리의 기본권성을 어떻게 인식하고 있는
지를 검토한다.

다. 근로의 권리 침해에 대한 불충분한 심사

헌법재판소는 가. 에서 살펴본 헌법재판소 2011. 7. 28. 선고
2009헌마408결정에서 '입법자에게 일차적인 형성의 자유'를 근로

---

22) 헌법재판소 2007. 8. 30. 선고 2004헌마670 결정.
23) 헌법재판소 2012. 10. 25. 선고 2011헌마307 결정.

의 권리 침해여부(정확히는 헌법 제32조 제3항의 위반)를 심사함에 있어 인정하고 있다. 이러한 심사기준은 근로의 권리의 내용을 일할 환경에 관한 권리까지 확장하여 이해하는 경우에도 무비판적으로 수용되고 있다. 최근 이루어진 외국인 노동자의 출국만기보험금을 출국후 14일 이내에 지급하도록 한 「외국인근로자의 고용 등에 관한 법률」 제13조 제3항 등 위헌확인 결정[24]을 살펴볼 필요성이 있다. 헌법재판소는 위 사건에서 퇴직급여의 성격을 가진 출국만기보험금을 지급받을 권리가 일할 환경을 할 권리에 해당한다는 점을 인정하였으나, 근로의 권리 침해에 대한 심사기준으로 '입법재량의 일탈여부'를 제시하며 외국인 노동자의 청구를 기각하였다.

> 퇴직금의 지급시기와 같은 근로조건을 정함에 있어 입법자는 여러 가지 사회적·경제적 여건 등을 함께 고려할 필요성이 있으므로 그 시기를 언제로 할 것인지에 대해서는 폭넓은 입법재량이 있다. 따라서 **구체적 입법이 헌법상 용인될 수 있는 재량의 범위를 명백히 일탈하여 근로의 권리에 관한 국가의 최소한의 의무를 불이행한 경우가 아닌 한, 헌법위반 문제가 발생한다고 보기 어렵다.** 즉, 헌법 제32조 제3항에서 "근로조건의 기준은 인간의 존엄성을 보장하도록 법률로 정한다."고 규정하고 있는 취지에 비추어 입법 내용이 **인간의 존엄을 유지하기 위한 최소한 합리성**을 담보하고 있으면 위헌이라고 볼 수 없다.<헌법재판소 2016. 3. 31. 선고 2014헌마367 결정>

이상과 같이 헌법재판소가 근로의 권리 침해의 심사기준으로서 제시하는 '입법재량의 일탈여부'는 입법자의 광범위한 입법재량을 인정함으로써 근로의 권리 침해에 대해 실질적인 심사가 이루어질

---

24) 헌법재판소 2016. 3. 31. 선고 2014헌마367 결정.

수 없게 한다는 점에서 문제가 있다. 이 경우 헌법재판소의 자의적 해석에 따라 입법재량의 일탈여부가 판단될 수 있고, 헌법재판소에 의한 적극적인 심사가 이루어지지 않는 이상 근로의 권리 침해는 선언될 수 없다. 즉 불분명하고 완화된 심사기준으로 인해 근로의 권리의 기본권성은 여전히 위협받고 있는 것이다.

라. 소결

이상의 내용을 살펴봤을 때 헌법재판소는 근로의 권리의 '기본권성' 인정에 대하여 소극적인 입장을 취해왔다고 평가할 수 있다. 헌법재판소는 최근까지 근로의 권리의 내용을 고용증진을 위한 정책을 요구할 권리만의 의미하는 권리로 그 내용을 협소하게 이해했다. 물론 보다 최근에는 근로의 권리의 내용에 대해서는 일할 자리에 관한 권리와 일할 환경에 관한 권리로 구분함으로써 근로의 권리의 내용을 확장하는 이해를 보여주고 있다.

하지만 근로의 권리의 기본권성은 여전히 위협받고 있다. 헌법재판소는 근로의 권리 침해를 심사함에 있어 입법자의 광범위한 입법재량이라는 불분명한 기준을 제시하고 있기 때문이다. 약 19년 전, 4인 이하 사업장의 노동자로부터 노동시간의 제한, 근로수당의 지급, 연차 유급휴가의 보장, 해고로부터의 보호 등을 배제하고 있는「근로기준법」을 합헌 결정했을 때에도,[25] 2018년 4인 이하의 법인 아닌 비닐하우스 사업장에서 산업재해를 입은 노동자를 배제하고 있는「산업재해보상보험법」을 합헌 결정했을 때에도[26] 헌법재판소의 심사기준은 '입법재량의 일탈여부'였다.

즉 근로의 권리에 대한 입법재량의 일탈여부라는 형식적인 심사기준을 대체하여 실질적인 심사기준을 정립하지 않는 이상, 노

---

25) 헌법재판소 1999. 9. 16. 선고 98헌마310 결정.
26) 헌법재판소 2018. 1. 25. 선고 2016헌바466 결정.

동자에게 근로의 권리는 기본권성을 의심받는 공허한 권리에 이를 수밖에 없을 것이다. 이러한 측면에서 지난 30년 간 헌법재판이 노동자에게 근로의 권리를 실질적으로 보장했는지에 대해서 긍정적으로 평가할 수 없다.

2. 헌법재판에서의 노동3권

가. 쟁의행위를 일체 금지당한 특수경비원

헌법재판소가 노동3권을 어떻게 인식하고 있는지를 살펴보기 위해 소개하고자 하는 최근 헌법재판소 결정은 헌법재판소 2009. 10. 29. 선고 2007헌마1359 결정이다. 한 경비업체에 근무하는 특수경비원은 일체의 쟁의행위를 금지하고 있는 「경비업법」 제15조 제3항에 대해 헌법소원심판을 청구했다. 재판과정에서 특수경비원은 단체행동권의 침해를 주장했는데, 헌법재판소는 「경비업법」 제15조 제3항을 근로3권을 과도하게 제한하지 않으므로, 과잉금지원칙에 위반되지 않는다고 판단했다. 근로3권의 제한과 관련하여 헌법재판소는 아래와 같이 설시했다.

> 근로3권은 **사회적 보호기능을 담당하는 자유권 또는 사회권적 성격을 띤 자유권**이라고 말할 수 있으며, 이러한 근로3권의 성격은 국가가 단지 근로자의 단결권을 존중하고 부당한 침해를 하지 아니함으로써 보장되는 자유권적 측면인 국가로부터의 자유뿐만 아니라 근로자의 권리행사의 실질적 조건을 형성하고 유지해야 할 국가의 적극적인 활동을 필요로 한다. (생략) 이 사건 법률조항에 의한 쟁의행위의 금지는, 특수경비원에게 보장되는 **근로3권 중 단체행동권의 제한에 관한 법률조항에 해당하는 것으로서, 헌법 제37조 제2항의 과잉금지원칙에 위반**

되는지 여부가 문제될 뿐이지, 그 자체로 근로3권의 보장에 관한 헌법 제33조 제1항에 위배된다고 볼 수는 없는 것이다.<헌법재판소 2009. 10. 29. 선고 2007헌마1359 결정>

위 결정에서 헌법재판소는 근로3권의 법적 성격을 '사회보호기능'을 담당하는 자유권 또는 '사회권적 성격'을 띤 자유권이라는 점을 강조하고 있다. 이는 과거 헌법재판소에서 확립해온 결정이 취하고 있는 입장을 반복하고 있는 것이다. 그리고 「경비업법」 제15조 제3항에 따라 특수경비원의 단체행동권 박탈이 된 상황을 노동3권의 제한을 받는 상황이라 파악하고 있다.

헌법재판소는 해당 결정에서 「경비업법」 제15조 제3항이 특수경비원에 대하여 단결권, 단체교섭권에 대한 제한은 전혀 두지 아니하면서, 단체행동권 중 '경비업무의 정상적인 운영을 저해하는 일체의 쟁위행위'만을 금지하는 것은 입법목적 달성에 필요불가결한 최소한의 수단이라고 할 것이어서 침해의 최소성 원칙에 위배되지 아니하고, 달성되는 국가나 사회의 중추를 이루는 중요시설 운영에 안정을 기함으로써 얻게 되는 국가안전보장, 질서유지, 공공복리 등의 공익이 매우 크기 때문에 법익의 균형성 원칙에 위배되지 않으므로 합헌이라 결정했다. 일반근로자의 신분을 갖고 있는 특수경비원의 단체행동권의 전면 박탈을 허용한 것이다.

나. 노동3권의 기본권성에 대한 소극적 인식

헌법재판소는 노동3권의 사회권적 성격의 강조를 포기하지 않는다. 앞서 근로의 권리에 대한 부분에서 살펴보았듯이 '자유권'과 '사회권'을 구분하는 전통적인 관점에서 '사회권'은 기본권성이 부정된다. 헌법재판소가 노동3권의 사회권적 성격을 인정하는 것은 이와 같은 구분론의 입장이 반영되어 있는 것으로 보인다. 구분론의 입장에 입각한 노동3권의 이해의 위험성은 1991년에 선고된 사립학교 교원의 노조구성 및 가입을 금지한 구 「사립학교법」 제55조 등에 대한 위헌법률심판 사건[27])에서 여실히 드러난다.

> 헌법 제32조 및 제33조에 각 규정된 근로기본권은 근로자의 근로조건을 개선함으로써 그들의 경제적·사회적 지위의 향상을 기하기 위한 것으로서 자유권적 기본권으로서의 성격보다는 생존권 내지 **사회권적 기본권으로서의 측면이 보다 강한 것으로서 그 권리의 실질적 보장을 위해서는 국가의 적극적인 개입과 뒷받침이 요구되는 기본권**이다.(생략) 사용자에 비하여 경제적으로 약한 지위에 있는 근로자로 하여금 사용자와 대등한 지위를 갖추도록 하기 위하여 단결권·단체교섭권 및 단체행동권 등 이른바 근로3권을 부여하고, 근로자가 이를 무기로 하여 사용자에 맞서서 그들의 생존권을 보장하고 근로조건을 개선하도록 하는 제도를 보장함으로써 **사적자치의 원칙을 보완**하고자 하는 것이다.(생략) 그러므로 국가가 **특수한 일에 종사하는 근로자에 대하여 헌법이 허용하는 범위 안에서 입법에 의하여 특별한 제도적 장치를 강구하여 그들의 근로조건을 유지·개선하도록 함으로써 그들의 생활을 직접 보장하고 있다면, 이로써 실질적으로 근로기본권의 보장에 의하여 이룩하고자 하는 목적이 달성될 수 있다.** 이러한 특정근로자는 비록 일반근로자에게 부여된 근로기본권의 일부가 제한된다고 하더라도 실질적으로 그들에게 아무런 불이익을 입히지 아니하는 결과에 이른 수도 있다.<헌법재판소 1991. 7. 2. 선고 89헌가106 결정>

위 결정에서 헌법재판소는 노동3권의 '사회적 기본권성'을 강조

---

27) 헌법재판소 1991. 7. 22. 89헌가106 결정.

하며 특수한 일에 종사하는 노동자에 대해서는 입법에 의하여 이를 보장하면 충분하다는 논리를 전개함으로써 노동3권의 박탈을 정당화한다. 즉 사립교원에 대한 단결할 권리, 단체교섭을 할 권리, 단체행동을 할 권리의 박탈이 (기본권성이 인정되지 않는) 사회권적 기본권을 제한하는 것이기 때문에 정당하다는 취지이다. 따라서 헌법재판소가 최근까지 고수하고 있는 노동3권의 사회적 기본권성의 인정은 결국 노동3권의 제한을 정당화하기 위한 이론적 근거로 활용될 여지가 다분하기에 비판적인 관점에서 접근해야 한다.28)

　노동3권의 기본권성은 공무원이 주체가 되는 경우 더욱 쉽게 부정된다. 헌법 제33조 제2항이 법률이 정하는 자에 한하여 단결권, 단체교섭권 및 단체행동권을 가진다고 규정하고 있는 것을 좁게 해석하고 있기 때문이다. 이와 관련해서는 2013년에 선고된 구 「공무원의 노동조합 설립 및 운영 등에 관한 법률」 제8조 제1항 등에 대한 헌법소원심판청구 사건29)을 살펴볼 필요성이 있다.

　　우리 헌법은 위와 같이 제33조 제1항에서 근로자의 자주적인 근로3권을 보장하고 있으면서도, 제2항에서 "공무원인 근로자는 법률이 정하는 자에 한하여 단결권·단체교섭권 및 단체행동권을 가진다."고 규정하여 공무원 역시 근로3권의 주체가 될 수 있지만, 일반 근로자와는 달리 국민 전체에 대한 봉사자로서의 지위 및 그 직무상의 공공성을 가지므로 공무원제도를 합리적으로 유지하면서 주권자인 국민의 권익과 조화를 이루도록 하기 위해 헌법이 특별하게 그 제한을 예정하고 있다. 따라서 국회는 **헌법 제33조 제2항에 따라 공무원인 근로자에게**

---

28) 유사한 취지로 정영훈, 헌법개정과 노동3권 보장의 과제, 노동법포럼 제23호(2018. 2.), 105면.
29) 헌법재판소 2013. 6. 27. 선고 2012헌바169 결정.

**단결권·단체교섭권·단체행동권을 인정할 것인가의 여부, 어떤 형태의
행위를 어느 범위에서 인정할 것인가 등에 대하여 광범위한 입법형성
의 자유를 가진다.<헌법재판소 2013. 6. 27. 선고 2012헌바169 결정>**

위 결정에서 헌법재판소는 공무원의 노동3권을 입법부가 형성
하는 권리로 보고 있다. 즉 공무원의 노동3권은 본래 공무원에게
보장되어 있는 권리가 아니라 입법자의 광범위한 재량에 좌우되는
권리로 인식하고 있는 것이다. 즉 입법자의 광범위한 재량만을 강
조하며, 기본권 침해여부에 대한 세밀한 검토는 이루어지지 않았
다. 더불어 이러한 관점에서는 사실상 노무에 종사하는 공무원을
제외한 모든 공무원에 대해서 노동 3권을 전혀 인정하지 않아도
합헌이라는 과격한 결론의 가능성도 생각해볼 수 있다.[30] 이상과
같은 헌법재판소가 강조하는 노동3권의 사회적 기본권성, 광범위
한 입법형성의 영역 등의 의미를 고려했을 때 헌법재판소는 노동3
권의 기본권성을 소극적으로 인식하고자 하는 입장에 있음을 알
수 있다.

다. 개별적 권리의 박탈

헌법재판소는 가.에서 살펴본 헌법재판소 2009. 10. 29. 선고
2007헌마1359 결정에서 단체행동권의 전면적 박탈의 문제를 노동3
권의 제한으로 접근한다. 위 결정에서 재판관 김종대, 송두환은 반
대의견을 통해 노동3권의 각 권리를 독립적으로 보는 경우, 각 권
리를 전면적으로 금지하는 방식은 그 자체로서 헌법 제33조 제1항
에 위반된다는 점을 지적했다. 위 결정 이후에도 헌법재판소는 여

---

30) 정영훈, 헌법개정과 노동3권 보장의 과제, 노동법포럼 제23호(2018. 2.),
　　105면.

전히 노동3권의 각 권리를 박탈하는 것이 노동3권의 일부 제한에
해당하는 관점을 유지하고 있는 것으로 보인다. 헌법재판소는 교
섭창구단일화를 강제하는 노동조합 및 노동관계조정법 제29조 제2
항 등 위헌확인 사건에서 아래와 같이 설시한다.[31]

> 헌법 제33조 제1항은 "근로자는 근로조건의 향상을 위하여 자주적
> 인 단결권·단체교섭권 및 단체행동권을 가진다."고 규정하여, 근로자가
> 근로조건의 향상을 위하여 단결하고, 사용자와 집단적으로 교섭하며,
> 나아가 그 교섭이 원만하게 이루어지지 아니할 경우에 단체행동을 할
> 수 있는 권리를 부여하고 있다. **다만 위와 같은 노동3권도 절대적인 권**
> **리가 아니라 제한 가능한 권리이므로 단체교섭권도 헌법 제37조 제2항**
> **에 의하여 국가안전보장·질서유지 또는 공공복리 등의 공익상의 이유**
> **로 제한이 가능하며,** 그 제한은 노동기본권의 보장과 공익상의 필요를
> 구체적인 경우마다 비교형량하여 양자가 서로 적절한 균형을 유지하는
> 선에서 결정된다.<헌법재판소 2012. 4. 24. 선고 2011헌마338 결정.>

2011. 7. 1. 시행된 교섭창구단일화제도는 교섭대표노동조합이
아닌 노동조합에 대해서 단체교섭권한을 행사할 수 없도록 함으로
써 그 실질이 교섭대표노동조합이 아닌 노동조합의 단체교섭권을
'박탈'하는 내용으로 구성되어 있다.[32] 하지만 헌법재판소는 기본
권의 박탈이 아닌 제한의 문제로 이를 접근하고 있는데, 이는 노동
3권을 '일체'로 보아 박탈의 문제를 제한의 문제로 다룬 것으로 보
인다. 최근 헌법불합치가 선고된 「청원경찰법」 제5조 제4항 등 위
헌확인 결정[33]에서도 "청원경찰의 업무의 내용과 성격을 고려할

---

31) 헌법재판소 2012. 4. 24. 선고 2011헌마338 결정.
32) 노동법실무연구회, 노동조합 및 노동관계조정법 주해, 서울: 박영사, 2016,
   648면.

때, 청원경찰에 대하여 직접행동을 수반하지 않는 단결권과 단체교섭권을 인정하더라도 경비하는 시설의 안전 유지라는 입법목적 달성에 반드시 지장이 된다고 단정할 수 없다."라고 설시하며, 위 입장을 고수하고 있다. 즉 마치 노동3권 중 하나 또는 복수의 권리를 박탈하는 것도 노동3권의 박탈이 아닌 제한이라는 입장을 고수하고 있는 것이다.

노동 3권의 개별 권리의 박탈을 제한의 문제로 접근하는 경우, 앞서 살펴본 교섭창구단일화에 관한 결정과 같이 개별 권리의 박탈이 인정됨으로써 노동3권의 보장이 중대하게 위협받는다. 앞서 살펴본 「청원경찰법」 제5조 제4항 등 위헌확인 결정의 과잉금지원칙 심사부분 설시에서도 노동3권 중 단결권과 단체교섭권만을 보장하는 기본권 침해적 상황을 단체행동권을 전면적으로 박탈하는 것에 대한 합리적 근거로 파악하고 있다. 이처럼 헌법재판소는 노동3권의 각 권리가 개별적으로 고유의 본질적인 영역이 있음을 간과하고 '박탈'을 '제한'으로서 접근하고 있다. 이러한 입장은 헌법재판소가 노동3권의 각 권리의 완전한 실현을 적극적으로 보장하기 보다는 노동3권의 폭넓은 제한을 인정하는 입장에 있음을 보여준다.

라. 소결

이상에서 살펴본 바와 같이 헌법재판소는 노동3권에 사회적 기본권성의 부여, 광범위한 입법재량의 영역 등을 강조함으로써 노동3권의 기본권성을 완벽히 인정하지 않는 입장을 취하고 있다. 나아가 헌법재판소는 노동3권의 개별적 권리가 박탈된 경우 이를 박탈이 아닌 노동3권의 제한으로 접근하여 노동3권의 개별적 권리의

---

33) 헌법재판소 2017. 9. 28. 선고 2015헌마653 결정.

박탈 문제에 대한 엄밀한 심사를 회피하고 있다. 이처럼 헌법재판소는 노동3권에 대한 폭넓은 제한의 가능성을 인정하고 있다. 따라서 지난 30년 간 헌법재판이 노동자의 노동3권을 실질적으로 보장하는 데 기여했다고 평가할 수 없다. 오히려 노동3권의 개별적 권리의 박탈을 허용함으로써, 노동자의 노동3권의 실현에 부정적인 영향을 야기했다고까지 평가할 수 있다.

IV. 헌법재판에서의 노동기본권 관련 국제인권규범

1. ILO의 권고를 부정한 전국교직원노동조합 법외노조 사건

헌법재판소가 노동기본권과 관련한 국제인권규범을 어떻게 인식하고 있는지를 살펴보기 위해 소개하고자 하는 최근 헌법재판소 결정은 2015. 5. 28. 선고된 2013헌마671 등 결정이다. 전국교직원노동조합(이하 '전교조'라 한다)은 해고된 교원의 조합원 자격을 제한하는 「교원의 노동조합 설립 및 운영 등에 관한 법률」(이하 '교원노조법'이라 한다) 제2조에 대해 헌법소원심판을 청구했고, 재판과정에서 조합원의 자격요건의 결정은 노동조합이 재량으로 결정할 문제이므로 행정당국이 개입해서는 안 된다는 국제노동기구(ILO)의 시정권고를 고려해달라는 점을 주장했다. 하지만 헌법재판소는 위 주장에 대해 아래와 같이 국제기구의 권고의 규범적 효력과 위헌심사의 척도로서의 고려 가능성을 전면 부정했다.

한편, 국제노동기구(ILO)의 '결사의 자유 위원회', 경제협력개발기구

(OECD)의 '노동조합자문위원회' 등이 우리나라에 대하여 재직 중인 교사들만이 노동조합에 참여할 수 있도록 허용하는 것은 결사의 자유를 침해하는 것이므로 이를 국제기준에 맞추어 개선하도록 권고한 바 있다. 하지만 **이러한 국제기구의 권고를 위헌심사의 척도로 삼을 수는 없고, 국제기구의 권고를 따르지 않았다는 이유만으로** 이 사건 법률조항이 헌법에 위반된다고 볼 수 없다. <헌법재판소 2015. 5. 28. 선고 2013헌마671 등 결정>

전교조가 위 사건에서 헌법재판소에게 고려를 요청한 ILO의 권고는, ILO가 모든 회원국들이 존중·촉진·실현 의무를 가진다고 선언한 8개의 핵심협약 중 하나인 '결사의 자유 및 단결권 보호에 관한 협약'(제87호) 제2조[34] 및 제4조[35]의 내용에 기반한 권고이다. 대한민국은 위 협약의 비준을 미루고 있지만, ILO 가입국의 80% 이상이 가입한 핵심협약[36]으로서 오늘날 보편적으로 인정되는 노동기본권 관련 국제인권규범이라 할 것이다. 헌법재판소가 위 권고를 위헌심사의 척도로 삼을 수 없다고 설시하는 것은 오늘날 우리 헌법의 해석이 협약의 내용을 부정하고 있다는 것을 선언하는

---

34) ILO 제87호 협약 결사의 자유 및 단결권 보호협약(1948) 제2조 근로자 및 사용자는 어떠한 차별도 없이 사전 인가를 받지 않고 스스로 선택하여 단체를 설립하고 그 단체의 규약에 따를 것만을 조건으로 하여 그 단체에 가입할 수 있는 권리를 가진다(원문: Workers and employers, without distinction whatsoever, shall have the right to establish and, subject only to the rules of the organisation concerned, to join organisations of their own choosing without previous authorisation.).

35) ILO 제87호 협약 결사의 자유 및 단결권 보호협약(1948) 제4조 근로자단체 및 사용자단체는 행정당국에 의하여 해산되거나 활동이 정지되어서는 안 된다(원문: Workers' and employers' organisations shall not be liable to be dissolved or suspended by administrative authority).

36) 조경배, 결사의 자유 관련 ILO 핵심협약 비준을 위한 법제개선 과제 및 실천방안, 결사의 자유 관련 ILO 핵심협약 비준방안 토론회(2015. 9.), 40면.

것과 다름없다.

헌법재판소는 위 결정에서 국제기구의 권고를 위헌심사에 있어 의미 있게 고려해달라는 전교조의 요청을 형식적으로 배척했다. 국제기구의 권고가 왜 현행 헌법의 해석상 부정되어야 하는지, 왜 헌법이 보장하는 노동기본권의 내용에 포함될 수 없는지에 대해서는 아무런 설명을 전혀 제시하지 않는다. 즉 헌법재판소는 헌법해석에 있어 국제기구의 권고를 내용적으로 일체 고려하지 않겠다는 입장을 취하고 있는 것이다.

헌법재판소는 결국 교원노조법 제2조가 과잉금지원칙을 위배하지 않는다는 취지로 전교조의 헌법소원심판청구를 기각했다. 헌법재판소가 취하고 있는 국제기구의 권고에 대한 태도를 봤을 때 예상될 수 있는 결론이기도 했다. 위 결정에 따라 전교조는 교원노조법에 따른 노동조합의 지위를 상실하여, 현재까지 이른바 '법외노조'의 지위를 유지하고 있다. 9명의 해직 조합원이 포함되어 있다는 이유로, 6만여 명에 달하는 다수 조합원의 단결권 행사는 지금까지도 전면 중지된 상태이다.

ILO는 이 사건 이후에도 지속적으로 이에 대해 권고하고 있는 상황이고, 최근 국가인권위원회에서도 이 점을 지적하며 전교조의 법외노조화에 대한 우려를 표명하고 있다.[37] 이하에서는 노동기본권에 관한 국제인권규범이 갖는 위상과 헌법재판소가 취하고 있는 노동기본권에 관한 국제인권규범에 대한 태도를 상세히 살펴보도록 한다.

---

37) 국가인권위원회 2018. 1. 9. 자 법외노조통보처분 취소소송(대법원 2016두 32992)에 관한 의견 결정.

2. 노동기본권에 관한 국제인권규범의 지위

대한민국은 1990년 세계인권선언에 기초한 경제적·사회적 및 문화적 권리에 관한 국제규약(이하 '사회권 규약'이라 한다)과 시민적 및 정치적 권리에 관한 국제규약(이하 '자유권 규약'이라 한다)을, 1991년에는 UN헌장을 비준하고 UN 회원국이 되었으며, 이어서 ILO 헌장의 비준과 함께 ILO에 가입했다. 대한민국 정부가 ILO가 선언한 8개의 핵심협약이 모두 비준한 것은 아닌데, 2006년과 2008년 유엔 인권이사회 이사국으로 출마하면서 정부는 비준하지 않은 ILO 4개 핵심협약 (87호, 98호, 209호, 105호)을 비준하겠다고 공약한바 있다.[38] 하지만 그 공약은 현재까지도 이행되지 않고 있다.

대한민국은 UN 및 ILO의 회원국이자 국제사회의 일원으로, 노동기본권과 관련한 국제인권규범을 준수할 의무가 인정된다. 오늘날 국제인권규범이 갖는 보편성, 관습규범성, 헌법규범성 등을 고려했을 때,[39] 사법부 역시 국제인권규범이 제시하는 노동기본권의 정신을 존중할 의무가 있다. 이러한 관점에서 비준되지 않은 ILO 협약 등을 포함한 국제인권규범은 노동기본권의 침해에 대한 보편적인 기준이자 위헌심사의 척도가 될 수 있다. 하지만 헌법재판소는 지금까지 이른바 '법률실증주의적' 관점에서 일관되게 노동기본권과 관련한 국제인권규범의 효력을 전면 부인하고 있다.[40]

---

38) 류미경, 노동권 보장 방안, UN 사회권위원회 최종권고, 그 의미와 실현방안 토론회 자료집(2017. 11.), 86~87면.

39) 자세한 내용은 오승진, 국제인권조약의 국내 적용과 문제점, 국제법학회논총 제56권 제2호(2011. 6.), 129~135면.

40) 조경배, 국제 노동기준에 비춰본 한국 노동자의 노동기본권 보장실태, 국제노동기준에 비춰본 한국의 노동기본권-결사의 자유를 중심으로- 토론회 자료집(2012. 9.), 11~13면.

한편, **국제노동기구 제87호 협약은 우리나라가 비준한 바 없고, 이를 헌법 제6조 제1항 소정의 '일반적으로 승인된 국제법규로서 국내법적 효력을 갖는 것'이라고 볼 만한 객관적인 근거도 없으므로, 위 협약을 위헌성 심사의 척도로 삼기 어렵고,** 나아가 이와 같이 국내법적 효력이 없는 위 국제노동기구 협약 및 권고 등이 어떠한 구속력을 갖는다고 볼 수도 없다. <헌재 2008. 12. 26. 2006헌마462>

국제인권규약들은 권리의 본질을 침해하지 아니하는 한 국내의 민주적인 대의절차에 따라 필요한 범위 안에서 근로기본권에 대한 법률에 의한 제한은 용인하고 있으므로 공무원의 근로3권을 제한하는 법 제58조 제1항과 정면으로 배치되는 것은 아니고, 그 밖에 청구인들이 거론하는 **근로기본권에 관한 국제법상의 선언, 협약 및 권고 등은 우리나라가 비준한 바 없거나 권고적 효력만을 가지고 있어 위 법률조항에 대한 위헌성 심사의 척도가 될 수 없다.** <헌재 2005. 10. 27. 2003헌바50 등>

헌법재판소가 노동기본권과 관련한 국제인권규범을 위헌성 심사의 척도로서 고려하거나, 그 규범력을 인정하는 것은 법리적으로 전혀 불가능하지 않다. 국제인권규범을 재판규범으로서 직접적으로 적용하기 어렵다면, 헌법의 기본권 해석의 주요 잣대로 삼는 간접적용의 방식을 채택할 수도 있다.[41] 국제인권규범의 적용의 헌법적 근거로서 일반적 국제법규의 효력을 명시적으로 규정하고 있는 헌법 제6조 제1항[42]이 존재하고 있고, 헌법재판소가 구체적인 사건에서 국제인권규범이 최소한 헌법해석에 고려되어야한다

---

41) 박찬운, 국제인권조약의 국내적 효력과 그 적용을 둘러싼 몇 가지 고찰, 법조 제56권 제6호(2007. 6.), 172면.

42) 「대한민국 헌법」 제6조 ① 헌법에 의하여 체결·공포된 조약과 일반적으로 승인된 국제법규는 국내법과 같은 효력을 가진다.

는 법리를 전개한 경우도 있다. 헌법재판소는 2007. 8. 30. 산업기술
연수생 도입기준 완화 사건43)에서 아래와 같이 사회권 규약의 내
용이 헌법의 해석에 고려되어야한다는 점을 분명히 밝히고 있다.

> 우리나라가 비준하여 1990. 7. 10.부터 적용(조약 제1006호)된 '국제
> 연합(UN)의 경제적·사회적 및 문화적 권리에 관한 국제규약'(이른바
> '사회권규약' 또는 'A규약')은, "이 규약의 각 당사국은 이 규약에서 선
> 언된 권리들이 인종, 피부색, 성, 언어, 종교, 정치적 또는 기타의 의견,
> 민족적 또는 사회적 출신, 재산, 출생 또는 기타의 신분 등에 의한 어떠
> 한 종류의 차별도 없이 행사되도록 보장할 것을 약속한다."고 규정하고
> 있고(제2조 제2항), **이러한 사회권규약에 의하여 보장되는 권리에는
> '동등한 가치의 노동에 대한 동등한 보수를 포함한 근로조건을 향유할
> 권리'(제7조) 등이 포함되어 있으므로, 이러한 규약의 내용은 우리 헌
> 법의 해석에서 고려되어야 할 것**이다.<헌법재판소 2007. 8. 30. 선고
> 2004헌마670 결정>

3. 소결

이상에서 살펴본 바와 같이 헌법재판소는 노동기본권에 관한
국제인권규범의 내용을 헌법의 해석에 있어 고려해야 한다는 법리
를 형성한바 있다. 하지만 헌법재판소는 대부분의 노동기본권 관
련 결정에서 국제인권규범의 적용이나 헌법 해석에서의 국제인권
규범의 고려를 부정하고 있다. 즉 헌법재판 30년의 역사에서 노동기
본권에 관한 국제인권규범의 위상은 초라하다고 판단할 수밖에 없다.
앞서 살펴보았듯이 헌법재판소는 1991년 사립학교 교원의 노조

---

43) 헌법재판소 2007. 8. 30. 선고 2004헌마670 결정.

구성 및 가입을 금지한 사립학교법 제55조 등에 대한 위헌법률심판 사건에서 합헌결정을 함으로써,[44) 노동기본권과 관련한 국제인권규범을 명백하게 무시한 과오가 있다. 그 후 8년이 지난 1999년경에서야 교원노조법의 제정되어 교원노조는 단결권을 제한적으로 보장받을 수 있었다. 8년이란 기간 동안 노동자들은 자신들에게 당연히 보장되어야 할 노동기본권의 박탈을 견뎌내야만 했다.

그리고 2015. 5. 28. 헌법재판소는 다시 한 번 국제인권규범을 명백히 무시하는 결정으로 전교조에게 노동기본권의 박탈을 감수할 것을 강요하고 있다. 국제인권규범의 요청을 헌법해석에서 배제하여 당연히 보장되어야 할 노동기본권을 박탈하고 이를 노동자들에게 견디라는 헌법재판소의 태도는 엄중하게 비판받아야 한다.

V. 맺음말

본 글은 헌법재판소의 30년이 함축된 최근 헌법재판소의 결정을 주제별로 나누어 검토했다. 각 주제별로 검토한 내용은 아래와 같다.

(1) 헌법재판은 노동자에게 실효성 있는 구제수단으로서 기능하지 못하고 있다. 최근 헌법재판소 결정은 노동기본권 실현이라는 본래의 목적을 고려하지 않고 엄격한 절차적 규율을 노동자에게 부과하고 있다. 헌법재판소는 절차적 규율의 예외를 인정할 수 있음에도 불구하고, 형식적인 결정을 반복하고 있다.

(2) 노동기본권 중 헌법 제32조가 보장하고 있는 '근로의 권리'는 기본권성을 인정받지 못했기에 30년간 적절하게 실현되지 못했

---

44) 헌법재판소 1991. 7. 22. 89헌가106 결정.

다. 헌법재판소는 최근까지 근로의 권리의 내용을 협소하게 이해해왔다. 근래에는 비로소 근로의 권리의 내용을 확대하여 이해하는 듯하지만, 여전히 근로의 권리 침해를 심사함에 있어 광범위한 입법재량을 인정하여 형식적으로 심사함으로써 이전과 별반 차이점이 없다. 헌법재판소가 지속적으로 유지하고 있는 근로의 권리에 대한 형식적인 심사는 여전히 근로의 권리의 기본권성을 위협하여 노동자들의 근로의 권리 실현을 가로막고 있다.

(3) 노동기본권 중 헌법 제33조가 보장하고 있는 노동3권(단결권, 단체교섭권, 단체행동권)은 헌법재판소가 폭넓은 제한을 허용하는 관점을 전제하고 있기 때문에 30년간 적절하게 실현될 수 없었다. 헌법재판소는 (기본권성을 인정할 수 없는) 사회적 기본권의 성격을 강조함으로써 노동3권의 기본권성을 약화된 기준으로 해석하고 있다. 나아가 헌법재판소는 노동3권의 개별 권리가 박탈된 경우를 단순히 노동3권이 제한된 경우로 인식함으로써, 노동3권의 박탈 문제에 대한 엄밀한 논증을 회피하고 있다. 이러한 입장은 노동3권의 개별 권리의 전면적 박탈을 허용하기 때문에 노동자의 노동3권 실현을 명백히 저해하는 입장이라 보인다.

(4) 헌법재판에 노동기본권에 관한 국제인권규범은 전혀 고려되지 않고 있다. 헌법재판소는 과거에 노동기본권에 관한 국제인권규범의 내용을 헌법의 해석에 있어 고려해야 한다는 법리를 형성한바 있다. 하지만 노동기본권 관련 헌법재판에서 국제인권규범의 규범력 및 고려가능성을 일체 부정하고 있다. 그리고 노동기본권에 관한 국제인권규범에 반하는 사례에서 왜 우리 헌법이 국제인권규범과는 반대되는 해석을 할 수밖에 없는지, 적절한 설명이 전혀 제시되지 않고 있다.

이상과 같은 검토내용을 종합하면 30년의 헌법재판 속에 노동기본권이 적절하게 보장되었다고 평가하기는 어렵다. 이러한 평가는 필자만의 독창적인 생각은 아니다. 학계에서는 지속적으로 헌법재판소의 결정이 노동기본권의 신장에 인색하다는 점을 지적해 왔다.[45] 노동기본권 보장의 문제에 헌법재판이 적극적으로 기능하지 못했다는 비판[46]부터 헌법재판소가 노동기본권 보장과 관련하여 보수적인 입장을 견지해고 있다는 입장[47]등 기존의 학계의 비판적 입장을 재확인한 것일 뿐이다.

헌법재판소는 엄격한 절차적 규율을 강조하여 노동자의 노동기본권의 침해를 실효성 있게 구제하고 있지 못하고, 노동기본권에 대한 왜곡된 인식 아래 폭넓은 제약을 허용함으로써 노동자의 노동기본권 실현을 저해하고 있으며, 국제인권규범의 요청을 외면하여 노동자들의 국제적 기준에 입각한 최소한의 노동기본권조차 보장하지 않고 있다. 이러한 상황에서 향후 헌법재판소에게 요구되는 모습은 무엇일까? 헌법재판소는 이미 위 질문에 대한 답을 알고 있다.

아래는 사립학교법 제55조 등에 대한 위헌법률심판 사건 결정에서 변정수 재판관이 제시한 소수의견의 일부이다.

근로자의 노동3권은 공산주의 체제에서는 있을 수 없고 오직 자본주의 경제체제를 근간으로 하는 자유민주주의 체제 아래서만 있을 수 있는 것이며 이는 자유민주주의 체제에 **유해한 것이 아니라 유익한 것이며** 동시에 자유민주주의 체제유지를 위하여는 필요불가결한 안전판(安全瓣)이다. 그러기에 자유민주주의를 채택하고 있는 사회에서는 예외 없이 근로자의 노동3권을 인정하고 있으며 교원에 대하여서도 사립

---

45) 김하열, 민주주의 정치이론과 헌법원리: 자유주의적 이해를 넘어, 공법연구 제39권 제1호(2010. 10. 30.), 189면.
46) 이흥재, 근로3권에 대한 헌법재판소 판례의 검토, 서울대학교 법학 제43권 제2호(2002. 6.), 58면.
47) 문무기, 앞의 글, 26면.

학교만이 아니라 공립학교 교원에 대해서까지 예외 없이 이를 인정하고 있고 다만 국가에 따라서는 단체교섭권이나 단체행동권에 대하여 일부제약을 가하고 있는 경우가 있을 뿐이며 자유민주주의를 표방하면서 교원의 노동3권을 아주 부인하는 나라는 없다는 것에 주목해야 한다. 그럼에도 불구하고 우리 정부가 **국민적 합의에 의하여 헌법으로 보장한 너무나도 당연한 기본권이 교원의 노동3권을 부인하고** 단지 교직원 노동조합을 결성하였다는 이유만으로 1,500여명에 달하는 교원을 강제 해직시킨 것은 세계 교육사에 그 유례가 없는 국가공권력의 횡포라고 아니할 수 없다. **국민의 기본권을 보장함으로써 인간의 존엄과 가치를 수호하는 것이야 말로 민주국가의 이념이며 또한 책무이다.** 정부는 하루속히 이들 해직 교원들을 복직시켜 교육현장으로 돌아갈 수 있도록 함으로써 그들의 생존권을 보장함과 동시에 **국제인권규약 가입국으로서의 나라의 면모가 손상되지 않도록 하여야 할 것이다.** 끝으로 너무도 명백한 위헌법률에 대하여 합헌선언함으로써 공권력의 위헌적인 처사를 합리화 시켜준 다수의견의 논리는 견강부회(牽强附會)적인 헌법해석으로 헌법정신을 왜곡하였다는 평을 듣지 않을까 염려된다. **헌법정신의 왜곡은 그것이 가사 주관적인 애국적 동기에 의한 것일지라도 가장 경계해야 할 헌법파괴 행위라는 것을 알아야 한다.** <헌법재판소 1991. 7. 2. 선고 89헌가106 결정(재판관 변정수의 반대의견)>

위 변정수 재판관의 일침과 같이 헌법재판소가 향후 헌법이 보장하고 있는 너무도 당연한 기본권인 노동기본권에 대한 왜곡된 인식을 극복하고, 국제인권기준에 부합하는 노동기본권 보장의 정신을 확립하며, 기업의 사정이나 경제적, 정치적 상황 등 '주관적인 애국적 동기'보다 노동자가 가진 노동기본권을 우선적으로 고려하여 노동자의 존엄과 가치를 진정 수호할 수 있는 모습으로 변화하기를 소망해본다.

헌법상 사회보장권 보장에 관한 소고(小考)*

김 복 기**

Ⅰ. 머리말 - 문제의 제기

국가의 최고규범인 헌법이 '인간다운 생활'을 국민의 기본권으로 보장한 가운데, 기본권 보장의 최후보루를 자임하는 헌법재판소가 1988년 창립 이래 30년 동안 이 기본권의 침해를 이유로 위헌결정을 한 사례를 찾기 어려운 우리의 법 현실은 우리 사회 현실의 '인간다움'을 얼마만큼 암시하는 것일까?

실업과 빈곤이라는 자본주의 사회의 구조적 문제에 대한 대응으로 현대 다수의 국가들은 헌법상 사회적 기본권 내지 사회국가원리에 관한 규정을 두고 있다. 이와 관련하여 1948년 7월 17일 공포된 대한민국 제헌헌법 제19조는 "노령, 질병 기타 근로능력의 상

---

 * 이 글은 사회보장법학 제7권 제1호(한국사회보장법학회, 2018)에 발표된 글을 일부 수정(문헌인용 방식 변경, 오자 정정 등)한 것이다(이 연구는 서울대학교 신임교수 연구정착금으로 지원되는 연구비에 의하여 수행되었음).
** 서울대학교 법학전문대학원 부교수

실로 인하여 생활유지의 능력이 없는 자는 법률의 정하는 바에 의하여 국가의 보호를 받는다."고 규정하였고, 이 규정은 1962년 헌법개정 전까지 유지되었다. 1962년 12월 26일 개정된 제6호 헌법(1963. 12. 17. 시행)은 "모든 국민은 인간다운 생활을 할 권리를 가진다."(제30조 제1항)는 규정을 신설하였고,1) 이 조항은 현행 헌법(제34조 제1항)에 이르기까지 그 내용이 유지되고 있다.2)

사회보장법의 실질적 규범력이 관련 헌법규정의 형식 및 내용과 무관하지 않다는 점을 감안할 때 1962년의 헌법개정은 어떠한 사회보장 관련 법률의 제·개정보다 사회보장입법사상 중요한 사건이었으나, 이러한 진일보한 헌법개정에도 불구하고 '인간다운 생활을 할 권리'는 법 현실에서는 그 옷이 벗겨진 채 초라히 표류하기 시작하였다.3) 즉, 이 규정은 그 문언에도 불구하고 국민에게 '권리'를 부여한 규정이 아니라 국가의 사회정책적 목표 내지 정치적 강령을 선언한 것에 불과하다는 것이 오랫동안 헌법상 '인간다운 생활을 할 권리'의 법적 성격에 관한 주류적 견해였으며,4) '인간다운 생활을 할 권리'의 법적 성격에 관한 논의는 헌법의 규범력을 소송법적으로 확인한 헌법재판, 구체적으로는 헌법소원제도가 현행 헌법에 의거하여 시행된 이후에야 비로소 일단락 될 수 있었다.5)

---

1) 같은 조 제2항은 "국가는 사회보장의 증진에 노력하여야 한다.", 제3항은 "생활능력이 없는 국민은 법률이 정하는 바에 의하여 국가의 보호를 받는다."고 규정하고 있었다.
2) 이러한 권리의 보장과 관련하여 현행 헌법 제34조는 국가에 '사회보장·사회복지 증진 노력 의무'를 부여하고(제2항), 구체적으로 여성(제3항), 노인 및 청소년(제4항), 그리고 장애인 및 질병·노령 기타의 사유로 생활능력이 없는 국민(제5항)의 생활보장과 복지증진에 관한 특별규정을 두고 있다.
3) 김복기, 위기의 상시화와 사회안전망으로서 사회보장법의 과제 -공공부조와 실업보험을 중심으로 본 사회보장법 형성과정과 기본원칙-, 서울대학교 법학, 제58권 제1호(2017), 202면.
4) 한병호, 사회적 기본권 50년, 헌법학연구, 제4집 제1호(1998), 114면.

인간다운 생활을 할 권리의 보장 연혁 및 취지, 규정 형식, 그리고 무엇보다 헌법소원제도 도입 및 운용실제 등에 비추어 볼 때 이제 헌법상 인간다운 생활을 할 권리가 구체적 권리임은 부인하기 어려우며,[6] 현 상황에서 인간다운 생활에 대한 구체적 권리성 인정의 실천적 함의는 실체법적 측면에서는 '권리'로서의 인간다운 생활을 할 권리의 구체적 내용 내지 보호영역을 규명하는 데에 있고, 소송법적 측면에서는 이 기본권의 제한 내지 형성에 대한 보다 충실한 사법심사 방안을 모색하는 데에 있을 것이다.[7]

이 글은 인간다운 생활을 할 권리의 실질적 보장을 위한 실체법적 과제에 관한 하나의 시론(試論)으로, 인간다운 생활을 할 권리의 의의 및 사회보장을 받을 권리의 법적 성격에 대한 고찰을 중심으로, 기본권으로서 인간다운 생활을 할 권리의 내용 내지 보호영역을 우리나라 최고의 헌법해석기관인 헌법재판소의 지난 30년간 (1988~2018[8])의 관련 결정에 대한 비판적 검토를 통해 간략히 살펴보고자 한다.[9]

---

5) 물론 현재에도 인간다운 생활을 할 권리의 권리성에 의문을 제기하는 견해가 있긴 하지만, 기본적으로 헌법재판소가 인간다운 생활을 할 권리를 헌법소원심판청구의 전제가 되는 기본권의 하나로 인정하고 있으므로 권리성을 부인할 수는 없다고 본다(이상, 김복기, 앞의 논문, 202면 참조).

6) 이에 관한 상세한 논의는, 김복기, 사회적 기본권의 법적 성격, 사회보장법연구, 제3권 제1호(2014) 참조.

7) 위 논문, 132~133면.

8) 구체적으로 이 글은 1988년 창립 이래 2018년 5월 31일까지 선고된 결정례를 검토 대상으로 한다.

9) 사회적 기본권의 제한에 대하여 광범위한 입법재량이 인정되고 있는 현실과 관련하여 사회보장수급권의 보호가 실질적으로는 인간다운 생활을 할 권리가 아니라 평등권 내지 평등원칙을 통해 이루어지는 경우가 많으나, 헌법 제11조의 평등조항에 의한 사회보장수급권의 보호 문제는 논의의 취지상 이 글에서는 다루지 않는다.

II. 인간다운 생활을 할 권리의 의의

1. 헌법재판소의 입장

헌법재판소가 헌법 제34조의 '인간다운 생활을 할 권리'에 대하여 처음으로 구체적인 판시를 한 사건은 1995. 7. 21. 선고된 국가유공자예우등에 관한 법률 제9조 본문 위헌제청사건(헌재 1995. 7. 21. 93헌가14)이다. 이 사건에서 헌법재판소는 "'인간다운 생활을 할 권리'는 여타 사회적 기본권에 관한 헌법규범들의 이념적인 목표를 제시하고 있는 동시에 국민이 인간적 생존의 최소한을 확보하는 데 있어서 필요한 최소한의 재화를 국가에게 요구할 수 있는 권리를 내용으로 하고 있다."(헌재 1995. 7. 21. 93헌가14, 판례집 7-2, 20면)고 전제하면서, "인간다운 생활을 할 권리로부터는 …… 인간의 존엄에 상응하는 생활에 필요한 '최소한의 물질적인 생활'의 유지에 필요한 급부를 요구할 수 있는 구체적인 권리가 상황에 따라서는 직접 도출될 수 있다고 할 수는 있어도, 동 기본권이 직접 그 이상의 급부를 내용으로 하는 구체적인 권리를 발생케 한다고는 볼 수 없다고 할 것"이며, "이러한 구체적 권리는 국가가 재정형편 등 여러 가지 상황들을 종합적으로 감안하여 법률을 통하여 구체화할 때에 비로소 인정되는 법률적 권리라고 할 것"(이상, 헌재 1995. 7. 21. 93헌가14, 판례집 7-2, 30-31면)이라고 판시한 바 있다.

이 사건에서 헌법재판소는 적어도 일정한 경우에는 최소한의 물질적 생활의 유지에 필요한 급여를 국가에 요구할 수 있는 권리가 헌법상 인간다운 생활을 할 권리로부터 도출될 수 있음을 밝혔는데, 무엇보다 인간다운 생활을 할 권리가 "국민이 인간적 생존의 최소한을 확보하는 데 있어서 필요한 최소한의 재화를 국가에게 요구할 수 있는 권리를 내용으로 하고 있다"라고 본 판시는 2003년 경까지 유지된다.10)

2004. 10. 28. 선고된 2002년도 국민기초생활보장최저생계비 위헌확인사건(헌재 2004. 10. 28. 2002헌마328)에서 헌법재판소는 국민기초생활보장법상 최저생계비의 위헌여부를 판단하면서, "헌법 제34조 제1항이 보장하는 인간다운 생활을 할 권리는 사회권적 기본권의 일종으로서 인간의 존엄에 상응하는 최소한의 물질적인 생활의 유지에 필요한 급부를 요구할 수 있는 권리를 의미"11)한다고 보았다.

헌법재판소의 이러한 판시는 앞에서 소개한 초기 판시와 그 형식은 다르지만 인간다운 생활의 기준을 '최소한의 물질적인 생활'에 두었다는 점에서 실질적 내용은 같은 것으로 판단되며, 인간다운 생활을 할 권리에 관한 이와 같은 판시는 기본적으로 현재까지 이어지고 있다.12)

---

10) 헌재 1999. 12. 23. 98헌바33, 판례집 11-2, 757면; 헌재 2000. 6. 1. 98헌마216, 판례집 12-1, 640면; 헌재 2003. 5. 15. 2002헌마90, 판례집 15-1, 595면 참조.
11) 헌재 2004. 10. 28. 2002헌마328, 공보 98, 1191면.
12) 헌재 2009. 9. 24. 2007헌마1092, 판례집 21-2상, 782면; 헌재 2009. 11. 26. 2007헌마734, 판례집 21-2하, 595면; 헌재 2011. 11. 24. 2010헌마510, 판례집 23-2하, 523면; 헌재 2012. 2. 23. 2009헌바47, 판례집 24-1상, 106면; 헌재 2013. 8. 29. 2012헌바168, 판례집 25-2상, 475면; 헌재 2014. 5. 29. 2012헌마913, 판례집 26-1하, 454면; 헌재 2014. 7. 24. 2012헌마662, 판례집 26-2상, 224면; 헌재 2014. 9. 25. 2013헌마411등, 판례집 26-2상, 615면; 헌재 2015. 4. 30. 2012헌마38, 판례집 27-1하, 28면; 헌재 2016. 3. 31. 2014헌마457, 공보 234, 624면 등 참조.

2. 검토

1994년 생계보호기준 위헌확인사건(헌재 1997. 5. 29. 94헌마33)은 구 생활보호법상 생계보호기준에 대하여 노부부가 그 위헌성을 제기한 사건으로 국가의 최저생활보장 수준의 생존권 침해 여부가 최초로 문제된 사안인데, 결정 선고 이후 헌법상 인간다운 생활을 할 권리의 성격 및 보호범위와 관련하여 학계와 실무로부터 큰 관심을 받고 많은 논의의 대상이 되었다.13)

인간다운 생활을 할 권리와 관련된 실질적 리딩케이스라고 할 만한 이 사건 결정문에는 의외로 인간다운 생활을 할 권리의 의미에 관한 명시적 판시는 없고, 다만 인간다운 생활을 할 권리가 국가기관에 어떻게 작용하는지에 관한 아래와 같은 매우 흥미로운 판시가 있다.

> 모든 국민은 인간다운 생활을 할 권리를 가지며 국가는 생활능력 없는 국민을 보호할 의무가 있다는 헌법의 규정은 .... 입법부나 행정부에 대하여는 국민소득, 국가의 재정능력과 정책 등을 고려하여 가능한 범위 안에서 최대한으로 모든 국민이 물질적인 최저생활을 넘어서 인간의 존엄성에 맞는 건강하고 문화적인 생활을 누릴 수 있도록 하여야 한다는 행위의 지침, 즉 행위규범으로서 작용하지만, 헌법재판에 있어서는 다른 국가기관, 즉 입법부나 행정부가 국민으로 하여금 인간다운 생활을 영위하도록 하기 위하여 객관적으로 필요한 최소한의 조치를 취할 의무를 다하였는지를 기준으로 국가기관의 행위의 합헌성을 심사

---

13) 대표적 예로, 김문현, 인간다운 생활을 할 권리의 법적 성격, 판례월보 332호(1998. 5); 김선택, 인간다운 생활을 할 권리의 헌법규범성 - 생계보호기준결정: 헌법재판소 1997. 5. 29. 선고, 94헌마33결정-, 판례연구 제9집(1998) 등 참조.

하여야 한다는 통제규범으로 작용하는 것이다(헌재 1997. 5. 29. 94헌마 33, 판례집 9-1, 553~554면).[14]

이 판시는 인간다운 생활을 할 권리의 재판규범으로서의 성격을 확인한 판시로 많은 주목을 받았으나,[15] 실상 눈여겨 보아야 할 부분은 오히려 입법부나 행정부에 대한 행위지침의 내용이다.

이 결정의 입법부나 행정부에 대한 행위규범에 관한 판시 중 제시된 "인간의 존엄성에 맞는 건강하고 문화적인 생활"이 바로 우리 헌법이 권리로 보장하고자 한 '인간다운 생활'의 원형이라 할 것이며, 통제규범에서 제시된 "객관적으로 필요한 최소한의 조치를 취할 의무를 다하였는지"는 사법심사의 기준, 즉 위헌심사의 기준의 하나를 제시한 것으로 볼 것이다.[16]

사회적 기본권의 보장은 인간 자유 실현의 기초를 의미하고 그 보장의 수준은 인간의 존엄(헌법 제10조)에 상응[17]하여야 할 것인데, 우리의 관련 법률[18] 역시 이러한 인간의 존엄에 상응하면서 인

---

14) 같은 취지의 판시로는, 헌재 1999. 12. 23. 98헌바33, 판례집 11-2, 758-759 면; 헌재 2001. 4. 26. 2000헌마390, 판례집 13-1, 989면; 헌재 2004. 10. 28. 2002헌마328, 공보 98, 1191면 등 참조. 행위규범과 통제규범의 구별에 대한 비판적 논의로는 김선택, 앞의 논문, 32-34면; 홍성방, 인간다운 생활을 할 권리(최저생활을 보장받을 권리), 헌법재판 주요선례연구 3, 헌법재판소 헌법재판연구원, 2013, 173~176면 등 참조.
15) 그러한 주목의 이면에는 인간다운 생활을 할 권리의 권리성 인정 여부에 대한 논란이 깔려 있었다.
16) 이러한 심사기준이 타당 여부에 대해서는 이 글에서는 논하지 아니한다.
17) '인간의 존엄'은 앞에서 본 바와 같이 헌법재판소의 판시에서도 제시하고 있는 기준이다.
18) 사회보장기본법은 사회보장급여의 수준의 기준으로 "건강하고 문화적인 생활"을 제시하고 있고(제10조 참조), 우리 사회 최후의 사회안전망인 공공부조법은 1961년 생활보호법 제정 이래로 현행 국민기초생활보장법에 이르기까지 일관되게 '건강하고 문화적인 최저생활 보장'을 국가의 의무로 명시하여 왔다.

간 자유 실현의 실질적 기초를 제공하는 생활을 '건강하고 문화적인 생활'로 상정하고 있다. 한편, 사회적 기본권으로서 인간다운 생활의 실질적 의의는 그러한 생활을 누리기 위해 필요한 적절한 급여를 국가에 요구할 수 있는 권리라고 것인데,[19] 여기서 인간으로서의 존엄에 상응하는 수준의 생활이 어느 지점부터 시작하느냐의 문제가 제기되고 이 수준의 설정이 사회보장으로 대표되는 인간다운 생활을 할 권리의 보장에서 실질적으로 중요한 기준으로 작용하지만,[20] 인간다운 생활을 할 권리의 내용 내지 보호범위와 관련하여 기본적으로 우리 헌법은 '인간다운 생활'을 권리로 보장한다고 규정하였을 뿐 명문상 '최소' 내지 '최저' 보장과 같은 어떠한 제한도 설정하지 않고 있다.[21]

참고로, 세계인권선언(Universal Declaration of Human Rights) 제25조 제1항은 "모든 사람은 의식주, 의료 및 필요한 사회서비스를 포함하여 자신과 가족의 건강과 안녕에 적합한 생활을 누릴 권리를

---

19) 이와 같은 내용의 인간다운 생활을 권리를 포함한 사회적 기본권의 권리로서의 보장은 기본적으로 납세와 국방의 의무로 대표되는 헌법상 국민의 의무에 상응하는 것으로 볼 수 있다.

20) 拙稿(2017) 중 사회보장법 기본원칙으로서 인간다운 생활 보장과 건강하고 문화적인 최저생활 유지에 관한 논의(212~214면)는 기본적으로 이러한 취지에 입각한 것이다.

21) 참고로, 일본 헌법 제25조 제1항은 "모든 국민은 건강하고 문화적인 최저수준의 생활을 영위할 권리를 가진다."라고 규정하고 있다. 한편, 우리 헌법상 사회적 기본권 중 하나인 환경권과 관련하여 헌법재판소는 교도소 내 화장실 창문 철망설치행위 위헌확인사건(헌재 2014. 6. 26. 2011헌마 150, 판례집 26-1하, 568)에서 "모든 국민은 건강하고 쾌적한 환경에서 생활할 권리를 가지며, 국가와 국민은 환경보전을 위하여 노력하여야 한다." 는 헌법 제35조 제1항 규정을 언급한 후, 헌법상 환경권의 의의를 밝힘에 있어 최저 내지 최소 기준의 언급 없이 "환경권은 건강하고 쾌적한 생활을 유지하는 조건으로서 양호한 환경을 향유할 권리"라고 판시한 바 있다 (판례집 26-1하, 571~572면).

가지며, 실업, 상병, 장애, 배우자 사망, 노령 또는 기타 불가항력의 상황으로 인한 생계결핍의 경우에 사회보장을 받을 권리를 가진다."[22]고 규정하고 있는데, 우리 헌법 제34조는 이에 상응하는 규정이라고 본다.[23]

"인간다운 생활을 할 권리는 사회권적 기본권의 일종으로서 인간의 존엄에 상응하는 최소한의 물질적인 생활의 유지에 필요한 급부를 요구할 수 있는 권리를 의미"한다는 인간다운 생활을 할 권리의 의의에 관한 헌법재판소의 현재 판시는 위헌심사기준의 척도를 기본권 보호범위의 내용에 그대로 반영한 듯한 형국이다. 헌법재판소가 말하는 '최소한의 물질적인 생활'은 오히려 인간다운 생활을 할 권리의 '본질적인 내용'(헌법 제37조 제2항)으로 보거나[24] 인간다운 생활을 할 권리의 제한 내지 형성의 한계를 제시한 것으로 볼 수 있을 것이다.

우리 헌법상 인간다운 생활을 할 권리는 건강하고 문화적인 생

---

22) Article 25 1. Everyone has the right to a standard of living adequate for the health and well-being of himself and of his family, including food, clothing, housing and medical care and necessary social services, and the right to security in the event of unemployment, sickness, disability, widowhood, old age or other lack of livelihood in circumstances beyond his control.

23) 같은 취지에서, 세계인권선언 제25조 제1항이 '인간다운 생활'의 정의에 커다란 시사점을 주고 있다고 보는 견해로 홍성방, 앞의 논문, 153~154면 참조.

24) 헌법 제37조 제2항은 국민의 자유와 권리의 본질적인 내용은 침해할 수 없다고 규정하고 있는바, 이와 관련하여 여기의 '자유와 권리'는 모든 자유와 권리가 아니라 단지 자유권만이라는 견해도 있으나, 이는 기본적으로 헌법 명문에 반하는 해석이라고 본다. 실제로, 헌법재판소는 법관에 의한 재판을 받을 권리를 보장한다고 함은 법관이 사실을 확정하고 법률을 해석·적용하는 재판을 받을 권리를 보장한다는 뜻이므로 그러한 보장이 제대로 이루어지지 아니한다면 이는 헌법상 재판을 받을 권리의 '본질적 내용을 침해'하는 것으로서 우리 헌법상 허용되지 않는다고 본 바 있다 (헌재 1995. 9. 28. 92헌가11 등, 판례집 7-2, 278면).

활을 향유할 권리를 의미하는 것으로 볼 것이며, 이러한 기본권의 침해 여부는 결국 해당 공권력이 부여받은 재량의 범위를 벗어나 위 기본권을 과도하게 제한하였는지 또는 불합리하게 형성하였는지의 문제로 의율하면 될 것이다.

III. 사회보장을 받을 권리의 법적 성격

1. 헌법재판소의 입장

사회보장법은 인간다운 생활을 할 권리를 실현하는 대표적인 법제이다. 이와 관련하여 사회보장을 받을 권리 내지 사회보장수급권이 헌법상 권리(기본권)인지 아니면 법률상 권리인지의 문제가 제기된다.

사회보장수급권의 법적 성격과 관련하여 헌법재판소의 판시는 일치되고 있지 않다. 대표적 예로, 헌법재판소는 임용결격공무원등에대한퇴직보상금지급등에관한특례법 제6조 등 위헌확인사건(헌재 2001. 9. 27. 2000헌마342)에서 사회보장수급권을 헌법 제34조 제1항 및 제2항으로부터 도출되는 사회적 기본권의 하나로 보았으나,25) 산업재해보상보험법 제5조 단서 등 위헌소원사건(헌재 2003. 7. 24. 2002헌바51)에서는 이와 달리 사회보장수급권은 입법자에 의하여 형성되는 법률적 차원의 권리에 불과하다고 보았다.26)

---

25) 해당 판시는 다음과 같다. "헌법 제34조 제1항은 "모든 국민은 인간다운 생활을 할 권리를 가진다"고 규정하고, 제2항은 "국가는 사회보장·사회복지의 증진에 노력할 의무를 진다"고 규정하고 있는바, 사회보장수급권은 이 규정들로부터 도출되는 사회적 기본권의 하나이다."(판례집 13-2, 433면).
26) 해당 판시는 다음과 같다. "사회보장수급권은 헌법 제34조 제1항 및 제2

명시적 표현을 기준으로 볼 때 사회보장수급권의 기본권성을 인정한 판례가 상대적으로 더 많은 것으로 파악된다. 구체적으로 헌법재판소는 공무원연금법상 연금수급권(헌재 1999. 4. 29. 97헌마 333, 판례집 11-1, 512-514면), 구 국민의료보험법상 의료보험수급권(헌재 2003. 12. 18. 2002헌바1, 판례집 15-2하, 449면), 사립학교교직원연금법상의 연금수급권(헌재 2010. 4. 29. 2009헌바102, 판례집 22-1하, 46면), 국민연금수급권(헌재 2012. 5. 31. 2009헌마553, 판례집 24-1하, 539-540면)과 같은 사회보장수급권을 헌법 제34조로부터 도출되는 사회적 기본권의 하나라고 본 바 있다.

그러나 앞에서 살펴본, 헌법재판소가 '인간다운 생활을 할 권리'의 의미에 대하여 처음으로 입장을 밝힌 국가유공자예우등에 관한 법률 제9조 본문 위헌제청사건(헌재 1995. 7. 21. 93헌가14)의 다음과 같은 판시, 즉 "인간다운 생활을 할 권리로부터는 ······ 인간의 존엄에 상응하는 생활에 필요한 '최소한의 물질적인 생활'의 유지에 필요한 급부를 요구할 수 있는 구체적인 권리가 상황에 따라서는 직접 도출될 수 있다고 할 수는 있어도, 동 기본권이 직접 그 이상의 급부를 내용으로 하는 구체적인 권리를 발생케 한다고는 볼 수 없다고 할 것이다. 이러한 구체적 권리는 국가가 재정형편 등 여러 가지 상황들을 종합적으로 감안하여 법률을 통하여 구체화할 때에 비로소 인정되는 법률적 권리라고 할 것"(판례집 7-2, 30-31면)이라는 판시는 기본적으로는 사회보장수급권의 헌법적 권리성을

항 등으로부터 개인에게 직접 주어지는 헌법적 차원의 권리라거나 사회적 기본권의 하나라고 볼 수는 없고, 다만 위와 같은 사회보장·사회복지 증진의무를 포섭하는 이념적 지표로서의 인간다운 생활을 할 권리를 실현하기 위하여 입법자가 입법재량권을 행사하여 제정하는 사회보장입법에 그 수급요건, 수급자의 범위, 수급액 등 구체적인 사항이 규정될 때 비로소 형성되는 법률적 차원의 권리에 불과하다 할 것이다."(판례집 15-2상, 117~118면).

부정하는 입장이라고 볼 수 있고, 이 판시를 따르는 후속 결정례들도 적지 않다.[27] 이러한 입장이 명시적으로 변경되거나 폐기된 바는 없다.

2. 검토

어떠한 권리가 헌법상 보장된 기본권인지는 기본적으로 헌법의 명문 규정과 그에 대한 해석을 통해 결정된다.

사회보장이란 기본적으로 사회적 위험 내지 생활위험으로부터 개인을 보호하고[28] 인간다운 생활을 향유하기 위해 필요한 소득 및 의료, 그리고 복지서비스(사회서비스)를 사회적으로 보장하는 것이라고 할 수 있다.[29] 우리 헌법에 사회보장을 받을 권리가 명시적으로 규정되어 있지는 않지만, 헌법은 인간의 존엄과 행복추구권, 그리고 인간다운 생활을 할 권리를 명문으로 보장하고 있고 오늘날 현대 자본주의 국가에서 인간의 존엄성 유지와 생존권 실현을 위해서는 사회보장의 실시가 필수적으로 요청된다는 점, 그리고 인간다운 생활을 할 권리를 보장하고 있는 헌법 제34조가 국가의 사회보장·사회복지 증진 노력 의무(제2항)와 여성, 노인과 청소년, 그리고 장애인 등의 복지에 관한 국가의 의무(제3항 내지 제5

---

27) 같은 취지의 판시로는, 헌재 1998. 2. 27. 97헌가10등, 판례집 10-1, 30-31면; 헌재 2000. 6. 1. 98헌마216, 판례집 12-1, 647면; 헌재 2003. 5. 15. 2002헌마90, 판례집 15-1, 600-601면; 헌재 2006. 11. 30. 2005헌바25, 판례집 18-2, 477면 등 참조.

28) 전광석, 한국사회보장법론, 집현재, 2016, 74~76면 참조.

29) 사회보장에 대하여는 아직 통일적으로 확립된 개념이 정립되어 있다고 볼 수 없다. 참고로, 사회보장기본법은 '사회보장'을 출산, 양육, 실업, 노령, 장애, 질병, 빈곤 및 사망 등의 사회적 위험으로부터 모든 국민을 보호하고 국민 삶의 질을 향상시키는 데 필요한 소득·서비스를 보장하는 사회보험, 공공부조, 사회서비스를 말한다고 규정하고 있다(제3조 제1호).

항)를 함께 규정하고 있는 점 등에 비추어 보면, 사회보장을 받을 권리는 헌법 제34조에서 도출되는 사회적 기본권의 하나라고 볼 수 있을 것이다.[30] 즉, 우리 헌법상 인간다운 생활을 할 권리로부터는 인간다운 생활을 향유하기 위해 필요한 사회보장을 받을 권리가 도출된다고 본다.[31]

다만, 사회보장 관련 개별 법령에 근거한 권리를 강학상 '사회보장수급권'이라 부르는 점을 감안하여,[32] 법률상 권리와의 구별을 위해 헌법상 사회보장에 관한 권리는 '사회보장권'이라고 칭해도 좋을 것이다(이 용어는 헌법재판소의 일부 결정례[33]에서 사용된 바 있다).

---

30) 이는 인간다운 생활을 할 권리의 내용을 '인간의 존엄에 상응하는 최소한의 물질적인 생활의 유지에 필요한 급부를 요구할 수 있는 권리'로 보든 '건강하고 문화적인 생활을 향유할 권리' 보든 마찬가지라 할 수 있다.

31) 그러나 헌법재판소가 개별 사건에서 사회적 기본권의 하나로 언급한 국민연금수급권, 의료보험수급권 등(앞의 III.의 1. 부분 참조)을 기본권 자체로 볼 수 있는지는 의문이다.

32) 실정법상 사회보장법은 공공부조, 사회보험, 그리고 사회서비스에 관한 현행 법령의 총체를 의미하는데(사회보장기본법 제3조 참조), 이러한 사회보장 관련 개별 법령에 근거한 권리를 강학상 '사회보장수급권'이라 부른다. 사회보장기본법 역시 "사회보장 관계 법령에서 정하는 바에 따라 사회보장급여를 받을 권리"를 약칭하여 '사회보장수급권'이라 칭하고 있다(제9조 참조).

33) 헌재 1995. 7. 21. 93헌가14, 판례집 7-2, 21면; 헌재 1999. 12. 23. 98헌바33, 판례집 11-2, 758면; 헌재 2000. 6. 1. 98헌마216, 판례집 12-1, 640면; 헌재 2003. 5. 15. 2002헌마90, 판례집 15-1, 596면; 헌재 2003. 7. 24. 2002헌마522등, 판례집 15-2상, 177면; 헌재 2005. 7. 21. 2004헌마2, 판례집 17-2, 54면; 헌재 2008. 5. 29. 2005헌마1173, 판례집 20-1하, 229면 등 참조(이 중 93헌가14, 98헌바33, 98헌마216, 2002헌마90, 2004헌마2 사건에서는 '헌법상의 사회보장권'이라는 표현을 사용하고 있음).

IV. 사회보험수급권의 제한과 관련 기본권

1. 헌법재판소의 입장

헌법재판소는 사회보험수급권의 제한이 문제된 다수의 사건에서 헌법상 재산권(제23조)을 사회보험수급권 제한의 관련 기본권으로 파악하여 위헌여부를 판단하였는바, 그 대표적 사례는 다음과 같다.[34]

(1) 연금수급권

헌법재판소는 국민연금법상 조기노령연금의 수급개시연령의 인상[35]의 위헌여부가 문제된 사건(헌재 2013. 10. 24. 2012헌마906)에서 이 문제를 신뢰보호원칙에 반한 재산권 침해 여부 문제로 파악한 후 합헌결정을 한 바 있으며(판례집 25-2하, 327), 별거나 가출 등으로 실질적인 혼인관계가 존재하지 아니하여 연금 형성에 기여가 없는 이혼배우자에 대해서까지 법률혼 기간을 기준으로 분할연금 수급권을 인정한 구 국민연금법 규정의 위헌여부가 문제된 사건(헌재 2016. 12. 29. 2015헌바182)에서도 노령연금을 받을 권리를 재산권의 보호대상으로 보아 이를 재산권 제한 문제로 파악한 후

---

34) 연금에 관한 사건은 너무 많아 주요 사례를 모두 소개하기는 어렵고, 반면 고용보험의 경우 실업자에 대한 고용보험수급권 제한에 관한 사례는 찾기 어렵다.

35) 국민연금법이 1988년 시행될 당시에는 20년 이상 가입하고 55세에 이를 것을 조기노령연금의 수급요건으로 하였으나, 1998년 개정된 국민연금법은 조기노령연금의 수급요건을 10년간 가입하는 것으로 완화하면서 수급연령을 상향조정하여 59세에 이르러야 조기노령연금을 받을 수 있게 되었고, 이후 2011년 개정법에서는 조기노령연금 수급연령이 59세에서 60세로 바뀌게 되었다.

헌법불합치 결정을 내렸다(판례집 28-2하, 391).

공무원의 범죄행위로 인한 퇴직급여 감액의 위헌여부가 문제된 사건(헌재 2007. 3. 29. 2005헌바33)에서도 헌법재판소는 공무원연금법상 연금수급권의 재산권적 성격을 인정한 후 재산권 침해를 인정하였다(판례집 19-1, 211).

(2) 의료보험수급권

헌법재판소는 의료보험급여의 제한과 관련하여 "보험자는 보험급여를 받을 자가 자신의 범죄행위에 기인하거나 또는 고의로 사고를 발생시켰을 때에는 당해 보험급여를 하지 아니한다."라고 규정한 구 국민의료보험법 조항의 위헌여부가 문제된 사건(헌재 2003. 12. 18. 2002헌바1)에서 의료보험수급권이 헌법상 사회적 기본권의 성격과 재산권의 성격을 아울러 지니고 있다고 본 후, 보험급여 제한 사유에 고의와 중과실에 의한 범죄행위 이외에 경과실에 의한 범죄행위까지 포함되는 것으로 해석하는 것은 재산권에 대한 과도한 제한으로서 재산권을 침해할 뿐만 아니라 사회적 기본권으로서의 의료보험수급권의 본질을 침해한다고 보았다(판례집 15-2하, 441).[36]

(3) 산재보험수급권

헌법재판소는 산업재해보상보험법상 최고보상제도의 적용대상이 문제된 사건(헌재 2014. 6. 26. 2012헌바382등)에서 일정한 법정요건을 갖춰 발생한 산재보험수급권은 구체적인 법적 권리로 보장

---

36) 이 사건 다수의견의 판단구조(양 기본권에 대한 병렬적 판단)에 대하여 재판관 김영일은 반대의견에서 동일한 의료보험수급권의 내용에 대한 위헌여부를 판단하면서 완화된 심사기준과 엄격한 심사기준이 혼화(混化)되어 있어 부당하다고 보았다(판례집 15-2하, 458면).

되고 그 성질상 경제적·재산적 가치가 있는 공법상의 권리로서 헌법상 재산권의 보호대상에 포함된다고 본 후, '최고보상기준금액'에 관한 새로운 규정이 최고보상제도가 최초 시행되기 전에 업무상 재해를 입고 최고보상기준금액이 아닌 종전에 자신의 평균임금을 기준으로 보상연금을 지급받아 온 산재근로자들에게 적용된 것이 재산권을 침해하지 않는다고 보았다(판례집 26-1하, 532).

2. 검토

앞에서 본 바와 같이, 우리 헌법은 명문으로 인간다운 생활을 할 권리를 규정하고 있고 이로부터 사회보장권이 도출되므로, 우리나라 사회보장의 중요한 축을 이루는 사회보험상 급여를 받을 권리에 대한 제한은 바로 인간다운 생활을 할 권리에서 유래하는 기본권인 사회보장권의 제한 문제로 논증함이 상당하다고 본다.

우리 헌법재판상 사회보험수급권 제한에 관한 재산권 논의 내지 논변은 헌법상 사회적 기본권이 없는 독일[37]이나 미국[38]의 영

---

37) 독일에서 헌법의 사회적 과제는 독일 헌법 제20조 제1항 및 제28조 제1항에 국가목표규정 혹은 입법위임규정으로 규범화된 사회국가원리(Sozialstaatsprinzip)로 표현되고 있다(전광석, 독일사회보장법과 사회정책, 박영사, 2008, 14, 71면). 구체적으로 사회보험과 관련하여 독일에서는 일정한 기여에 대한 반대급여의 성격을 갖는 청구권에 대한 사적 유용성과 처분권이 인정되면 그 청구권은 재산권(독일 헌법 제14조)으로 보호되고 있다(같은 책, 앞의 책. 93~97면).

38) 미국 연방대법원은 Goldberg v. Kelly 사건(397 U.S. 254 (1970))에서 일단 부여된 복지수혜는 그 종료 전에 수정헌법 제14조상 적법절차를 요하는 재산권이 된다고 인정한 바 있다. 즉, 사회보장급여의 수급자격을 일종의 재산권으로 파악하여 헌법상 보호의 대상으로 삼고 있는 것이다. 미국의 사회보장수급권 보장에 관한 헌법상 논의에 관하여는, 이상경, 미국의 사회보장급부권 논의와 복지실현의 헌법적 방법, 공법연구, 제42집 제2호 (2013) 참조.

향을 받은 것이 아닌가 생각한다. 조세에 기반한 공공부조와 달리 사회보험은 보험료 내지 기여금에 입각하고 있지만 사회보험수급권은 원칙적으로 일반 재산권과는 그 법적 성질이 다르며, 사회적 기본권으로서 인간다운 생활을 할 권리를 인정하고 있는 우리의 경우 사회보험수급권 제한의 관련 기본권으로 굳이 재산권을 차용할 필요는 없다고 본다.

사회보험수급권 제한에 대한 위헌심사에서 종래 재산권을 차용한 배경에는 헌법재판소가 인간다운 생활을 할 권리 내지 사회보장권 관련 사건에서 당해 사안의 구체적 성격을 고려하지 않고 광범위한 입법재량론에 입각하여 지나치게 완화된 심사기준을 적용한 잘못도 있다고 생각하나,[39] 결국 이 문제는 헌법상 사회적 기본권 보장의 의의, 사회보장의 법이념, 그리고 개별 사회보장권의 구체적 성격 등이 반영된 독자적 심사기준의 정립과 적용으로 극복해야 할 문제라 할 것이다.[40]

헌법재판소는 2015. 6. 25. 업무상 질병으로 인한 업무상 재해에 있어 업무와 재해 사이의 상당인과관계에 대한 입증책임을 이를 주장하는 근로자측에 부담시키는 산업재해보상보험법 규정의 위헌여부가 문제된 사건(헌재 2015. 6. 25. 2014헌바269)에서 "심판대상조항이 업무와 재해 사이의 상당인과관계에 대한 입증책임을 이를 주장하는 근로자 측에게 부담시키는 것은 유족급여의 수급요건

---

39) 종래 사회보험수급권 제한을 재산권 문제로 파악하는 것의 실익을 상대적으로 엄격한 심사기준 적용을 통한 사회보험수급권 보호에서 찾은 바 있으나, 헌법상 재산권은 "그 내용과 한계는 법률로 정"하도록 되어 있으며(제1항), "재산권의 행사는 공공복리에 적합하도록 하여야" 하기에(제2항) 본질적으로 재산권 영역의 심사기준이 엄격할 수는 없으며, 실제에 있어서도 엄격한 의미의 과잉금지원칙이 일관되게 적용되는 것도 아니다.

40) 재산권에 기반한 사회보험수급권 보호론의 의의와 한계를 비롯한 사회보험수급권 제한에 대한 위헌심사기준에 대한 상세한 논의는 추후의 과제로 다루고자 한다.

을 실질적으로 제한하는 것으로서 유족급여수급권 자체의 인정 여부로 귀결되고, 이로 인하여 근로자의 유족인 청구인들이 궁극적으로 제한받게 되는 것은 인간다운 생활을 할 권리로서 사회보장수급권이 될 것"(판례집 27-1하, 501면)이라고 보아 사회보장수급권 침해 여부를 살펴본 후 합헌 결정을 하였다. 이 사건 청구인들이 '재산권', 행복추구권, 근로의 권리의 침해를 주장하였음에도 불구하고 헌법재판소가 문제되는 기본권을 '인간다운 생활을 할 권리로서 사회보장수급권'으로 본 것은 위에서 제기한 입론에 입각하여 볼 때 매우 의미가 있다고 생각한다.

다만, 이 사건 이후에도 연금수급권의 제한 관련하여서는 여전히 재산권을 차용하고 있는 결정례를 다수 볼 수 있는바,[41] 헌법재판소가 이 사건을 계기로 사회보험수급권 제한에 관하여 새로운 심사구조를 정립한 것으로 보기는 아직 어려울 것 같다.[42]

V. 맺음말 — 사회보장에 관한 헌법개정론

인간다운 생활을 할 권리의 의의 내지 보호범위와 관련하여 그간 우리는 '인간'에 대한 깊고 따뜻한 성찰이 전제되어야 할, 아니

---

41) 이 사건 이후로 선고된 결정 중 연금수급권의 제한을 재산권 침해 문제로 본 사례로는, 헌재 2015. 7. 30. 2014헌바371; 헌재 2015. 12. 23. 2013헌바259; 헌재 2016. 3. 31. 2015헌바18; 헌재 2016. 12. 29. 2015헌바182; 헌재 2017. 7. 27. 2015헌마1052; 헌재 2017. 11. 30. 2016헌마101등 사건 등이 있다. 일부 사례(헌재 2017. 12. 28. 2016헌바341; 헌재 2018. 4. 26. 2016헌마54)에서는 재산권 및 사회보장수급권 침해의 문제를 함께 살펴보았다.

42) 판시상으로는 확인할 수 없지만, 어쩌면 이 사건은 당해 사회보험료를 근로자가 아닌 사용자가 납부하는 산재보험의 특수성이 반영된 결정이라고 볼 수도 있을 것 같다.

가장 절실한 기본권 논의의 장에서 너무 '비인간적인' 해석을 해
온 것은 아닐까? 이러한 해석론이 극복되지 않은 상황에서 새로운
사회적 기본권의 창설은 어떠한 의미를 가질까?

오늘날 사회보장권을 비롯한 사회적 기본권 전반에 대한 불충
분한 보장은 기본적으로 헌법상 기본권 규정 명문에 문제가 있다
기보다 사회적 기본권에 대한 규범의식의 미흡 내지 실현 의지[43]
의 부족에 있다.[44]

사회보장권 관련 헌법개정의 필요성 문제와 관련하여 먼저 언
급하고 싶은 것은, 기본적으로 현행 헌법 전문의 '국민생활의 균등
한 향상' 규정, 제10조 및 헌법 제34조에 대한 해석을 통해 사회보
장 내지 사회복지에 관한 주요 가치는 모두 기본권으로 보장될 수
있다는 점이다. 대표적 예로, '건강권'은 현행 헌법 제34조 제1항
및 제36조 제3항[45]에서 도출될 수 있는 기본권이라고 본다.[46] 물론
사회적 기본권의 기본권성에 대한 논란의 소지를 없애고 해당 기
본권의 권리로서의 성격을 고양시키기 위한 차원에서의 헌법 개정
의 실익은 부정할 수 없을 것이나, 또 다른 차원의 헌법의 '장식화
(裝飾化)'는 경계해야 할 것이다.

---

43) 물론 실현 '여건'의 문제도 있으나, 이를 지나치게 강조하는 견해의 이면
    에는 '의지'의 결여 내지 부족이 있다고 생각한다.
44) 사회적 기본권의 권리성 확보 즉 그 실효성의 현실적 보장 문제는 넓게는
    기본권 보장의 현실적 기초 및 규범의식과 헌정질서의 성격 곧 헌법문화
    의 수준과 같은 법풍토의 영향에 따라 기본적으로 좌우될 수 있다(이흥재,
    노동기본권과 사회보장수급권의 실효성, 서울대학교 법학, 제39권 제4호
    (1999), 109면).
45) 헌법 제36조 제3항은 "모든 국민은 보건에 관하여 국가의 보호를 받는다."
    고 규정하고 있다.
46) 같은 견해로, 김주경, 건강권의 헌법학적 내용과 그 실현, 법학연구, 제23
    권 제4호(2013) 참조[이 글(90-91면)은 헌법상 건강권 인정의 간접적 근거
    규정으로 헌법 제10조와 제35조 제1항을 들고 있다].

헌법을 개정할 경우, 최소한 명문상의 명백한 오류는 그 기회에 시정하여야 할 것이며, 그 대표적 예가 바로 헌법 제34조 제5항의 '신체장애자'라는 표현이다. 이미 많은 지적이 있는 바와 같이, 이는 '장애인'으로 정정하여야 할 것이다. 사회보장과 관련하여 헌법 제34조 내의 개정방식을 생각해 볼 경우, 헌법 제34조 제1항의 인간다운 생활을 할 권리는 그대로 유지하거나, 인간다운 생활을 할 권리의 의의에 관한 앞의 논의를 반영하여 이를 '건강하고 문화적인 생활을 향유할 권리'로 변경하거나 병기하는 방안을 모색해 볼 수 있다. 헌법 제34조 제2항을 '사회보장을 받을 권리' 보장으로 변경하고, 우리의 사회보장제도는 "상호부조원리에 입각한 사회연대성에 기초"(헌재 2001. 2. 22. 99헌마365, 판례집 13-1, 316면[47])하고 있음을 밝히는 조항을 신설하거나 제2항에 병기하는 방안도 검토해 볼 수 있을 것이다.[48]

사회적 기본권 규정체계의 새로운 틀을 만드는 개정 방식도 고려해 볼 수 있다. 사회적 기본권의 보장은 인간 자유 실현의 기초를 의미하고, 인간다운 생활을 할 권리는 여타 사회적 기본권에 관한 헌법규범들의 이념적인 목표를 제시하고 있다는 점을 상기한다면, 인간다운 생활을 할 권리를 현행 헌법 제10조의 내용과 함께 기본권장(제2장 국민의 권리와 의무)의 모두(冒頭)에 규정하는 방

---

47) 헌법재판소는 국민연금 강제가입의 위헌여부가 문제된 사건에서 "우리 헌법의 경제질서 원칙에 비추어 보면, 사회보험방식에 의하여 재원을 조성하여 반대급부로 노후생활을 보장하는 강제저축 프로그램으로서의 국민연금제도는 상호부조의 원리에 입각한 사회연대성에 기초하여 고소득 계층에서 저소득층으로, 근로 세대에서 노년 세대로, 현재 세대에서 미래 세대로 국민간의 소득재분배 기능을 함으로써 오히려 위 사회적 시장경제질서에 부합하는 제도"(헌재 2001. 2. 22. 99헌마365, 판례집 13-1, 316면)라고 판단하였다.

48) 사회연대의 법적 개념과 헌법적 근거와 관련하여서는, 장승혁, 사회보험법과 사회연대 원리, 서울대학교 박사학위논문, 2017, 158~170면 참조.

안도 의미 있을 것이다.[49] 이 때 이 부분에 위에서 언급한 "상호부조원리에 입각한 사회연대성", 즉 사회연대원리를 헌법상 기본원칙의 하나로 함께 명기하여도 좋을 것이다.[50] 인간다운 생활을 할 권리를 기본권장의 모두에 규정할 경우, 현행 헌법 제34조에 대응하는 조항은 '사회보장권'을 위주로 규율할 수 있을 것이다.

국가의 경제적 기능 내지 의무에 관한 이른바 '경제민주화' 조항(헌법 제119조 제2항[51]) 역시 사회보장제도의 운영과 밀접한 관련을 맺고 있으나, 이러한 경제조항의 의미와 관련하여 종종 정치적 논란이 일고 있다. 이와 관련하여 우리나라 경제질서의 성격에 관하여 헌법재판소가 밝힌 '사회적 시장경제질서'를 헌법에 명시적으로 규정하는 안을 생각해 볼 수 있을 것이다. 헌법재판소는 국민연금 강제가입 사건(헌재 2001. 2. 22. 99헌마365)에서 "우리 헌법의 경제질서는 사유재산제를 바탕으로 하고 자유경쟁을 존중하는 자유시장 경제질서를 기본으로 하면서도 이에 수반되는 갖가지 모순을 제거하고 사회복지·사회정의를 실현하기 위하여 국가적 규제와 조정을 용인하는 사회적 시장경제질서로서의 성격을 띠고 있다."[52]라고 우리 헌법상 경제질서의 성격에 대하여 규명한 바 있

---

49) 인간다운 생활을 할 권리의 기본권체계 내 위치에 관하여는, 장영수, 인간다운 생활을 할 권리의 보호범위와 실현구조, 현대공법의 연구, 미봉 김운용교수 화갑기념 논문집, 1997, 414~416면 참조.

50) 이 경우 '사회연대'는 국민의 의무와도 관련이 있는 규정으로 해석될 수 있을 것이다.

51) 헌법 제119조 제2항은 "국가는 균형있는 국민경제의 성장 및 안정과 적정한 소득의 분배를 유지하고, 시장의 지배와 경제력의 남용을 방지하며, 경제주체간의 조화를 통한 경제의 민주화를 위하여 경제에 관한 규제와 조정을 할 수 있다."라고 규정하고 있다.

52) 헌법재판소는 "우리 헌법은 자유시장 경제질서를 기본으로 하면서 사회국가원리를 수용하여 실질적인 자유와 평등을 아울러 달성하려는 것을 근본이념으로 하고 있다."고 하면서 이와 같이 판시하였다(이상, 헌재 2001. 2. 22. 99헌마365, 판례집 13-1, 315~316면).

다. 나아가 '모든 국민에게 생활의 기본적 수요를 충족할 수 있게 하는 사회정의의 실현과 균형있는 국민경제의 발전'을 경제의 기본과제로 천명하고 있는 제헌헌법의 규정방식도 고려해 볼 수 있을 것이다. 1948년 제헌헌법 제84조('경제'에 관한 제6장의 첫 조문)는 "대한민국의 경제질서는 모든 국민에게 생활의 기본적 수요를 충족할 수 있게 하는 사회정의의 실현과 균형있는 국민경제의 발전을 기함을 기본으로 삼는다. 각인의 경제상 자유는 이 한계내에서 보장된다."고 규정하고 있었다.[53]

이와 같은 모색작업은 사회양극화가 날로 심화되는 오늘날, 제헌헌법 70주년과 헌법재판소 창립 30주년의 의미와 성과를 되새기는 좋은 계기가 될 수 있을 것이다.

---

53) 이 조항은 원안상 제83조의 내용이 아무런 이의 없이 통과된 것이다(국회도서관, 헌법제정회의록(제헌의회), 헌정사자료 제1집, 1967, 598면 참조).

헌법재판소, 젠더를 말하다.
- 호주제 헌법불합치 결정과 일본군 '위안부' 헌법소원 및 남성징병제를 중심으로 -

김 선 화*

I. 들어가며

1988년 9월 1일 탄생한 헌법재판소는 2018년 현재에 이르기까지 30년 간 대한민국의 정치, 경제, 사회를 비롯하여 일상영역에 나타난 변화와 새로운 해석의 요청에 부단하게 부응해 왔다. 젠더적 관점에 입각해서 볼 때에도 1997년 7월 민법상 동성동본 금혼제도에 대한 헌법불합치 결정, 1999년 12월 제대군인 가산점제도에 관한 위헌결정, 2005년 2월 호주제도의 핵심 조문들에 대한 헌법불합치 결정, 2005년 12월 부성주의에 관한 헌법불합치 결정, 2011년 6월 대한민국 국민인 남자에 한하여 병역의무를 부과한 병역법 제3조 제1항에 대한 합헌결정, 2011년 8월 일본군'위안부' 피해자들이 일

* 수원지방법원 판사

본국에 대하여 가지는 배상청구권에 관한 해석상 분쟁을 한일청구
권협정이 정한 절차에 따라 해결하지 않고 있는 대한민국 정부의
부작위에 대한 위헌 결정 등 상당히 여러 가지 각도에서 다양한 쟁
점을 내포하고 있는 결정들이 선고되었다. 위와 같은 일련의 쟁점
은 때로는 '전통'과 식민지성, 성차별 제도와의 관계에 대한 함의
를 내포하고 있었고, 평등과 차이의 관계와 그 심사기준, 식민지
시기에 자행되었던 체계적 강간 등에 대한 식민지 책임의 청산과
관련한 국가역할 등에 대한 질문을 담고 있었다.

　이 글에서는 지난 30년 간 헌법재판소가 젠더 분야에 대하여 다
루었던 쟁점들을 크게 ① 포스트식민주의와 ② 국민의 국방의무와
관련한 남성징병제로 나누어 위 두 쟁점에 관한 주요 결정들을 분
석하고 그 의미를 되새겨 보고자 한다. 그에 따라 이 글의 내용은
포스트식민주의에 관한 호주제 헌법불합치 결정 및 일본군'위안부'
헌법소원을 다루는 부분과, 남성징병제에 관한 제대군인 가산점제
도 위헌결정과 남성징병제 합헌결정을 다루는 부분으로 구별될 수
있을 것이다.

　먼저, 포스트식민주의와 관련하여서는 2005년 2월에 있었던 호
주제 헌법불합치 결정[헌법재판소 2005. 2. 3. 선고 2001헌가9, 10,
11, 12, 13, 14, 15, 2004헌가5(병합) 전원재판부, 이하 '호주제 헌법
불합치 결정'이라 한다]과 일본군'위안부' 헌법소원에 대한 위헌결
정(헌법재판소 2011. 8. 30. 선고 2006헌마788, 이하 "일본군'위안부'
헌법소원 결정"이라 한다)을 중심으로, 위 각 결정문의 논증구조와
논증방식에 내포되어 있는 사회적 의미를 분석하고, 그 의의와 한
계에 대해서 논하고자 한다. 특히 위 두 결정은 젠더적 관점에서의
성차별, 성폭력의 문제를 넘어, 일제 시대 이후 법제도와 사회현상
속에 내면화되어 있었던 '식민지성'을 어떻게 해석하고 극복할 것
인지와 관련하여서도 매우 중요한 의의를 가진다고 평가한다.

두 번째로, 남성징병제와 관련하여서는 헌법재판소 1999. 12. 23. 선고 98헌마363 결정(이하 '제대군인 가산점 제도 위헌 결정'이라 한다)과 헌법재판소 2011. 6. 30. 선고 2010헌마460 결정(이하 '남성 징병제 합헌 결정'이라 한다)의 내용을 살펴봄으로써 위 제도가 형성하는 차별의 양상, 각 헌법재판소 결정이 평등권 침해 여부를 판단하는 기준과 관점, 평등과 차이 등의 쟁점에 대해 고민해 보고자 한다.

II. 헌법재판소와 포스트식민주의

1. 호주제 헌법불합치 결정

가. 위헌법률심판의 신청

호주제에 대한 위헌법률심판 신청은 호주제의 핵심조문이 위헌이라고 주장하는 시민들의 신청에 의해서 시작되었는데, 사건 유형은 주로 이혼하여 일가를 창립한 여성들에 의해 신청된 것으로서, 위 여성들은 전남편과의 사이에서 출생한 자녀의 친권 행사자이자 양육권자인데도 그 자녀의 호적이 자녀의 아버지인 남편의 가(家)에 편제되어 있어 신청인들이 자녀를 자신의 호적에 입적시키기 위해 2000년 10월경 호적관청에 각기 입적신고를 했으나, 해당구청이 민법 제781조 제1항 본문 규정을 들어 입적신고를 받아들이지 않음으로써 관련 조문에 대한 위헌법률심판제청을 신청한 사례이다. 또 다른 사건 유형은 신청인들이 혼인하여 각 배우자와 동일한 가적에 올라 있는데 호적상 호주가 신청인 자신이거나 혹은 신청인의 남편으로 되어 있어 남편 혹은 자신이 호주로 되어 있

는 가를 무호주로 바꾸기 위해 2000년 10월과 11월에 각 관할 호적
관청에 호주변경 신고를 했으나 해당 구청들은 현행 민법상 무호
주 제도는 인정되지 않는다는 이유로 호주변경신고 수리를 거부했
고, 이에 신청인들이 각 호적관청 수리거부처분 취소소송을 제기
하면서 소송 계속 중에 민법 제778조, 제826조 제3항 본문이 위헌
이라고 주장하면서 위헌법률심판을 제청한 사안이다. 서울지방법
원 북부지원, 서부지원, 대전지방법원은 위 위헌법률심판제청신청
을 받아들여 헌법재판소에 민법 제778조, 제781조 제1항 본문 후단
에 대한 위헌여부 심사를 제청하였다.[1]

　이처럼 호주제 사건은 여타 사건과 달리 소송 자체가 50여 년
동안 벌인 법 개정 운동의 결과물로서, 사건 당사자나 원고의 청구
라는 개별적 프레임에서 보기 어려운 시민적, 집합적, 사회운동적
의미를 가지고 있었다.[2] 호주제도와 한국 가족현실 간의 괴리는
주로 이혼여성, 미혼모, 또한 그들의 자녀들을 통해 표출되어 왔고,
이는 식민지 유산을 극복하지 못하고 오히려 재생산해 온 후기식
민지적 한국사회의 구조적 산물인바, 이렇게 호주제 소송에는 한
국의 '전통'과 '여성'에 관한 담론이 교차되어 있다.[3]

---

1) 이상 호주제 위헌법률심판 신청 경과에 대한 설명은 양현아, "전통과 여성
　의 만남: 호주제도 위헌소송에 관한 문화연구", 법사학연구, 25호(2002),
　106-108; 양현아, "호주제도 헌법불합치 결정에 나타난 성차별 판단의 논
　증 -'전통'과 식민지성의 관련성 속에서", 경제와 사회, 통권 제88호(2010),
　226-227.
2) 민주사회를 위한 변호사 모임 여성인권위원회, 「호주제 폐지를 위한 소송
　백서」 1, 2, 2003; 김경희·김승경, "미국의 평등권 수정운동(Equal Rights
　Amendment) 운동의 한국의 호주제폐지 운동에 관한 비교연구, 한국여성학
　제24권 제4호(2008).
3) 양현아, 「한국 가족법 읽기 - 전통, 식민지성, 젠더의 교차로에서」, 2011,
　창비, 128.

나. 소송의 경과 및 견해의 대립

위헌법률심판이 제청된 지 4년여 간의 심리를 거쳐 헌법재판소가 호주제도의 핵심조항들에 대해서 헌법불합치결정을 선고하기까지, 호주제도 존치 측과 폐지 측의 입장이 첨예하게 대립되었다. 몇 차례 구두변론을 통해서도 현출된 바 있는 이들 입장 간의 대립은 한국 가족법 개정운동의 주요 화두인 '전통 대 양성평등'이라는 담론구도와도 일치하는 것으로서, 소송 과정에서는 과연 호주제도가 가부장제 문화에 기반을 둔 한국의 전통인지, 혹은 일제 강점기에 생성되어 잔존하고 있는 식민지 유산에 불과하다고 할 것인지의 문제가 핵심적인 쟁점으로 대두되었다.

호주제도 존치 측과 폐지 측 논변에서 호주제도의 전통성 여부는 조선시대의 가족제도에 초점을 두고 논해졌다. 즉, 존치 측에서는 호주제도가 한국의 전통이자 미풍양속임을 강조하여 역사적으로 우리나라의 전통적인 가족제도 하에서도 가장이 있었는데, 이 가장이 호주와 동일한 것이라고 이해하면서 호주가 가장으로서 집안에서 여러 가지 권한을 갖고 가족에 대하여 의무를 부담하는 것은 일본으로부터 영향 받았다기보다는 유교국가인 중국, 한국 일본의 공통현상이라고 하거나,[4] 호주제의 본질은 가계계승제도를 호주 개인의 권리의무 형태로 표현한 법률형식일 뿐이며, 이것이 우리 가족제도의 기초로서 호주제가 전통적인 가계계승 내지 조상숭배 관념에 이바지하기 때문에 이는 전통에 부합한다고 한다.[5]

---

4) 김준원, "현행 민법상의 호주제에 관한 연구(하)," 사법행정(2002. 9), 10~11; 정기웅, "가의 계승과 호주제의 역할," 가족법의 변동요인과 현상, 금산법학 창간호(1998), 88.

5) 구상진, "민법중개정법률안 입법예고에 대한 의견," 민법(친족편)개정안 공청회, 법무부(2003. 9. 25.), 57; 정환담, "「호주와 가족」의 전면적 폐지안의 불합당성" 법무부의 민법중개정법률안(호주와 가족의 전면 폐지안)의 입법예고에 대한 의견서, 법무부(2003), 115.

이렇듯 호주제도 존치 측에서는 호주제도가 특정한 시기에 형성된 법제도가 아니라 한국 역사에 보편적으로 존재하였던 부계계승제도 자체로 환치될 수 있음을 강조하였다.

반면 호주제도 폐지 측에서는 호주제도가 한국의 진정한 '전통'이 아님을 증명하는데 주력하면서 고려시대, 삼국시대까지 거슬러 올라가도 호주제도와 같은 가족제도가 한국 역사에 존재하지 않았고, 호주제도는 식민지시기에 이식된 제도라는 점을 강조한다. 즉, 민법상 호주제도는 일본이 식민지배 당시 호주제도가 우리나라의 관습상 존재한다는 명분하에 일본의 추상적인 가제도와 호주제도를 강제로 이식한 데서 기원하는 것으로서, 과거 신라시대부터 조선시대까지 존재하였던 호적제도는 민법상 호주제도 하의 호적과는 달리 실제 생활공동체를 파악하기 위한 것이므로 민법상 가제도와는 다르고, 오히려 현재의 주민등록제도와 유사하다고 한다.[6] 따라서 민법상 호주제를 구성하는 가제도와 호주승계제도는 우리 민족 고유의 가족제도에서 유래하는 것이 아니고 부계혈통의 계승을 목적으로 하는 남자중심의 추상적인 친족집단으로서 호적편제의 기준이 되는 민법상의 '가'는 우리의 전통적인 호적이 부계혈통의 계승을 목적으로 하지도 않았고, 반드시 남자중심으로 편제되어야 한다는 원칙도 없었으며 실제의 거주단위인 호(가구)를 기준으로 하여 편제된 점에 비추어 볼 때 '일제식 가'라는 것이다.[7] 따라서 일제가 조선에 가제도와 호주상속 제도를 강제로 이식한 이유는 일제의 동화정책 추진과 식민지 통치를 위한 효과적인 수단을 확보하는 데 있었다고 하면서 일본 제국주의가 조선이 고유한

---

6) 윤진수, "전통적 가족제도와 헌법 – 최근의 헌법재판소 판례를 중심으로", 법학, 47권 2호(2006. 6), 169.

7) 김상용, "호주제는 우리 민족의 전통가족제도인가", 법조 574(2004), 237-238.

상속제도나 가장제도를 '왜곡'하였다는 것[8])이 폐지 측 주장의 핵심이다.

　이러한 존치 측과 폐지 측 입장 간의 첨예한 대립 속에서 호주제 위헌소송의 쟁점은 과연 호주제도가 조선시대를 거쳐 전해져 내려오는 한국의 '전통'이라고 할 수 있는지 여부에 모아지게 되었다. 그러나 뒤에서 살펴보는 바와 같이 이러한 쟁점 형성에도 불구하고, 실제 2005년에 선고된 헌법재판소의 헌법불합치 결정에서는 전래의 어떤 제도가 헌법 제36조 제1항이 요구하는 개인의 존엄과 양성평등에 반한다면 헌법 제9조를 근거로 그 헌법적 정당성을 주장할 수는 없다는 논거를 통해 호주제도의 위헌성 여부를 끌어내는 데 핵심적인 근거를 호주제도의 성차별성 여부에서 찾았을 뿐, 호주제도의 전통성 문제는 위헌 여부 판단의 핵심적인 논점으로 등장하지 않았다. 헌법재판소가 위와 같이 '전통' 내지 '전통문화'를 과거와 현재를 모두 포함하는, 역사성과 시대성을 띤 개념으로 이해하면서 가족제도에 관한 전통이 헌법이념인 개인의 존엄과 양성평등에 반하는 것이어서는 안 된다는 한계를 설정함으로써 헌법 제9조, 제36조 제1항 간의 조화로운 해석을 도모하였기에 헌법재판소는 호주제도의 위헌 논거를 양성평등원칙 위반, 개인의 존엄 위반 및 변화된 사회환경과 가족상에서 찾게 되었고, 그 결과 헌법불합치 결정의 의의에도 불구하고 호주제 위헌소송의 핵심쟁점이었던, 과연 호주제도가 진정으로 우리 '전통'인지 여부를 논증할 수 있는 기회를 가지지 못하게 되었다.

　한편 이러한 호주제도 존치 측과 폐지 측의 입장 대립 가운데, 양현아는 기존 호주제도 폐지론자들의 지배적 견해였던 일제에 의한 조선의 관습 '왜곡론'과는 또 다른 차원의 '지식생산론' 혹은

---

8) 김상용, "민법 제781조 제2항 본문 후단부분 위헌제청 등에 관하여 - 김상용의 견해"(2005), 헌법재판자료집 11집, 31.

'관습의 고안 내지 착종'을 주장하였다. 즉, 일제 식민주의가 조선 관습에 미친 영향은 단지 '왜곡'의 개념만으로는 불충분한데, 일제 는 조선의 관습을 의도적으로 곡해한 것과는 달리 당시 시점에 맞 게 조선의 관습지식을 체계화하고 정립하여 관습을 '생산' 내지 '고안'하였다는 것이다.9) 조선의 관습이라는 불문법과 일본민법이 선택적으로 의용되면서 상이한 두 법원이 분리되지 않고 '조선의 관습'이라는 이름 하에 서로 얽히는 현상은 '착종'이라고 표현된다. 이렇듯 일본의 가제도가 '조선의 관습'이라는 기표 속으로 녹아드 는 과정은 일본식 가제도의 핵심인 '호주' 지위에 조선시대부터 유 래한 제사계승자인 가계계승자를 대입함으로써 일어난 가부장제 의 법제화에서 가장 잘 드러난다.10) 즉, ① 종래 조선의 제사계승자 는 한 동족집단에서 제사를 모시는 데 있어 가장 중심이 되는 인물 이며 봉사를 함으로써 한 가문의 계통을 잇는 지위임에 반해, 일본 가제도의 호주는 호적상의 '추상적'인 가의 대표자로서 조선의 제 사계승자가 가지는 권위는 조상 혈통에 대한 권위에서 유래하는 반면 호주는 국가가 승인하는 서류상의 지위로서 국가로부터 부여 받은 가부장권이라는 측면에서 양 지위의 원천과 국가와의 관계가 다르고, ② 조선의 '종가' 개념은 종가를 정점으로 지가들이 피라미 드 구조를 이루면서 혈족집단을 구성하여 다른 가문에 대해 배타 적 성격을 가짐에 비해, 일본의 호주로 대표되는 가족은 일가일적 원칙에 의해 문중을 여러 개로 분해하고, 가족 안에 호주를 정점으 로 가족원 간의 신분을 재정비하는 과정을 수반하여 양 지위는 다 른 가족과의 관계에서도 차이가 있으며, ③ 양 지위의 핵심역할과 관련하여 조선의 제사계승자의 역할이 조상봉사였다면, 일본 가제 도의 호주의 핵심역할은 제사가 아닌 가족재산의 효율적 운용이라

---

9) 양현아, 2011, 앞의 책, 139-140.
10) 양현아, 2011, 앞의 책, 142.

는 경제적 측면이었기 때문에 제사계승자의 조상봉사라는 정신적
이고 권위적인 역할과 현격한 차이가 있고, ④ 양자가 대표하는 가
족의 규모에도 차이가 있는데, 가계계승자의 경우 엄격한 기준으
로 선정되는 종손 혹은 승중의 지위는 적어도 5대 위 조상인 고조
부모부터 이어져 온 문중이라는 혈족의 대표자로서, 형제 간에도
분가가 허용되는 호주로 편제되는 가족보다 그 규모가 훨씬 크
다.11)

　이러한 조선의 '가장' 지위와 일본의 '호주' 지위의 상이함에 주
목하여 양현아는 일본 정책자들이 자신들의 편의에 따라 일본민법
의 '가'의 틀 속에 조선의 가족제도를 배치하고 사유함으로써 일제
강점기를 통하여 정착한 한국의 호주제도는 조선의 가계계승 원리
의 왜곡이라기보다는 조선의 가계계승제도와 일본식 '가'의 호주
제도가 서로 '착종'된 산물이라고 파악한다. 원래 조선에서 가계계
승자의 필요는 주로 조선시대 후기에 확립된 부계계승적 친족에서
종가의 계승문제로서, 호주로 편제되는 가족보다 규모가 훨씬 큼
에도 불구하고 일본 가제도의 일부를 떼어와 그 안에서 규모가 훨
씬 큰 조선의 문중이라는 가족단위를 사고하는 모순적 착종이 발
생한 결과 일제강점기를 거친 한국 가족에서 아들의 필요성은 하
나의 호적을 구성하고 있는 모든 소규모 가족의 법적 필요로 변모
하고, 현대사회를 살아가는 모든 가정이 대를 이어야 한다는 당위
가 한국 '전통'의 요구가 됨으로써 모든 소규모 가족에 적어도 하
나의 아들이 필요하다는 충족불가능한 원칙에 의해 한국 여성들이
겪어온 남아출산의 욕망과 수모는 식민지성과 가부장제가 뒤얽힌
역사적 궤적을 보여준다.12)

　조선의 가계계승 제도와 일본의 가제도 간의 착종을 통해 마치

---

11) 양현아(2011), 앞의 책, 163-167.
12) 양현아(2011), 앞의 책, 169-172.

호주제도가 조선의 고유한 관습인 것처럼 자리 잡아 가는 현상을
포착한 위 관점은, 어떻게 해서 호주제도가 개별 핵가족에게(특히
핵가족 내부의 여성들에게) '대를 이을' 아들 출산의 의무를 부여
하였는지 및 그것을 마치 '전통'의 요구인 것처럼 시민들이 내면화
해가는 과정에서 지속되고 있는 식민성을 볼 수 있게 한다. 바로
그러한 측면에서 일제가 조선의 관습에 개입함으로써 벌어진 착종
상태는 외부로부터의 식민지 제도의 '왜곡'이라는 일방적 관점만
으로는 포착하기 어려운 것임을 알 수 있다. 관습왜곡론은 여전히
조선의 관습 중 일본이 왜곡시킨 요소를 걷어낸 순수한 조선의 '전
통'의 실체가 존재한다는 것을 전제로 하고 있고, 그렇게 과거회귀
적으로 순수한 조선의 전통을 찾는다면 탈식민이 가능하다고 이야
기할 수 있겠으나, 호주제의 예에서 드러나는 조선관습과 일본식
가제도의 착종은 식민 지배를 거쳐 한국사회의 시민들이 내면화한
'전통' 혹은 '한국 고유의 관습'이라는 실체 자체가 일본의 법제도
와 혼합된 것으로서 동결된 실체가 아닌 구성된 것이자, 해체를 필
요로 하는 것이라는 점을 인지할 수 있게 만든다. 바로 그러한 측
면에서 지식생산론 내지 착종이론은 관습왜곡론과는 달리 포스트
식민주의적 관점에 한층 더 가까이 서 있다. 특히 일본식 가제도에
서 유래하는 호주의 지위가 마치 조선의 제사계승자의 지위와 동
일한 것처럼 내면화하면서 가부장적인 부계계승제도를 '전통'으로
여기게 만든 것은 일제가 조선에 행한 것일 뿐만 아니라 조선의 엘
리트가 조선민중에게, 또한 조선의 남성 엘리트가 여성 민중에게
행한 것이며, 그러한 관습의 착종과정은 단순히 일제가 조선에 대
해 일방적으로 행한 것이라고 말하기에는 한층 더 복잡한 내면화
과정도 수반하고 있었다. 따라서 단순한 왜곡보다도 더욱 심오한
개입이라고 여겨지는 이러한 과정을 포착하고, '전통'이라고 일컬
어졌던 동결된 실체를 해체하는 작업은 식민지배가 가족법제도에

미친 영향을 파악하는 포스트식민주의적 작업의 시발점이 될 수 있을 것이라고 여겨진다.

이렇듯 헌법재판소에서의 호주제 위헌소송 심리 과정에서는 호주제도의 전통성 여부가 중요한 쟁점으로 부상하였다. 한편, 뒤에서 살펴보는 바와 같이 2005년에 이루어진 헌법재판소의 헌법불합치 결정에서 헌법재판소는 호주제의 전통성 여부에 따라 위헌성 판단이 좌우되지 않음을 전제로, 호주제도의 성차별성에 대한 논증을 주된 논점으로 삼아 그로부터 호주제도의 헌법불합치성을 끌어내게 된다.

다. 헌법재판소의 호주제 헌법불합치 결정

1) 심판대상 조문의 확정

우선 주목할 만한 사항은 헌법재판소가 위 헌법불합치 결정에서 법원에 의하여 위헌제청되지 않은 법률조항을 직권으로 심판대상에 포함시켰다는 점이다. 당초 2001헌가9·10 사건에서 위헌법률제청신청인들은 입적신고를 받아들이지 않는 호적관청의 처분에 대한 취소소송을 진행하는 과정에서 법원에 민법 제778조, 제781조 제1항 본문이 위헌이라고 주장하면서 위헌법률심판제청신청을 하였지만 법원은 민법 제781조 제1항 본문 중 후단에 대한 신청만 받아들여 헌법재판소에 위헌법률심판을 제청하였고, 나머지 조항에 대한 신청은 재판의 전제성이 인정되지 않는다는 이유로 모두 각하하였으며, 2001헌가11 내지 15 사건 및 2004헌가5 사건에서는 신청인들이 호주변경신고 수리를 거부한 호적관청의 처분에 대한 취소소송을 진행하는 과정에서 민법 제778조, 제826조 제3항 본문이 위헌이라고 주장하면서 위헌법률심판제청신청을 하였지만, 법원은 민법 제826조 제3항 본문에 대한 신청은 각하하고, 민법 제778조에 대한 신청은 받아들여 헌법재판소에 위헌법률심판을 제청하였다.

그런데 헌법재판소는 "위헌제청되지 않은 법률조항이라 하더라도 체계적으로 밀접불가분의 관계에 있거나 동일한 심사척도가 적용되는 경우에는 그 법률조항도 심판대상에 포함시켜 위헌제청된 법률조항과 함께 그 위헌여부를 판단하기도 하는데, 신청인들 중 무호주로의 호주변경신고를 한 신청인들의 본질적 취지는 부부의 어느 일방도 호주가 됨이 없이 동등한 가족구성원으로 되는 가를 구성하게 해 달라는 것이고, 여기에는 처의 무조건적인 부가 입적을 다투는 취지도 포함되어 있다고 볼 것이므로, 호주 지위의 설정에 관한 민법 제778조와 더불어 처의 부가 입적에 관한 민법 제826조 제3항 본문 또한 제청신청의 취지와 무관하다고 볼 수 없다. 뿐만 아니라 민법 제826조 제3항 본문은 제778조, 제789조와 밀접한 관계에 있는 조항인데 전자는 후자와 결합하여, 남녀가 혼인하면 처는 부의 가(부가 호주일 수도 있고 아닐 수도 있다)에 강제로 편입된다는 법률결과를 창출하는 것으로서 이는 민법 제778조가 근거조항인 호주제의 핵심적 내용을 이루고 있는 것이다. 호주제의 위헌여부가 쟁점인 이 위헌제청사건에서 민법 제826조 제3항 본문이 위와 같은 정도로 민법 제778조와 밀접한 관계에 있다면, 설사 제청법원의 견해와 같이 전자의 조항에 엄밀한 의미의 재판의 전제성이 없다 하더라도, 호주제의 위헌여부라는 중요한 헌법문제의 보다 완전하고 입체적인 해명을 위하여 그 조항의 위헌여부까지도 심판의 대상으로 삼아 한꺼번에 심리·판단하는 것이 헌법재판의 객관적 기능에 비추어 상당하다"고 하여 직권으로 민법 제826조 제3항을 위헌법률심판 대상에 포함시켰다. 이에 따라 위헌법률심판의 대상조항은 아래와 같이 확정되었다.

민법 제778조(호주의 정의) 일가의 계통을 계승한 자, 분가한 자 또는 기타 사유로 인하여 일가를 창립하거나 부흥한 자는 호주가 된다.

제781조(자의 입적, 성과 본) ① 자는 부의 성과 본을 따르고 부가에 입적한다. 다만, 부가 외국인인 때에는 모의 성과 본을 따를 수 있고 모가에 입적한다.

제826조(부부간의 의무) ③ 처는 부의 가에 입적한다. 그러나 처가 친가의 호주 또는 호주승계인인 때에는 부가 처의 가에 입적할 수 있다.

이와 같이 헌법재판소가 직권으로 심판대상조항을 확대한 것은, 단지 헌법재판의 객관적 기능을 구현한다는 취지를 넘어 헌법재판소가 호주제도를 어떤 맥락에서 이해하고 있는지에 대한 단면을 보여준다. 헌법재판소는 호주제의 개념을 정의한 법률조항은 따로 없고 호주제란 일정한 법률조항들을 엮어 이러한 법률조항들의 '연결망'이 형성하는 법적 상태를 지칭한다고 하여 호주제도를 민법의 여러조문들이 그물망처럼 연결되어 빚어내는 거시적인 시스템으로 이해한다. 특히 민법 제778조와 호주제의 관계에 대한 설시 중 "어떤 법률조항은 법률 내에서 고립하여 존재하는 것이 아니라, 다른 법률조항들을 전제로 하거나 조건으로 하기도 하고, 다른 법률조항들과 결부하여 하나의 법률효과를 지향하기도 한다. 그러한 법률조항의 의미와 기능은 체계적 관련성 속에서만 더욱 올바로 이해될 수 있고 특히 민법 제778조는 호주제의 근거조항으로서 핵심적 위상을 차지하고 있는 조항으로서 호주제와의 관련성을 떠나서는 고립적으로 그 위헌여부를 제대로 판단할 수 없다. 한편 민법 제781조 제1항 본문 후단 및 제826조 제3항 본문 또한 호주제의 골격을 구성하는 주요 법률조항들이고 호주제와의 관련성을 떠나서는 고립적으로 그 위헌여부를 제대로 판단할 수 없다"고 한 부분은

형식적이고 협소하게 재판의 전제성을 판단하여 민법 제826조 제3
항에 대한 위헌법률제청신청을 각하한 제청법원의 판단과는 다소
그 결을 달리한다. 법원이 어느 법률의 위헌 여부의 심판을 제청하
기 위한 요건 중 하나인 '재판의 전제성'은 구체적인 사건이 법원
에 계속 중일 때 위헌 여부가 문제되는 법률이 당해 소송사건의 재
판에 적용되는 것이어야 하고, 그 법률이 헌법에 위반되는지 여부
에 따라 당해 사건을 담당하는 법원이 다른 판단을 하게 되는 경우
를 말한다(대법원 1998. 4. 10.자 97카기24 결정 등 참조). 즉, 제청
대상이 된 법률이 위헌으로 판단되면 당해 사건 재판의 결론에 영
향을 미치는 경우에 재판의 전제성이 인정된다고 볼 수 있는데, 민
법 제778조, 제781조에 대한 위헌법률심판제청 당시 서울지방법원
서부지원은 처의 부가입적을 규정한 민법 제826조 제항에 대한 제
청신청은 재판의 전제성이 없다고 보아 각하하였다. 앞서 살펴본
바와 같이 위 사안은 이혼한 여성이 남편(혹은 자신)이 호주로 되
어 있는 가를 무호주로 바꾸기 위해 호적관청에 호주 변경신고를
하였으나 호적관청이 현행 민법상 무호주제도가 인정되지 않는다
는 이유로 호주변경신고 수리를 거부하면서 소송이 제기된 사안이
다. 따라서 제청법원의 판단과 같이 무호주제도가 인정되지 않는
것은 '일가의 계통을 계승하거나 분가한 자 등은 호주가 된다'고
하여 모든 호에 호주가 존재함을 전제로 하는 민법 제778조와 자
의 부가입적을 규정한 민법 제781조 본문 후단이 그 직접적인 원
인이 되지만, 신청인들이 현재 자신의 남편이 호주로 되어 있는 가
를 무호주로 바꾸고자 하는 이유는 바로 민법 제826조 제3항이 혼
인과 동시에 처의 강제적인 남편 가 입적을 규정하고 있어서이기
때문이므로, 이러한 호주의 지위, 자의 부가 입적, 처의 남편 가 입
적을 당위로 규정한 세 조항이 서로 그물망처럼 연계되고 얽혀서
총체적인 효과를 발휘하는 이상, 결국 민법 제826조 제3항의 위헌

여부 역시 재판의 결론에 영향을 미친다고 볼 수 있다. 호주제 관련 조문들의 체계적 연결 효과를 그물망에 비유하는 헌법재판소의 위와 같은 설시는 이러한 조문들의 연결에 의한 중복효과를 포착하고 있다는 점에서 탁월하다고 할 수 있다.

헌법재판소는 위 헌법불합치결정에서, 1990년 민법 개정으로 호주의 권한이 매우 빈약하게 되었고, 호주의 의무는 전혀 없게 되어 호주의 가부장적 권한이 삭제됨으로써 실질적으로 호주제가 형해화된 것이고 상징적인 의미만 있는 것이 아니냐는 의문에 대하여, "아직도 거가동의권, 직계혈족 입적권과 같은 권리가 유보되어 있다는 점은 차치하더라도, 강제적 가의 구성과 이에 수반되는 가족관계의 강제형성, 가의 승계라는 호주제의 요소는 엄존하고 있고, 가장 대표적인 사례로 여자가 혼인하면 친가의 가족에서 시가 또는 부가의 가족으로 신분이 전환되고 자녀가 이혼한 모를 따라 재혼가정에서 가족공동체를 꾸리고 있더라도 재혼 부가의 가족이 될 수 없으며, 호주의 장남자가 사망하고 그 처와 자녀들이 시가와는 별도로 완전히 독립된 생활공동체로 살아가더라도 그 처를 중심으로 한 독립적인 가족관계를 따로 형성하지 못하고 여전히 그 처의 시아버지이자 그 자녀들의 할아버지인 호주와의 가족관계에 얽매이게 되는 등 신분관계를 강제로 변화시키기도 하고 변화를 방해하기도 하는 것은 상징적인 의미만 지니는 것이 아니라 엄연한 법적 효과"라고 응답한다. 또한 헌법재판소가 호주제의 위헌성의 논거로 들고 있는 양성평등원칙 위반(부모가 이혼한 경우의 자녀의 신분관계 형성의 차별, 미혼모의 경우의 문제 등), 변화된 사회환경과 가족상 등에 비추어 볼 때, 위 결정을 통해 헌법재판소가 호주제도를 개별적인 개인들의 권리구제 차원을 넘어서 사회 속에서 작동하는 성차별적 시스템으로 관념하였다는 것을 알 수 있다.

이렇듯 관련 조문들 간의 유기적, 체계적 결합을 통해 호주제가

사회 전체의 신분관계와 가족제도에 대해 발휘하는 실질적 효과에
주목하는 헌법재판소의 논증은 호주제도를 법조문 속 제도를 뛰어
넘어 사람들이 경험하는 제도로 접근했기 때문에 가능했던 것으로
평가된다.13)

2) 호주제도 헌법불합치 결정의 내용과 의의

앞서 언급한 바와 같이, 호주제도의 위헌여부에 대한 심리에 있
어서 호주제도의 전통성 여부가 핵심 쟁점이 되었기에, 호주제도
와 전통의 관계를 어떻게 설정할 것인지에 대한 결정문의 논증은
위 헌법불합치 결정에서 가장 주목해야 할 부분이라고 여겨진다.
호주제를 비롯한 가족제도가 민족의 역사와 문화에 뿌리박은 전통
인지 여부에 대해서 헌법재판소는, "가족제도는 민족의 역사와 더
불어 생성되고 발전된 역사적·사회적 산물이라는 특성을 지니고
있기는 하나, 그렇다고 하여 가족제도나 가족법이 헌법의 우위로
부터 벗어날 수 있는 특권을 누릴 수 없고, 만약 이것이 허용된다
면 민법의 친족상속편에 관한 한 입법권은 헌법에 기속되지 않으
며 가족관계의 가치질서는 헌법의 가치체계로부터 분리될 수 있다
는 결론에 이르게 되는데 이것이 입헌민주주의에서 용납될 수 없
다"고 하면서 '국가는 전통문화의 계승·발전과 민족문화의 창달에
노력하여야 한다'는 헌법 제9조와 '혼인과 가족생활은 개인의 존엄
과 양성의 평등을 기초로 성립되고 유지되어야 하며, 국가는 이를
보장한다'고 규정한 헌법 제36조 제1항 간의 조화로운 해석을 도모
한다. 즉, 헌법재판소는 헌법 제36조 제1항에 의해 양성평등과 개
인의 존엄이 혼인과 가족제도에 관한 최고의 가치규범으로 확고히
자리잡았음을 천명하면서, "헌법 전문과 헌법 제9조에서 말하는

---

13) 양현아, 2011, 앞의 책, 333.

'전통', '전통문화'란 역사성과 시대성을 띤 개념으로 이해하여야 하고 전통이란 과거와 현재를 다 포함하고 있는 문화적 개념이며 만약 전통의 근거를 과거에만 두는 복고주의적 전통개념을 취한다면 시대적으로 특수한 정치적·사회적 이해관계를 전통이라는 이름 하에 보편적인 문화양식으로 은폐·강요하는 부작용을 낳기 쉬우며, 현재 사회구조에 걸맞는 규범 정립이나 미래지향적 사회발전을 가로막는 장애요소로 기능하기 쉽다"고 하면서 "헌법에서 말하는 '전통'이란 오늘날의 의미로 재해석된 것이 되지 않으면 안 된다"고 함으로써 전통 개념이 과거의 어느 한 시점에 고착된 것이 아닌, 유동적이고 역사적인 개념임을 선언한다.

이와 같이 헌법재판소가 동결된 실체로서의 '전통' 개념에서 탈피하여 전통을 역사적, 사회적으로 구성되는 개념으로 이해한 것은 특히 앞서 1997년에 있었던 동성동본 금혼규정에 대한 헌법불합치 결정(1997. 7. 16. 선고 95헌가6 내지 13)과 비교할 때 진일보한 판시라고 여겨진다. 동성동본 금혼규정에 대한 헌법불합치 결정에서는 5명의 재판관이 단순위헌, 2명의 재판관이 헌법불합치 의견을, 나머지 2명의 재판관은 합헌의견을 개진하였는데 흥미롭게도 당시 헌법재판관들은 어떤 입장에 서 있는가와 무관하게 동성동본 금혼제도가 조선시대를 거치면서 확립된 우리나라의 '전통'이라는 측면에서는 이를 당연한 전제사실로서 받아들이고 있는 듯한 설시를 한다. 예컨대, 단순위헌 의견에서는 동성동본금혼제도를 "중국의 동성금혼 사상에서 유래하여 조선시대를 거치면서 법제화되고 확립된 제도가 충효정신을 기반으로 한 농경중심의 가부장적, 신분적 계급사회에서 사회질서를 유지하기 위한 수단의 하나로서의 기능을 하였다"고 보고 있고, 헌법불합치 의견에서는 "동성동본제도가 수백년 간 이어져 내려오면서 우리 민족의 혼인풍속이 되었을 뿐만 아니라 윤리규범으로 터잡게 되었다"고 한다. 반대의견에서는 더욱 직접적으로 "동성동본금혼제는 중국에서 유래한 것이 아니라 단군건국초부터 전래되면서 관습화된 우리 민족의 미풍양속으로서 전통문화의 하나이며, 가족법은 그 특성상 전통적인 관습을 반영할 수밖에 없는 것이며 그 중 어느 범위에서 이를 입법화하여 강제할 것인가는 입법정책의 영역에 속하는 것으로 입법자의 판단이 명백히 비합리적이라고 판단되지 않는 이상 이를 위헌이라고 할 수 없는 것인바, (동성동본금혼을 규정한) 민법 제809조 제1항은 전통적인 혼인관습을 법제화·강제화함으로써 사회질서를 유지하고자 함을 입법목적으로 하며, 전통문화라는 역사적 사실과 전통문화의 계승이라는 헌법적 이상에 부응한다"고 한다. 이상과 같은 동성동본금혼제도의 전통성에 관한 헌법재판소의 설시에서, 동성동본 금혼제도를 단군 이래의 우리의 혼인관습을 구성하는 전통이라고 이해하면서, 그 전통의 실체 자체에는 별다른 의문을 제기하지 않는 시각을 발견할 수 있다. 반면 호주제도 위헌소송에서 헌법재판소는 이러한 전통에 대한 동결된 시각을 탈피하여, 전통의 헌법구속성을 명확히 하고 전통 자체가 과거와 현재를 아우르면서 구성된다는 점을 받아들임으로써 '전통' 개념에 대한 한층 더 진전된 판시를 하였다.

호주제 헌법불합치 결정에서 헌법재판소가 전통이라고 명명되는 어떠한 사회/법 제도도 결국은 헌법이념에 구속되어야 함을 명확히 함으로써 더 이상 특정한 제도가 '전통'이라는 이유만으로 그 합헌성을 주장하는 논리는 성립할 수 없게 되었다. 전통이 문제가 되는 것은 다른 사유로는 당해 법제도를 정당화할 수 없을 경우인데 어떠한 법제도가 그 자체로서는 합리성이 인정되지 않을 뿐만 아니라 기본권을 침해하는 것임에도 불구하고 그것이 전통적인 제도라는 이유만으로 합헌으로 보아야 된다고 한다면 이는 부당하기에, 호주제가 오늘날의 관점에서 헌법적으로 정당화될 수 있는가

하는 점 자체가 중요한 것일 뿐 그것이 전통에 의해서 뒷받침되는
지 여부는 중요하지 않다는 견해[14] 역시 헌법재판소의 위와 같은
설시와 같은 맥락에서 이해될 수 있다. 헌법재판소가 이처럼 가족
제도에 관한 전통이 헌법이념인 개인의 존엄과 양성평등에 반하는
것이어서는 안 된다는 한계를 설정하면서 이를 위헌판단의 기준으
로 설정함에 따라, 호주제 헌법불합치 결정의 핵심적인 논거는 호
주제도의 성차별성 여부에 집중되고, 호주제도가 전통인지 여부는
결정이유에서 전혀 등장하지 않게 되었다. 아마도 헌법재판소로서
는 설사 호주제도가 우리나라의 전통이라고 하더라도 양성평등과
개인의 존엄이라는 헌법이념에 합치해야만 그 합헌성을 인정받을
수 있다고 설시함으로써, 호주제도를 성차별적 제도의 문제로 접
근할 수 있게 되어 한층 그 위헌성을 끌어내기가 수월하게 되었고,
과연 호주제도가 전통에 해당하는지 여부에 관한 다소 논쟁적인
논증을 피할 수 있는 효과도 얻었을 것이라고 생각한다.[15]

이로써 헌법재판소는 호주제의 위헌성의 핵심 논거를 양성평등
원칙 위반에서 찾게 된다. 특히 헌법재판소는 호주제가 혼인시 신
분관계 형성의 차별을 조장한다고 지적하면서, 처의 입적이라는
법률적 제도가 여성에게 사회심리적으로 미치는 영향을 논하고 있
다. "혼인과 동시에 '호적을 파서' 남편의 호적으로 옮긴다는 것은
이제 친정과의 결별이자 시가의 일원으로 편입되었다는 것에 대한
공식적인 확인의 의미를 지니고 실제 많은 여자들이 혼인신고시에
정체성의 혼돈·상실이라는 경험을 겪는데, 그러한 공식적 확인을

---

14) 윤진수(2006), 앞의 글, 173-175.
15) 그러나 뒤에서 살펴볼 바와 같이, 호주제도에 내재되어 있던 식민성은 '전
    통'이라는 명목 하에 우리 사회의 시민들에게 내면화되고 지속될 수 있었
    기에, 법제도로서의 호주제의 본질을 정확하게 규명하기 위해서는 식민성
    과 전통의 의제를 피할 수 없었다는 아쉬움이 남는다.

통해 혼인한 여자는 '출가외인'으로 내면화되고 가족관계에 있어 시댁과 친정이라는 이분법적 차별구조가 정착되는바, 가족관계에 대한 이러한 인식과 양상은 당연히 남아선호라는 병폐와 연결되고, 사회적 관계로 확장되었을 때는 남성우위·여성비하의 사회적 풍토를 조성, 유지하게 된다"는 것이다. 이렇게 호적상 신분변화가 여성들의 정체성, 소속감, 지위 등에 주는 사회심리적 효과에 주목하는 의견은 그간 법학의 주류 담론에서는 찾아보기 어려운 것이었고, 호주제도가 단지 '상징적'인 제도에 불과하다는 입장이 존재하기도 하였으나, 인간의 사회생활 자체가 상징들로 구성된다는 사회과학의 인식에 입각할 때 바로 그 상징에 달린 사람들의 이익이란 실로 심대하고도 실질적인 것이다.16) 또한 헌법재판소는 호주제도가 양성평등 원칙에 위반된다는 논거 중 하나로 '자녀의 신분관계 형성의 차별'을 들면서 민법 제781조 제1항 본문 후단에 따라 극히 예외적인 경우를 제외하고는 혼인 중의 자는 출생에 의하여 당연히 부가에 입적하는 것으로 규정되어 있는데, "자녀가 태어나면 당연히 부가에 입적된다는 것은 그 자체로 자녀를 부계혈통만을 잇는 존재로 간주하겠다는 부계혈통 우위의 사고에 기초한 것인데 이는 자녀가 부모의 양계혈통을 잇는 존재라는 자연스럽고 과학적인 순리에 반하며, 부에 비하여 모의 지위를 열위에 둠으로써 부당히 차별하는 것"이라고 한다. 물론 예외적인 경우 모가에 입적할 수 있는 규정을 두고 있지만, 이는 모두 부가로의 입적이 불가능한 경우로 한정되어 그 범위가 너무 협소하므로 원칙적인 남녀차별성을 치유할 수 없다는 것이다. 이 부분에서 헌법재판소는 가족법이 가족제도의 형성원칙을 특정한 방향으로 설정해 놓고, 좁은 범위에서 예외를 인정하고 하더라도 이미 법 자체에서 남성

---

16) 양현아, 2011, 앞의 책, 334.

중심의 가족형태를 '정상가족'으로 전제하고 있다면, 형식적으로 예외가 존재한다고 해도 그것은 결코 당해 법제도의 위헌성을 상쇄시킬 수 없다는 점을 잘 지적하였다고 여겨진다. 게다가 그 예외가 '정상가족'을 형성할 수 없는 경우에만 협소하게 허용되는 경우일 뿐만 아니라, 실제 생활에서 예외적인 가족제도를 선택할 수 있는 개인의 비율이 극히 적다면 이를 두고 각 개인들의 자율적 선택에 따라 가족형태를 구성할 자유가 주어졌다고 할 수는 없을 것이다.[17] 또한 헌법재판소가 호주제도의 헌법불합치 논거로 미혼모

---

17) 동일한 문제가 민법상 부성주의 원칙에서도 드러난다. 헌법재판소는 '자는 부의 성과 본을 따르고'라고 규정한 민법 제781조 제1항 본문이 헌법에 위반되는지 여부에 관한 결정[헌법재판소 2015. 12. 22. 선고 2003헌가5, 6(병합)]의 다수의견에서 "양계 혈통을 모두 성으로 반영하기 곤란한 점, 부성의 사용에 관한 사회 일반의 의식, 성의 사용이 개인의 구체적인 권리의무에 영향을 미치지 않는 점 등을 고려할 때 민법 제781조 제1항 본문이 성의 사용기준에 대해 부성주의를 원칙으로 규정한 것은 입법형성의 한계를 벗어난 것으로 볼 수 없으나, 출생 직후의 자에게 성을 부여할 당시 부가 이미 사망하였거나 부모가 이혼하여 모가 단독으로 친권을 행사하고 양육할 것이 예상되는 경우, 혼인 외의 자를 부가 인지하였으나 여전히 모가 단독으로 양육하는 경우 등과 같은 사례에 있어서도 일방적으로 부의 성을 사용할 것을 강제하면서 모의 성의 사용을 허용하지 않고 있는 것은 개인의 존엄과 양성의 평등을 침해한다"고 함으로써, 법률조항의 위헌성을 부성주의 원칙 자체가 아닌, 부성의 사용을 강제하는 것이 부당한 것으로 판단되는 경우에 대해서까지 부성주의의 예외를 규정하지 않고 있는 점에서 찾았다. 그러나 가사 위와 같은 예외적인 경우에 모성 사용을 허용한다고 하더라도, 여전히 민법이 부성주의를 원칙으로 적용하고 이를 정상가족의 지표로 삼는 이상, 모성은 성과 본 등 계통을 잇지 못하는 '비어 있는 피'가 되어 계통 구성의 능력을 박탈 당하게 되고, 여성과 여성으로 매개된 모든 관계는 남성과 남성으로 매개된 관계에 비해 제도적으로 차별을 받게 된다(양현아, 2011, 앞의 책, 375-377). 위 헌법불합치 결정 이후 민법의 개정으로 예외적인 경우 모성 사용이 허용되게 되었지만, 부와 다른 성본을 사용하는 자녀에 대해 여전히 우리사회에 편만한 낙인과 편견을 돌아볼 때, 부성주의 원칙의 예외를 허용한다고 하여 그 위헌성이 제거되는 것인지에 대한 의문이 제기된다.

문제, 사회분화에 따른 가족형태의 다변화 등의 사회적 사실을 풍부하게 포함시킨 것은 '살아 있는 법'으로서의 호주제도의 효과를 살펴보고자 한 것으로서 법사회학적 논증을 구사한 것이라고 평가되기도 한다.18)

2. 일본군 '위안부' 헌법소원

가. 헌법소원의 제기 및 소송경과

2006년 7월 '위안부' 피해자 109명은 외교통상부 장관을 피청구인으로 하여 헌법소원을 제기하였는데, 그 요지는 한일청구권 협정에 의하여 '위안부' 피해자들의 일본에 대한 배상청구권이 소멸하였는지 여부에 대한 해석상 분쟁을 대한민국 정부가 한일청구권 협정이 규정한 바에 따른 해결절차에 회부하지 않는 부작위는 위헌이라는 취지였다. 피청구인 외교통상부 장관은 정부가 '외교상의 경로'를 통해 꾸준히 노력하고 있으며, 중재위원회 회부 여부는 국가의 포괄적 재량으로 중재위원회 회부를 하지 않았다고 하여 이를 부작위로 볼 수 없다는 입장을 표명하였다. 앞서 살펴본 호주제 헌법불합치 결정과 일본군'위안부' 헌법소원은 사회 속의 가족법제도 그리고 식민지 책임의 청산과 관련한 국가의 역할과 관련한 포스트식민주의적 관점에서 그 의미가 맞닿아 있다. 호주제 헌법불합치 결정이 식민지 시기에 형성된 일본의 가족제도와 우리나라 관습의 혼합 및 착종의 결과물로서의 호주제가 '전통'으로 내면화되는 현상에 내재된 식민성을 보고자 한 것이었다면, 일본군'위안부' 헌법소원은 이전까지 '위안부' 문제에 대한 법적 포착이 일본에 대한 소송으로부터 시작하여 2000년 일본군 성노예전범 여성국

---

18) 양현아(2010), 앞의 글, 230-231.

제법정 등 주로 대한민국 바깥에서의 책임을 묻는 방향에서 이루어져 왔던 것에 대하여, 대한민국도 더 이상 식민지배의 피해국 혹은 '위안부' 피해자들에 대한 시혜적인 의미에서의 경제적 지원자에 머무르지 않고, 일본과 별개로 또 다른 가해자이자 배상자의 지위를 겸유하고 있음을 선언할 수 있는 계기가 됨으로써, 어떤 방식으로 법제도와 사회 속에 지속되고 있는 식민성을 청산할 것인지에 대한 물음을 제기하였다.

나. 헌법재판소의 위헌결정

헌법재판소는 2011. 8. 30. "청구인들이 일본국에 대하여 가지는 일본군'위안부'로서의 배상청구권이 한일청구권 협정 제2조 제1항에 의하여 소멸되었는지 여부에 관한 한·일 양국 간 해석상 분쟁을 위 협정 제3조가 정한 절차에 따라 해결하지 아니하고 있는 피청구인의 부작위는 위헌임을 확인한다"고 선고하였다. 대한민국이 한일청구권 협정에 따른 피해자들의 청구권의 존재를 확인하고 실질적으로 문제를 해결하는 데 나서지 않았다는 부작위를 위헌으로 선언한 일본군'위안부' 헌법소원 결정은 오랜 세월 공적인 영역에서 침묵 속에 갇혀 온 '위안부' 문제에 대해 헌법재판소가 대한민국 정부의 공식적인 책임을 인정하였다는 점에서 그 의미가 있다. 뿐만 아니라, 위 결정은 그 동안 일본이라는 외부의 타자에 대해서만 이 문제의 책임을 돌리던 데서, 대한민국의 책임을 중층적으로 인정하는 방향으로 기본권과 국가의 의무에 대한 의미 있는 인식의 전환을 담고 있기도 하다. 오랫동안 한국사회가 일본군 '위안부' 피해자들에 대한 보상, 그 상흔에 대한 치유, 그리고 이 역사적 문제를 어떻게 공적으로 선언하고 청산할 것인지에 대해 침묵해 온 것은 한국정부가 일본군'위안부' 문제에 대하여 말하지 않음으로써 그 상흔을 지속시켰다는 것을 상징하는데, 헌법재판소의 위헌 결정으로 인하여 '위안부' 문제 해결에 참여해야 할 주체가 가해국 일본과 피해국 한국이라는 2자적 구도를 넘어, 일본정부와 한국정 부, 그리고 피해자라는 3자적 구도로 확장된 것이다. 한국정부는 그간 식민지배의 피해국으로서 피해자의 위치와 동일시되거나, '위 안부' 지원법령 등을 통해 피해자들에게 시혜적 의미의 경제적 보 상을 하는 주체로서만 관념되어 왔으나, 이 사건 결정은 한국정부 또한 '위안부' 피해를 구성하고 가중시키는 한 축이 되어 왔음을 공적으로 선언하였다는 점에서 그 의의가 있다. 나아가 위 결정은 한일청구권 협정에 의한 국가차원의 경제원조를 통해 국가 내부에 있는 개별 피해자들의 배상청구권까지 해결되었다는 관념을 부정 하면서, '위안부' 피해자들의 손해는 공동체로서의 민족의 피해와 는 별개로 사회 속에서 회복되어야 하는 피해임을 암시하고 있다. 즉, 위 결정은 일본군'위안부' 문제에 대하여 한국정부와 사회가 침묵하고 묵인한 데 따른 피해 역시 '위안부' 됨에 따른 피해에 포 함된다는 것을 그 전제로 하고 있다는 점에서 한국정부와 사회를 단순히 식민지배의 대상이자 객체라는 수동적, 소극적 지위를 넘 어 '위안부' 피해에 대해 사죄하고 배상하여야 할 지위에 위치시켰 다. 이로써 '위안부' 피해가 식민지배의 역사를 공유하고 있는 포스 트식민 한국사회의 집합적 피해라는 피해의 사회성이 규명되었다.

다. 위헌결정의 내용과 의의

일본군'위안부' 헌법소원 결정에서는 적법요건에 대한 판단에서 '작위의무' 유무에 대해 기존의 헌법재판소 결정 선례와 달리 작위 의무의 구체성, 추상성 등 형식적 분류에 얽매이기보다는 침해되 는 기본권의 급박성, 중대성, 역사성 등을 이유로 실질적인 권리구제를 도모하였다. 또한 피청구인의 부작위의 위헌 여부에 대한 본안 판단에서도 다수의견은 '위안부' 피해 생존자들이 일본 정부에 대하여 가지는 배상청구권의 성격을 단순히 재산권으로서의 경제적 권리를 넘어 인간으로서의 존엄과 가치 및 신체의 자유를 사후적으로 회복시켜 주는 권리로 해석함으로써, 청구인들의 침해된 기본권을 단지 개인의 주관적 권리로 이해하는 것에서 나아가, 공동체가 지향하는 가치의 수호라는 적극적인 의미를 부여하였다. 구체적인 내용은 아래에서 후술한다.

1) 적법요건에 대한 판단

종래부터 누적되어 온 헌법재판소의 결정례에 의하면, 헌법재판소는 행정부작위에 대한 헌법소원은 "공권력의 주체에게 헌법에서 유래하는 작위의무가 구체적으로 규정되어 이에 의거하여 기본권의 주체가 행정행위 내지 공권력의 행사를 청구할 수 있음에도 공권력의 주체가 그 의무를 해태하는 경우에만 허용된다"고 하여 헌법에서 유래하는 작위의무의 존재를 헌법소원의 적법요건으로 해석해 왔다. 여기서 말하는 "공권력의 주체에게 헌법에서 유래하는 작위의무가 특별히 구체적으로 규정되어 있는 경우"가 의미하는 것은, 첫째, 헌법상 명문으로 공권력 주체의 작위의무가 규정되어 있는 경우, 둘째, 헌법의 해석상 공권력 주체의 작위의무가 도출되어 있는 경우, 셋째, 공권력 주체의 작위의무가 법령에 구체적으로 규정되어 있는 경우 등을 포괄하고 있는 것으로 볼 수 있다(헌법재판소 2004. 10. 28. 2003헌마898 결정 등 참조).

이러한 헌법재판소의 확립된 선례에 의할 때 일본군'위안부' 피해자들의 배상청구권과 관련한 분쟁을 해결하지 아니하고 있는 정부 측의 부작위가 위헌임을 구하고 있는 이 사건 헌법소원심판은 사실상 그 적법요건에 대한 심사에서부터 많은 난항을 예정하고 있었다. 일본군'위안부' 헌법소원 결정에서 다수의견은 작위의무의 성격에 대해, '모든 국민은 인간으로서의 존엄과 가치를 가지며, 행복을 추구할 권리를 가진다, 국가는 개인이 가지는 불가침의 기본적 인권을 확인하고 이를 보장할 의무를 진다'고 규정한 헌법 제10조, '국가는 법률이 정하는 바에 의하여 재외국민을 보호할 의무를 진다'고 규정한 헌법 제2조 제2항, '3·1 운동으로 건립된 대한민국 임시정부의 법통'의 계승을 천명하는 헌법 전문 및 협정의 해석에 관하여 분쟁이 발생한 경우, 1차적으로는 외교상 경로를 통하여, 2차적으로는 중재에 의하여 해결하도록 규정하는 한일청구권 협정 제3조의 규정을 종합하여, "일본국에 의해 자행된 조직적이고 지속적인 불법행위에 의하여 인간의 존엄과 가치를 심각하게 훼손당한 자국민들이 배상청구권을 실현할 수 있도록 협력하고 보호하여야 할 헌법적 요청에 의한 것으로서, 그 의무의 이행이 없으면 청구인들의 기본권이 중대하게 침해될 가능성이 있으므로, 피청구인의 작위의무는 헌법에서 유래하는 작위의무"라는 결론을 도출한다.

이처럼 위 결정에서 다수의견이 작위의무의 존재를 도출할 수 있었던 것은, 앞서 살펴본 바와 같이 식민지 상황에서 '위안부' 피해자들에게 초래된 인권침해에 대하여 한국정부가 가지는 이중적인 지위에 대한 인정을 그 전제로 한다. 다수의견은, 비록 헌법이 제정되기 전인 일제강점기에 일어난 일이라고 할지라도 강제동원을 통해 인간의 존엄과 가치가 말살된 상태에서 비극적인 삶을 영위하였던 '위안부'들의 훼손된 인간의 존엄과 가치를 회복시켜야 할 의무는 지금의 정부가 국민에 대하여 부담하는 가장 근본적인 보호의무라고 설시한다. 또한, 그러한 작위의무는 단순히 법률 차원에서 인정되는 의무 혹은 국가의 직권발동에 의해 시혜적으로 베풀어지는 의무가 아니라, 반드시 이행되어야 할 헌법적 차원의 의무라고 보고 있다. 이를 통해 위 결정은 '위안부' 피해에 대한 배상과 회복의 주체를 식민지배 시기 전, 후라는 시간적 이분법 혹은 한국과 일본이라는 공간적 이분법을 통해 협소하게 한정지었던 시각에서 벗어나 한국정부가 식민지 시기에 자국민에 대한 보호를 제대로 수행하지 못하였던 점, 나아가 한일청구권 협정 체결 당시 청구권의 내용을 명확히 하지 않고 '모든 청구권'이라는 포괄적 개념을 사용하여 협정을 체결하였던 점 등을 근거로 한국정부의 작위의무 이행이 시혜적인 배려가 아닌, 헌법적인 작위의무임을 확인하였던 것이다.

헌법재판소가 일본군'위안부' 헌법소원에 대한 위헌 결정에서 헌법전문과 헌법 제10조, 제2조 2항의 해석을 통해 작위의무의 존재를 도출해 낸 것은 식민지 시기에 자행된 위안부 피해로 인하여 훼손된 인간의 존엄과 가치를 국가가 나서서 '회복'시킬 수 있어야 한다는 관념에서 유래한 것으로서, '위안부' 피해를 위안소에서의 직접적인 강간 피해에만 한정짓지 않고 그와 더불어 해방 이후 한국사회에서 피해자들에게 가해진 오해와 비난, 고립과 소외까지도 포함하는 것으로 이해함으로써 단순한 개인적 법익의 침해라는 주관적인 피해를 넘어서는 것으로 관념하였기 때문에 가능했다고 여겨진다. 이렇듯 '위안부' 경험이 사회 속에서 야기한 피해의 집합적이고 공동체적인 성격을 인지하여 헌법에서 유래하는 작위의무를 도출해 낸 위 결정의 다수의견은, 호주제 헌법불합치 결정 당시 헌법재판소가 호주제도를 개별 개인들의 권리구제 차원을 넘어서 사회 전체로서 작동하는 거시적인 성차별 시스템으로 관념하면서, 직권으로 위헌법률심판대상을 확장시킨 것과도 일맥상통한다.

특히 '위안부' 피해와 같은 장기적이고 집합적인 인권침해에 있어서 사법이 추구하는 정의가 처벌적 정의(punitive justice) 뿐만 아니라 회복적 정의(restorative justice)에 관한 것이고 회복적 정의의 최종점이 사회로 하여금 피해자들을 사회의 한 성원으로 받아들이

는 재통합 과정에 있다[19])고 한다면, 위 결정의 내용은 '위안부' 피
해자들을 다시 사회와 커뮤니티 안으로 받아들이는 과정이 피해회
복과 치유에 있어서 결정적으로 중요한 것임을 내포하고 있다.

  2) 정부의 부작위의 위헌 여부에 대한 본안판단

  일본군'위안부' 헌법소원 결정은 본안판단에서 "일본군'위안부'
피해는 일본국과 일본군에 의해 강제로 동원되고 그 감시 아래 일
본군의 성노예를 강요당한 것에 기인하는 것으로, 달리 그 예를 발
견할 수 없는 특수한 피해"라는 전제에서 "일본군'위안부' 피해자
들이 일본에 대하여 가지는 배상청구권은 헌법상 보장되는 재산권
일 뿐 아니라, 그 배상청구권의 실현은 무자비하게 지속적으로 침
해된 인간으로서의 존엄과 가치 및 신체의 자유를 사후적으로 회
복한다는 의미를 가지는 것이므로, 그 배상청구권의 실현을 가로
막는 것은 헌법상 재산권 문제에 국한되지 않고 근원적인 인간으
로서의 존엄과 가치의 침해와 직접 관련이 있다"고 설시하였다. 또
한 "최근까지 일본군'위안부' 피해자들이 일본의 법정에서 진행해
온 3차례의 소송은 일본군'위안부' 피해자들의 배상청구권이 한일
청구권 협정에 의하여 소멸하였다는 등의 이유로 패소 확정되어
일본의 법정을 통한 일본군'위안부' 피해자의 사법적 구제, 또는
일본 정부의 자발적 사죄 및 구제조치를 기대하는 것은 사실상 불
가능하게 되었다"는 점을 근거로 피청구인인 대한민국 정부가 한
일청구권 협정의 해석에 관한 분쟁을 해결하기 위하여 위 협정의
규정에 따른 외교행위 등을 할 작위의무를 이행하지 않은 부작위
는 청구인들의 중대한 헌법상 기본권을 침해한다고 판단하였다.

  이처럼 위 결정의 다수의견은 그동안 '위안부'들의 피해가 지속
되어 온 원인에는 일본의 직접적인 불법행위 뿐만 아니라, 우리 정

---

19) 양현아, "2000년 법정을 통해 본 피해자 증언과 법 언어의 만남", 김부자
    외, 「한일간 역사현안의 국제법적 재조명」, 동북아역사재단, 2008, 164.

부가 피해자들의 배상청구권을 실질적으로 실현하기 위한 노력을 하지 아니한 부작위도 피해의 확대와 지속에 기여했다는 문제의식을 전제로 하고 있다. 한국 정부가 한일청구권 협정 체결 당시 '모든 청구권'이라는 포괄적이고 불확실한 개념을 사용하여 협정을 체결하였고, 이에 따라 이후 위 협정의 해석과 관련하여 분쟁이 발생하고 피해자들의 배상청구권 행사에 장애가 발생한 이상 정부는 이를 적극적으로 해소하기 위하여 노력할 구체적인 의무가 있다는 것이다. 그리하여 위 결정에서는 피청구인 측에서 부작위 사유로 내세운 "소모적인 법적 논쟁으로의 발전가능성 또는 외교관계의 불편이라는 매우 불분명하고 추상적인 사유를 들어, 그것이 기본권 침해의 중대한 위험에 직면한 청구인들에 대한 구제를 외면하는 타당한 사유가 된다거나 또는 진지하게 고려되어야 할 국익이라고 보기는 힘들다"고 선언함으로써, 국가가 한일청구권 협정에 따른 분쟁해결절차에 나아갈 작위의무의 적극적인 실현이 사회보장적 성격을 띠거나 시혜적인 것이 아니라, 정부가 국민에 대하여 부담하는 가장 근본적이고도 필수적인 보호의무임을 명확히 하였다.

한편, 위 결정에서 각하의견을 낸 재판관 이강국, 민형기, 이동흡의 반대의견 내용을 살펴보면, '위안부' 피해의 회복에 있어서 국가의 역할에 대한 다수의견과 반대의견 간의 상반된 관념을 엿볼 수 있다. 다수의견과 달리 반대의견은, "국가가 국민에 대하여 기본권보장 및 그 보호의무를 부담한다는 국가의 일반적, 추상적 의무를 규정한 것에 불과한 헌법 제10조, 제2조 제2항, 헌법 전문의 규정 그 자체로부터 국민을 위한 어떠한 구체적인 행위를 해야 할 국가의 작위의무가 도출되는 것은 아니다"라고 하면서 "다수의견이 침해되는 청구인들의 기본권의 중대성, 기본권 침해 구제의 절박성에만 근거하여 국가 간 조약에 기재된, 의무성조차 없는 문구를 일방 체약국의 정부인 피청구인에 대하여 조약상 행위를 강제

할 수 있는 의무조항이라고 해석해 버린 것은 지나친 논리의 비약
이며, 오히려 한일청구권 협정 제3조에 기재된 분쟁해결절차에 나
아가는 행위는 양 체약국의 재량행위로서 헌법보다 하위규범인 조
약에 명시되어 있는 이상 조약의 당사자도 아닌 국민이 국가에 대
하여 의무의 이행을 구할 수 있는 구체적인 작위의무로 탈바꿈된
다고 해석할 수 없다"고 한다. 마지막으로 반대의견은, "청구인들
이 처해 있는 기본권구제의 중요성, 절박성을 해결할 수 있는 법적
수단을 헌법이나 법령, 기타 헌법적 법리에 의하여도 발견해 낼 수
없다면 결국 이들의 법적 지위를 해결하는 문제는 정치권력에 맡
겨져 있다고 할 수 밖에 없고, 헌법해석의 한계를 넘어서까지 헌법
재판소가 피청구인에게 그 문제해결을 강제할 수 없다는 것이 권
력분립의 원칙상 헌법재판소가 지켜야 하는 헌법적 한계"라고 끝
맺고 있다.[20] 이처럼 반대의견은 국가의 기본권 보호의무에 대한
헌법규정은 일반적, 추상적 규정에 불과하여 그로부터 개인의 주
관적인 권리가 도출될 수는 없다고 해석한다. 나아가 헌법보다 하
위규범인 조약에 기재된 것에 불과한 문구를 가지고 국민이 직접
국가에 대하여 어떤 적극적인 행위를 청구할 수 없고, 이는 결국
정치권력에 맡길 수밖에 없다는 것이다. 작위의무의 존재여부를
이렇듯 엄격하게 해석하는 반대의견은 '위안부' 문제의 해결에 있
어 국가의 역할을 시혜적 지원자의 역할로 제한하고, 적어도 한국
정부는 식민지배 시기에 일어난 불법행위로 인한 피해에 대해서
피해자들에게 적극적인 법적 책임을 부담하지는 않는다고 보고 있

---

[20] 같은 취지에서, 위 위헌결정이 결론에 이르는 과정에서 종전 선례와 다른
판단을 내림에 있어 행정부작위 헌법소원을 부정하던 선례에 대한 충분
한 비교 내지 비판적 검토가 없는 상태에서 국민 여론에 떠밀려 결론을
상정하고 근거를 끼워맞추는 식의 논리적 비약이 존재한다는 비판을 하
는 의견도 있다[성중탁, "행정부작위 헌법소원에서의 작위의무와 국가의
기본권보호의무", 한국법학원, 저스티스 140(2014. 2), 86-87].

다는 점에서 다수의견과의 시각차이가 극명하게 드러난다.

그러나 과거에 일본군'위안부'였다는 사실만으로 사회생활과 가정생활의 모든 영역에서 제약을 받아 온 '위안부' 피해 생존자들에게는 일본의 공식적인 사죄와 배상을 받는 것이 우리 사회에서 공동체의 일원으로서 권리를 인정받고 살아가기 위한 선결문제라고 할 수 있는데, 국가가 한일청구권 협정의 체결 당사자로서 협정에 규정된 분쟁해결 절차를 개시함으로써 피해 생존자들이 권리를 누릴 수 있는 역량을 마련해 줄 수 있는 유일한 행위자인 이상, 위 결정은 국가가 '위안부' 피해 생존자들의 기본권 구제에 소극적이었을 뿐만 아니라, 오히려 장애요소를 제공한 행위주체로서 더욱 적극적인 의무를 부담해야 한다는 선언이다.[21] 흔히 한국정부의 공식적 담화에서 식민지 역사와 관련된 쟁점들이 '과거사'라고 불리고, 식민지 문제가 단지 과거의 사안으로서 오로지 현재에 '청산' 되어야 할 것으로만 의미가 부여되는 현실에서, 과거의 사건들은 과거를 재구성하는 현재의 의미부여를 통해서만 이해할 수 있으므로 일본군'위안부'의 역사를 과거의 문제로 고정시켜 놓은 공식적 기억방식에 질문해야 한다[22]는 문제의식에 기반할 때, '위안부 됨' 으로 인한 피해가 단지 과거에 일어났던 일에 그치는 것이 아니라 그 이후의 피해자들의 삶의 향방을 계속적으로 결정지으면서 현재에 이르기까지 지속되어 오고 있다는 점을 상기할 필요가 있다.

한편 위 결정의 인용보충 의견은 대한민국 정부가 한일청구권

---

21) 강민구 외 6인, "인권의 적극적 실현을 위한 국가의 의무: 일본 '군위안부' 결정(헌법재판소 2011. 8. 30. 선고 2006헌마788 결정)을 중심으로", 공익과 인권 제12권(2012), 393-394.
22) 양현아, "한국인 '군위안부'를 기억한다는 것, 일레인 김·최정무 편저, 박은미 옮김, 「위험한 여성」, 삼인, 2001, 강민구, "일본군위안부 지원법령과 법적 주체 생산: 포스트-식민법 이론에 서서", 공익과 인권 제12권(2012), 122에서 재인용.

협정에 명시된 분쟁해결절차로 나아가지 아니한 부작위가 위헌임을 확인하는 것에서 더 나아가, 만약 대한민국이 일본국에 대하여 손해배상청구권을 행사하지 못하게 협정한 것이라고 해석된다면 그에 따라 손해배상청구권을 행사할 수 없게 된 국민들에 대하여 국가 스스로 그 손해를 보상할 책임을 진다고 판단하고 있는데, 이에 대해서는 아래 항목에서 후술한다.

3) 인용보충의견의 내용

재판관 조대현의 인용보충의견은 "대한민국 정부는 한일청구권 협정을 체결하여 일본국으로부터 무상자금 3억 달러를 받고 국민들이 일본국에 대하여 손해배상청구권을 행사하지 못하게 협정함으로써 일본국에 대하여 손해배상청구권을 행사할 수 없게 된 국민들에 대하여 그 손해를 보상할 의무를 진다고 보지 않을 수 없다. 대한민국은 한일청구권 협정 제3조에 따라 일본국을 상대로 외교적 교섭이나 중재절차를 추진하여 한일청구권 협정의 위헌성을 제거할 의무가 있을 뿐만 아니라, 한일청구권 협정으로 인하여 청구인들이 일본국에 대한 손해배상청구권을 행사할 수 없게 된 손해를 완전하게 보상할 책임을 진다고 선언하여야 한다"고 설시하고 있다. 이러한 인용보충의견의 내용은, 설사 한일 양국이 분쟁을 중재재판에 회부함으로써 헌법재판소가 위헌으로 판단한 부작위 상태가 해소된다고 하더라도 이는 문제를 원점, 즉 한일청구권 협정 체결 이전으로 돌리는 것일 뿐 실질적인 권리구제가 보장되지 않을 수 있다는 문제의식 위에 터 잡고 있다. 인용보충의견은 한일청구권 협정의 해석이 여러 방향으로 전개될 수 있음을 예측하면서, 만약 한일청구권 협정에 따른 손해배상청구권의 행사가 불가능하다는 해석이 채택된다면 그 때는 대한민국 정부가 직접 피해자들에 대한 보상책임을 진다고 선언함으로써 청구인들의 권리구제에 있어서 향후 발생할 수 있는 공백을 메우려고 시도한다. 민사소송과 달리 헌법소원심판에서는 처분권주의의 엄격한 제한을 받지 않는다는 점에서, 위 인용보충의견은 '위안부' 문제를 비롯한 한일청구권 협정 관련 문제에 대한 새로운 보충적 해결방향을 제시한 것이라고 평가된다.23)

4) 일본군'위안부' 헌법소원 결정의 의의

위 결정 이전까지 일본군'위안부'는 법률 차원에서는 근대 국민국가의 시혜적인 원조대상으로만 그려져 왔고, 법적 차원에서 일본군'위안부'의 생산이 왜곡되어 왔기에 일본군'위안부' 문제 관련 법률은 민족주의적, 국가주의적 식민성의 논의에 갇혀 있다는 지적이 있었다.24) 그러한 측면에서 위 결정이 '우리 정부가 위안부 피해자들에 대하여 경제적 지원 및 보상을 해주는 한편 일본에 대해서는 철저한 진상규명, 공식적인 사죄와 반성, 올바른 역사교육의 실시 등을 지속적으로 요구하여 국제사회에서 지속적으로 위안부에 관한 문제제기 방식을 취하였던 이상, 외교상의 경로를 통한 분쟁해결조치에 나선 것이므로 공권력의 불행사가 아니다'라는 피청구인 측 주장에 대해, "가해자인 일본국이 잘못을 인정하고 법적 책임을 지는 것과 우리 정부가 위안부 피해자들에게 사회보장적 차원의 금전을 제공하는 것은 전혀 다른 차원의 문제이므로, 우리 정부가 피해자들에게 일부 생활지원 등을 하고 있다고 하여 그것을 작위의무의 이행으로 볼 수 없다"고 한 것은, 한국정부가 단지 피해자들에게 시혜적인 의미에서의 경제적 지원을 한다고 하여 피해회복을 위한 법적 책임과 의무에서 면책될 수 없다는 문제의식을 바탕으로 하고 있다. '위안부'들에 대한 직접적이고 가시적인

---

23) 성중탁(2014), 앞의 글, 86.
24) 강민구(2012), 앞의 글 105-130.

피해는 식민지 시기 일본에 의해서 가해졌지만, 식민지배가 종결됨과 동시에 이 문제가 해결되지 못하고 이후에도 피해자들의 삶에 있어 중요하고 사소한 각종 조건들을 결정지으면서 현재까지 지속되게 된 원인에는 한국사회와 정부의 가부장적 시선과 침묵이 공동으로 기여했음을 인식한다면, 대한민국은 비록 식민지배의 피해국이었지만 피해자들에 대한 가해자(배상의무자)로서의 이중적 지위를 보유하게 된다. 그간 이 문제에 대한 한국사회와 정부의 침묵은 단순히 이를 공론화하지 않는다는 소극적 의미가 아니라, '위안부'들이 받았던 피해를 공식적으로 승인하고, 사과하고, 보상하려는 노력의 부재 내지는 부정을 의미했다는 점에서 매우 치명적이고도 적극적인 의미를 띤 침묵이었다. 위 결정의 다수의견에서 엿보이는 헌법적 결단의 기저에는, '위안부' 문제의 한층 더 본질적인 해결을 위해서는 과거 일본 제국주의가 조선의 '위안부'들에게 가했던 잔혹한 억압에 대한 공식적 책임 추궁과 동시에 '위안부'들의 피해를 한층 더 확대시키고 지속시켰던, 우리 속에 내재되어 있는 소극성과 침묵에 대한 반성적 고찰이 필요하다는 점에 대한 인식이 내재되어 있다는 점에서 그 가치를 소중하게 평가한다. 그러한 측면에서 위 결정의 다수의견의 내용은 포스트식민주의적 시각과 공명한다. 일본군'위안부' 헌법소원심판 과정에서 오간 공방의 내용에서 도출되듯이, '위안부' 문제를 다룸에 있어 일본의 책임 뿐만 아니라 한국정부와 사회가 이 문제를 방치하고, 외면한 데 대한 책임소재 역시 다투어지고 있다. 비록 헌법소원심판 과정에서 피청구인은 외교통상부장관으로 대변되는 한국정부이고, 기본권을 침해했다고 지목된 '공권력의 행사'는 정부가 피해자들에 대한 보호의무를 다하지 않았다는 '부작위'이지만, 이러한 표면상의 청구 형식을 넘어 위 헌법소원심판은 몇십 년에 걸쳐 '위안부' 피해자들이 겪었을 고통이나 소외에 대한 한국사회의 무관심에 대한 고발이자 한국사회 속의 가부장적 관념이 지속적으로 피해자들을 사회의 경계 밖으로 내몰아 그 피해가 누적되고 연장되어 왔음을 단적으로 보여주는 표상이다. 이러한 '위안부' 피해의 집합적, 공동체적인 성격을 인지하고, 이를 통해 어떤 방식으로 그 피해를 회복시킬 것인지 고민하는 것이 포스트식민 한국사회에 남겨진 과제라고 할 때, 위 결정은 한국사회와 시민들에게 그에 대해 고민할 수 있는 화두를 던져 주었다.

3. 아직 오지 않은 길, 포스트식민주의

앞서 살펴본 바와 같이, 페미니즘 법학의 관점에서 호주제 헌법불합치 결정은, 식민지 시기에 구성된 성차별적 가족제도를 어떠한 관점에서 위헌으로 판단할 것인지, 그리고 일본군'위안부' 헌법소원 결정은 일제 식민지배 하에서 유례가 없이 자행된 대규모의 체계적 강간에 의한 피해에 대해, 해방 이후의 한국정부가 어떠한 책임을 부담하고 있는 것인지에 대한 상당히 중요한 의미를 담고 있다. 또한 위 두 사건은 성차별과 성폭력이라는 젠더적인 의제를 담고 있음과 동시에, 역사 속에서 발현된 식민성과 그러한 식민성의 지속이라는 여성문제와 식민지성의 교차점에 놓여 있었다는 점에서도 공통점을 공유하고 있다. 두 소송 모두에서 헌법불합치 결정 및 위헌결정을 이끌어내기까지 상당히 장기간의 심리기간 동안 치열한 법적 공방이 이루어졌다. 호주제 폐지운동은 한국 페미니즘의 성장과 궤를 함께 한 역사적 운동이라고 평가될 정도로 지난한 역사를 가지고 전개되어 왔고, 국가정책으로서의 호주제도 폐지는 린 헌트가 프랑스 혁명을 보고 표현한 대로 '왕의 목'을 벤 사건에 비견되었다.25) 마찬가지로 일본군'위안부' 헌법소원에서의 위헌결정은 그 동안 상대적으로 미진하게 다루어졌던 한국정부의 책임을 정면으로 거론하였을 뿐만 아니라 한국정부가 식민지배의 피해국이자 '위안부'를 비롯한 개별 피해자들에 대한 시혜적인 원조를 베푸는 존재에 한정된다는 관념에 균열을 내면서 포스트식민 한국사회가 식민지 책임을 청산할 수 있는 또 하나의 방향을 제시하였다.

그러나 위 두 결정은 이러한 의의에도 불구하고, 각 소송에 공통적으로 내재되어 있던 핵심적인 쟁점인 '지속되는 식민성'의 문제를 치열하게 파헤치지는 못했다. 식민성의 의제는 호주제 헌법불합치결정에서는 '전통'이라고 여겨지는 호주제도가 식민지 시기에 조선의 관습과 일본식 가제도의 혼합과 착종을 통해 형성되는 과정에 대한 천착을 통해, 일본군'위안부' 헌법소원에서는 위 결정이 전제로 하는 한일청구권 협정에 의해 조성된 식민지 책임 미청산의 법적 구조 자체에 대한 문제제기를 통해 그 실마리를 풀어나갈 수 있었을 것이다. 그러나 두 결정 모두 호주제도나 한일청구권 협정이 형성한 법적 구조 자체에 내재된 식민성의 문제를 정면으로 다루지는 아니하였다. 호주제의 식민성은 전통왜곡론의 주장과 같은 외부로부터의 강제적인 법이식 혹은 주입에 의한 왜곡의 관점만으로는 포착하기 힘들다. 우리나라의 '제사계승자'의 지위와 일본의 '호주' 지위의 착종은 단순히 일본 법제도를 조선의 가족제도로 이식한 것이 아니라, 기존에 있던 조선의 관습에 일본의 호주제도를 부착시키는 상호의존적 과정에 의하여 이루어진 것이기 때문에 일제강점기의 '관습'이 조선에 종래부터 존재하던 기존의 제사 관습을 억압한 것이 아니라 오히려 그것의 의미에 부착되고, 이를 지속시키는 성격을 가졌기 때문인바, 이는 단순한 왜곡보다도

---

25) 양현아, 2011, 앞의 책, 355.

훨씬 더 심원한 개입의 과정이라고 여겨진다.

그런 의미에서 헌법재판소는 헌법불합치 결정 당시 소송의 핵심 쟁점이었던 호주제의 전통성 여부를 좀 더 치열하게 규명하였어야 한다고 보인다. 그리고 그러한 규명의 동력은 포스트식민주의적 관점의 견지에서만 구현될 수 있었을 것이다. 포스트식민의(post-colonialist perspective)는 식민지 시대와 식민지 이후를 통칭하는 개념으로서 식민지 시대 뿐만 아니라 형식적으로 독립을 한 후에도 계속 남아 영향력을 행사하고 있는 식민지 잔재를 탐색하여 그 의미를 밝히고 대항한다는 의미를 담고 있다.26) 포스트식민주의에서 '포스트(post)'의 의미는 다의적인바, 우선 '포스트'는 'pre'의 반대어로서 '이후' 혹은 '후기'라는 시간적 의미를 지니는데, 그런 의미에서 1945년 이후의 한국사회는 포스트식민사회라고 할 수 있다. 두 번째로, '포스트'는 포스트구조주의, 포스트모더니즘에서 말하는 '구조적인 변형과 재생산'의 의미를 지니고 이에 따르면, 포스트식민사회는 식민지 유산이 변형되고 지속되고 재생산되는 상태를 의미한다. 마지막으로, '포스트'는 벗어남, '탈'이라는 해방적 의미도 가지고 있어 식민지성을 '넘어서고자' 한다는 의미를 담고 있기도 하는데, 위 세 의미는 서로 결합되면서 의미생산을 하고 있으며 피식민지의 사회적, 경제적 문화적 관계는 식민제국의 지배 속에서 재구성된다.27) 이렇듯 포스트식민주의는 식민지가 형식적으로는 종결되었지만, 실질적으로 그 영향과 잔재가 지속되고 있다는 양가적인 속성을 드러낸다. 호미 바바는 식민지배자와 피

---

26) 노용무, "김수영과 포스트식민적 시 읽기", 한국시학연구 제3호(2000. 11), 61-62.

27) 'post'의 다의적 의미에 관한 설명은 양현아, "한국사회의 일본'군위안부' 인식: 피해자성의 영감", 『일본 '군위안부' 문제, Fight for Justice』, 한일공동 심포지엄 자료집(2016), 16 참조.

지배자, 제국의 문화와 식민지 문화 사이에 존재하는 양의적이고 혼종적인 식민공간의 기능과 특성에 주목하면서, 식민지배자, 피지배자가 충돌하고 갈등하는 식민공간의 문화적 협상과 교류의 문제에 집중하며, 이에 따라 식민공간은 식민주의적 권위가 일방적으로 관철되는 공간이 아닌, 불투명한 양의성과 혼종성에 의해 생산되는 역동적이고 불안정한 공간이 된다.28) 법제도로서의 호주제도의 식민지적 형성과정 및 전통으로서의 구성과정은 이러한 포스트 식민주의의 핵심 개념인 '혼종성(hybridity)' 의해서 설명될 수 있는데, 혼종성은 식민공간에서 식민과 피식민의 현상이 상호침투적이고, 상호전염적이라는 문제의식을 바탕으로 하고 있다. 앞서 살펴본 바와 같이, '조선의 관습'이라는 기표 속으로 일본의 제도가 용해되는 과정이 호주제도의 식민지적 형성과정의 핵심을 이루고 있고, 그것은 비단 일제의 조선 식민지배를 위한 통치작용의 하나였을 뿐만 아니라, 호주제를 조선시대를 거쳐 계승되어 온 가부장적 가족제도와 동치시켜 스스로의 전통으로 내면화했던 조선의 남성 지배세력들에 의해 공유되고 있었다. 나아가 이는 해방 이후 호주제도와 호적제도라는 가족제도를 통해 국민을 가족단위로 통솔하고 지배하고자 하였던 한국정부의 통치와 행정작용에 뿌리내리고 있었다는 점29)에 비추어 볼 때 식민지 시기에 상호침투적으로 형성된 호주제도라는 법제도의 실체와 그 위에 '전통'이라는 이름이 덧씌워지는 과정을 해부하는 것은 단지 판결이유의 '방론'에 불과한 것이 아니라 식민지배와 전통의 관계라는 오래된 수수께끼를 해독할 수 있는 핵심적인 열쇠가 되었을 것이다.

  그럼에도 불구하고 헌법재판소가 호주제 헌법불합치 결정의 이

---

28) 김용규, "이식에서 번역으로: 호미 바바의 탈식민 이론", 오늘의 문예비평, 통권 23호(2005. 9), 165-171.
29) 양현아, 2011, 앞의 책, 303.

유에서, 이러한 호주제도의 식민성에 대해서 어떠한 판단도 하지 않은 채 이를 단지 양성평등에 반하는 성차별적 제도로서 헌법에 합치하지 않는다고 판단한 것에는 깊은 아쉬움이 남는다. 어떤 이유로 논증을 하든, 제도의 헌법불합치성을 끌어냈다면 결론에 있어서는 차이가 없으므로 무방하다는 견해도 있을 수 있으나, 무려 100년 이상 한국시민들에게 '전통'으로 내면화되어 가부장적 부계계승제도와 동일시되어 오던 호주제도가 식민지 시기에 전통으로서 지식생산되는 과정 자체를 공적으로 규명하고 선언하는 것은, 한국사회에 부지불식 간에 오래된 타성처럼 내면화되어 있었던 식민성의 실체를 집단적으로 자각할 수 있는 기회를 제공해 주었을 것이기에, 항상 스스로를 설명할 필요를 느끼지 못한 채 '전통', '관습' 등 가치중립적인 용어로 표상되던 호주제도의 본질적 속성을 이전과는 완전히 다른 시각에서 바라볼 수 있는 전기를 마련해 주었을 것이다. 나아가 단순히 성차별적 제도로서의 호주제도와 달리, 식민지배 시기에 형성된 법제도로서의 호주제도는 전통과 젠더 간 설정되는 이항대립적 관계에 대한 선입견을 해체할 수 있는 기회가 되었을 것이라고 여겨진다. 즉, 헌법재판소의 헌법불합치 결정에서 호주제도의 위헌성을 끌어내는 핵심 방점이 식민지 유산으로서의 호주제도로 이동하였다면, 결정에서 모호하게 남아 있던 영역-호주제도가 우리나라의 전통에 속하기는 하나 성차별적 제도이기 때문에 위헌인 것인지, 아니면 식민지시기에 생산된 법제도로서 전통이라고조차 말할 수 없는 것인지-가 명료하게 규명되고 (호주제 헌법불합치 결정의 다수의견은 호주제가 우리나라의 전통이 아니라는 적극적인 주장은 펴지 않고 있고 다만 전래의 어떤 가족제도가 헌법 제36조 제1항이 요구하는 개인의 존엄과 양성평등에 반한다면 헌법 제9조를 근거로 그 헌법적 정당성을 주장할 수 없다고 하고 있기에, 호주제가 우리나라의 전통에 속한다는 것을 전제로 하고 있다고 이해된다고 해석되기도 한다.30)), '전통'이라는 가치와 항상 대척점에 서 있는 것으로 보이는 여성에 대한 상도 변할 수 있었을 것이다. 호주제로부터의 해방은, 단순히 성차별적인 제도로부터의 여성들의 해방이 아닌, 지속되는 식민성으로부터의 한국사회와 시민들의 해방이 되어야 했기에, 그러한 포스트식민적 관점이 헌법불합치 결정에 전혀 반영되지 못한 것은, 식민지 지식 생산의 과정을 해체할 수 있는 기회를 놓치게 만들었다는 점에서 그 한계를 노정하고 있다.

일본군'위안부' 헌법소원 결정 역시 그 역사적인 의의에도 불구하고 호주제 헌법불합치 결정과 비슷한 맥락의 문제점을 안고 있는 것으로 보인다. 앞서 살펴본 바와 같이, 위 결정의 주된 초점은 한일청구권 협정의 해석에 관한 한일 간의 분쟁을 해결하기 위하여 한국정부가 협정 제3조에 따라 분쟁해결 절차로 나아가야 할 의무가 있는지에 맞추어져 있고, 과연 한일청구권 협정에 의하여 식민지 책임이 청산된 것인지 자체에 대한 문제제기에까지는 나아가지 못하였다. 위 결정은, 한일청구권 협정 제2조의 해석에 관하여, "일본은 위 협정에 의한 배상청구권이 모두 소멸되었다고 하면서 청구인들에 대한 배상을 거부하고 있는 반면, 한국정부는 청구인들의 배상청구권이 위 협정에 의하여 해결된 것이 아니므로 아직까지 존속한다고 해석하여 한일 간 분쟁이 발생한 상태"라는 점을 전제로, 위 분쟁상태의 해결절차로 나아갈 한국정부의 작위의무를 강조하고 있다. 그러나 한일청구권 협정 체제가 가져온 식민지 책임 미청산 상태를 보다 근본적으로 해소하기 위해서는, 단지 위 협정에 관하여 한일 양국 간 해석상의 분쟁이 존재하는 점을 지적하는 것을 넘어 한일청구권 협정 체제에 내재되어 있는 식민주

---

30) 윤진수(2006), 앞의 글, 170.

의와, 식민지 책임 추궁을 회피한 채 양국 간 경제협력의 측면에 초점을 맞추어서 체결된 한일청구권 협정의 법적 구조를 더 치열하게 규명하였어야 할 것이다. 즉, 위 결정은 한일청구권 협정 체제에 대한 균열을 예고하는 시발점이 되기는 하였으나, 여전히 청구권협정으로 조성된 법적 구조를 그 전제로 하고 있고, 한일청구권 협정이 '위안부' 피해 등 식민지배로 야기된 피해의 회복에 대한 아무런 규정도 담고 있지 아니함으로써 위 협정에 의해 구현된 식민지 책임 미청산의 법적 틀이 현재까지 이어져 오고 있다는 점에 대한 지적까지는 나아가지 않았다. 이렇듯 포스트식민의 법적 구조에 대한 근본적인 문제제기 없이 단지 협정에 대한 양국 간 해석상 분쟁을 정부가 해결하지 않고 있다는 부작위가 위헌이라고 선언하는 것은 그 법적 결단의 중대성에도 불구하고, 오랜 기간 한일청구권 협정에 의해 형성된 포스트식민의 자장 속에서 야기된 위안부 피해에 대하여 침묵함으로써 그 상흔을 지속시킨 한국정부, 더 나아가 한국 사회공동체의 책임의 내용을 너무 가볍거나 불명확하게 표상하는 것이 아닌가 한다. 위 결정에서도 지적되고 있듯이, 한국 정부는 한일청구권 협정 체결 당시 '청구권'이라는 모호한 개념으로 협정을 체결하고도 피해자들의 권리구제에 적극적으로 나서지 않았을 뿐만 아니라 1990년대 김학순의 증언으로 인하여 '위안부' 문제가 공론화된 이후 사회적 차원의 시민운동과 학문적 연구를 통해 피해자들과 포스트식민 한국사회가 안고 있는 식민지 외상에 대한 치유의 필요성이 제기된 이후에도 한 동안 '위안부' 문제를 공론화시키는 데 부정적이었다. 또한 관련법령을 통해 국가에 의해 이루어진 피해자들에 대한 일부 생활지원은 시혜적인 지원의 성격을 띠고 있었을 뿐 그러한 생활지원이 한국정부가 '위안부' 피해의 상흔을 지속시키고 있다는 '법적 책임의식'에 기초한 것이었다고는 보기 어렵다. 사실상 이러한 한국정부의 태도는 단순히 '부작위'라는 소극적, 수동적 행위태양을 가리키는 용어보다 훨씬 더 치명적이고도 적극적인 효과를 가지는 것이었다고 생각한다. 일본군'위안부' 헌법소원심판에서의 위헌결정이 한일청구권 협정이 누락하고 있는 식민지 책임의 문제와 '청구권' 개념에 대한 고찰로까지 나아가지 않은 채 한일청구권 협정 제2조와 제3조의 해석상 분쟁에만 천착한 것은, 여전히 '위안부' 피해를 비롯한 식민지 피해의 청산을 청구권협정 체제에 맡겨 두고 있다는 인상을 줄 수 있다는 점에서 이를 아쉬운 측면으로 평가한다.

　마지막으로, 위 결정은 피청구인인 국가의 부작위가 '위안부' 피해자들의 기본권을 침해하는지 여부에 대하여 판단하면서 국가가 한일청구권 협정의 해석에 관한 분쟁을 해결하기 위해 위 협정의 규정에 따른 외교행위 등을 할 작위의무가 있는지 여부를 중심으로 판단하였으나, '위안부' 문제에 대한 한국정부의 의도적인 침묵은 단지 부작위라는 소극적 행위태양으로만 표상하기에는 피해자들에게 매우 심대한 영향을 미친 적극적인 행위였기 때문에 그러한 한국정부의 그간의 태도가 어떤 방식으로 피해를 가중시키고 지속시켰는지에 대한 검토도 위 결정을 통해 이루어지는 것이 필요했다고 생각한다. 포스트식민 한국사회라는 것은 한국정부가 식민지 유산을 제대로 청산하지 못한 채 오히려 '외교상의 문제'라는 추상적이고 불분명한 사유를 들어 식민지적 유산을 유용하였던 현실을 지칭하기도 한다는 점을 고려할 때, 한국정부가 협정해석상의 분쟁해결을 위한 절차에 나아가지 아니한 '부작위'가 위헌이라는 취지로만 위 결정을 해석한다면, 그 실질적인 내용이 어떠하든 한국정부가 일본정부와의 협상에 나아가기만 하면 그 부작위가 해소된다는 결론에 이를 수도 있다. 그러나 만약 한국정부가 절차상, 내용상 하자가 있는 협상을 함으로써 작위의무에 대한 불완전이행을 하였다면, 부작위로 인한 위헌상태는 해소되었다고 볼 것인가?

이는 2015년 한일합의와 관련하여, 위 합의로 인해 한국정부의 위헌상태가 제거된 것인지 아니면 위헌상태로 재진입한 것인지와 관련된 논란에서 곧바로 문제되기 시작한다. 결국 이 질문에 대한 답변을 위해서는 위헌으로 선언된 국가의 부작위의 내용 및 성격이 명확하게 규명되었어야 할 것이고, 그것이 바로 한일청구권 협정에 내재된 포스트식민의 법적 구조에 대한 분석이 위 결정에서 필요했던 이유이기도 하다. 그러한 의미에서 일본군'위안부' 헌법소원 심판에 있어서 식민지 책임의 미청산 상태에 대한 치열한 규명은 단순히 판결이유의 방론에 해당하는 것이 아니라 도대체 어떠한 '작위의무'의 이행이 식민지 책임의 청산을 위해서 필요한 것인지를 발견하기 위해 반드시 선행되었어야 할 작업이라고 사료된다.

III. 국민의 국방의무와 남성징병제

1. 제대군인 가산점 제도와 군대경험

헌법 제39조 제1항은 '모든 국민은 법률이 정하는 바에 의하여 국방의 의무를 진다'(강조는 필자)고 규정하고 있고, 위 헌법규정의 위임을 받아 제정된 병역법은 '대한민국 국민인 남자는 헌법과 이 법이 정하는 바에 따라 병역의무를 성실히 수행하여야 한다. 여자는 지원에 의하여 현역에 한하여 복무할 수 있다(제3조 제1항)', '대한민국 국민인 남자는 18세부터 제1국민역에 편입된다(제8조 제1항)'고 규정하여 대한민국 국민인 남성에게는 일률적으로 병역의무를 부과하고 있지만, 여성의 경우 자원에 의해서만 병역의무를 이행할 수 있다.

대한민국 사회에서 '군대'라는 영역은 성별분업체계, 군가산점 제도, 여성고용시장의 불안정성, 위계적, 서열적 조직문화의 형성, 여성혐오의 기제 등 수많은 사회문화적 쟁점과 연계되어 왔다. 특히 2017년 이후 우리 사회를 읽어낼 수 있는 기표 중 하나가 된 '여성혐오' 현상의 기저에는 여성이 남성과 국가, 그리고 성별 분업체계에 의존하면서 혜택을 얻는다는 관념이 내재되어 있고 한국에서 그러한 관념에 기초한 남성집단의 분노가 가장 격렬하게 표출되는 영역은 바로 '군대'가 아닐까 한다. 1999년 헌법재판소가 군가산점 제도에 대하여 위헌결정을 한 후, 군가산점을 둘러싼 논쟁이 시작되었는데, 배은경은 한국 사회의 군가산점 논란에 대한 지형 속에서 기성 언론을 비롯한 사회적 여론이 여성혐오 담론을 방치했을 뿐만 아니라 적극적으로 생산, 조장했음을 이야기하면서 IMF 직후 불안한 한국사회의 좌절과 분노의 에너지를 남녀 간의 대립구도로 전이시킨 젠더정치에 대하여 분석하였다.[31] 한국의 징병제는 의무복무를 자신의 '인격전체'를 일정기간 국가의 통제 아래 양도하는 것으로 간주해 왔으며, 이는 오랫동안 당연시되어 왔고 이러한 전 인격적 징발이야말로 한국 남성들에게 군대 경험이 단순히 시간이나 노동력, 기회비용으로 따질 수 없는 그 무언가가 되는 이유이다. 군대는 '끌려가는' 곳이며 무언가 아픔이고 억눌림이어서 근본적으로 자아를 위협하는 것이고, 개별 남성들에게 어떤 방식으로든 상처를 남기는 것이었지만 분단상황과 전쟁의 기억, 휴전상태의 지속이라는 조건들은 한국사회에서 징병제를 의심할 수 없는 절대적 제도로 성역화하였고 개별 남성들은 징병제 자체에 문제를 제기하는 대신 그들의 상처를 봉합할 문화적 기제를 발전시켜야 했다는 것이다.[32][33] 헌법재판소의 군가산점 제도 위헌결정은 '군대

---

31) 배은경, "군가산점 논란의 지형과 쟁점", 한국여성연구소(2000), 4.
32) 배은경(2000), 앞의 글, 96-97.

33) 한편 이러한 현상은 과연 한국 사회에서 군대 내에서의 경험과 관련한 남성의 목소리들이 제대로 청취되어 왔는가와 관련하여 또 다른 생각할 거리를 남긴다. 로빈 웨스트는 여성의 고통에 대한 법의 무지와 무관심은 여성이 느끼는 고통이 잘 이해되지 않고 있기 때문이고, 성이 법문화의 협력을 끌어내기 위해서는 여성에게 특정한 고통의 느낌을 서술하는 것이 중요하다고 지적하면서, 그러한 고통이 일상적으로 무시되거나 사소한 것으로 취급받는 까닭은 고통 그 자체가 다르기 때문이라고 한다. 여성의 고통을 고통으로 인정하지 않고 어떤 다른 것(사소한 것, 동의에 기반한 것, 재미있는 것, 무의식적으로 원하거나 자신이 유도한 것, 자연스럽고 생물학적인 것, 여성들이 너무 민감하거나 허구적인 것 등)으로 변형시키는 법문화의 시각은 여성 스스로에게도 허위의식(false consciousness)으로 내면화되어 있기 때문에 고통받는 자아가 불분명한 방식으로 발화할 때에도 이 목소리에 주목함으로써 페미니즘 법이론가들은 여성에게 특유한 고통의 느낌을 풍부하고 분명하게 묘사하는 데 힘써야 한다는 것이다 [Robin West, "The difference in Women's Hedonic Lives: A phenomenological Critique of Feminist Legal Theory, Wisconsin Women's Law Journal 3(1987); 양현아, "실증주의 방법론과 여성주의 법학", 서울대학교 법학 제46권 제2호(2005)]. 그런데 이렇듯 여성이 스스로 자기 고통을 제대로 표현할 수 없는 상태에 놓여 있을 때 발생할 수 있는 괴리를 포착한 웨스트의 이론은, 한국 남성들의 군대경험에 대한 담론의 성격에 대하여도 적용될 수 있는 것이 아닌가 한다. 한국의 징병제가 가지는 '전인격적 징발'의 성격 때문에 그간 한국 남성들이 견뎌 온 군대가 준 수많은 좌절과 상처들, 그리고 그들의 가슴 속 깊이 남아 있는 말해지지 않은 아픔들의 존재가 사회 속에서 정당히 인정되고, 그 고통이 현상학적으로 명확하게 발화되어 왔는지는 의문이다. 오히려 한국 남성들의 군대경험은 안보 이데올로기와 맞물려 예능프로의 제목인 '진짜 사나이'가 표상하듯, 대한민국 남성이면 누구나 당연히 이행해야 하는 국방의 의무이자, 그러한 의무의 이행을 통해 진정한 남자로, 사나이로 거듭나게 되는 과정으로 이야기되었고, 제대 후에는 군대를 다녀온 남성들 간의 사회적 네트워크를 공고화하는 기제로 활용되었을 뿐 정작 2년여 간의 완전하고 혹독한 인격적 지배로 인하여 남성들이 느꼈던 고통과 좌절감, 남성 집단 내부의 계급적, 사회적 편차가 군대 내 보직이나 현역병 입영 여부에 미치는 영향으로 인한 박탈감 등을 이야기하는 목소리들은 잘 들리지 않았다. 나아가 남성들 스스로도 군대로 인해 느꼈던 고통의 경험을 '마땅히 국방의 의무를 수행함에 있어 필수적으로 수반될 수밖에 없는 필요악이자, 남자로서의 정체성을 획득하

에 의무적으로 가야만 하는(끌려가는) 남성'과 '가지 않아도 되는 여성'의 이분법적 대립구도보다는 징병제 자체에 대한 문제제기와 더불어 사실상 공무원이나 안정적인 정규직으로 취업하는 일부 군 필자에게만 제공되는 군가산점 제도의 혜택이 모든 군필자 남성들에게 돌아가는 보편적인 혜택이 될 수 없음에도 이를 보상책이라고 간주하는 논리의 허구성, 정당하지 못한 수단으로 군 복무를 면제받은 자들에 대한 책임추궁이 아닌, 장애인과 여성 등 비군필자 개개인에게 상대적 불이익을 줌으로써 국가의 비용을 들이지 않고 개인과 사기업에 부담을 전가하여 노동시장의 차별적 구조를 심화시키는 군가산점 제도의 문제점과 이로 인한 노동시장의 차별구조 심화 등을 풍부하게 논의할 수 있는 장이 되었어야 함에도, 군가산점 제도의 폐지는 군가산점 제도가 곧 군필자에 대한 보상이라는 전제 아래, 군대를 가야 하는 남성의 희생과 이러한 희생을 무시하는 여성들이라는 이분법적 논쟁구도에 흡수되어 버림으로써 위 문제 속에 내재되어 있는 쟁점들에 대한 실질적인 토론이 전혀 이루어지지 못한 채 양성 간의 대결로 비화되고 말았다. 이하에서는 헌법재판소의 제대군인 가산점제도에 대한 위헌결정과 남성징병제에 대한 합헌결정에 대한 분석을 통해 위 각 제도가 '성별에 의한 차별'에 해당하는지 여부 및 평등권 침해에 대한 심사기준 등에 대한 고민을 공유해 보고자 한다.

고 철이 들어가는 과정'으로 내면화시켜 왔다. 이렇게 군대로 인한 상처를 남성성의 획득으로 상쇄하는 도식에 대하여 배은경(2000)은 한국 남성의 남성성이란 '겨우 봉합된 군대의 상처 위에 위태롭게 내려앉은 딱지 같은 것'이었을지도 모른다고 이야기한다.

2. 제대군인 가산점제도 위헌 결정

가. 사안의 개요

청구인들은 모두 7급 또는 9급 국가공무원 공개경쟁채용시험에 응시하기 위하여 준비 중에 있는 여성 또는 신체장애가 있는 남성이다. 청구인들은 제대군인이 6급 이하의 공무원 또는 공·사기업체의 채용시험에 응시한 때에 필기시험의 각 과목별 득점에 각 과목별 만점의 5퍼센트 또는 3퍼센트를 가산하도록 규정하고 있는 제대군인지원에관한법률 제8조 제1항, 제3항 및 동법시행령 제9조가 자신들의 헌법상 보장된 평등권, 공무담임권, 직업선택의 자유를 침해하고 있다고 주장하면서 1998. 10. 19. 헌법소원심판을 청구하였다. 헌법재판소는 1999. 12. 23. 위 법 규정에 대하여 위헌결정을 하였다.

나. 결정의 내용

헌법재판소가 제대군인 가산점 제도에 대하여 위헌결정을 한 논거는 다음과 같다. 헌법 제39조 제2항은 병역의무를 이행한 사람에게 보상조치를 취하거나 특혜를 부여할 의무를 국가에게 지우는 것이 아니라, 법문 그대로 병역의무의 이행을 이유로 불이익한 처우를 하는 것을 금지하고 있을 뿐인데, 제대군인 가산점제도는 이러한 헌법 제39조 제2항의 범위를 넘어 제대군인에게 일종의 적극적 보상조치를 취하는 제도라고 할 것이므로 이를 헌법 제39조 제2항에 근거한 제도라고 할 수 없다. 전체여성 중의 극히 일부분만이 제대군인에 해당될 수 있는 반면, 남자의 대부분은 제대군인에 해당하므로 가산점제도는 실질적으로 성별에 의한 차별이고, 가산점을 받을 수 있는 현역복무를 하게 되는지 여부는 병역의무자의 의사와 관계없이 징병검사의 판정결과, 학력, 병력수급의 사정에 따라 정해지는 것이므로 가산점제도는 현역복무나 상근예비역 소집근무를 할 수 있는 신체 건장한 남자와 그렇지 못한 남자, 즉 병역면제자와 보충역복무를 하게 되는 자를 차별하는 제도이다.

　평등위반 여부를 심사함에 있어 엄격한 심사척도에 의할 것인지, 완화된 심사척도에 의할 것인지는 입법자에게 인정되는 입법형성권의 정도에 따라 달라지게 될 것이나, 헌법에서 특별히 평등을 요구하고 있는 경우와 차별적 취급으로 인하여 관련 기본권에 대한 중대한 제한을 초래하게 된다면 입법형성권은 축소되어 보다 엄격한 심사척도가 적용되어야 할 것인바, 가산점제도는 헌법 제32조 제4항이 특별히 남녀평등을 요구하고 있는 "근로" 내지 "고용"의 영역에서 남성과 여성을 달리 취급하는 제도이고, 또한 헌법 제25조에 의하여 보장된 공무담임권이라는 기본권의 행사에 중대한 제약을 초래하는 것이기 때문에 엄격한 심사척도가 적용된다.

　제대군인에 대하여 여러 가지 사회정책적 지원을 강구하는 것이 필요하다 할지라도, 그것이 사회공동체의 다른 집단에게 동등하게 보장되어야 할 균등한 기회 자체를 박탈하는 것이어서는 아니 되는데, 가산점제도는 아무런 재정적 뒷받침 없이 제대군인을 지원하려 한 나머지 결과적으로 여성과 장애인 등 이른바 사회적 약자들의 희생을 초래하고 있으며, 각종 국제협약, 실질적 평등 및 사회적 법치국가를 표방하고 있는 우리 헌법과 이를 구체화하고 있는 전체 법체계 등에 비추어 우리 법체계 내에 확고히 정립된 기본질서라고 할 '여성과 장애인에 대한 차별금지와 보호'에도 저촉되므로 정책수단으로서의 적합성과 합리성을 상실한 것이다. 가산점제도는 수많은 여성들의 공직진출에의 희망에 걸림돌이 되고 있으며, 공무원채용시험의 경쟁률이 매우 치열하고 합격선도 평균 80점을 훨씬 상회하고 있으며 그 결과 불과 영점 몇 점 차이로 당락

이 좌우되고 있는 현실에서 각 과목별 득점에 각 과목별 만점의 5 퍼센트 또는 3퍼센트를 가산함으로써 합격여부에 결정적 영향을 미쳐 가산점을 받지 못하는 사람들을 6급 이하의 공무원 채용에 있어서 실질적으로 거의 배제하는 것과 마찬가지의 결과를 초래하고 있고, 제대군인에 대한 이러한 혜택을 몇 번이고 아무런 제한 없이 부여함으로써 한 사람의 제대군인을 위하여 몇 사람의 비제대군인의 기회가 박탈당할 수 있게 하는 등 차별취급을 통하여 달성하려는 입법목적의 비중에 비하여 차별로 인한 불평등의 효과가 극심하므로 가산점제도는 차별취급의 비례성을 상실하고 있다.

그렇다면 가산점제도는 제대군인에 비하여, 여성 및 제대군인이 아닌 남성을 부당한 방법으로 지나치게 차별하는 것으로서 헌법 제11조에 위배되며, 이로 인하여 청구인들의 평등권이 침해된다. 또한 제대군인 지원이라는 입법목적은 예외적으로 능력주의를 제한할 수 있는 정당한 근거가 되지 못하는데도 불구하고 가산점제도는 능력주의에 기초하지 아니하고 성별, '현역복무를 감당할 수 있을 정도로 신체가 건강한가'와 같은 불합리한 기준으로 여성과 장애인 등의 공직취임권을 지나치게 제약하는 것으로서 헌법 제25조에 위배되고, 이로 인하여 청구인들의 공무담임권이 침해된다.

다. 제대군인 가산점제도 위헌 결정에 대한 검토

1) 제대군인 가산점 제도가 '성별에 의한 차별'에 해당하는지 여부

헌법재판소는 '전체여성 중의 극히 일부분만이 제대군인에 해당될 수 있는 반면, 남자의 대부분은 제대군인에 해당하므로 가산점제도는 실질적으로 성별에 의한 차별'이라고 판시하였다. 가산점제가 근로 내지 고용영역에서의 남녀차별제도에 해당한다는 헌법재판소의 판시에 반대하는 견해는, 가산점제도는 어디까지나 제대군인과 비제대군인 사이의 차별구도를 바탕으로 하고 있는 것일 뿐 남녀 간의 차별구도를 전제로 하고 있는 것이 아니고, 위 제도는 제대군인에게 혜택을 부여하는 것이지 남성에게 혜택을 부여하고 상대적으로 여성을 차별하는 것이 아니며 입법자가 남녀차별을 의도한 것은 더욱 아니라는 이유로 헌법재판소가 이 사건을 성별과는 관계없는 제대군인과 비제대군인과의 차별구도가 아니라, 남성 대 여성, 또는 남성 대 여성 및 장애남성의 차별구도로 파악하는 것은 잘못이고, 따라서 제대군인에 대한 가산점제도는 성차별과 관계 없는 제대군인과 비제대군인 간 차별 문제이므로 이를 성차별이라는 전제 하에서 헌법 제32조 제4항이 특별히 남녀평등을 요구하고 있는 '근로' 내지 '고용'의 영역에서 남성과 여성을 달리 취급하는 제도이므로 엄격심사기준이 적용되어야 한다는 헌법재판소의 논리가 부당하다고 한다.[34)]

물론 위 견해에서 지적하는 바와 같이 제대군인 가산점 제도는 직접적으로 남성과 여성이라는 성별에 따른 차등취급을 하고 있지는 않고, 제대군인 가산점 제도의 위헌 여부는 남성과 여성이라는 양성의 대결이 아닌, 제대군인에 해당하는 일부 남성과 제대군인에 해당하지 않는 여성, 장애인 등의 차별취급이 정당한지의 문제로 귀결되므로 이를 단순히 양성 간의 대결로 환원시키는 그 간의 논쟁구도에 대한 문제제기도 일응 타당하다. 그러나 한편, 제대군인 가산점 제도에서 제대군인과 비제대군인 간의 차별취급 문제로 보이는 외형상 성중립적 기준에도 불구하고 사실상 '제대군인'이라는 기준을 충족시킬 수 있는 집단의 압도적 다수가 남성이고, 그 집단에 여성이 포함되어 있을 확률은 현저히 낮다면, 이는 사실상 여성에 대한 차별을 구성할 수 있다는 점에서 헌법재판소의 위와

---

34) 정연주, "제대군인가산점제의 헌법적 문제", 헌법연구, 박영사(2014), 387.

같은 판시내용은 '성별에 의한 차별'을 실질적으로 판단하고, 더 나아가 간접차별의 개념을 그 전제로 하고 있다는 점에서 의미가 있다고 평가한다. 우리나라나 독일은 차별을 직접차별(unmittelbare Diskriminierung)과 간접차별(mittelbare Diskriminierung)로 나누고, 미국은 직접차별에 상응하는 불평등대우(disparate treatment)와 간접차별에 상응하는 불평등영향(disparate impact)으로 나누어 접근하고 있다. 직접차별은 예컨대, 성별 등을 직접적인 구성요건표지로 삼고 이에 따라 서로 다른 법적 효과를 부여하는 것을 말하고, 간접차별은 입법자가 전혀 다른 의도로 다른 표지를 구성요건표지로 삼아 제정한 규정이 결과적으로 금지된 차별사유에 의한 법적 효과를 미치는 것을 말하는데, 간접차별이란 차별기준이 명시되지 않고 당해 조문 혹은 조치 자체는 중립적으로 그 대상들을 규율하고 있지만, 그러한 대상에 일정한 속성을 갖는 자가 주로 관련되어 있을 때 발생하는 차별을 말한다.35) 즉, 직접차별이 '불이익한 대우(disparate treatment)' 개념에 기초하여 기회의 평등을 지향하는 것이라면, 간접차별은 '불평등한 영향(disparate impact)'에 기초한 결과의 불평등에 주목하는 것으로서, 직접차별과 달리 간접차별은 성중립적인 기준을 적용하였으나 그 중립적 기준이 여성에게 불평등한 영향을 미쳤다는 사실이 확인된다면 (차별행위자의 차별의도가 있었는지와 별개로) 차별혐의가 있다고 보는 개념이다.36) 실제로 현실 속에서 나타나는 차별의 양상은 직접적인 차별의 의도나 동기에 기초하여 이루어지는 단순한 형태가 아니라 다른 복합적인 요소들이 차별의 근거로 원용되거나, 외형상 중립적인 기준을 적

---

35) 손상식, "평등심사를 위한 비교대상(집단) 설정에 관한 연구", 홍익법학, 제16권 제1호(2015), 172.
36) 조순경, "여성직종의 외주화와 간접차별: KTX승무원 간접고용을 통해 본 철도공사의 체계적 성차별", 한국여성학 제23권 제2호(2007), 145-147.

용하더라도 특정 집단에 불이익한 결과를 초래하는 구조적이고 체계적인 특성을 지닌다는 점에서 위와 같은 '간접차별' 개념은 입법자나 사용자의 '차별의도'에만 주목하는 '직접차별'을 넘어 현실 속에서 자행되는 미묘하고 구조화된 형태의 차별을 포착하는 데 매우 유용하다.

미국에서도 Personnel Administrator of Massachusetts 대 Feeney 사건(1979)에서 군복무자들에 대한 우대 규정이 수정헌법 제14조 평등보호 조항에 반하는지가 문제되었다. 매사추세츠 주의 법률은 일정한 조건을 만족하는 한 특정 공무원 직종에 있어서 모든 군필자는 미필자에 우선하여 채용대상이 된다고 하면서, 위와 같은 원칙은 '적어도 90일 이상 군복무를 하였거나, 실제 전쟁에 하루 이상 참전한 간호사를 포함하여 남성과 여성인 누구나'에게 적용된다고 규정하고 있었다. 원고인 Helen Feeney는 위 조항이 매사추세츠 주의 주요 공무원 채용에 있어서 여성을 배제하는 본질적인 문제를 안고 있기 때문에 법 앞에 평등이라는 헌법정신에 어긋나는 것이라고 주장하였는데, 지방법원에서는 원고의 의견이 인용되었으나 대법원에서는 '문제되는 법률은 여성에 비하여 남성을 우대하는 것이 아니라 젠더에 관련 없이 양성의 군필자를 양성의 미필자에 비해 우대하는 것이므로 합헌'이라고 판결하였다.[37] 그러나 위 사건에서 주목해야 할 지점은, 미국의 법률, 규칙 및 정책으로 인해 여성은 군대에 입대하는 것에 제약이 있고, 실제로 여성이 징병의 대상이 된 적은 없었기에 소송 제기 당시 매사추세츠 주의 군필자 중 98% 이상이 남성이었고, 여성은 겨우 1.8%로서, 직장을 구할 수 있는 기회에 있어서 평생 동안 지속되는 군필자들의 절대 우위가 여성들에게 가지는 효과는 설사 의도하지 않았다고 하더라도

---

37) 양현아, "서구의 여성주의 법학, 평등과 차이의 논쟁사", 법사학연구, 제26권(2002. 10), 246; 정연주(2014), 앞의 글, 387-388.

치명적인 것이라는 사실과, 입법의도가 여성을 차별하려는 목적을 가진 것은 아니라고 하더라도 성별 간 차별효과가 뚜렷하게 드러나고 있었다는 점이다.[38]

　군복무와 같이 주로 한 젠더만이 겪는 경험과 비교할 만한 사례로, 여성의 임신이 있다. 보험금 혜택에 있어서 임신 및 분만에 관해서는 일체의 보험혜택을 받지 않도록 규정한 캘리포니아 장애 보험 프로그램이 미국 헌법상의 평등보호에 위배되는지 여부가 쟁점이 된 Geduldig 대 Aiello 사건(1974)에서 캘리포니아 장애 보험 프로그램은 보험금 혜택에 있어서 젠더에 기반한 어떠한 차별도 두지 않았지만, 임신 및 분만에 관해서는 일체의 보험혜택을 받지 않도록 되어 있었고, 원고들은 위와 같은 임신 관련 보험법령이 미국헌법상의 평등보호에 위반된다고 주장하였다. 미국 연방대법원의 다수의견은 '캘리포니아 주의 보험 프로그램이 수혜자 그룹을 임신한 여성과 임신하지 않은 사람(pregnant woman and nonpregnant persons)로 나누고 있는데, 전자는 모두 여성이지만 후자에는 양성(兩性)이 포함된다는 이유로 위 보험 프로그램은 임신에 대한 배제에 기초하였을 뿐 성별에 기반한 차별이 아니다'라고 판단하였다.[39] 이에 대하여, 브레난 판사는 소수의견을 통해 '캘리포니아 장애 보험 프로그램은 특정 젠더나 인종에만 발생하는 장애에 대해서도 보험금을 지급하고 있는데 그러한 폭넓은 목적과 혜택 범위에도 불구하고 임신관련 장애에 대한 보상은 부정되고 있는바, 전립선 절제, 포경수술, 혈우병 등 남성에게만 혹은 주로 남성에게 나타나는 장애에 대해서는 보험혜택을 부여하고 있는 캘리포니아 주 보험 프로그램은 여성에게만 있을 수 있는 성별과 연관된 장애

---

38) 양현아(2002), 앞의 글, 247; 윤진숙, "병역법 제3조 제1항에 관한 소고", 헌법실무연구회 8권, (2007), 386-387.
39) 양현아(2002), 앞의 글, 241-242.

를 골라내어 소홀히 취급함으로 인해 장애보상에 있어서 이중기준을 만들고 있다'고 지적한다.[40]

미국 연방대법원이 위와 같이 군복무자들에 대한 우대 규정을 성별과 관계 없는 군필자와 미필자의 관계로 파악한 것이나, 임신에 대한 보험혜택 배제를 역시 젠더에 입각한 분류가 아닌 '임신한 여성과 임신하지 않은 사람'의 문제로 파악한 것을 비판적으로 검토해 보면 외형상 성중립적인 기준에 의한 차별취급을 두고 젠더 범주를 고려하지 않을 때 발생하는 문제를 알 수 있다. 군복무 여부나 임신 여부를 개인의 선택으로 관념하듯이, 소수자 집단에 속하는 개인에 대한 차별을 그저 개인의 선택이나 특성에 의한 것이라고 규정하는 것의 함정은 집단으로서의 차별을 잘 포착할 수 없게 된다는 것이다. 특히 임신과 같이 특정 젠더에 고유하거나, 군복무와 같이 주로 한 젠더만이 겪는 경험의 경우 그러한 접근의 한계는 명백한바, 이 경우 법적 판단에 있어서 개인적 특질에만 주목하고 젠더 범주를 고려하지 않는 것은 실질적 평등을 성취하는 데 장애가 될 수 있다.[41] 그러한 의미에서, 제대군인 가산점 제도에 대한 위헌 결정에서 헌법재판소가 '제대군인'이라는 외형상 성중립적인 표지에도 불구하고, 그에 해당될 수 있는 여성은 전체 여성 중 극히 일부분에 불과하다는 실질적인 논거를 들어 이를 성차별로 파악한 것은 타당한 논증이었다고 생각한다.

2) 평등권 심사기준의 확립

제대군인 가산점 제도에 대한 위헌결정은 헌법재판소가 평등권 위반 여부에 대한 심사기준을 본격적으로 정립한 결정이라는 점에서도 의미가 있다. 입법자가 제정한 법률이 평등권에 위반되는지

---

40) 양현아(2002), 앞의 글, 242-243.
41) 양현아(2002), 앞의 글, 247, 윤진숙(2007), 앞의 글, 387.

여부를 판단하는 기준으로서, 독일의 헌법재판소와 우리 헌법재판소는 판례를 통하여 '자의금지원칙'과 '비례의 원칙'이란 2가지 기준을 형성하였다. 헌법재판소는 특히 제대군인 가산점 제도에 대한 위헌 결정에서부터 어떠한 경우에 평등권 위반 여부에 대한 엄격한 심사가 이루어져야 하는지에 대하여 확립된 법리를 제시하기 시작하였는데, 이에 따르면 "평등위반 여부를 심사함에 있어 엄격한 심사척도에 의할 것인지, 완화된 심사척도에 의할 것인지는 입법자에게 인정되는 입법형성권의 정도에 따라 달라지게 될 것이다. 먼저 헌법에서 특별히 평등을 요구하고 있는 경우 엄격한 심사척도가 적용될 수 있다. 헌법이 스스로 차별의 근거로 삼아서는 아니 되는 기준을 제시하거나 차별을 특히 금지하고 있는 영역을 제시하고 있다면 그러한 기준을 근거로 한 차별이나 그러한 영역에서의 차별에 대하여 엄격하게 심사하는 것이 정당화된다. 다음으로, 차별적 취급으로 인하여 관련 기본권에 대한 중대한 제한을 초래하게 된다면 입법형성권은 축소되어 보다 엄격한 심사척도가 적용되어야 할 것이다"라고 판단기준을 제시하면서, 제대군인 가산점 제도의 적합성과 합리성, 비례성 등을 차례로 판단하여 결국 가산점제도 법 규정의 위헌성을 확인한 바 있다.[42] 헌법재판소는 앞서 본 바와 같이 실질적 평등 개념을 전제로 제대군인 가산점 제도가 성차별에 해당한다고 전제하여 위 제도가 헌법 제32조 제4항이 특별히 남녀평등을 요구하는 '근로 내지 고용의 영역에서 남성과 여성을 달리 취급하는 제도'이고, 헌법 제25조의 공무담임권이라는 기본권 행사에 중대한 제약을 초래하는 것이기 때문에 엄격한 심사기준을 적용하여 평등권 침해여부를 판단해야 한다고 보았다.

평등권 심사에 있어서 자의금지원칙과 엄격심사기준은, 자의금

---

42) 한수웅, "엄격한 기준에 의한 평등원칙 위반여부의 심사"(2005), 160-163.

지원칙이 단지 차별을 정당화하는 이유만을 확인하는 데 비해, 비례의 원칙에 입각한 엄격심사기준은 차별을 정당화하는 이유와 차별 사이의 상관관계의 타당성, 비례성을 심사한다는 점에서 큰 차이가 있다. 엄격심사기준에 의하면, 해당 법조항의 입법목적에 합리적 이유가 있는지 여부를 넘어서, 차별취급의 목적과 수단 간에 엄격한 비례관계가 성립하는지 여부에 관한 굉장히 밀도 있는 심사로 나아가야 하므로, 사실상 어떤 심사기준을 선택하는지 여부는 특정 법조항이 평등권을 침해한다는 결론이 도출되는지 여부와 밀접한 관련이 있다. 그런데 헌법재판소는 이렇게 확립된 평등권 심사기준을 남성징병제에 대한 합헌 결정에서는 다소 다르게 적용함으로써, 남성징병제를 규정한 병역법 제3조 제1항 규정이 합헌이라고 판시하였다. 이하에서는 이에 대하여 살펴본다.

3. 남성징병제에 대한 합헌 결정

가. 사안의 개요

청구인은 1986. 1. 16.생의 남성으로서, '2010. 10. 26. 306 보충대로 입영하라.'는 취지의 입영통지서를 받았으나, 학업을 이유로 입영을 연기하였다. 청구인은 남성에게만 병역의무를 부과하는 병역법 제3조 제1항 및 제8조 제1항이 청구인의 평등권을 침해하여 헌법에 위반된다고 주장하며 2010. 7. 23. 위 조항들의 위헌확인을 구하는 헌법소원심판을 청구하였다.

헌법재판소는 병역법 제8조 제1항에 대한 청구에 대해서는, 헌법소원심판은 그 사유가 있음을 안 날부터 90일, 그 사유가 있은 날부터 1년 이내에 청구하여야 하므로, 법령에 대한 헌법소원심판은 법령의 시행과 동시에 기본권의 침해를 받게 되는 경우에는 그 법령이 시행된 사실을 안 날부터 90일, 법령이 시행된 날부터 1년 이내에 청구하여야 하는데 청구인은 1986. 1. 16. 생으로서 병역법 제8조 제1항에 의하여 2004. 1. 1. 제1국민역에 편입되어 그 때에 위 조항으로 인한 기본권 침해의 사유가 발생하였으므로, 그로부터 1년이 경과하여 한 병역법 제8조 제1항에 대한 헌법소원심판청구는 청구기간이 도과하여 부적법하다고 판단하여 각하하였고, 결국 대한민국 국민인 남자에 한하여 병역의무를 부과한 병역법 제3조 제1항에 대해서만 본안심사로 나아가 판단하였다.

나. 결정의 내용

다수의견은, 병역법 제3조 제1항이 정한 '병역의무'와 '국방의 의무'가 동일한 것은 아니나[43] 병역의무는 국방의 의무의 주요한 부분을 이루고 있는바, 국방의 의무를 입법을 통하여 구체화하는 과정에서 남성과 여성에 대하여 서로 다른 범위의 의무를 부과한 것이 헌법적으로 정당화될 수 있는 차별취급인지, 평등권침해 여부가 문제된다고 판시하면서, 아래와 같이 위 법률조항의 평등권 침해 여부에 대한 판단에 나아갔다.

① 심사기준

병역법 제3조 제1항은 '성별'을 기준으로 병역의무를 달리 부과하도록 한 규정이고, 이는 헌법 제11조 제1항 후문이 예시하는 사

---

43) 헌법에 규정되어 있는 국방의 의무란 남녀노소 가릴 것 없이 '모든 국민'에게 부과되는 의무이다 이에 따라 국가는 국민에게 병역의무를 과할 수 있는데, 병역법상의 병역의무란 국방의 의무에 비해서 좁은 개념으로서 국민이 '군인으로서' 복무할 의무를 의미하며 실효성과 실질적 시행의 면에서 군인으로서 복무할 의무가 국방의 의무의 근간을 이루고 대부분의 비중을 차지한다[김주환, "병역의무와 성차별금지- 병역법 제3조 제1항, 제8조 제1항의 위헌 여부", 헌법실무연구 제8권, (2007), 373-374].

유에 기한 차별임은 분명하다. 그러나 헌법 제11조 제1항 후문의 위와 같은 규정은 불합리한 차별의 금지에 초점이 있고, 예시한 사유가 있는 경우에 절대적으로 차별을 금지할 것을 요구함으로써 입법자에게 인정되는 입법형성권을 제한하는 것은 아니다. 우리 헌법은 '근로', '혼인과 가족생활' 등 인간의 활동의 주요부분을 차지하는 영역으로서 성별에 의한 불합리한 차별적 취급을 엄격하게 통제할 필요가 있는 영역에 대하여는 양성평등 보호규정(제32조 제4항, 제36조 제1항)을 별도로 두고 있으며, 헌법재판소는 위와 같이 헌법이 특별히 양성평등을 요구하는 경우에는 엄격한 심사기준을 적용하여 왔으나, 이 사건 법률조항은 그에 해당한다고 보기 어렵다. 나아가 우리 헌법은 제39조 제1항에서 "모든 국민은 법률이 정하는 바에 의하여 국방의 의무를 진다."고 규정하는바, 국방의 의무를 이행함에 있어서 그 의무자의 기본권이 여러 가지 면에서 제약을 받게 된다고 하더라도, 평등권 침해 여부의 판단에 있어 엄격한 심사가 요구되는 관련 기본권에 대한 중대한 제한을 초래하는 경우라고 보기는 어렵다. 결국 이 사건 법률조항이 헌법이 특별히 평등을 요구하는 경우나 관련 기본권에 중대한 제한을 초래하는 경우의 차별취급을 그 내용으로 하고 있다고 보기 어려운 점, 징집대상자의 범위 결정에 관하여는 입법자의 광범위한 입법형성권이 인정되는 점에 비추어, 이 사건 법률조항이 평등권을 침해하는지 여부는 완화된 심사척도에 따라 자의금지원칙 위반 여부에 의하여 판단하기로 한다.

② 판단

이 사건 법률조항이 병역의무자의 범위를 정하는 기준으로서 '성별'을 선택한 것이 합리적 이유 없는 차별취급인지 살펴본다. 일반적으로 집단으로서 남자와 여자는 서로 다른 신체적 능력을 보유하고 있다고 평가되는데, 전투를 수행함에 있어 요청되는 신체적 능력과 관련하여 본다면, 무기의 소지·작동 및 전장의 이동에 요청되는 근력 등이 우수한 남자가 전투에 더욱 적합한 신체적 능력을 갖추고 있다고 할 수 있다. 물론 집단으로서의 남자와 여자가 아니라 개개인을 대상으로 판단하는 경우, 여자가 남자에 비하여 전투에 적합한 신체적 능력이 우월한 사례가 있음은 분명하나, 구체적으로 개개인의 신체적 능력을 수치화, 객관화하여 비교하는 검사체계를 갖추는 것은 현실적으로 매우 어렵다. 또한 신체적 능력이 매우 뛰어난 여자의 경우에도 그 생래적 특성상 월경이 있는 매월 1주일 정도의 기간 동안 훈련 및 전투 관련 업무수행에 장애가 있을 수 있고, 임신 중이거나 출산 후 일정한 기간은 위생 및 자녀양육의 필요성에 비추어 영내생활이나 군사훈련 자체가 거의 불가능하다. 이러한 신체적 특징의 차이에 기초하여, 입법자가 최적의 전투력 확보를 위하여 남자만을 징병검사의 대상이 되는 병역의무자로 정한 것이 현저히 자의적인 것이라 보기 어렵다.

또한 비교법적으로 보아도, 이 사건 법률조항과 같은 입법이 현저히 자의적인 기준에 의한 것이라 볼 수 없다. 징병제가 존재하는 70여 개 나라 가운데 여성에게 병역의무를 부과하는 국가는 이스라엘 등 극히 일부 국가에 한정되어 있으며, 여성에게 병역의무를 부과하는 대표적 국가인 이스라엘의 경우도 남녀의 복무기간 및 병역거부 사유를 다르게 규정하는 한편, 여성의 전투단위 근무는 이례적인 것이 현실이다. 그 밖에 남녀의 동등한 군복무를 전제로 한 시설과 관리체제를 갖추는 것은 역사적으로나 비교법적으로 전례가 없어 추산하기 어려운 경제적 비용이 소요될 수 있고, 현재 남자를 중심으로 짜여져 있는 군조직과 병영의 시설체계 하에서 여자에 대해 전면적인 병역의무를 부과할 경우, 군대 내부에서의 상명하복의 권력관계를 이용한 성희롱 등의 범죄나 남녀 간의 성적 긴장관계에서 발생하는 기강 해이가 발생할 우려가 없다고 단언하기 어렵다. 결국 이 사건 법률조항이 성별을 기준으로 병역의무자의 범위를 정한 것이 합리적 이유 없는 차별취급으로서 자의금지원칙에 위배하여 평등권을 침해한 것이라고 볼 수 없다.

한편 위 결정에서 재판관 목영준은 병역법 제3조 제1항이 국방의 의무를 이행하는 데 있어서 남성과 여성을 합리적 이유 없이 차별하여 위헌이라는 내용의 반대의견을 냈다.

① 헌법상 국방의 의무 및 이를 구체화한 법률상의 의무

헌법은 제39조 제1항에서 "모든 국민은 법률이 정하는 바에 의하여 국방의 의무를 진다."고 규정함으로써 남성은 물론 여성도 국방의무의 주체임을 명시하고 있고, 국방의 의무는 단지 병역법에 의하여 군복무에 임하는 등의 직접적인 병력형성의무만을 가리키는 것이 아니라, 간접적인 병력형성의무 및 병력형성이후 군작전명령에 복종하고 협력하여야 할 의무도 포함하는 개념이다. 이에 따라 모든 국민은 법률이 정하는 바에 따라 국방의 의무를 부담하게 되는데, 이 경우 성별, 신체조건, 학력 등 개개인의 객관적 상황에 의하여 차별이 발생할 수 있으나, 그러한 차별이 헌법상 보장된 평등권을 침해하지 않기 위하여는 이를 정당화할 수 있는 합리적인 이유가 있어야만 한다. 현재 개별 법률들에 의하여 구체적으로 형성된 남성과 여성의 각 국방의무의 내용을 살펴보면, 병역법과 향토예비군설치법 및 민방위기본법에 의하여 남성은 병역의무를 부담하고, 예비군 및 민방위대로서 동원되어 훈련을 받을 의무 등을 부담하나, 여성은 그와 같은 의무를 전혀 부담하지 않음에 따라 남성과 여성 간에 국방의무의 부담에 있어서 차별이 발생하고 있다.

② 차별의 합리성 여부

이 사건 법률조항이 평등권을 침해하는지 여부는 다수의 기각 의견이 판단한 바와 같이 완화된 심사척도에 따라 자의금지원칙 위반 여부를 판단하면 족하므로, 남성과 여성에 대한 위와 같은 차별에 합리적 이유가 있는지를 살펴보기로 한다. 남성과 여성은 전반적으로 다른 신체적 구조와 체력을 가지고 있고, 국방의무의 이행에 있어서도 이로 인한 차별취급은 당연히 용인되어야 한다. 그런데 병역법상의 병역의무 중 복무의 내용 자체가 신체적인 조건이나 능력과 직접 관계되는 것은 현역 복무와 상근예비역 및 승선근무예비역에 한정된다. 보충역이나 제2국민역의 경우 반드시 남성으로서의 신체적 능력이 필수적 전제가 된다고 보기는 어렵다. 그러므로 남성과 여성 간의 신체적 상이 및 그에 따른 사회적 역할의 차이를 고려하더라도, 이 사건 법률조항에 의하여 병역법상의 모든 국방의무를 남자에게만 부과하는 것은, 헌법상 규정된 국방의무의 부담에 있어서 남성과 여성을 합리적으로 차별한다고 볼 수 없다. 이는 오히려 과거에 전통적으로 남녀의 생활관계가 일정한 형태로 형성되어 왔다는 사실이나 관념에 기인하는 차별로 보이는바, 그러한 성역할에 관한 고정관념에 기초한 차별은 허용되지 않는 것이다. 한편 현재 국방의 의무를 구체화하고 있는 여러 법률들은 남자에 대하여 대부분의 의무를 부과하고, 여자는 소극적 지원에 그치게 함으로써 국방의무의 배분이 전체적으로 균형을 이루고 있다고 인정하기 어렵고, 나아가 남자에 대하여 병역의무의 이행에 따르는 기본권 제한을 완화시키거나 그 제한으로 인한 손실 및 공헌을 전보하여 주는 제도적 장치가 마련되어 있지도 않다.

결국 이 사건 법률조항이 대한민국 국민인 남자에게만 병역의무를 부과한 것은, 헌법상 국방의무를 합리적 이유없이 자의적으로 배분한 것으로서 남성의 평등권을 침해하므로 헌법에 위반된다.

다. 남성징병제 합헌결정에 대한 비판적 검토

1) 심사기준의 설정

이 사건에서 헌법재판소는 병역법 제3조 제1항이 평등권을 침해하는지 여부를 완화된 심사척도에 따른 '자의금지원칙' 위반 여부에 따라 판단하고 있다. 그런데 앞서 살펴본 바와 같이 헌법재판소가 제대군인 가산점 제도에 관한 위헌결정 이후 헌법에서 특별히 평등을 요구하고 있는 경우이거나, 차별적 취급으로 인하여 관련 기본권에 대한 중대한 제한을 초래하는 경우에는 엄격심사기준에 의해서 평등권 침해를 판단해 왔던 점에 비추어 볼 때, 헌법재판소가 위 법률규정의 위헌성을 엄격심사기준이 아닌 자의금지원칙에 의해서 판단한 것은 의문의 여지가 있다. 병역법 제3조 제1항은 병역의무의 부과여부를 단지 남자와 여자라는 '성별'에 의해서만 나누고 있으므로, 이는 전형적인 직접차별에 해당한다. 제대군인 가산점제도에 관한 위헌결정 당시 헌법재판소는 심판대상조항이 차별의 기준을 형식적으로는 '성별'이 아니라 '제대군인'인지의 여부에 두고 있어 헌법 제11조 제1항에서 특히 금지하고 있는 차별의 영역인 성별을 직접적인 이유로 한 차별취급은 아니지만, 제대군인에게만 가산점을 부과하는 법규정은 그 법적 효과의 측면에서 성별 간의 '차별적 효과'를 발생시키기 때문에 결과적으로는 성별에 의한 차별이라고 판단하면서 이를 엄격심사의 대상이라고 판단하였는바, 차별적 효과 이전에 이미 법조문 자체에서 직접적으로 성별을 기준으로 병역의무 주체를 나누고 있는 병역법 제3조 제1항은 당연히 성별에 의한 차별에 해당하므로 엄격심사기준에 의하여 판단하였어야 할 것이다.

또한 남성만의 병역의무이행은 엄격심사기준을 적용해야 하는 두 번째 경우, 즉 차별취급으로 인하여 관련 기본권에 중대한 제한을 초래하는 경우에도 해당한다. 한국 남성들에 대한 2년 간의 전인격적 징발은 거주이전의 자유와 일반적 행동자유권 등 자유권의 행사에 중대한 영향을 미칠 뿐만 아니라, 오로지 성별이라는 단일한 기준에 의해서 그러한 제한이 부과된다는 점에서, 평등권의 중대한 제한에도 해당한다. 끊임없는 병역기피 논란이 문제되는 우리 사회현실은 병역의무 부과의 침익적 효과가 심대하다는 것을 그 자체로 반영하고 있다고 할 것이다.

이렇듯 위 법률조항은 법조항이 설정하고 있는 차별의 기준이나, 법조항에 의하여 발현되는 차별적 효과에 비추어 볼 때 비례의 원칙에 입각한 엄격심사기준의 틀로 심사되었어야 한다고 여겨진다. 그럼에도 불구하고, 헌법재판소는 '징집 대상자의 범위를 정하는 문제는 그 목적이 국가안보와 직결되어 있고, 성질상 급변하는 국내외 정세에 대응하면서 최적의 전투력을 유지할 수 있도록 합목적적으로 정해야 하는 사항이기 때문에 광범위한 입법형성권이 인정되어야 하는 영역'이라는 이유로, 위 법률조항을 보다 느슨한 심사기준인 자의금지원칙 위반 여부에 의하여 심사하였다. 뒤에서도 살펴보겠으나, '성별에 따라 적합한 역할이 있다'라든가 '최적의 전투력'이라는 입법목적을 위해 남성징병제가 정당하다는 논거는 사회적 사실과 그 사실에 대한 이념적 평가를 요청하는 사안[44]으로서, 법원은 그러한 통념 자체를 해체하고 되돌아봐야 할 것인데, 이에 대한 실질적인 검토나 검증 없이 여성과 남성의 성역할과 같은 통념을 그대로 판단의 근거로 삼는 것은 별다른 설명력을 가지지 못한다. 그럼에도 불구하고 헌법재판소가 엄격심사기준이 아닌 자의금지원칙에 따른 심사기준을 적용한 것은, 어떤 심사기준을 선택하는지 여부가 해당 법조항의 위헌성을 도출할 수 있는지와

---

44) 양현아, "병역법 제3조 제1항 등에 관한 헌법소원을 통해 본 남성만의 징병제도", 「군대와 성평등」, 경인문화사, 2009, 84.

사실상 밀접하게 관련되어 있기 때문이라고 판단된다. 엄격심사기준에 의하면, 해당 법조항의 입법목적에 합리적 이유가 있는지 여부를 넘어서, 차별취급의 목적과 수단 간에 엄격한 비례관계가 성립하는지 여부에 관한 굉장히 밀도 있는 심사로 나아가야 하므로, 이 사건 법률조항이 위헌이라는 판단을 피하기 어려웠을 것이다. 따라서 헌법재판소가 자의금지원칙 위반에 의한 심사기준을 선택한 것은, 이 사건 법률조항의 합헌성을 도출하기 위한 일종의 복선이었다고 할 수 있다.

2) 병역의무 이행에 있어 고려되어야 할 남성과 여성의 '차이'

헌법재판소 결정문에서 병역법 제3조 제1항의 합헌성을 논증하기 위해 반복적으로 언급되는 논거는, '남성과 여성의 신체능력의 차이로 인하여 최적의 전투력 확보를 위해 남자만을 징병검사의 대상이 되는 병역의무자로 정한 것이 현저히 자의적인 것이라고 보기 어렵다'는 차이론이다. 그러한 측면에서, 위 법률조항은 '남자는 국방을, 여자는 가사와 출산, 양육을 책임진다'는 전통적 성역할론에 근거하여 제정된 듯 하고,[45] 이에 윤진숙 교수는 남성이 사회와 군대의 기득권층을 형성하고 있고 여성의 사회참여가 남성에 비해 저조하며 자녀의 양육에 관하여 전통적 성역할에 기초한 책임이 주로 여성에게 부과되고 있는 현실에서 여성에게 병역의무를 부과하는 것은 오히려 여성의 사회진출에 대한 장애이자 모성보호

---

45) 따라서 비록 헌법이 국방의 의무의 주체를 '모든 국민'으로 설정하고 있기는 하지만, 이러한 국방의 의무는 직접적인 병력형성의무만을 의미하는 것이 아니고 간접적인 병력형성의무도 포함하기 때문에 대부분의 여성은 재생산으로 국가를 방위한다고 볼 수 있어서 남성만의 병역의무 이행이 성차별에 해당하지 않는다는 주장도 있다(김용화, "헌법적 측면에서 본 군대와 양성평등", 「군대와 성평등」, 서울대학교 공익인권법센터, 34).

에 대한 이중부담이 된다는 견해[46]를 제시하기도 한다. 흔히 군대 경험을 둘러싼 성대결 구도에서 남성의 징집은 흔히 여성의 출산 경험과 비교되고 이에 대한 토론은 여러 양상으로 진행되는데, 남성이 군대를 가는 것은 강제되는 것이지만, 출산은 여성의 자유로운 선택에 의한 행위이므로 마땅히 그 부담을 져야 한다거나, 여성은 출산을 통하여 군대에 갈 남성을 생산함으로써 그 자체로 국방의 의무를 다한 것이라는 등의 논의가 그것이다. 그런데 위와 같은 논의는 별다른 인식 없이 여성성과 모성을 등식화하고 있는 점-즉 여성은 누군가의 어머니이자 아내 등 관계적인 맥락과 모성의 틀 속에서만 규정될 수 있다는-에서도 문제이지만, 또 다른 측면에서는 임신과 출산을 여성 개인의 자유로운 선택의 문제로 전제하고 있을 뿐 그러한 임신, 출산이 가지는 사회적 가치, 모성의 발현이 국가와 사회에 미치는 영향에 대한 천착이 부재하다는 점에서도 문제라고 생각한다. 게다가 헌법재판소 결정은 '전투를 수행함에 있어 요청되는 신체적 능력과 관련하여 본다면, 무기의 소지, 작동 및 전장의 이동에 요청되는 근력 등이 우수한 남자가 전투에 더욱 적합한 신체적 능력을 갖추고 있다'고 함으로써, 여성을 '전투'에서 배제하는 것의 정당성을 여성에게 병역의무 전반을 면제하는 것의 정당성과 동치시키고 있다. 그러나 비전투임무, 특히 전투임무와 순환될 필요가 없는 업무에 대해서까지 일률적으로 여성징집을 배제하는 것이 헌법적으로 정당화될 수 있는지는 이와 별개로 심사되어야 하는 것이고 양성 간 신체적 차이를 인정한다고 하더라도 군대업무란 전투라는 한 가지 기능이 아니라 서로 조직적으로 얽힌 여러 업무들 속에서 수행되는 것인바, 보다 기술적이고 지적능력을 필요로 하는 현대전쟁의 경우 '최적의 전투력'이라는 것은 결

---

46) 윤진숙, "여성의 병역의무에 대한 법이론적 고찰", 공법학연구 제8권 제4호, 한국비교공법학회, (2007), 243-261.

국 단순한 전투요원의 능력만으로 구성되는 것이 아니라 적절한 인력활용으로 달성되는 것임을 감안할 때, 남성만의 참여가 어떻게 '최적의 전투력'을 보장한다는 것인지에 대한 논증 없이 포괄적인 성별분류를 입법재량이라는 개념 아래 정당화하기보다는 군인의 구체적 직무를 세분화하여 분석하는 작업이 필요하다.[47]

그러한 의미에서 헌법재판소가 '전투를 수행함에 있어 요청되는 신체적 능력에 있어서의 남녀의 차이'를 중심으로 병역법 제3조 제1항의 합헌성을 논증한 것은, 그러한 차이 자체에 대한 실증주의적 논증이 없는 상태에서 사회통념에 기한 차이를 그대로 수용하고 있는 점, 설사 남성 신체가 전투업무적응에 적합하다는 점을 전제한다고 하더라도 비전투업무를 여성이 수행하는 것의 적합성, 남성의 신체특질이 군인업무의 수행에 본질적인 것인지 여부에 대한 검토를 결여한 채 만연히 차이로 인하여 남성이 군대업무 수행에 더 적합하다는 결론으로 귀결되었다는 점에서 위 법률조항의 차별성 여부가 충분히 다루어지지 못하였다고 생각한다. 그러한 점에서 재판관 목영준의 반대의견 중 '남녀 간 신체적 상이 및 사회적 역할의 차이를 고려하더라도 병역법상의 모든 국방의무를 남자에게만 부과하는 것은 과거에 전통적으로 남녀의 생활관계가 일정한 형태로 형성되어 왔다는 사실이나 관념에 기인하는 성역할에 관한 고정관념에 기초한 차별'이라는 설시는, 남성만의 병역의무제도를 정당화해 온 기존의 사회통념을 비판적으로 새기고 있다는 점에서 의미가 있다.

3) 수혜적 차별론에 대한 반박

한편, 재판관 민형기는 남성징병제에 대한 합헌결정에서 이 사

---

47) 양현아, 2009, 앞의 책, 94-113.

건 법률조항에 대한 심판청구가 기본권침해 가능성이나 자기관련성 또는 심판청구의 이익이 없어 각하되어야 한다고 하면서, 아래와 같이 논증한다.

① 평등권 침해와 자기관련성

수혜적인 법률의 위헌확인을 구하는 경우, 수혜범위에서 제외된 자가 자신이 평등원칙에 반하여 그 대상에서 제외되었다는 주장을 하는 것이 보통이고, 그와 같은 경우 상대방 비교집단에게 혜택을 부여하는 법률이 헌법에 위반된다고 선언되어 그러한 혜택이 제거됨으로써 비교집단과의 관계에서 자신의 법적 지위가 상대적으로 향상된다고 볼 여지가 있다면, 그 법률을 직접 적용받는 자가 아니라 하더라도 자기관련성을 인정할 수 있다.

② 이 사건 법률조항에 대한 판단

현재 남자들이 이행하고 있는 군 복무의 성격 및 내용이나 남녀 사이의 본질적이고 속성적인 차이 등을 고려할 때, 남자들이 의무적으로 이행하는 군 복무를 여자들이 완전히 대체하기에는 어려운 측면이 있고, 병역의무의 내용이나 범위 및 주체를 선정하는 문제는 고도의 정책적, 기술적 또는 정치적 성격을 지니고 있으므로, 설령 여자들에게 병역의무가 인정된다 하더라도 그로 인하여 필연적으로 병역제도나 군의 인사체계가 곧바로 남자들에게 유리한 방향으로 변경될 것이라고 단정할 수도 없는 형편이다. 한편 군 복무기간은 군 전투력의 유지 및 강화의 필요성이나 안보상황의 변화에 따른 숙련병에 대한 수요의 정도 등 정책적이고 군사과학적인 차원에서 질적으로 결정되어야 할 문제로서, 복무기간 단축의 효과는 병역제도나 군사정책이 변경됨으로 인하여 부수적으로 발생하는 사실상의 이익 내지 반사적인 이익에 지나지 않을 뿐, 이를 들어 법적으로 보호되는 이익 또는 법률상의 이익이라고 보기 어렵다.

결국 이 사건 법률조항이 헌법에 위반된다고 선언되더라도, 청구인과 같은 남자들의 병역의무의 내용이나 범위 등에 어떠한 직접적이고 본질적인 영향을 미친다고 보기 어려우며, 나아가 그 결정으로 인하여 현재 여자들이 누리고 있는 병역의무에 있어서의 상대적인 혜택이 청구인과 같은 남자들에게 그대로 확대될 수 있는 것도 아니다. 따라서 이 사건 법률조항으로 인하여 청구인의 기본권, 즉 평등권이 침해될 가능성이 있다고 보기 어려울 뿐만 아니라, 설령 그 기본권침해 가능성이 인정된다 하더라도 기본권 침해의 자기관련성 또는 심판청구의 이익이 인정되지 않는다.

먼저, 위 각하의견은 병역법 제3조 제1항이 '수혜적 법률'이라는 전제에서 위헌심사를 하고 있다. 위 법률조항은 여성들에 대하여 병역의무를 면제하는 내용의 법률이므로 위 법률이 헌법에 위반된다고 선언됨으로써 여성들의 병역의무 면제 혜택이 제거되고, 그로써 남성들의 법적 지위가 상대적으로 향상된다고 볼 여지가 있어야 이 사건 법률조항으로 인한 청구인의 기본권침해 가능성이 있는 것인데, 설사 이 사건 법률조항이 위헌이라고 하더라도 현재 여성들이 누리고 있는 상대적인 혜택이 남성들에게 그대로 확대될 수 있는 것이 아니므로 결국 심판청구이익이 인정되지 않는다는 것이다.

그러나 병역법 제3조 제1항에 의해 남성에게 부과되는 병역의무가 '수혜적 차별'이기 때문에 기본권침해의 자기관련성이 인정되지 않는다거나 심판청구의 이익이 없다는 견해에 대해서는 의문이다. 우선, 이 사건 헌법소원심판의 청구인은 남성으로서, 병역법에 의해 남성만이 군징집의 대상자가 되는 것은 차별이라는 전제

에서 헌법소원심판을 청구하고 있으므로, 당연히 청구인에 대해서
이 사건 법률조항은 기본권 제한의 침익적 효과를 발생시키는 부
담적 차별을 야기하는 조항에 해당한다. 위 조항이 '수혜적 차별'
이라는 것은 해당 조항을 병역의무의 면제를 받는 여성들의 입장
에서 조망한 것으로서 위 청구와 초점이 맞지 않을 뿐만 아니라,
과연 병역의무 면제라는 반사적 효과가 여성들에게 '수혜적'인 것
인지 여부에 대해서도 반문할 필요가 있다.[48]

　문승숙은 한국사회에 지배적인 군사화된 남성성과 가정화된 여
성성이라는 이분법적 코드의 핵심에 남성징병제가 있음을 논하면
서, 남성징병제도를 직업훈련기회와 연결시켜 분석하였다.[49] 위 연
구에 따르면 군복무와 직업훈련 간의 연결은 1973년 제정된 병역
특례법에 따라 병역의무자를 중화학 공업에 배치했던 정책에서 잘
나타나는바, 해당 법률에 따르면 병역의무자는 지불노동으로 병역
을 대신할 수 있고,[50] 여성 입장에서 이러한 정책은 중화학공업 관
련된 직업과 기술단련을 받을 기회의 체계적 배제를 의미하는 것
이다.[51] 즉, 중화학 공업과 방위산업 기업체에서 일하는 남성노동
자들이 대체복무를 신청하기 위해서는 먼저 각종기술 분야에서 자
격증을 취득해야 했기에 결과적으로 이 정책은 남성들에게 국가기

---

48) 양현아 교수도, 이 사건 헌법소원심판에서 남성청구인의 남성차별이 주장
　　되고 있는데도 심사의 논변은 한결같이 여성이 남성과 같이 병역의무를
　　지지 않음으로써 침해되는 기본권의 문제를 다루고 있다고 지적한다(양
　　현아, 2009, 앞의 책, 87-88).
49) 문승숙, 이현정 역, 『군사주의에 갇힌 근대』, 또 하나의 문화, 2007.
50) 군수방위 산업체나 군사 연구소에서 일하는 기술자와 기능사 2)중화학공
　　업, 광업, 건설, 에너지산업 같은 전략 사업에서 일하는 자격증 소지 기술
　　자와 기능사, 3) 한국과학기술원 학생. 이상과 같은 병역특례의 경우는 기
　　본적 군사훈련을 받은 뒤 국가가 지정한 업체에서 5년간 대체복무를 해야
　　함(학생은 졸업 후 3년간).
51) 문승숙, 이현정 역, 2007, 앞의 책, 88, 양현아, 2009, 앞의 책, 99에서 재인용.

술자격증 시험준비에 대한 동기를 부여한 반면, 여성은 이런 동기를 가질 필요나 기회가 없었고 이상의 직종들은 군복무 이행과 교차되면서 남성직종으로 자리잡았다.[52] 결국 군사화된 국가에서 여성들의 직업훈련은 여성적인 기술이라고 여겨진 봉재, 자수, 염색, 방적, 전화교환, 미용(주로 보수가 적고 노동집약적인 특성을 가졌던 직업형태)에 몰렸고, 한국 정부가 중화학 공업의 육성에 관심을 가졌던 시기에도 관련 분야에서 여성기능사들의 비율은 거의 증가하지 아니하였는바, 이는 관련 노동자의 육성과 군사정책이 엇물려 있었음을 보게 하고, 한국의 군사제도와 산업정책 간의 관계, 여성의 병역의무 등에 대한 정책을 수립함에 있어 노동권적 시각이 반드시 필요하다는 것을 시사한다.[53]

제대군인가산점 제도에 대한 위헌심사 과정에서 드러났듯이 병역법에 의한 징집대상에 포함되지 않은 여성들과 병역면제자, 보충역, 제2국민역은 그 반대급부로서 제대군인들이 누린 공무담임권의 직, 간접적 혜택의 수혜로부터 배제되었고, 군인경력은 공무원 호봉산정이나 연금법 적용에 있어서 공무원 경력으로 모두 인정되는 등 여성과 비제대군인 남성들에 대한 차별적 효과가 발생되어 왔다.[54] 따라서 남성징병제로 인한 차별효과라는 것은 결국

---

52) 양현아, 2009, 앞의 책, 99.

53) 문승숙, 2007, 앞의 책, 108.

54) 법조인 직역에서는 군법무관이라는 특수한 경험이 직역에서의 경력 혹은 호봉산정에 미치는 영향에 주목할 필요가 있다. 종래 사법시험에 합격하고 사법연수원 수료를 마친 남성 중 군미필자들은 3년의 기간 동안 군법무관이나 공익법무관으로 복무한 후 판사, 변호사, 검사 등 실무직역으로 들어오게 된다. 법무관을 마친 사람들은 사법연수원을 마치고 바로 신규로 법관 등에 임용되는 인력과는 완전히 채용의 루트를 달리하여 그들끼리의 성적기준에 의해서 임용을 받게 되고, 군복무 경력 3년은 법원이나 검찰에서는 모두 경력으로 인정된다. 또한 고위법관이나 고위검사, 로펌에서 중요한 업무를 하고 있는 파트너 변호사들 대부분이 남성으로 구성

남성집단과 여성 집단 간에 누가 더 차별적 대우를 받았는가의 차원에 국한되지 않고, 양성을 서로 다른 성격으로 차별하는 현상으로 보아야 하는바, 남성은 병역의무를 부담하는 측면에서는 여성에 비해 불리한 대우를 받았다고 할 수 있지만, 여성은 병역의무가 수반하는 훈련과 직업선택의 기회, 공무원 임용시의 보상제도 등에서 원천적으로 배제되어 온 것이어서, 국가의 국방정책 필요성에 따라 남성과 여성이 다르게 배치되고 활용된 결과, 양 집단이 서로 다른 차원에서 차별과 배제를 경험해 온 것이라고 할 수 있다.55) 이렇듯 '의무의 면제'와 '권리의 박탈'은 동전의 양면과 같이 연결되어 있는 것이므로, 병역법으로 인한 차별의 성격이 '수혜적'이라는 보는 시각은 문제의 단편만을 본 것에 불과하다.

4) 남성징병제와 시민권

징병제는 시민권 개념과 쌍생아적 관계를 유지하면서 성장해 왔는데, 징병제를 통한 남성중심성의 강화는 '보호자=남성', '보호받는 자=여성과 아이'라는 사회적 구도 속에서 가족에서의 가장 역할을 확립하는 남성의식의 근거를 마련하였다.56) 이스라엘이나 스웨덴을 보면 징병제를 통해서든 아니든 군에서의 여성 수 증가와 역할 확대는 당연한 경향성일 뿐만 아니라 올바른 정책방향으로 인정받고 있는데, 두 국가 모두 징병제의 경험이 해당자들에게 긍정적이라는 평을 들을 만큼 역할을 다양화하고 이후의 전문성과

되어 있는 사회에서 군법무관 출신 남성들만이 공유하게 되는 군경험들은 실무에서의 사회화 능력에 있어서 중요한 자원이 된다. 이러한 점에서도, 군복무 면제로 인한 효과가 여성에게 단지 수혜적이라는 논거는 받아들이기 어렵다.

55) 양현아(2009), 앞의 책, 101.
56) 권인숙, "징병제의 여성참여: 이스라엘과 스웨덴의 사례연구를 중심으로", 여성연구 제74권 1호,(2008).

연결시키면서 사회적 의미를 키우는 노력을 하고 있다. 이스라엘의 경우 병사들이 계급에 상관없이 장교까지도 서로 이름을 부르는 등 평등주의적 원칙을 실현하면서 서열주의 문화의 폐해를 극복하려고 하고 있는바, 이는 한국사회의 징병제 또한 내용적 변화가 가능하고 기존의 남성중심성을 극복하는 다양한 설계가 가능하다는 것을 시사한다.[57] 이에 비해 한국에서는 남성징병제를 둘러싼 군대문제에 개인의 희생, 국가의 생존을 위한 남성들의 노력, 우리국가는 우리가 지킨다는 영토개념만이 들어가 있을 뿐 시민과 국가, 시민과 군대가 다양한 방식으로 관계를 맺고 균형을 이룰 수 있다는 개념이 설 기회가 없었고, 유일하게 드러난 부분은 형식적 평등개념, 즉 '나도 희생하는 데 너는 안 해?'라는 기초적 문제의식 외에는 군의 각종문제에 대한 비판의식을 총체적으로 키워나갈 수 있는 상상적, 경험적 토대가 마련되어 있지 않았다고 평가된다.[58]

헌법상 여성도 국방의 의무에서 예외가 아님이 천명되어 있지만 절대 다수의 여성들은 군대라는 조직에서 근본적으로 타자화되어 있고, 한국의 징병제도는 호주제도 이후 성별을 포괄적으로 분류하고 성별에 대한 이중코드를 지탱하고 있는 유일한 제도이다. 또한 한국과 같이 거의 모든 남성에게 군대와 군인이 보편적인 체험이 되고 거의 모든 여성에게는 그러한 경험이 전무한 사회에서 성별 간 무력사용 능력의 차이는 매우 현격하여, 결국 이는 여성으로 하여금 무력에 있어 남성에게 의존하고 굴복하도록 사회화하는 효과를 창출하고 성폭력, 가정폭력 및 일상생활에서의 자기방어능력에 있어 여성과 남성의 현격한 비대칭화를 초래한다.[59] 결국 남성징병제는 한국의 여성과 남성에게 현저히 다른 시민권을 부여하

57) 권인숙(2008), 앞의 글, 155.
58) 권인숙(2008), 앞의 글, 158.
59) 양현아(2009), 앞의 글, 102.

고 있다고 해석된다.

IV. 글을 맺으며

이 글의 전반부에서는 지난 30년 간 젠더분야와 관련한 헌법재판소의 결정 중 특히 포스트식민주의의 관점에서 중요하다고 볼 수 있는 호주제 헌법불합치 결정과 일본군'위안부' 헌법소원에 대한 위헌결정을 분석하였고, 후반부에서는 국민의 국방의무와 관련하여 제대군인 가산점 제도와 남성징병제에 대한 헌법재판소 결정 내용을 통해 병역의무 이행에 있어 고려되어야 할 남성과 여성의 차이, 그리고 평등권 심사기준의 설정 등과 관련한 고민을 공유하였다.

전통과 젠더, 성폭력, 식민지성의 교차로에 놓여 있던 호주제도와 일본군'위안부' 문제 관련 사건에서 헌법재판소는 포스트식민주의적 시각의 견지에서 전통의 식민지적 구성과정을 해체하거나, 한일청구권 협정 체제에 내재된 식민성을 해체하지 않은 채 일반적인 성차별의 문제(호주제도) 혹은 청구권협정에 관한 해석상의 분쟁 문제(일본군'위안부')로써만 위헌성을 도출하였다. 그러한 의미에서, 식민지 유산으로서의 호주제도 혹은 한일청구권 협정 체제를 해부할 수 있는 포스트식민적 관점은 아직 오지 않았다고 평가한다. 그러나 호주제에 대한 헌법불합치 결정은 한국 페미니즘 운동의 위대한 승리이자, 호주제도의 폐지를 곧 가족제도의 해체라고 이해하던 관념들에 균열을 내어 이후 지난하게 이어지는 가족법 개정에 박차를 가하였고, 일본군'위안부' 헌법소원에서의 위헌결정은 이듬해인 2012년 5월 대법원이 식민지 시기 강제징용 피해자들의 손해배상 청구에 대한 판결에서 전면적으로 한일청구권 협정의 법적 성격과 식민지배의 불법성에 대한 판단에 나아가는 법적 결단의 계기를 마련하였다는 점에서 그 위대함을 결코 과소 평가할 수 없을 것이다. 비록 본격적인 포스트식민의 관점과 시각은 아직 오지 않았다고 하더라도, 가족제도나 사회제도, 법제도를 비롯한 공사 제반 영역에서 전통과 관습, 자연스러움, 사회통념 등의 외피를 입고 형태를 변형시키면서 지속되고 있는 포스트식민의 구조 너머에 있는 식민성의 요소를 보고자 노력한다면, 한국사회와 시민들이 지속적으로 재체험하는, 여전히 잔존하는 식민성의 굴레로부터의 해방은 점차 가능해질 것이라고 생각한다.

한편, 제대군인 가산점제도에 관한 헌법재판소의 위헌결정은 이후에 이어지는 헌법재판소의 평등권 심사 방식의 모델이 되었을 정도로 형식적 평등 개념을 넘어선 실질적 평등의 개념과 간접차별, 평등권 심사기준에 대한 풍부한 쟁점을 담고 있었다. 그러나 위 결정의 의의에도 불구하고 이후 이어진 징병제도에 관한 사회적 담론의 주요 흐름이 남성징병제 자체가 가지는 헌법적 문제점과 이를 보완하는 방식에 대한 논의보다는 군대를 가야 하는 남성의 희생과 이러한 희생을 무시하는 여성들이라는 이분법적 양성 대결구도에 기한 투쟁의 양식으로 흘러간 점은 아쉬운 측면이다.

병역법 제3조 제1항은 오로지 '남성'과 '여성'이라는 성별표지에 따라 병역의무의 부담주체를 나누고 있는데, 위 법률조항에 대한 헌법소원심판 과정에서의 공방내용을 보면 알 수 있듯이, 이 문제를 온전히 일방의 성별에만 한정한 병역의무 부과로 인한 남성차별의 쟁점으로 접근하는 경우는 드물고, 모두 여성이 병역의무 면제를 받는 것과의 비교선상에서 판단되었다. 그러나 사견으로는, 청구인 남성의 입장에서 평등권과 자유권 침해 여부를 엄격심사기준에 따라 심사하게 된다면, 병역법 제3조 제1항은 헌법 제11조의 평등권에 위반된다는 결론을 피할 수 없을 것이라고 생각한다. 남성징병제에 대한 헌법재판소 결정의 내용에서 남성징병제가 폐기될 경우 이를 대체할 새로운 병역제도에 대한 설계가 이루어지지 아니한 상태에서 위헌선언을 할 경우에 발생할 사회적 혼란과 안보 공백에 대한 우려를 읽을 수 있기도 하다. 그러나 앞서 언급된 바와 같이, 현재의 남성징병제가 남성과 여성 모두에게 각 다른 방향에서의 차별적, 배제적 효과를 발현하고 있음을 상기할 때 병역법 제3조 제1항이 내포하고 있는 차별성을 전제로 새로운 병역제도에 대한 사회적 논의가 꼭 필요하다. 그러한 의미에서 위 헌법소원심판을 계기로 한국 사회에서는 현행의 징병제도를 보다 합리적이고 양성평등적인 제도로 변화시킬 것이 요청되고 있다고 여겨진다. 병역제도의 합리화 중 하나는 징집과 군인 직무에 대한 명확한 기준제시[60]인데, 그 과정에서 군대를 둘러싼 물질적, 정치적, 제도적인 남성독점주의와 군대제도에서의 여성의 타자화를 발견하고 극복함으로써 헌법상 국민에게 부여된 국방의무의 합리적 기준에 의한 배분 및 양성을 포괄하는 시민권과 공동체성의 회복이 가능할 것이다.

---

60) 양현아, 2009, 앞의 책, 113.

장애인 차별 사건으로 본 헌법재판

김 재 왕*

Ⅰ. 서론

1987년 민주화 운동의 성과로 제9차 헌법 개정이 이루어졌다. 그 산물로 1988년 헌법재판소가 설립되었다. 1988년 이래 헌법재판소는 많은 위헌 결정을 통하여 국민의 기본권을 수호하는 기관으로 자리매김하였다. 1987년 이후 장애인 인권 운동이 활발해지면서 장애인의 인권도 많이 신장되었다. 그러면서 장애인은 스스로를 시혜의 대상이 아니라 권리의 주체로 인식하고, 여러 장애인 관련 법을 제·개정하는 운동을 하였다. 그 중, 장애인 차별을 금지하고 시정하려는 장애인들의 목소리는 2007년 「장애인차별금지 및 권리구제 등에 관한 법률」(이하 '장애인차별금지법') 제정으로 나타났고, 이후 장애인 차별에 대한 사회적 인식 변화를 추동하고 있다. 하지만 헌법재판소는 장애인 차별과 관련한 결정에서 장애인 차별

---

* 변호사, 공익변호사모임 희망을만드는법

에 대한 사회적 인식 변화를 충분히 반영하지 못하고 있다. 이 글
에서는 먼저 장애인 차별의 개념에 대해 살펴보고 그 개념을 중심
으로 간접차별과 정당한 편의제공거부에 관한 헌법재판소 결정을
비판적으로 고찰하고자 한다.

II. 차별의 개념[1]

1. 평등과 차별

사람은 누구나 존엄하다. 장애인이 사람으로서 존엄과 가치를
보장받으려면 우선 평등한 대우를 받아야 한다. 우리나라 헌법에
서도 제10조와 제11조에서 이를 천명하고 있다.

차별은 평등에 대한 명확한 이해에서 정의할 수 있다. 평등은
모든 것을 언제나 같게 대우하는 '절대적 평등'이 아니라 같은 것
을 같게 대우하고 다른 것을 다르게 대우하는 '상대적 평등'으로
이해할 수 있다.[2] 상대적 평등의 관점에서는 '합리적 근거가 있는'
차별 대우는 차별에 해당하지 않는다. 이는 모든 차별 대우가 차별
이 아니라 다양한 차별 대우가 차별에 해당되는 차별 대우(합리적
근거가 없는 차별 대우)와 차별에 해당하지 않는 차별 대우(합리적
근거가 있는 차별 대우)로 나누어짐을 뜻한다.[3] 차별 대우와 차별

---

1) 이 장은 필자의 가톨릭대학교 사회복지대학원 석사학위논문 '장애인차별
  금지법 판결 분석'의 내용을 발췌하여 기술하였다. 김재왕, 장애인차별금지
  법 판결 분석, 가톨릭대학교 사회복지대학원 석사학위논문(2017), 8~12쪽.
2) 이준일, 차별금지법(안)에 대한 검토와 비교를 통한 대안의 제시, 안암법
  학 제25호(2007), 171쪽.
3) 이준일, 앞의 글, 171쪽.

에 대한 구분에서 차별 대우는 '사실 확인'의 문제이고, 차별은 '규범적 평가'의 문제임을 알 수 있다. 따라서 차별 대우라는 사실관계를 먼저 확인하고 나서 사실관계에 대한 규범적 평가로서 차별인지 여부에 대한 판단을 할 수 있다.[4]

2. 직접차별

차별의 범주로는 직접차별, 간접차별, 정당한 편의제공거부 등이 있다. 직접차별이란 일정한 법규범이 제정되거나 일정한 관행이나 조치가 시행될 때부터 차별 목적을 의도하고 명시적으로 표현한 차별대우를 뜻한다.[5] 학교법인이 사고로 다리에 장애를 가지게 된 교직원을 원활한 업무수행이 어렵다는 이유로 보직 임용 대상자에 포함시키지 않은 경우(전주지방법원 군산지원 2014. 7. 3. 선고 2013가합2599 판결), 금융기관이 대출 서류에 자필로 서명하여야 한다며 양손을 쓰지 못하는 장애인에게 대출을 거부하는 경우 등이 직접차별의 예이다.[6] 장애인차별금지법은 직접차별을 "장애를 사유로 제한·배제·분리·거부 등에 의해 정당한 사유 없이 장애인을 불리하게 대우하는 경우"로 규정하고 있다(같은 법 제4조 제1항 제1호).

3. 간접차별

간접차별은 법규범이 제정되거나 일정한 관행이나 조치가 시행

---

4) 이준일, 앞의 글, 171쪽.
5) 정영선, 장애 차별 및 장애인 권리구제 제도 개선 방향에 대한 소고, 법학연구 제22권 제1호(2011), 141쪽.
6) 김재왕, 앞의 글, 9쪽.

될 때에는 의도한 명시적인 차별 목적이 없었지만, 법규범이 적용되거나 관행이나 조치가 시행되는 과정에서 또는 시행된 뒤에 결과적으로 발생한 차별 대우를 뜻한다.[7] 교원 임용 시험에서 구술고사 형식으로 면접시험을 시행하면서 언어장애가 있는 사람에게 장애가 없는 사람과 동일한 시험 시간을 배정한 경우(광주고등법원 2016. 12. 8. 선고 2016누4361 판결), 채용 응시 자격으로 일정 수준 이상의 공인 영어 시험 성적을 요구하는데 듣기 문제를 풀 수 없는 청각장애인은 그 일정 수준 이상의 점수를 얻을 수 없는 경우 등이 간접차별의 예이다.[8] 장애인차별금지법은 간접차별에 대하여 "장애인에 대하여 형식상으로는 제한·배제·분리·거부 등에 의하여 불리하게 대하지 아니하지만 정당한 사유 없이 장애를 고려하지 아니하는 기준을 적용함으로써 장애인에게 불리한 결과를 초래하는 경우"라고 규정하고 있다(같은 법 제4조 제1항 제2호).

4. 정당한 편의제공거부

우리나라 장애인차별금지법을 비롯하여 각국의 장애인차별금지법은 사회적 장벽과 그에 따른 불이익을 장애인에 대한 차별로 파악한다. 그리고 이러한 차별을 금지함으로써 장애인에게 동등한 사회 참여를 가능하게 하고 인간으로서의 존엄과 가치를 보장하고자 한다. 전통적인 차별 금지법은 같은 것은 같게 대우하여야 한다는 대칭적인 접근을 취한다. 예를 들어 성차별금지법에 따르면 남성과 여성은 동일하게 대우받아야 한다. 남성을 여성보다 유리하게 대우함은 여성에 대한 차별이며, 여성을 남성보다 유리하게 대

---

7) 정영선, 앞의 글, 143쪽.
8) 김재왕, 앞의 글, 9쪽.

우함은 남성에 대한 차별이다.[9] 그러나 장애 차별에서 이러한 차별 개념만을 적용하여 장애인과 비장애인의 동일한 대우만을 주장하는 데에는 한계가 있다. 사회적 장벽과 그에 따른 불이익을 제거하지 아니하고 장애인과 비장애인을 동일하게 대우한다면 장애인에게 불리한 결과를 초래하기 때문이다. 따라서 장애인 차별에서는 장애라는 속성을 고려하여 장애인은 비장애인과 다르게 대우되어야 한다는 비대칭적 접근이 필요하다.[10]

장애인차별금지법도 이러한 비대칭적 접근으로 "정당한 사유 없이 장애인에 대하여 정당한 편의 제공을 거부하는 경우"를 차별행위의 하나로 규정하고 있다(같은 법 제4조 제1항 제3호). 여기서 '정당한 편의'라 함은 장애인이 장애가 없는 사람과 동등하게 같은 활동에 참여할 수 있도록 장애인의 성별, 장애의 유형 및 정도, 특성 등을 고려한 편의시설, 설비, 도구, 서비스 등 인적·물적 제반 수단과 조치를 말한다(같은 조 제3항). 면접시험 주관 부처가 언어장애 수험생이 사전에 의사소통 조력인을 요청하였는데도 이를 제공하지 않는 경우(서울행정법원 2017. 6. 16. 선고 2016구합75586 판결), 교육기관이 휠체어를 사용하는 학생이 입학하고도 상당한 시간이 지났는데도 휠체어가 들어갈 수 있는 책상을 제공하지 않는 경우 등이 정당한 편의제공거부의 예이다.[11]

5. 정당한 사유

직접차별, 간접차별, 정당한 편의제공거부가 있다고 하여 곧바로 차별로 평가되는 것은 아니다. 차별 대우에 합리적인 근거가 있

---

9) 조임영, 장애차별의 개념과 작동, 한국노동법학 제37호(2011. 3.), 168쪽.
10) 조임영, 앞의 글, 168~169쪽.
11) 김재왕, 앞의 글, 12쪽.

는지에 따라 차별에 대한 평가는 달라진다. 비행기 조종사를 선발하면서 시력 기준을 두는 경우, 문화재에 승강기를 설치하지 않은 경우 등이 차별의 합리적 근거가 있는 경우라 할 수 있다. 장애인차별금지법은 차별의 합리적 근거를 '정당한 사유'로 표현하고 있고, "제1항에 따라 금지된 차별행위를 하지 않음에 있어서 과도한 부담이나 현저히 곤란한 사정 등이 있는 경우", "제1항에 따라 금지된 차별행위가 특정 직무나 사업 수행의 성질상 불가피한 경우. 이 경우 특정 직무나 사업 수행의 성질은 교육 등의 서비스에도 적용되는 것으로 본다."로 열거하고 있다. 장애인 차별이 다투어지는 경우에 차별의 정당한 사유가 있는지가 주로 쟁점이 된다.

III. 간접차별과 관련한 헌법재판소 결정

직접차별과 관련한 헌법재판소 결정은 찾을 수 없었다. 장애인을 불리하게 대우할 목적으로 제정된 법률이 거의 없기 때문이다. 장애인에 대한 직접차별이 문제될 수 있는 법률로는 현재 피성년후견인이나 피한정후견인에 대하여 자격 제한을 규정한 법률 등이 있으나, 이에 대하여 헌법재판이 제기되지 않아 장애인에 대한 직접차별이 쟁점이 된 사례는 없었다.

간접차별과 관련한 헌법재판소 결정으로는 헌법재판소 2009. 2. 26. 선고 2006헌마626 결정이 있었다.[12] 공직선거법은 공직선거 후

---

[12] 이 밖에 제대군인 군가산점 제도에 대한 결정(헌법재판소 1999. 12. 23. 선고 98헌마363 결정)도 장애인에 대한 간접차별 사례로 볼 수 있다. 위 결정은 제대군인과 여성 및 제대군인이 아닌 남성을 비교대상으로 하여 제대군인 군가산점 제도가 차별임을 인정하였다. 위 결정은 특정 집단에 대한 우대 조치로 빚어진 차별 사안으로 일반적인 간접차별 사례와는 차이

보자가 장애인인지 여부를 구별하지 않고 모든 후보자들에 대하여 동일하게 선거사무원 수와 선거운동방법을 제한하고 있고, 후보자나 그 배우자가 중증장애인인 경우 선거인에게 명함을 배부할 수 있는 자에 활동보조인에 관한 규정을 따로 두지 않고 있었다. 청구인들은 2006. 5. 31. 실시된 제4회 동시지방선거에서 지방의회 의원 후보자로 출마한 중증장애인들로, 선거사무원의 수를 비장애인인 입후보자들과 동일하게 제한한 공직선거법 제62조 제2항 및 선거운동 시 공직선거법에서 규정한 것 이외의 인쇄물 또는 녹음·녹화테이프 등을 사용하는 것을 금지하고, 후보자 또는 배우자가 중증장애인인 경우 활동보조인에 관한 규정을 두지 아니한 같은 법 제93조 제1항이 평등권 및 공무담임권 등 헌법상 기본권을 침해하였다고 주장하면서 헌법소원심판을 청구하였다. 헌법재판소는 공직선거법 제93조 제1항의 위헌 여부를 심사하면서 간접차별에 대하여 판시하였다. 위 조항에 대하여 4인의 합헌 의견(법정 의견), 4인의 헌법불합치 의견, 1인의 위헌 의견으로 합헌 결정이 내려졌다. 1인의 위헌 의견은 간접차별에 대하여 논하지 않았으므로 이 글에서는 따로 논하지 않는다.

1. 결정 요지

가. 법정의견

(1) 공직선거법 제93조 제1항 본문이 중증장애인 후보자에 대하여만 특정한 선거운동방법을 금지·제한하는 것이 아니라 중증장애인 후보자와 비장애인 후보자를 동등하게 취급하였다는 점이 결과적으로 불평등을 초래하였다는 것이어서, 위 법률조항으로 인하여

_____

가 있어서 이 글에서는 논하지 않기로 한다.

관련 기본권에 대한 중대한 제한이 초래되었다고 볼 수 없으므로
이 사건에서의 평등심사는 완화된 기준에 의한다.

(2) 법 앞에 평등하다는 것은, 법적 취급의 불평등의 금지를 의
미하는 데 그치고, 현실로 사회에 존재하는 경제적, 사회적 기타
여러 가지의 사실상 불균등을 시정하여 그 실질적 평등을 보장하
여야만 하는 것은 아니기 때문에, 언어장애인인 후보자와 비장애
인 후보자 사이의 실질상의 불균등이 있음에도 동일하게 취급하였
다고 하여 곧바로 이 사건 법률조항을 평등의 원칙에 위반되는 것
이라고 할 수는 없는 것이다.

(3) 공직선거법에 따라 적법하게 할 수 있는 선거운동 방법 가운
데 오늘날에는 후보자가 직접 일일이 투표권자를 찾아다니며 얼굴
을 알리는 방법보다는 신문·방송·인터넷을 통한 광고, 방송연설 또
는 정보통신망을 이용한 선거운동의 영향력이 현저히 커지는 추세
이고, 위와 같은 매체를 이용하여 선거운동을 하는 것은 언어장애
가 있는 후보자라 하더라도 이로 인한 제약을 크게 받지 아니한
점, 투표권자를 개별적으로 찾아다니며 지지를 호소하는 것 이외
에 후보자 본인의 '구두(口頭)로써' 효과적으로 할 수 있는 선거운
동영역이 그다지 넓지 않고, 언어장애가 있는 후보자라 할지라도
투표권자를 개별적으로 접촉하여 지지를 호소하는 방법은 자신의
선거사무원이나 선거운동 자원봉사자, 활동보조인 등을 통하여 얼
마든지 가능한 점 등에 비추어 보면, 언어장애가 있는 후보자가 공
직선거법에 규정된 방법 이외의 인쇄물, 녹음·녹화물 등을 반드시
이용하여야만 언어장애가 없는 후보자와의 동등한 위치를 확보한
다고 보기는 어렵고, 설령 위와 같이 인쇄물 등의 선거운동방법을
별도로 허용한다고 하여도 장애인 후보자에게 현저하게 유익하다
고 할 수도 없으므로, 공직선거법 제93조 제1항 본문이 장애인과
비장애인 후보자를 구분하지 아니하고 선거운동방법을 제한하였

더라도 이를 두고 서로 다른 것을 자의적으로 동일하게 취급함으로써 이 사건 중증장애인 후보자인 청구인들의 평등권 등을 침해하는 것이라 볼 수 없다.

(4) 나아가 입법정책상 공직선거법이 법률상 요건을 충족한 시각장애인의 선거권 행사에 대하여 일정 배려를 하고 있는 것과 마찬가지로, 선거운동에서도 장애가 없는 후보자와 언어장애인 후보자 사이에 존재하는 사실상 불균등을 장애가 없는 후보자 이상의 문서배포를 허용하는 것에 의하여 보충하는 것도 충분히 검토할 가치가 있을 것이나, 언어장애인 후보자에게 인쇄물배포 등 추가적인 선거운동방법을 허용하려면 먼저 언어장애를 가졌다고 주장하는 후보자들의 언어장애의 판정기준 및 판정절차, 허용할 인쇄물 등의 종류 및 수량 등 이를 사전에 구체화하는 입법을 하여야만 할 것인데, 이는 현실적으로나 입법기술상으로 결코 쉽지 않은 문제라 하겠다.

나. 재판관 김희옥, 재판관 김종대, 재판관 민형기, 재판관 송두환의 공직선거법 제93조 제1항 본문에 대한 헌법불합치의견

(1) 후보자의 선거운동방법에 있어서 장애인과 비장애인을 구분하지 아니하고 일률적으로 제한한 공직선거법 제93조 제1항 본문은 선거운동의 자유라는 기본권의 행사에 중대한 제약을 초래하는 것이므로, 이에 대하여는 비례성 원칙에 따를 심사를 하여야 할 것이다.

(2) 언어장애를 가지고 있는 후보자는 정확한 의사의 전달이 불가능함을 물론, 의사표시 자체는 어느 정도 가능한 경우에도 말하는 태도·방법·발음 등을 포함한 포괄적인 의미의 의사전달 행위에 있어서 유권자들이 가지는 선입견이나 비호감 등도 극복하기 어려

운 난관이 되는 등 유권자에게 자신에 대한 지지를 호소하거나 정견·정책을 알리는 데 있어 결정적으로 불리한 위치에 있다. 유권자와 직접적인 대면을 통하여 후보자 자신을 소개하는 전통적인 방식이 아직도 적지 않은 영향력을 가지고 있는 한 언어장애를 가진 후보자는 비장애인 후보자에 비해 매우 불리하다고 할 수밖에 없다. 그러므로 언어장애를 가진 후보자에게 의사전달을 도와줄 보조자로서 선거사무원을 비장애인 후보자 보다 1, 2명가량 추가로 허용한다거나 공직선거법상 가능한 각종 인쇄물량의 법적 상한을 늘려주는 등 언어를 대체할 수 있는 선거운동 방법을 추가적으로 더 많이 사용할 수 있도록 하여 비장애인 후보자와 어느 정도 대등한 경쟁을 할 수 있도록 조치를 취할 필요가 있다. 그런데도 그렇지 아니한 채, 공직선거법 제93조 제1항 본문이 언어장애 후보자와 비장애인 후보자의 선거운동방법을 일률적으로 제한한 것은 능력이 서로 다른 언어장애 후보자와 비장애인 후보자를 동일하게 취급함으로써 차별을 발생시켰고, 이는 선거의 실질적 자유와 공정의 확보라는 입법 목적과 선거운동의 제한이라는 수단 간의 비례성을 벗어난 것으로서 청구인들의 평등권을 침해한 것이다.

(3) 위 법률조항에 대하여 단순위헌을 선언하면 언어장애 후보자나 비장애인 후보자에 대하여 종래 제한되었던 각종 선거운동방법이 일시에 가능하게 되어 무질서와 혼란이 야기될 것이므로 이를 방지하기 위하여 위 법률조항에 대하여 헌법불합치를 선언하고 개선입법을 촉구함이 상당하다.

2. 간접차별의 의의와 성립요건

헌법 제11조 제1항에서 도출되는 평등권은 본질적으로 같은 것은 같게, 본질적으로 다른 것은 다르게 취급할 것을 요구한다. 따라서 평등원칙은 입법자에게 본질적으로 같은 것을 자의적으로 다르게, 본질적으로 다른 것을 자의적으로 같게 취급하는 것을 금하고 있다. 직접차별이 본질적으로 같은 것을 다르게 취급하는 데서 비롯한다면 간접차별은 본질적으로 다른 것을 같게 취급하는 데서 발생한다고 할 수 있다.

간접차별이 성립하기 위해서는 세 가지 요건이 필요하다. 첫째, 본질적으로 다른 두 집단이 존재하여야 한다. 둘째, 본질적으로 다른 두 집단을 취급하는 데 있어서 형식적인 차이가 존재하지 않아야 한다. 셋째, 형식적인 차이가 존재하지 않음으로 인하여 결과적으로 본질적으로 다른 두 집단 중 한 집단에 불이익이 발생하여야 한다. 간접차별은 두 집단을 취급하는 데 형식적인 차이가 없기 때문에 그 결과의 불평등에 대한 평가를 수반한다. 동일한 취급으로 인한 결과의 불평등이 처음부터 두 집단을 다르게 취급하여 발생하는 불평등에 상응할 만할 때 간접차별이 인정되는 것이다.

3. 이 사건 간접차별의 성립

이 사건에서 비교되는 두 집단으로 언어장애인과 비언어장애인이 존재한다. 그리고 이사건 심판대상인 공직선거법 제93조 제1항 본문은 "누구든지 …… 선거에 영향을 미치게 하기 위하여 이 법의 규정에 의하지 아니하고는 …… 광고, 인사장, 벽보, 사진, 문서·도화 인쇄물이나 녹음·녹화테이프 기타 이와 유사한 것을 배부·첩부·살포·상영 또는 게시할 수 없다"고 규정하여 형식적으로 언어장애인과 비언어장애인을 차별하고 있지는 않다. 그렇지만 청구인들은 심판대상 조항들로 인해 비언어장애인에 비해 선거운동이 제한되는 효과를 낳았다고 주장한다. 이 사건에서의 차별 양상은 간접차별이라고 할 수 있다.

4. 관련 기본권의 중대한 제한과 간접차별

법정의견은 "이 사건 법률조항이 중증장애인 후보자에 대하여만 특정한 선거운동방법을 금지·제한하는 내용이 아니라, 중증장애인 후보자와 비장애인 후보자를 '동등하게' 취급하였다는 점이 결과적으로는 불평등을 초래하였다는 것이므로 이 사건 법률조항으로 인하여 관련 기본권에 대한 중대한 제한을 초래한 것으로 볼 수는 없다."라고 하여 완화된 심사를 하는 이유를 밝히고 있다. 그러나 이러한 법정의견의 설시는 수긍하기가 어렵다. 법정의견의 표현대로라면 이 사건 차별행위는 간접차별이므로 관련 기본권을 중대하게 제한하지 않는다는 것이다. 하지만 앞서 살핀 대로 간접차별은 본질적으로 다른 것을 같게 취급함으로써 결과적으로 발생하는 불평등을 뜻하는 것으로 직접차별과 대비하여 차별 양상의 한 모습일 뿐이다. 그리고 간접차별이 직접차별과 대응하여 차별행위로 평가될 수 있는 것은 두 집단을 취급하는 데에 형식적인 차이가 없음에서 비롯된 결과가 두 집단을 달리 취급하여 발생하는 결과와 동일하게 평가될 수 있기 때문이다. 그렇다면 차별행위가 관련 기본권을 중대하게 제한하는지의 문제는 차별행위로 비롯된 불이익의 정도를 평가함으로써 판단될 수 있는 것이지 불이익을 야기한 양상이 어떠하냐의 문제와는 큰 관련이 없다고 할 수 있다.

5. 소결

따라서 법정의견이 이 사건 심판대상 조항으로 인한 청구인들의 불이익을 평가하지 않은 채 그 차별의 양상이 간접차별이라는 이유만으로 이 사건 심판대상 조항이 관련 기본권을 중대하게 제한하고 있지 않다고 판단한 것은 논리적인 설득력이 부족하다고 생각한다. 간접차별은 차별행위의 양태일 뿐이고, 그로 인한 결과는 관련 기본권을 중대하게 제한할 수도 있기 때문이다. 이런 점에서 "참정권은 선거를 통하여 통치기관을 구성하고 그에 정당성을 부여하는 한편, 국민 스스로 정치형성과정에 참여하여 국민주권 및 대의민주주의를 실현하는 핵심적인 수단으로 특히, 국정에 참여하는 참정권은 국민주권의 상징적 표현으로 국민의 가장 중요한 기본권 중의 하나"라며 이사건 심판대상 조항이 관련 기본권을 중대하게 제한하고 있다고 판단한 헌법불합치의견이 타당하다고 생각한다.

IV. 정당한 편의제공거부와 관련한 헌법재판소 결정

정당한 편의제공거부와 관련한 헌법재판소 결정으로는 선거운동기간 중의 방송광고, 방송시설주관 후보자연설의 방송, 선거방송토론위원회 주관 대담·토론회의 방송에 있어서 청각장애 선거인을 위한 자막 또는 수화통역의 방영을 의무사항으로 규정하지 아니한 공직선거법 제70조 제6항 등에 대한 결정(헌법재판소 2009. 5. 28. 선고 2006헌마285 결정), 후보자가 시각장애선거인을 위한 점자형 선거공보 1종을 책자형 선거공보와 동일한 면수 이내에서 임의로 작성하도록 한 공직선거법 제65조 제4항에 대한 결정(헌법재판소 2014. 5. 29. 선고 2012헌마913 결정), 대통령선거·지역구국회의원선거 및 지방자치단체의 장선거에서, 점자형 선거공보를 책자형 선거공보의 면수 이내에서 의무적으로 작성하도록 하면서, 책자형 선거공보에 내용이 음성으로 출력되는 전자적 표시가 있는 경우에는 점자형 선거공보의 작성을 생략할 수 있도록 규정한 공직선거법 제65조 제4항에 대한 결정(헌법재판소 2016. 12. 29. 선고 2016헌마548 결정) 등이 있다. 위 결정들에서 헌법재판소는 정당한 편의 제공거부에 대한 판단에서 비슷한 논리를 전개하고 있다. 그래서 이 글에서는 가장 최근에 선고된 헌법재판소 2016. 12. 29. 선고 2016헌마548 결정을 중심으로 이야기하고자 한다. 이 결정은 재판관 전원이 합헌 의견이었고, 4인의 별개 의견이 있었다.

1. 결정 요지

가. 법정 의견

(1) 심판대상조항은 점자형 선거공보의 작성을 후보자의 재량사항으로 규정함으로써 점자형 선거공보를 제작하는 후보자나 정당이 적어 시각장애선거인들이 선거정보를 파악하기 어려웠다는 점을 감안하여, 후보자가 의무적으로 점자형 선거공보를 작성·제출하도록 개정된 조항이다. 입법자는 그와 같은 입법 개선의 과정에서 발생할 수 있는 인쇄기술상·비용상 어려움 등을 고려하여 선거정보 접근권을 보장하기 위한 조화롭고 다양한 방법을 모색할 수 있는 입법형성의 자유를 가진다. 현행 공직선거법상 선거공보 외에 시각장애선거인이 선거정보를 습득할 수 있는 다른 다양한 수단들도 존재하므로, 심판대상조항이 입법재량의 한계를 벗어나 시

각장애선거인의 선거권을 침해한다고 보기 어렵다.

(2) 현행 공직선거법상 책자형 선거공보의 작성은 여전히 임의사항이므로, 심판대상조항이 청구인들의 평등권을 직접적으로 제한하고 있다고 볼 수 없고, 점자형 선거공보와 책자형 선거공보가 함께 작성·제출되는 경우에 비시각장애선거인과의 차별이 발생할 수는 있으나, 심판대상조항의 입법목적 등을 고려할 때 자의적으로 시각장애선거인의 평등권을 침해한다고 보기 어렵다.

나. 재판관 박한철, 재판관 이정미, 재판관 김이수, 재판관 안창호의 별개의견

(1) 대의민주주의에서의 선거권의 의의, 선거의 공정성이 가지는 헌법적 의의 및 점자형 선거공보의 기능 등을 고려할 때, 심판대상조항이 선거권을 침해하였는지 여부에 관하여 입법재량이 헌법적 한계를 준수하였는지 여부를 기준으로 할 것이 아니라 과잉금지원칙에 의한 심사를 하여야 한다.

(2) 심판대상조항은 후보자의 재량사항에 불과하였던 점자형 선거공보의 작성을 의무화하였다. 점자형 선거공보의 면수가 제한되더라도 후보자의 병역사항, 전과기록, 직업과 학력 등 인적사항을 포함한 후보자 정보공개 자료는 책자형 선거공보와 동일하게 게재되어야 하며, 음성출력이 가능한 전자적 표시를 하는 경우에는 책자형 선거공보와 동일한 내용의 정보가 제공될 수 있으므로, 심판대상조항은 과잉금지의 원칙을 위반하여 청구인들의 선거권을 침해하지 않는다.

2. 이 사건 정당한 편의제공거부의 성립

이 사건 심판대상 조항은 글을 읽을 수 없는 시각장애 선거인에게 정당한 편의제공으로 점자 또는 음성을 제공하는 조항이다. 청구인들의 주장 요지는 심판대상 조항이 제공하는 정당한 편의의 내용이 미흡하다는 점이었다. 심판대상 조항이 점자형 선거공보의 면수를 책자형 선거공보와 같도록 제한하여 점자를 읽는 시각장애인의 경우에 장애가 없는 사람과 동등한 정보를 얻을 수 없고(점자의 특성상 묵자13)와 같은 내용을 표시하는 데 2~3배의 분량이 필요하다,14) 점자형 선거공보와 음성출력이 가능한 전자적 표시를 선택하도록 하여 점자를 읽지 못하는 시각장애인의 경우에 정보를 얻지 못할 가능성이 있다는 것이다. 청구인들은 시각장애 선거인이 장애가 없는 사람과 동등한 정보를 얻기 위하여 점자형 선거공보의 면수 제한을 없애고, 점자형 선거공보와 음성 출력이 가능한 전자적 표시를 병행하여야 한다고 주장하였다. 심판대상 조항은 공직선거 후보자가 점자형 선거공보를 책자형 선거공보와 같은 내용으로 제작하거나(이 경우 점자의 특성상 점자형 선거공보는 책자형 선거공보의 면수를 초과하게 된다), 점자형 선거공보와 음성 출력이 가능한 전자적 표시를 병행하는 것을 제한하고 있다. 이는

---

13) 일반적으로 쓰는 문자를 말한다. 점자와 대비하여 쓰는 표현이다.

14) 점자는 약 1.5mm의 양각 점 여섯 개로 구성되어 손으로 읽는 문자이다. 묵자가 글자 크기를 조절할 수 있음에 비해 점자는 세로 6mm 가로 4mm 정도로 그 크기가 고정되어 있다. 묵자는 초성, 중성, 종성을 묶어서 한 영역에 나타낼 수 있지만, 점자는 한 영역에 하나의 자음이나 모음만을 나타낼 수 있다. 또한 점자책이 종이의 양면을 사용하기 위해서는 줄과 줄 사이는 8mm 정도로 하여 반대면의 점자와 겹치지 않도록 해야 한다. 그래서 일반적으로 점자책은 묵자책의 3배 정도 분량이 된다(국가인권위원회 2005. 3. 28. 04진기95 결정).

심판대상 조항이 공직선거 후보자가 시각장애 선거인에게 정당한 편의제공을 하는 것을 막는 것으로 정당한 편의제공거부로 평가할 수 있다.

3. 헌법재판소 심사기준과 정당한 사유 판단

헌법재판소는 평등권 침해의 심사기준으로 완화된 심사기준(자의금지 심사)과 엄격한 심사기준(비례원칙에 따른 심사)을 적용하고 있다. 헌법재판소는 헌법에서 특별히 보호를 요청하고 있는 사유나 관련 기본권에 대한 중대한 제한이 있는 경우에 엄격한 심사기준을 사용해 왔다. 이 사건에서도 법정 의견은 입법형성의 재량을 인정하고 완화된 심사기준에 따라 차별에 해당하지 않는다고 판단하였다. 별개 의견은 엄격한 심사기준을 적용하여 과잉금지원칙에 따라 심사하고 합헌 결정을 내렸다. 통상 장애나 차별 사건에서는 차별 대우를 차별로 평가하는 데에 정당한 사유가 있는지 여부가 쟁점이 되는데, 헌법재판소의 심사기준은 정당한 사유에 대한 쟁점을 충분히 도출하지 못하고 있다.

그래서 이 사건에서 헌법재판소는 법정 의견과 별개 의견 모두 특별히 정당한 사유의 존부를 판시하지는 않았는데, 헌법재판소 결정에서 정당한 사유로 미루어 볼 수 있는 점은 ①심판대상 조항이 개선된 입법이라는 점, ②시각장애 선거인이 선거정보를 습득할 수 있는 다른 다양한 수단들이 있다는 점, ③점자형 선거공보를 제작, 발송하는 데 관리기술상의 어려움이 있다는 점, ④점자형 선거공보를 일률적으로 제작하도록 하는 것이 후보자의 선거운동의 자유를 침해할 수 있다는 점 등이다. 한편, 장애인차별금지법은 정당한 사유를 과도한 부담이나 현저히 곤란한 사정이 있는 경우, 특정 직무나 사업 수행의 성질상 불가피한 경우로 구체적으로 열거하고 있다.

헌법재판소 결정이 제시한 이유가 정당한 사유에 해당하는지 살펴보면, ①심판대상 조항이 개선된 입법이라는 점, ②시각장애 선거인이 선거정보를 습득할 수 있는 다른 다양한 수단들이 있다는 점은 과도한 부담이나 현저히 곤란한 사정이 있는 경우, 특정 직무나 사업 수행의 성질상 불가피한 경우에 해당하지 않는다. 심판대상 조항이 개선된 입법이라는 점은 차별의 정당한 사유와는 무관하고, 선거정보를 습득할 수 있는 다른 다양한 수단들이 있다는 점은 점자와 음성을 제공하려는 심판대상 조항의 목적에 배치되는 주장으로 정당한 사유라고 보기는 어렵다. ③점자형 선거공보를 제작, 발송하는 데 관리기술상의 어려움이 있다거나 ④후보자의 선거운동의 자유를 침해할 수 있다는 점은 과도한 부담이나 현저히 곤란한 사정이 있다는 취지인데, 점자형 선거공보 제작 및 발송에 어떤 어려움이 있는지, 후보자들이 일률적으로 점자형 선거공보를 제작하는 데 어떤 어려움이 있는지 등에 대한 구체적인 논증이 없어서 헌법재판소 결정의 당부를 판단하기가 쉽지 않다. 정당한 사유에 대한 구체적인 논증이 필요하다고 생각한다.

4. 소결

헌법재판소 결정은 장애인 차별의 쟁점인 정당한 사유를 충분히 논증하지 못하고 있다. 한편, 법정 의견과 별개 의견 모두 점자형 선거공보와 책자형 선거공보가 함께 작성·제출되는 경우에는 심판대상조항이 점자형 선거공보의 면수를 책자형 선거공보와 동일하게 제한함으로 인하여 책자형 선거공보에 게재된 정보의 일부만을 발췌하여 수록할 수밖에 없는 경우가 발생하거나, 책자형 선거공보에 음성출력이 가능한 전자적 표시를 함으로써 점자형 선거공보의 작성이 생략되는 경우가 생길 수 있고, 그러한 한도 내에서 비시각장애선거인과의 차별이 발생할 수 있다고 인정하였다. 그런데도 헌법재판소는 심판대상 조항이 헌법에 위반되지는 않는다는 결정을 내렸는데, 이는 설득력이 떨어진다고 생각한다.

V. 결론

장애인 차별 사건에 대한 헌법재판소의 판단은 다소 실망스럽다. 간접차별의 성격을 도외시한 판단은 납득하기 어렵고, 정당한 사유에 대한 구체적 논증 없는 판단은 장애인차별금지법 등이 제정된 시대 변화를 따르지 못하고 있다. 두루뭉수리한 논증과 그에 따른 판단은 헌법재판소 결정의 권위를 떨어뜨릴 수 있고, 사회 갈등을 해소하는 데에 어려움을 줄 수 있다. 물론 입법부는 입법 재량을 가지고 있고, 헌법재판소는 입법부의 판단을 존중할 필요가 있기 때문에 헌법재판소의 결정을 수긍할 여지도 있다. 그렇더라도 논증의 과정은 좀 더 세밀해질 필요가 있다고 생각한다.

외국인의 사회권과 헌법재판소 판례 비판*

이 주 영**

목 차

Ⅰ. 서론
Ⅱ. 외국인의 사회권 관련 헌법재판소 판례 개관
Ⅲ. 헌법재판소의 입장 및 관련 학설에 대한 비판적 검토
Ⅳ. 외국인의 사회권 관련 국제인권기준 및 외국 헌법판례
Ⅴ. 결론

Ⅰ. 서론

국제적인 이주의 증가는 경제 세계화 및 국가 간 극심한 소득과 부의 격차에 따른 세계적 추세이다. 여기에 더해 한국은 저출산 고령화 사회의 해결책 중 일부로 이주노동, 결혼이주 등을 정책적으로 지원, 장려하고 있는 상황이기도 하다. 정부의 출입국·외국인정책 통계연보에 따르면, 2016년말 기준 국내 체류 외국인의 수는 205만 명에 가깝고, 최근 5년간 매년 9.26%의 증가율을 보이고 있다.[1)]

---

* 이 논문을 완성하기까지 좋은 자극과 유익한 의견을 주신 서울대 공익인권법센터 주최 학술회의 "인권의 창, 헌법의 길: 인권으로 본 헌법재판 30년" 토론자 및 질문자들, 김지혜 교수(강릉원주대), 황필규 변호사(공익인권법재단 공감), 민주사회를 위한 변호사모임 이주인권사례연구모임 참가자들께 감사를 표한다. 혹시 논문에 남아있을지 모르는 오류는 모두 필자의 책임이다. 이 논문은 『인권연구』 창간호 (2018.6)에도 실렸다.

** 서울대학교 인권센터 전문위원

1) 전체 인구 대비 체류 외국인 비율은 2012년 2.84%에서 2016년 3.96%으로

같은 통계상, 60만 명을 조금 밑도는 미등록노동자를 포함한 취업 목적의 체류자, 12만여 명의 결혼이민자, 7만여 명의 유학생, 13만여 명의 영주권자,2) 7500여 명의 난민신청인, 1150여 명의 인도적 체류허가자3)가 일정 기간 이상 혹은 영구적으로 한국 사회의 일원으로 살아간다. 국적상 외국인으로 분류되지만, 한국사회의 일원으로서 현재 존재하는 이들이 인간으로서 갖는 권리는 이 사회에서 어떤 의미를 갖는가. 특히, 이 글의 주 관심은 우리 한국사회가 이들 외국인도 인간으로서의 존엄과 실질적 자유를 누리며 삶을 영위하는 데 기초적 토대가 되는 사회권을 동등하게 향유하는 것을 헌법상 기본권으로서 인정하고 보장하는지에 있다. 조금 더 구체적으로, 이를테면, 미등록이주노동자인 부모를 둔 아동이 학교에서 교육을 받는 것, 출산 유무와 관계없이 결혼이주 여성이 인간다운 최저생활을 누릴 수 있는 것, 장애를 가진 난민 아동이 장애수당을 받는 것이 정부의 재량에 따른 인도적 조치가 아닌, 헌법상 기본권의 일환으로 보장받을 수 있고 침해되었을 때 구제를 요청할 수 있는지에 대한 것이다.

대한민국 헌법(전부개정 1987. 10. 29 헌법 제10호)은 제31조부터 제36조에 이르기까지 교육의 권리, 노동의 권리,4) 노동 3권, 인간다운 생활을 할 권리, 그리고 혼인과 가족의 보호 등 사회권5)을

매년 증가하고 있다. 법무부, 『2016년 출입국·외국인정책 통계연보』, 38.

2) 법무부, 『2016년 출입국·외국인정책 통계연보』, 43-44. 이외에도 관광 혹은 단기 방문 목적이 아닌, 국내에 장기 체류하는 외국인의 범주가 있다.

3) 난민신청인의 수는 2016년 난민신청을 접수한 사람의 수로, 그 이전에 접수한 난민신청이 심사 중으로 체류 중인 사람의 수가 포함되어 있지 않다. 인도적 체류허가자의 수는 인도적 체류허가가 도입된 이후 2016년말까지 전체 숫자이다. 법무부, 『2016년 출입국·외국인정책 통계연보』, 43-44, 93, 99.

4) 이 글에서는 직접 인용을 제외하고는 가능한 '근로의 권리', '근로자' 대신, '노동의 권리', '노동자'라는 용어를 사용한다.

5) 헌법재판소나 헌법학계는 이러한 권리들을 '사회적 기본권' 또는 '사회권

규정하고 있다. 하지만 제10조부터 시작되는 기본권 조항들 모두 문언상 권리들의 주체를 국민으로 하고 있고, 이 조항들을 담고 있는 헌법 제2장의 표제도 '국민의 권리와 의무'이다. 외국인과 관련해서는 헌법 제6조 제2항에서 "외국인은 국제법과 조약이 정하는 바에 의하여 그 지위가 보장된다"고 규정하고 있다. 헌법 문언으로만 볼 때는 외국인이 헌법상 기본권의 주체인지 여부가 불분명하다. 따라서 외국인도 헌법상 기본권의 주체로 인정되는지, 외국인이 내국인과 평등하게 기본권을 보장받을 수 있는지는 "본질적으로 헌법해석의 문제"[6]이며, 이에 헌법재판소의 역할이 매우 중요하다. 이 글은 헌법재판소 창립 30주년을 맞이하여, 외국인의 사회권 보장과 관련하여 헌법재판소(이하 헌재)의 역할을 중심으로 논의하고자 한다. 외국인의 헌법상 기본권 문제는 한국 사회의 기본적 가치와 규범을 담는 헌법과 이에 대한 해석이 인간의 존엄이라는 진정 보편적인 가치와 점차 더 지구화되어 가는 시대의 요청에 얼마나 부합하는지를 보여주는 시금석이라 할 수 있다.

이 글에서는 먼저 외국인의 사회권과 관련 있는 헌재의 판례들을 개관하고, 외국인의 사회권에 대한 헌법학계의 통설과 헌재의 입장을 비판적으로 검토한다. '인간의 권리'는 내국인뿐 아니라 외국인에게도 보장되어야 한다는 헌재의 입장에 비추어 볼 때, 인간의 권리를 법전화하고 있는 국제인권법에서 외국인의 인권, 특히 사회권 보장에 관한 기준에 대한 검토는 필수적이다. 외국인의 사회권과 관련해 국제인권법적 기준에 부합하게 헌법을 해석하고 적

적 기본권'으로 지칭한다. 이 글에서는 헌법재판소의 결정문이나 다른 저자의 글을 직접 인용하는 경우를 제외하고는, 유엔의 경제적, 사회적 및 문화적 권리에 관한 국제규약이 보장하는 권리와 대한민국 헌법 제31조~제36조상의 권리를 모두 '사회권'으로 통칭한다.

6) 전상현, '외국인의 기본권-헌법재판소 결정례에 대한 비판적 검토를 중심으로', 『강원법학』 43 (2014.10) 579-611: 581.

용한다는 것은 어떠한 것인가라는 질문이 제기될 수 있다. 이에 대한 답을 모색하는 과정에서, 남아프리카공화국 헌법재판소와 독일 연방헌법재판소의 관련 판례를 살펴본다.

II. 외국인의 사회권 관련 헌법재판소 판례 개관

1. 외국인의 기본권 주체성

외국인의 헌법상 기본권 주체성에 대한 헌재의 견해는 1994년 12월 29일 선고된 93헌마120 결정에서 처음 확인되었다. 이 사건은 국회노동위원회가 헌법소원을 청구할 수 있는 적격이 있는지에 대한 것으로, 외국인의 기본권 주체성이 이 사건의 직접적 쟁점은 아니었다. 헌재는 헌법재판소법 제68조 제1항에 따라 기본권의 주체라야만 헌법소원을 청구할 수 있다는 점을 확인하면서, "국민(또는 국민과 유사한 지위에 있는 외국인과 사법인)"이 기본권의 주체라고 해석하였다.[7] 국민과 함께 '국민과 유사한 지위에 있는 외국인' 역시 기본권의 주체라는 입장을 밝혔던 것이다. 그 근거가 무엇이고, '국민과 유사한 지위에 있는 외국인'이 어떠한 범주를 설정하는 것인지에 대한 설명은 없었다.

외국인의 기본권 주체성을 직접적인 판단 대상으로 다룬 것은 2001년 11월 29일 선고된 99헌마494 결정이었다. 헌재는 "원칙적으로 외국인의 기본권 주체성"[8]을 인정하면서, 93헌마120 결정을 원

---

7) 헌재 1994.12.29. 93헌마120, 판례집 6-12, 480.
8) 헌재 2001.11.29. 99헌마494, 판례집 13-2, 723-724. 이 사건은 대한민국 정부 수립 이전 중국으로 이주한 자 또는 그의 직계비속이 자신들을 '재외동포'에 포함시키지 않은 구 재외동포의출입국과법적지위에관한법률(구 재

용하였다(2001, 99헌마494: 723-724). 동시에, 외국인의 기본권에 대
한 제한을 언급하면서, 그 범위를 정하는 기준으로서 아래와 같이
'인간의 권리'를 제시하였다.

> 청구인들이 침해되었다고 주장하는 인간의 존엄과 가치, 행복추구
> 권은 대체로 '인간의 권리'로서 외국인도 주체가 될 수 있다고 보아야
> 하고, 평등권도 인간의 권리로서 참정권 등에 대한 성질상의 제한 및
> 상호주의에 따른 제한이 있을 수 있을 뿐이다.9)

헌재는 청구인들이 주장한 기본권이 '인간의 권리'에 해당하기
때문에 외국인의 기본권 주체성이 인정된다는 새로운 법리와 함께
'성질상의 제한 및 상호주의에 따른 제한'을 언급했지만, 이에 대
한 설명이나 논거를 덧붙이지는 않았다.

2. '권리성질설'

'권리성질설'은 2007년 8월 30일 선고된 2004헌마670 결정에서
보다 구체적으로 설시되었다. 헌재는 외국인의 기본권 주체성에
대한 쟁점을 검토하면서, 93헌마120 결정과 99헌마494 결정을 선례
로 삼아, "외국인에게 모든 기본권이 무한정 인정될 수 있는 것이
아니라 원칙적으로 '국민의 권리'가 아닌 '인간의 권리'의 범위 내
에서만 인정될 것인 바, 인간의 존엄과 가치 및 행복추구권은 '인

외동포법)이 인간으로서의 존엄과 가치, 행복추구권, 평등권을 침해하였다
고 주장하며 제기한 헌법소원 사건이었는데, 헌법재판소는 외국인의 기본
권 주체성을 인정하여 청구인인 국적법상 외국인의 헌법소원 청구 적격을
인정하였다.
9) 헌재 2001.11.29. 99헌마494, 판례집 13-2, 723-724.

간의 권리'로서 외국인도 그 주체가 될 수 있고, 평등권도 인간의
권리로서 참정권 등에 대한 성질상 제한 및 상호주의에 의한 제한
이 있을 수 있을 뿐"이라고 밝혔다.[10] 즉, 기본권을 '국민의 권리'
와 '인간의 권리'로 나누고 '인간의 권리'에 한정하여 외국인의 기
본권 주체성을 인정하는 이른바 '권리성질설'을 제시하였다.

이 사건은 산업기술연수생으로 입국하여 한 업체에서 일하던
외국인이 노동부 예규인 『외국인산업기술연수생의 보호 및 관리에
관한 지침』이 외국인 산업연수생에 대해 퇴직급여(제34조), 임금채
권 우선변제(제37조), 연차유급휴가(제59조), 임산부의 보호(제72조)
등 근로기준법의 주요 조항의 적용을 배제하여 평등권을 침해하였
다고 주장한 사건이었다. 헌재는 이 사건의 심사대상이 된 근로의
권리를 '일할 자리에 관한 권리'와 '일할 환경에 대한 권리'로 나누
고, '일할 환경에 대한 권리'는 "인간의 존엄성에 대한 침해를 방어
하기 위한 자유권적 기본권의 성격도 갖고 있어 건강한 작업환경,
일에 대한 정당한 보수, 합리적인 근로조건의 보장 등을 요구할 수
있는 권리 등을 포함"하므로 이에 대해서는 외국인 노동자의 기본
권 주체성을 부인할 수 없다고 판시하며,[11] 이어서 아래와 같이 설
명하였다.

국가에 대하여 고용증진을 위한 사회적·경제적 정책을 요구할 수
있는 권리(헌재 2002. 11. 28. 2001헌바50, 판례집 14-2, 668, 678)는 사회
권적 기본권으로서 국민에 대하여만 인정해야 하지만, 자본주의 경제
질서하에서 근로자가 기본적 생활수단을 확보하고 인간의 존엄성을 보
장받기 위하여 최소한의 근로조건을 요구할 수 있는 권리는 자유권적
기본권의 성격도 아울러 가지므로 이러한 경우 외국인 근로자에게도

---

10) 헌재 2007.8.30. 2004헌마670, 판례집 19-2, 297.
11) 위 판례, 304.

그 기본권 주체성을 인정함이 타당하다.12)

즉, 해당 권리가 사회권의 성격을 갖는지 아니면 자유권의 성격을 갖는지가 '국민의 권리'와 외국인에게도 인정되는 '인간의 권리'를 구분하는 주요 기준이 된다는 것이다. 이 사건에서 '일할 환경에 대한 권리'는 '일할 권리'로서 사회권이지만, 자유권적 성격도 갖는다는 이유로 외국인에게도 인정하였다. 한편, '일할 환경'에 대한 차별적 처우로 인한 평등권 침해 여부를 심사할 때는 '근로의 권리'가 사회권적 성격이 강하다는 이유로 완화된 심사기준인 자의(恣意)금지원칙을 택한다.(헌재, 2007, 2004헌마670: 313)13) 하나의 권리가 사회권과 자유권의 성격을 모두 가질 수 있고, '일할 환경에 대한 권리'가 그러한 예라는 점에는 이견이 없다. 하지만, 외국인의 기본권 주체성을 논증할 때는 '일할 환경에 대한 권리'의 자유권적 성격을, '일할 환경에 대한 권리'의 보호에 관한 평등권 심사에서는 동일한 권리의 사회권적 성격을 강조하는 것은 모순적으로 보인다. 사회권적 성격이 강한 기본권과 관련해 별다른 논증 없이 완화된 평등권 심사가 일반적으로 정당화되는 것처럼 설시하는 헌재의 태도 역시 사회권의 헌법상 지위에 대한 근본적 물음을 던지게 한다.

---

12) 위 판례, 304-305.
13) 위 판례, 313. "이 사건 노동부 예규는 근로의 권리를 어느 범위까지 보호할 것인가에 관한 것인바, 이는 헌법에서 특별히 평등을 요구하는 부분이 아니고 특히 근로의 권리는 사회권적 기본권으로서의 성격이 강하여 그 보호범위를 제한하는 것이 기본권에 대한 중대한 침해가 된다고 보기도 어려우므로 평등권심사에 있어서의 완화된 심사기준인 자의(恣意)금지원칙에 따라 판단하여야 할 것이다."

3. '권리성질설'의 변용

이른바 '권리성질설'에 따른 외국인의 기본권 주체성 판단은 이후 헌재 결정들에서도 계속 나타났다. 하지만 외국인의 기본권 주체성 판단에 있어서 '권리성질설'을 유지하되, 자유권과 사회권의 구분 속에서 외국인 기본권 주체성을 판단하지 않는다는 점에서 차이를 보인다. 2011년 9월 29일 헌재는 '외국인 근로자의 고용 등에 관한 법률'의 사업장 변경 횟수 제한 조항과 외국인 노동자 사업장 변경 허가 기간 제한 조항이 각각 외국인 노동자의 직업 선택의 자유를 침해하는지 여부에 대한 결정을 내렸다.[14] 이 결정들에서 헌재는 "직장 선택의 자유는 인간의 존엄과 가치 및 행복추구권과도 밀접한 관련을 가지는 만큼 단순히 국민의 권리가 아닌 인간의 권리로 보아야 할 것이므로 권리의 성질상 참정권, 사회권적 기본권, 입국의 자유 등과 같이 외국인의 기본권 주체성을 전면 부정할 수는 없고 외국인도 제한적으로라도 직장 선택의 자유를 향유할 수 있다고 보아야 한다"며 "적법하게 고용허가를 받고 적법하게 국내 체류 중인 외국인"의 직장 선택의 자유에 대한 기본권 주체성을 긍정하였다.[15] 헌재는 외국인에게도 '인간의 권리'를 보장해야 할 근거를 자유권에서 도출하기보다는 인간의 존엄과 가치

---

14) 헌재 2011.9.29., 2009헌마351 (외국인 근로자의 고용 등에 관한 법률 제25조 제3항 위헌확인); 헌재 2011.9.29., 2007헌마1083, 2009헌마230·352(병합) (외국인근로자의 고용 등에 관한 법률 제25조 제4항 등 위헌확인 등).

15) 헌재 2011.9.29., 2007헌마1083, 2009헌마230·352(병합) (외국인근로자의 고용 등에 관한 법률 제25조 제4항 등 위헌확인 등) 639; 헌재 2011.9.29., 2009헌마351 (외국인 근로자의 고용 등에 관한 법률 제25조 제3항 위헌확인) 669. 이 사건들에서 청구인인 외국인 노동자는 '외국인 근로자의 고용 등에 관한 법률'의 사업장 변경 횟수 제한 조항과 외국인 근로자 사업장 변경 허가 기간 제한 조항이 각각 외국인 노동자의 직업 선택의 자유를 침해한다고 주장하였다.

및 행복추구권과의 관련성 속에서 끌어내었다. 하지만 같은 문장에서 사회권을 외국인에게 인정되지 않는 기본권의 예로 들고 있어, 인간의 존엄과 가치 및 행복추구권은 사회권과는 무관한 것인가라는 질문을 여전히 남긴다.16)

외국인 기본권 관련 시간적으로 가장 가까운 헌재 결정은 2016년 3월 31일에 선고된 2014헌마367 결정이다. 여기에서 쟁점은 외국인 노동자들에게 퇴직금 기능을 하는 출국만기보험금의 지급시기와 관련한 것이었다. 헌재는 외국인 역시 인간의 존엄성 보장에 필요한 최소한의 근로조건을 요구할 수 있는 '일할 환경에 관한 권

---

16) 한편, 인간의 존엄과 가치와의 관련성 속에서 직업 선택의 자유의 외국인의 기본권 주체성을 인정한 헌재의 결정은 3년 후 다시 변경된다. 헌재는 2014년 8월 28일에 선고된 2013헌마359에서 직업 선택의 자유에 대한 외국인의 기본권 주체성을 부정하는 결정을 내린 것이다. 이 사건에서 청구인은 미국 국적을 가진 재외동포로서, 경제활동이 허용되는 체류자격을 갖추고 침술치료를 하려고 하나 비의료인의 모든 의료행위를 금하는 의료법으로 인해 전문가임에도 불구하고 침술치료를 할 수 없어 직업선택의 자유를 침해당했다고 주장하였다. 법정의견은 2007헌마1083 등 선례에서 외국인에 대하여 직업선택의 자유를 인정한 것은 "이미 근로관계가 형성되어 있는 예외적인 경우에 제한적으로 인정한 것"이며, "근로관계가 형성되기 전단계인 특정한 직업을 선택할 수 있는 권리는 국가정책에 따라 법률로써 외국인에게 제한적으로 허용되는 것이지 헌법상 기본권에 유래"하는 것은 아니라는 견해를 취하였다. 하지만 김이수, 강일원의 반대의견은 "외국인의 경우 입국의 자유가 허용되지 아니하므로 국내에서 직업선택의 자유는 본질적으로 제한될 수밖에 없다. 그렇지만 이를 이유로 직업선택의 자유가 단순히 국가가 입법정책적으로 인정해 주는 법률상의 권리라고 단정하여서는 안 된다"고 지적하였다. 덧붙여, "법률에 따라 시혜적으로만 직업선택이 허용될 뿐이라는 법정의견은, 근로의 권리가 인간의 존엄성을 구현하기 위한 기본적인 권리임을 확인한 세계인권선언과 국제인권협약의 정신에도 어긋난다"라며 "근로의 권리와 직업선택의 자유는 인간의 존엄성 및 행복추구권과 직접 연결되는 '인간의 권리'라는 종전 선례는 여전히 타당하고 이를 변경하여야 할 이유를 찾아볼 수 없다"고 강조하였다.

리'를 보장받는다며 외국인 산업연수생에 대한 근로기준법 주요 조항 배제 적용을 위헌으로 판단한 2007년 결정(2004헌마670)을 선례로 원용하였다. 하지만 외국인의 '일할 환경에 관한 권리'를 뒷받침하는 논리는 달랐다. 2007년 결정에서는 사회권은 국민에게만 보장되는데 일할 환경에 관한 권리는 자유권의 속성을 가지고 있어 외국인에게도 '인간의 권리'로서 보장된다는 식의 논리를 전개하였다. 반면, 2016년 결정에서는 "퇴직금 역시 후불임금으로서 ... 생활의 기본적 수요를 충족시키는 방편이 됨과 동시에 인간 생존의 기초가 된다는 점에서 이를 지급받을 권리는 인간의 권리로서 보호된다"[17]고 설시하여, 사회권의 성격을 가진 권리들에 대해서도 외국인의 기본권 주체성을 인정할 수 있는 여지를 열어 놓았다.

4. 외국인 기본권에 대한 차등적 접근

헌재는 외국인의 기본권 주체성을 부분적으로 인정하지만, 외국인의 기본권 침해 여부를 심사하는 데 있어서 내국인의 경우와 달리 완화된 기준을 적용하고 있다. 고용허가제 하 외국인 노동자의 사업장 변경에 관한 두 건의 결정은 모두 "기본권 주체성의 인정 문제와 기본권 제한의 정도는 별개의 문제이므로 외국인에게 직장 선택의 자유에 대한 기본권 주체성을 인정한다는 것이 곧바로 이들에게 우리 국민과 동일한 수준의 직장 선택의 자유가 보장된다는 것을 의미하는 것은 아니"라고 하였다.[18] 이러한 논리는 외국인

---

17) 헌재 2016.3.31., 2014헌마367 (외국인근로자의 고용 등에 관한 법률 제13조 제3항 등 위헌확인) 480.

18) 헌재 2011.9.29., 2009헌마351 (외국인 근로자의 고용 등에 관한 법률 제25조 제3항 위헌확인) 669쪽; 헌재 2011.9.29. 2007헌마1083, 2009헌마230·352(병합) (외국인 근로자의 고용 등에 관한 법률 제25조 제4항 등 위헌확

노동자의 출국만기보험금 지급 시기에 관한 결정에서 쟁점이 되는 권리만 달리한 채 동일하게 반복되었다.[19]

이에 따라 헌재는 외국인 노동자의 직장 선택의 자유 침해 여부를 심사하면서 "외국인력 도입에 관한 제도를 마련함에 있어서는 내국인의 고용시장과 국가의 경제상황, 국가안전보장 및 질서유지 등을 고려하여 정책적인 판단에 따라 그 내용을 구성할 보다 광범위한 입법재량"을 인정하고 고용허가제라는 제도를 마련함에 있어 "그 입법의 내용이 합리적인 근거 없이 현저히 자의적인 경우에만 헌법에 위반된다"는 완화된 기준을 적용하였다.[20] 그 결과, 내국인 노동자의 고용기회 보호, 외국인 노동자에 대한 효율적인 고용관리 등 외국인 노동자의 사업장 이동을 제한하는 법률 조항과 시행령의 목적과 취지만을 검토하였을 뿐, 이것이 외국인 노동자들의 기본권에 미치는 영향에 대한 평가는 사실상 생략하였다.

외국인 노동자들에게 퇴직금의 기능을 하는 출국만기보험 지급 시기를, 퇴직 후 14일이 아닌 출국 후 14일 이내로 한 것이 외국인 노동자의 근로의 권리를 침해하고, 내국인 노동자와 차별하여 평등권을 침해하였다며 제기된 사건에서도 헌재의 접근은 크게 다르지 않았다. 헌재는 외국인 노동자와 내국인 노동자 사이에 차별이 발생함을 인지하면서도 입법자가 주장하는 불법체류 방지라는 해

인 등) 640.

19) "기본권 주체성의 인정 문제와 기본권 제한의 정도는 별개의 문제이므로 외국인에게 근로의 권리에 대한 기본권 주체성을 인정한다는 것이 곧바로 우리 국민과 동일한 수준의 보장을 한다는 것을 의미하는 것은 아니다 (헌재 2011. 9. 29. 2009헌마351 참조)." 헌재 2016.3.31. 2014헌마367 결정 (외국인 근로자의 고용 등에 관한 법률 제13조 제3항 등 위헌확인).

20) 헌재 2011.9.29., 2009헌마351 (외국인 근로자의 고용 등에 관한 법률 제25조 제3항 위헌확인) 672; 헌재 2011.9.29. 2007헌마1083, 2009헌마230·352 (병합) (외국인 근로자의 고용 등에 관한 법률 제25조 제4항 등 위헌확인 등) 642.

당 법률 조항의 목적을 이의 없이 수용하고 출국과 출국만기보험의 연계를 불가피한 것으로 인정하였다.[21] 법률에 의하면, 외국인 노동자들이 국내에서 사업장을 변경함에 따라 전 사용자와의 사이에 발생한 보험금에 대해서도 출국 후 지급받을 수밖에 없도록 했는데, 2016년 헌재의 결정은 구직활동 기간 중 외국인 노동자가 생계의 어려움을 겪게 될 가능성을 아예 낮게 보거나 다른 수단에 의해 해결할 수 있는 문제로 부차화하였다.[22]

한편, 헌재의 다수의견과 다르게 외국인의 기본권 제한에 있어서도 내국인과 마찬가지로 헌법상 비례의 원칙을 적용한 소수의견들에 주목할 필요가 있다. 고용허가제 하 사업장 변경기간 제한에 관한 결정에서 재판관 목영준, 이정미의 별개의견,[23] 사업장 변경 횟수 제한에 관한 결정에서 재판관 목영준, 이정미의 일부 반대의견, 재판관 송두환의 일부 반대의견[24]은 헌법의 비례성 원칙에 따라 각각 심사대상이 되는 법률 조항과 시행령에 대해 입법목적의 정당성과 수단의 적절성, 최소침해성 및 법익균형성을 검토하였다. 이러한 심사를 통해, 목영준, 이정미, 송두환 재판관은 "사업주의 경영 악화, 고의적인 폐업 등 외국인 노동자에게 책임이 없는 사유로 인하여 부득이 사업장을 변경하는 경우"에조차 일률적으로 사업장 변경 횟수를 제한적으로 허용하는 시행령은 최소침해성과 법익의 균형성에 반해 과잉금지원칙을 위반하였다는 의견을 냈다.[25]

---

21) 헌재 2016.3.31. 2014헌마367 결정 (외국인 근로자의 고용 등에 관한 법률 제13조 제3항 등 위헌확인) 484-487.

22) 위 판례, 485-486.

23) 헌재 2011.9.29., 2009헌마351 (외국인 근로자의 고용 등에 관한 법률 제25조 제3항 위헌확인) 676.

24) 헌재 2011.9.29. 2007헌마1083, 2009헌마230·352(병합) (외국인 근로자의 고용 등에 관한 법률 제25조 제4항 등 위헌확인 등) 649-653.

25) 위 판례, 651쪽.

외국인 노동자의 출국만기보험금 관련 사건에서도 다수 의견과 달리, 재판관 이정미, 김이수, 서기석의 반대의견[26]은 출국만기보험금이 가진 퇴직금으로서의 본질적 성격과 이것이 외국인 노동자의 인간으로서 최소한의 생존권에 미치는 영향을 진지하게 검토하였다. 이 의견들은 불법체류 방지라는 해당 조항의 입법 목적 자체의 정당성을 문제시했으며, 외국인 노동자의 불법체류 문제는 불법체류자에 대한 사용자의 선호와 자국과의 경제 격차로 인한 외국인 노동자의 취업 수요 등, 불법체류가 발생하는 근본적인 원인을 제거하는 방법으로 해결해야 한다며 수단의 적절성 문제 역시 제기했다. 출국만기보험금 지급 시기를 무조건 출국과 연계하는 해당 법률조항은 인간으로서 최소한의 생존권을 위협하기 때문에 입법재량을 넘는 과도한 제한으로서 근로의 권리를 침해한 것이자, 내국인 노동자와 달리 외국인 노동자를 불합리하게 차별하는 것으로 평등권을 침해하는 것이라고 판단하였다. 특히 "인간 존엄성의 기초가 되는 생계는 그것이 내국인인지 외국인인지 여부에 따라 달라지는 것이 아니라 인간이라면 누구에게나 보편적으로 보장되어야 하는 문제"[27]라는 점을 강조하며, 사회권도 인간 존엄성의 기초가 되는 생존의 문제에 있어서는 내국인과 외국인이 동일하게 취급되어야 한다는 법리의 단초를 제공하였다.

---

26) 헌재 2016.3.31. 2014헌마367 결정 (외국인 근로자의 고용 등에 관한 법률 제13조 제3항 등 위헌확인) 487-490.
27) 위 판례, 489-494.

Ⅲ. 헌법재판소의 입장 및 관련 학설에 대한 비판적 검토

1. 사회권에서 외국인의 주체성

외국인은 기본권의 성질상 '인간의 권리'라 할 수 있는 일정한 범위의 기본권에 대해서만 기본권 주체성이 인정되고, 사회권은 '국민의 권리'로서 국민에게만 한정된다는 것이 국내 헌법학계의 통설로 받아들여져 왔다.[28] 즉, 인간으로서의 존엄과 행복추구권이나 자유권은 '인간의 권리'로서 외국인도 기본권의 주체이지만, 사회권은 참정권과 함께 '국민의 권리'로서 외국인의 권리 주체성을 인정할 수 없다는 것이다.[29] 기본권을 '인간의 권리'와 '국민의 권리'로 구분하는 이분론은 독일 기본법의 해석론을 수용한 데 따른 것이다.[30] 독일에서 기본권 보장의 인적 범위를 결정하는 데 권리의 성질을 기준으로 '인간의 권리'와 '국민의 권리'로 나눈 것은 기본권의 향유 주체를 '모든 인간'과 '모든 독일인'을 구별하여 규정하고 있는 독일 기본법의 규정 형식에서 비롯된 것이다.[31] 하지만 실제 독일 연방헌법재판소는 문언상의 '독일인의 권리', '인간의 권리'에 엄격하게 제한받지 않고 해석에 의해 외국인의 권리 주체성

---

28) 김지영, 외국인의 평등권-우리나라와 미국의 논의를 중심으로, 헌법이론과 실무, 헌법재판소 헌법재판연구원 (2015) 9; 김학성, 기본권의 주체, 헌법재판연구 제20권 (2009) 107.

29) 권영성, 헌법학 원론 (2009) 314; 김철수, 헌법학신론(제21전정신판) (2013) 332-333.

30) 이종혁, '외국인의 법적 지위에 관한 헌법조항의 연원과 의의: 제헌국회의 논의와 비교헌법적 검토를 중심으로', 「서울대학교 법학」 제55권 제1호 (2014) 521-571: 547.

31) 위 논문, 548-549.

을 폭넓게 인정해 왔다.[32] 무엇보다도 사회권은 '독일인의 권리', 자유권은 '인간의 권리'라는 식의 법리를 전개하지 않는다. 예를 들어, 독일 국적이나 영주권을 갖지 않은 난민신청인 및 단기 체류 자격이 있는 사람들에게도 '인간 존엄에 합당한 최소한의 생활 보장에 대한 권리'의 주체성을 인정한 바 있다.[33] 독일 기본법에는 사회권에 대한 구체적 명문 규정이 없지만, 독일 연방헌법재판소는 인간 존엄성에 관한 기본법 제1조 제1항[34]과 사회국가 원칙에 대한 제20조 제1항[35]에 근거해 '인간 존엄에 합당한 최소한의 생활 보장에 대한 권리'를 헌법상 권리로 인정하고 있다. 이러한 점에서, 독일 기본법 해석론의 영향으로 기본권 성질설을 수용한 국내 헌법학계가 사회권을 인간의 권리가 아닌 국민에게 한정된 권리로 보고, 외국인의 기본권 주체성을 부인하는 입장이 주류적 학설로 통용되고 있음은 아이러니하다. 이는 사회권과 외국인의 기본권 양자 모두에 대한 국내 헌법학계의 경직된 인식을 드러낸다.

외국인의 사회권과 관련한 사건들에서, 헌재가 사회권은 인간의 권리가 아니라는 입장을 취하는 동시에, 쟁점이 되는 권리는 자유권적 속성을 아울러 갖기 때문에 외국인에게도 보장된다는 식의 혼란스런 법리를 제시했던 것은 헌법학계의 통설을 경직되게 적용하는 과정에서 나타난 결과로 볼 수 있다. 외국인 산업연수생에 대

---

32) 집회의 자유나 결사의 자유와 같이, 기본법 규정상 '독일인'을 주체로 하는 기본권에 대해서도 권리의 성질상 외국인에게도 그 권리가 인정되어야 하는 때에는 헌법해석론을 통해 기본권 주체성의 범위를 외국인에게까지 확장해 왔다. 이종혁, 위 논문, 549.

33) 독일연방헌법재판소, 사건번호 1 BvL 10/10와 1 BvL 2/11의 병합(2012년 7월 18일자 판결).

34) "인간의 존엄은 훼손될 수 없다. 이를 존중하고 보호하는 것은 모든 국가권력의 의무이다." (번역: 헌법재판소 헌법재판연구원).

35) "독일연방공화국은 민주적이고 사회적인 연방국가이다." (번역: 헌법재판소 헌법재판연구원).

해 근로기준법의 주요 조항을 배제한 것이 평등권 침해라고 판시한 2004헌마670 결정[36]이 그 대표적 예이다. 헌재의 이 결정은 여러모로 전향적이었다고 평가된다. '일할 환경에 관한 권리'에 대해 외국인의 기본권 주체성을 인정한 점, 근로조건에 있어서의 평등권과 이에 대한 정당한 제한이 가능한 요건과 관련해 한국이 비준한 '경제적·사회적 및 문화적 권리에 관한 국제규약'(이하 사회권규약)의 관련 조항들을 원용, 해석에 참고하고 있는 점,[37] 결론적으로 근로기준법상 권리들을 외국인 산업연수생에게 제한적으로 적용한 것이 평등권 침해라고 판시한 점이 그러하다. 하지만 최소

---

36) 헌재 2007.8.30. 2004헌마670, 판례집 19-2, 297-329.
37) 위 판례, 315. "우리나라가 비준하여 1990. 7. 10.부터 적용(조약 제1006호)된 '국제연합(UN)의 경제적·사회적 및 문화적 권리에 관한 국제규약'(이른바 '사회권규약' 또는 'A규약')은, '이 규약의 각 당사국은 이 규약에서 선언된 권리들이 인종, 피부색, 성, 언어, 종교, 정치적 또는 기타의 의견, 민족적 또는 사회적 출신, 재산, 출생 또는 기타의 신분 등에 의한 어떠한 종류의 차별도 없이 행사되도록 보장할 것을 약속한다.'고 규정하고 있고 (제2조 제2항), 이러한 사회권규약에 의하여 보장되는 권리에는 '동등한 가치의 노동에 대한 동등한 보수를 포함한 근로조건을 향유할 권리'(제7조) 등이 포함되어 있으므로, 이러한 규약의 내용은 우리 헌법의 해석에서 고려되어야 할 것이다. 다만 사회권규약은, 체약국이 입법조치 기타 모든 적절한 방법에 의하여 권리의 완전한 실현을 점진적으로 달성하기 위하여 자국의 가용자원이 허용하는 최대한도까지 조치를 취할 것을 약속하도록 하면서(제2조 제1항), '이 규약의 당사자국은 국가가 이 규약에 따라 부여하는 권리를 향유함에 있어서, 그러한 권리의 본질과 양립할 수 있는 한도 내에서, 또한 오직 민주사회에서의 공공복리증진의 목적으로 반드시 법률에 의하여 정하여지는 제한에 의해서만, 그러한 권리를 제한할 수 있음을 인정한다.'고 규정하여(제4조) 일반적 법률유보조항을 두고 있는바, 이는 우리 헌법 제37조 제2항에 의한 제한과 궤를 같이 한다고 할 것이다."; "앞에서 본 바와 같이 근로기준법 제5조와 사회권규약 제4조에 따라 '동등한 가치의 노동에 대한 동등한 보수를 포함한 근로조건을 향유할 권리'를 제한하기 위하여는 법률에 의하여만 하는바, 이를 법률이 아닌 행정규칙에서 규정하고 있으므로 위 법률유보의 원칙에도 위배된다."

근로조건에 대한 권리에 대해 외국인의 주체성을 인정하면서도, 그 근거에 대해 이 권리가 "사회권적 기본권으로서 국민에 대하여만 인정해야 하지만 ... 자유권적 기본권의 성격도 아울러 가지"기 때문인 것으로 설명하고 있다는 점은 문제이다. 사회권과 자유권의 구분이 언제나 명확한 것은 아니고, 사회권으로 분류되는 권리들도 구체적 내용에 따라 자유권적 속성을 동시에 가질 수 있다. 하지만 '근로조건에 대한 권리'는 국가가 인간 존엄에 합당한 근로조건에 대해 적극 기준을 제시하고 실현해야 하는 의무를 수반하기 때문에 본질적으로 사회권에 해당하며, 굳이 자유권적 성격에 기대지 말고 외국인의 기본권 주체성을 인정하는 것이 논리적으로 타당해 보인다.[38)]

위 결정에서 헌재는 근로조건에 대한 권리의 '인간의 권리'로서의 근거를 자유권에서 이끌어냈으면서도 막상 이 권리에 대한 차별적 처우가 존재하는지 여부를 검토하는 평등권 심사에서는 사회권규약을 원용하고, 사회권에 대한 심사기준을 적용하였다. 헌재가 외국인의 기본권 주체성 검토에 있어 일반적으로 사회권으로 분류되는 권리의 자유권적 속성을 판단의 근거로 삼은 것은 자유권은 외국인에게도 인정되는 '인간의 권리', 사회적 기본권은 '국민의 권리'라는 헌법학계의 기존 통설의 틀에서 벗어나지 않기 위한 논리의 고안으로 보인다. 결과적으로, 헌재의 2007년 외국인 산업연수생 관련 결정은 외국인도 인간다운 근로조건에 대한 권리의 주체가 된다는 점을 인정하면서도, 동시에 사회권은 국민에게만 한정되는 권리라는 모순적 결론을 내린 것이다.

---

38) 전광석, '다문화사회와 사회적 기본권-헌법적 접근을 위한 시론', 『헌법학연구』 제16권 제2호 (2010.6) 129-130, 각주 67; 최유, '외국인의 사회권 주체성에 관한 작은 연구', 『사회과학연구』 제19권 가을호 (2009) 122-131: 127-128.

이후 외국인의 기본권 관련 헌재의 결정들은 자유권적 속성에 근거해 외국인의 기본권 주체성을 인정하는 기존의 '기본권 성질론'으로부터 벗어나는 경향을 보인다. 외국인 노동자의 사업장 이동 횟수와 허용 기간을 제한하는 법률 조항들을 심사한 2011년 결정들에서 헌재는 직장 선택의 자유에 대해 외국인이 주체가 됨을 인정하였다. 직장 선택의 자유는 사회권과 자유권의 속성을 동시에 갖지만, 헌재는 특별히 자유권적 성격에 대한 언급 없이 해당 권리가 인간의 존엄과 가치 및 행복추구권과 밀접하게 관련되기 때문에 기본권으로 인정된다고 설명하였다.[39] 외국인 근로자들에게 퇴직금 기능을 하는 출국만기보험금의 지급시기와 관련한 2016년 결정에서는 인간 존엄에 합당한 최소 근로조건을 요구할 수 있는 권리에 대해 "생활의 기본적 수요를 충족시키는 방편"이자 "인간 생존의 기초"라는 점에서 인간의 권리이며, 따라서 외국인에게도 그 권리가 보장된다는 논리를 전개하였다.[40] 마찬가지로 최소 근로조건을 보장받을 권리에 대해 심사했던 외국인 산업연수생 관련 2006년 결정(2004헌마670)을 선례로 원용하면서도, 외국인의 기본권 주체성을 인정하는 근거를 자유권과 무리하게 연계하려는 시도는 반복되지 않았다. 이로써, 헌재의 해석에 의해 외국인도 헌법상 사회권의 주체로 인정될 수 있는 가능성이 열린 것으로 볼 수 있다. 그러나 여전히 헌법상 인간의 존엄과 가치, 행복추구권의 의미와 사회권과의 관계를 이론적으로 정립해야 할 필요성은 남아 있다.

---

39) 헌재 2011.9.29., 2007헌마1083, 2009헌마230·352(병합) (외국인근로자의 고용 등에 관한 법률 제25조 제4항 등 위헌확인 등) 639; 헌재 2011.9.29., 2009헌마351 (외국인 근로자의 고용 등에 관한 법률 제25조 제3항 위헌확인) 669.

40) 헌재 2016.3.31., 2014헌마367 (외국인근로자의 고용 등에 관한 법률 제13조 제3항 등 위헌확인) 480.

2. 외국인의 기본권 보장 수준

또 다른 중요한 논점은 외국인에게 인정되는 기본권 보장의 수준에 대한 것이다.[41] 2007헌마1083, 2009헌마230·352(병합) 결정과 2009헌마351 결정에서 헌재는 외국인에게 기본권 주체성을 인정하지만 기본권 보장의 수준은 국민과 다를 수 있다는 입장을 밝히면서, 쟁점인 '직장 선택의 자유'의 침해 여부를 심사할 때 "입법의 내용이 합리적인 근거 없이 현저히 자의적인 경우에만 헌법에 위반된다"는 자의성 금지의 원칙을 적용하였다. "외국인력 도입에 관한 제도를 마련함에 있어서는 내국인의 고용시장과 국가의 경제상황, 국가안전보장 및 질서유지 등을 고려하여 정책적인 판단에 따라 그 내용을 구성할 보다 광범위한 입법재량이 인정된다"는 것이 그 이유였다.[42]

그러나 이러한 논리는 헌재가 기존에 직장 선택의 자유를 포함하는 직업선택의 자유에 대해 "그 제한은 반드시 법률로서 하여야 할 뿐 아니라 국가안전보장, 질서유지 또는 공공복리 등 정당하고 중요한 공공의 목적을 달성하기 위하여 필요하고 적정한 수단·방법에 의하여서만 가능한 것"이라며 과잉금지원칙을 심사기준으로 채택해 왔던 것과 대조된다.[43] 헌재가 '외국인력 도입에 관한 제도' 관련하여 사업주인 내국인의 직업의 자유 침해 여부가 쟁점이 된 사건에서 과잉금지원칙을 적용하였던 것과도 차이를 보인다.[44]

---

41) 이 문제에 대해서는 김지혜, '이주민의 기본권-불평등과 "윤리적 영토권"-', 「헌법학연구」 제22권 제3호(2016.9) 223-251에서 상세히 논하고 있다.

42) 헌재 2011.9.29., 2009헌마351 (외국인 근로자의 고용 등에 관한 법률 제25조 제3항 위헌확인) 672; 헌재 2011.9.29. 2007헌마1083, 2009헌마230·352 (병합) (외국인 근로자의 고용 등에 관한 법률 제25조 제4항 등 위헌확인 등) 642.

43) 헌재 1989.11.20. 89헌가102 결정; 헌재 2002.4.25. 2001헌마614 결정 등 참조.

2016년 3월 31일 선고된 2014헌마367 사건에서도 '근로의 권리'에 있어서의 평등권 침해 여부를 심사하면서, "입법이 헌법상 용인될 수 있는 재량의 범위를 벗어난 것인지 여부"를 기준으로 삼았다 (484-487).[45) 외국인의 기본권 심사에서 내국인과 동일하게 비례원칙을 심사기준으로 적용한 것은 헌재 내 소수의견이었다.[46)

헌재가 이처럼 외국인의 기본권 침해 여부에만 완화된 심사기준을 적용하는 것은 "외국인에 대한 기본권 제한과 차별이 더욱 쉽게 용인되는" 결과를 야기된다.[47) 첫째, 헌재는 입법자들이 '국민의 이익 보호' 또는 '불법체류 방지' 등을 입법 목적으로 내세우는 것에 대해 충분한 논증 없이 그러한 목적을 기본권 제한의 정당한 사유로 인정함으로써, 구체적인 청구인(외국인)의 기본권보다 추상적인 '국민의 이익' 또는 출입국 통제의 필요성을 우위에 두는 경향[48)을 쉽게 용인하고 '정상화'할 우려가 있다. 둘째, '입법자의 재량'은 광범위하게 인정하면서 기본권의 제한이 외국인에게 미칠 영향에 대한 검토는 생략하거나 최소화하는 것은, 외국인에 대해 헌법상 기본권을 인정한다 하더라도 사실상 형식에 불과한 것으로 만들뿐더러, 외국인 관련 국가행위에 대한 헌법적 통제는 공백인

---

44) 헌재 2009.9.24. 2006헌마1264 결정.

45) 자세한 내용은 본고 II장 4절 참조. 헌재 2016.3.31. 2014헌마367 결정 (외국인 근로자의 고용 등에 관한 법률 제13조 제3항 등 위헌확인) 484-487.

46) 2009헌마351 결정 중 재판관 목영준, 이정미의 별개의견; 2007헌마1083, 2009헌마230·352(병합) 결정 중 재판관 목영준, 이정미의 일부 반대의견, 재판관 송두환의 일부 반대의견; 2014헌마367 결정 중 재판관 이정미, 김이수, 서기석의 반대의견.

47) 김지혜, 위 논문, 235.

48) 황필규는 외국인의 출입국을 허용, 통제하는 것이 국가주권적 사항이라는 점이 외국인의 기본권 주체성 부인이나 기본권 제한의 문제 전반에 대해 자동적인 정당성을 제공하지 않는다고 비판한다. 황필규, '이주민 기본권의 재구성', 이철우·황필규·최계영 외 『공익법총서 3: 이주민법연구』, 서울: 경인문화사.

상태를 지속시킨다. 김지혜는 외국인에 대해 기본권을 선별적으로 인정하고, 보장의 수준도 달리하는 헌재의 접근은 '소수자 보호에 취약한 민주주의의 제도적 한계를 증폭시키면서 광범위한 수준으로 외국인에 대한 불평등을 용인하는 효과가 있'으며 '타당한 헌법적 해명 없이 "헌법의 평등한 보호를 받을 권리"를 부인하는 것'이라고 비판한다.[49]

3. 외국인의 사회적 기본권 옹호론

헌법학계에서도 기존 통설과 달리, 외국인에게도 사회적 기본권이 보장되어야 한다는 견해들이 제기되고 있다. 최유는 사회권은 '인간의 권리가 아닌 국민의 권리로 외국인에게는 인정되지 않는다'는 헌법학계의 기존 통설과 이를 수용한 헌재의 외국인 산업연수생 관련 2004헌마670 결정을 비판하면서, 사회권을 "인간 존엄 유지에 적절한 생활수준에 대한 권리"로 이해한다면 우리 삶의 필수적인 기초로서 인권이며, "외국인에게도 기본적으로 기본권 주체성과 기본권으로서의 사법심사 가능성을 열어주어야 할 것"이라는 견해를 제시하였다.[50]

전광석은 "헌법 제정 이후 통시적으로 교과서 혹은 연구문헌들에서 거론되었던 외국인의 기본권 주체성에 대한 문제는 그 자체로서, 그리고 오늘날 헌법의 시대적 과제에 거의 기여할 수 없다"고 냉정하게 평가한다.[51] 기존 논의들은 한국 사회에 편입되어 살

---

49) 김지혜, 위 논문, 238.
50) 최유, '외국인의 사회권 주체성에 관한 작은 연구', 『사회과학연구』 19 (2008.10) 115-138: 133.
51) 전광석, '다문화사회와 사회적 기본권-헌법적 접근을 위한 시론-', 『헌법학연구』 제16권 제2호 (2010.6): 105-146: 120.

아가는 외국인들의 수가 증가하는 다문화사회의 현실에 대한 각별한 고려 없이 외국인의 기본권 주체성을 논하고 있기 때문이다.52) 전광석은 "사회적 위험을 보호하여 사회적 평화를 도모하는" 것이 사회적 기본권의 목적임을 상기하면서, "우리 사회에 편입되어 구조화되어 있는 외국인들의 사회 문제를 헌법이 외면하는 것은 사회적 기본권을 도입하여 사회통합을 기하는 헌법의 이념에 반한다"고 지적한다.53) 그의 견해는 사회권의 개별 영역들이 갖는 헌법적 가치와 성격에 따라, 외국인도 해당 권리의 주체가 될 수 있는지를 판단해야 한다는 것이다. 외국인이 노동관계와 같은 경제질서나 사회질서에 편입되어 있지 않은 경우에는 노동의 기회나 사회보험 가입 자격과 같은 질서에의 접근을 전제하는 기본권 주체성을 인정할 수는 없지만, 이미 그러한 질서에 편입되어 있는 경우에는 '외국인이라는 징표'는 기본권의 주체성을 판단하는 중요 기준이 될 수 없다는 것이 기본적인 시각이다. 나아가 어떠한 사회권은 그것이 갖는 인권으로서의 특별한 가치 때문에 외국인에 대해 질서에의 편입 여부와 관계없이 거주를 기준으로 보장되어야 한다고 주장하는데, 그 예가 '인간다운 최저생활에 대한 권리'나 '교육의 권리'이다.54) 즉, 사회권은 기본적으로 경제 및 사회질서에의 편입을 전제로 하는 권리이기 때문에 외국인의 기본권 주체성을 인정하는 것이 어렵지만, 시대의 변화에 따라 한국 사회에 편입되어 가는 외국인의 수가 늘었다는 점을 적극 고려하여 사회적 기본권의 인적 적용 범위를 확장할 수 있다고 하여 기존 헌법학계의 통설과 다른 길을 제시하였다. 사회질서 편입 여부와 관계없이 외국인에게 기본적으로 보장되어야 할 사회권의 영역에 대해서도 논하였다.

---

52) 위 논문, 121.
53) 위 논문, 126.
54) 위 논문, 130, 135-136, 139-140.

김지혜는 국가는 국가의 관할이 미치는 영토 내에서 외국인을 포함해 국가 권한의 영향을 받는 모든 사람들의 기본권을 동등하게 보장해야 한다는 견해를 제시한다.[55] "국가의 지리적 영역 내 영토상에 존재하는 모든 사람들이, 단순히 그곳에 존재한다는 이유로 권리와 인정을 향유해야 한다"는 린다 보즈니악의 '영토적 인간지위'에 기반을 둔 견해이다.[56] 이는 국가는 자국 영토 내에 있으며 그 관할권 하에 있는 모든 개인에 대하여 국적에 관계없이 평등하게 조약상 인정되는 권리를 보장해야 한다는 국제인권법의 기본 원칙과도 일치한다.[57] 이러한 접근도 국민국가 체계를 전제로 하고 있기 때문에 국경의 통제를 목적으로 하는 외국인의 거주 이전의 자유에 대한 제한을 인정한다. 하지만 '영토 내 보편성'이라는 관점에 따르면, 이주민이 향유하는 기본권은 현행 법리에서 인정되는 권리의 범위보다 훨씬 확장된다.[58] "국가의 의사결정에 의해 영향을 받는 모든 사람에게 부여되는 최소한의 조건으로서, 정치적 자유, 적법절차, 평등권이 보장"되어야 하고, "이러한 자유를 실질적으로 누리기 위한 기본 조건이자, 같은 공간에 함께 살고 있는 공동체 성원의 연대성에서 비롯한 의무이자 권리로서, 교육권, 의료권, 사회보장의 권리 등 사회권도 인정"되어야 한다는 것이다.[59]

전광석의 견해는 사회권을 국민의 권리로 보는 전제에서 출발해, 사회통합적 성격을 강하게 갖는 사회권은 경제질서 및 사회질서에 편입된 외국인에게, '인권적' 성격의 사회권은 거주하고 있는 모든 외국인에게 인정되어야 한다는 제안이라면, 김지혜의 견해는

---

55) 김지혜, 위 논문, 242.
56) 위 논문 240.
57) 외국인의 사회권에 대한 국제인권법적 기준을 검토하는 다음 장 참조.
58) 김지혜, 위 논문, 244.
59) 위 논문, 244-245.

영토 내에 있는 모든 사람은 국적과 관계없이 사회권을 포함한 기본권을 동등하게 보장받아야 하되, 관광객과 같이 사회와의 유대관계가 약한 외국인에게는 부분적으로만 기본권을 인정할 수 있다는 것으로 차이가 있다. 전자의 견해에는 기존 헌법학계의 통설과 유사하게 '국민의 권리'와 '인간의 권리'라는 구분법이 여전히 전제로서 작용하고 있고, 후자의 견해는 보편적 인권의 관점이 보다 투영되어 있다고 볼 수 있다. 다음 장에서는 '인간의 권리'를 구체적인 명문 규정으로서 보장하고 있는 국제인권법에서 외국인의 인권, 특히 사회권과 관련해 어떠한 기준을 제시하고 있는지를 살펴보도록 한다.

IV. 외국인의 사회권 관련 국제인권기준 및 외국 헌법판례

1. 국제인권법상 차별금지 원칙

국제인권법은, 모든 사람은 인간으로서 지니는 보편적인 가치로 인해 모든 인권을 동등하게 향유할 수 있어야 한다는 인식을 기본 바탕으로 하고 있으며, 이에 따라 국민이 아닌 사람에 대해서도 국민과 동등 대우를 일반 원칙으로 요구한다.[60] 국제인권법의 태동 이전에는 국가가 자국 내 거주하는 사람들을 어떻게 대우하는지는 국가의 재량에 속하는 문제였다. 외국인의 처우에 대해서는 시민적·사적 권리와 관련하여 내외국인 간 동일한 대우를 요구하는 국

---

60) David Weissbrodt, *The Human Rights of Non-citizens*, Oxford University Press (2008) 34-35.

내표준주의와 내외국인 평등대우를 기본으로 하되 외국인에 대한 처우가 국제법상 적정기준을 충족하도록 요구하는 국제표준주의가 대립해 왔다.[61] 하지만 국적의 구별 없이 모든 사람의 권리를 보장함을 원칙으로 하는 국제인권법의 발전은 외국인 처우기준에 새로운 변화를 불러 일으켰고, "이제 외국인 처우 기준에 대한 어떠한 논의도 국제인권개념을 활용하지 않을 수 없으며, 국제인권기준 이상의 보편적으로 수용될 수 있는 처우기준을 찾기도 어렵게 되었다."[62]

제2차 세계대전 이후 인권에 대한 국제적 보호의 필요성을 배경으로 채택된 '세계인권선언'(1948)[63] 제2조 제1항은 "모든 사람은 인종, 피부색, 성, 언어, 종교, 정치적 또는 기타의 견해, 민족적 또는 사회적 출신, 재산, 출생 또는 기타의 신분과 같은 어떠한 종류의 차별이 없이, 이 선언에 규정된 모든 권리와 자유를 향유할 자격이 있다"라고 하여, 출신 민족이나 사회에 관계없이 인권을 누릴 수 있어야 함을 확인하였다. 이후 채택된 주요 국제인권조약들도 모두 비차별 및 평등원칙을 기본 토대로 하고 있다. 한국이 1990년 4월 10일 비준하여, 7월 10일부터 발효된 '시민적 및 정치적 권리에 관한 국제규약'(1966, 이하 자유권규약)[64] 제2조 제1항은 "이 규약의 각 당사국은 자국의 영토 내에 있으며, 그 관할권 하에 있는 모든 개인에 대하여 인종, 피부색, 성, 언어, 종교, 정치적 또는 기타의 의견, 민족적 또는 사회적 출신, 재산, 출생 또는 기타의 신분 등에 의한 어떠한 종류의 차별도 없이 이 규약에서 인정되는 권리

---

61) 정인섭, 『신 국제법강의』, 박영사 (2013) 753-755.
62) 위 책 754-755.
63) 세계인권선언, 유엔총회 결의 217A (III), UN Doc A/810 (1948).
64) 시민적 및 정치적 권리에 관한 국제규약(International Covenant on Civil and Political Rights), 채택일 1966. 12. 16, 발효일 1976. 3. 23, [대한민국 발효일 1990.7.10. 다자조약, 제1007호, 1990.6.13.]

들을 존중하고 확보할 것을 약속한다"고 국가의 영토 내, 관할권 하에 있는 모든 개인에 대해 차별 없이 규약상의 권리를 존중, 보장할 것을 국가의 기본적인 의무로 하였다. 자유권규약의 이행을 감독하는 유엔자유권위원회(Human Rights Committee)는 "동 규약에서 규정된 권리는 상호주의에 관계없이, 그리고 자신의 국적이나 무국적임에 관계없이 모든 사람에게 적용된다"며, "따라서, 동 규약에 있는 개개의 권리는 자국민과 외국인 간의 차별 없이 반드시 보장되어야 하는 것이 일반 원칙"임을 분명히 하였다.65) 같은 규약 제26조66)는 모든 사람이 법 앞에 평등하고, 법의 평등한 보호를 받을 권리를 확인하였고, 이러한 내용은 자유권 규약상의 권리에만 한정되지 않아, 사회권 관련 국내 거주 외국인에 대한 처우에도 적용된다. 한국이 자유권규약과 동시에 비준한 '경제적, 사회적 및 문화적 권리에 관한 국제규약'(1966, 이하 사회권규약)67) 역시 제2조 제2항에서 "이 규약의 당사국은 이 규약에서 선언된 권리들이 인종, 피부색, 성, 언어, 종교, 정치적 또는 기타의 의견, 민족적 또는 사회적 출신, 재산, 출생 또는 기타의 신분 등에 의한 어떠한 종류의 차별도 없이 행사되도록 보장할 것"을 규정하고 있다.

외국인을 내국인과 차별 없이 평등하게 대우하며, 그 처우가 국제인권기준에 부합해야 하는 것이 국제인권법의 기본 원칙인 반면,

---

65) UN Human Rights Committee, General Comment No. 15: The Position of Aliens Under the Covenant, 11 April 1986, paras.1-2.

66) "모든 사람은 법 앞에 평등하고 어떠한 차별도 없이 법의 평등한 보호를 받을 권리를 가진다. 이를 위하여 법률은 모든 차별을 금지하고, 인종, 피부색, 성, 언어, 종교, 정치적, 또는 기타의 의견, 민족적 또는 사회적 출신, 재산, 출생 또는 기타의 신분 등의 어떠한 이유에 의한 차별에 대하여도 평등하고 효과적인 보호를 모든 사람에게 보장한다."

67) 경제적, 사회적 및 문화적 권리에 관한 국제규약 (International Covenant on Economic, Social and Cultural Rights), 채택일 1966. 12. 16, 발효일 1976. 1. 3, [발효일 1990.7.10., 다자조약, 제1006호, 1990.6.13].

문언 상 일부 소수의 권리에 대해서는 이러한 원칙으로부터의 예외를 허용하고 있다. 자유권규약에서는 선거권 및 피선거권에 관한 조항이 예외적으로 시민을 그 권리의 주체로 하고 있다.[68] 또한 거주 이전의 자유의 경우, 합법적으로 국가의 영역 내에 있는 사람으로 제한하고 있다.[69] 이와 관련하여, 자유권규약의 이행을 감독하는 유엔 자유권위원회는 외국인의 입국에 관한 사항은 기본적으로 당사국이 결정할 문제이며, 이동, 거주, 고용 등의 조건에 따라 입국허가가 부여될 수 있음을 확인하였다.[70] 하지만, "일단 당사국 영토에 들어오는 것이 허용되고 나면, 외국인도 규약에 규정된 권리들이 보장되어야 한다"는 점을 분명히 했다.[71] 사회권규약의 경우, 개발도상국에 대하여 "인권과 국가 경제를 충분히 고려하여 이 규약에서 인정된 경제적 권리를 어느 정도까지 자국의 국민이 아닌 자에게 보장할 것인가를 결정"할 수 있도록 허용하고 있다(제2조 제3항). 조약 성안 과정에 대한 기록에 따르면, 이 조항은 식민

---

68) 제25조 모든 <u>시민</u>은 제2조에 규정하는 어떠한 차별이나 또는 불합리한 제한도 받지 아니하고 다음의 권리 및 기회를 가진다.
   (a) 직접 또는 자유로이 선출한 대표자를 통하여 정치에 참여하는 것
   (b) 보통, 평등 선거권에 따라 비밀투표에 의하여 행하여지고, 선거인의 의사의 자유로운 표명을 보장하는 진정한 정기적 선거에서 투표하거나 피선되는 것
   (c) 일반적인 평등 조건하에 자국의 공무에 취임하는 것 [필자 밑줄 추가].
69) 제12조 1. 합법적으로 어느 국가의 영역 내에 있는 모든 사람은, 그 영역 내에서 이동의 자유 및 거주의 자유에 관한 권리를 가진다.
70) 유엔 자유권위원회(Human Rights Committee)는 외국인의 지위와 관련해 "자국 영토 내에 누구를 받아들일 것인가에 대한 결정은 원칙적으로 당사국의 몫"이라고 밝혔다. Human Rights Committee, General Comment No. 15: The Position of Aliens Under the Covenant, 11 April 1986, paras. 5-6.
71) "However, once aliens are allowed to enter the territory of a State party they are entitled to the rights set out in the Covenant." Human Rights Committee, General Comment No. 15: The Position of Aliens Under the Covenant, 11 April 1986, para. 6.

지 상태에서 해방된 국가들이 식민지 잔재로서 외국인들이 경제에
미치는 지배적 영향력을 해소해야 할 과제에서 비롯된 것으로, 이
러한 경험을 공유하는 개발도상국들이 고용 등 경제 분야에서 내
국인들이 처한 구조적 불평등 상황을 시정할 수 있도록 하기 위해
포함되었다.72) 이 조항의 제안국들은 본 조항의 목적이 "내국인들
이 자신의 권리를 행사할 수 있게 함으로써 적합한 균형을 회복하
기 위한 것"이고, "식민 지배에 놓이지 않았던 선진국들에서는 정
부가 이주를 항상 통제하고 있고 비국민들은 일반적으로 내국인들
의 경제활동에 심각한 경쟁상대가 되지 않"는다며 개발도상국에서
경제적 권리 분야에 한해 실질적 평등을 위한 조치로서 이 조항을
제안하는 것임을 강조했다.73)

　요약하자면, 20세기 중반 이후 발전해 온 국제인권법은 각 국가
내 외국인의 처우에 관한 국제법적 기준을 제시하고 있다. 국적에
관계없이 국가 영토 내에 있는 모든 사람들이 차별 없이 인권을 누
릴 수 있어야 한다는 것이 국제인권법의 기본 원칙이다. 이에 따라
국가는 관할권 내 모든 사람들의 인권을 존중하고 보장해야 할 의
무를 진다. 단, 참정권, 입국의 자유, 개발도상국에서의 경제적 권
리는 내외국인 평등 대우 원칙의 예외가 허용된다. 아래에서는 사
회권 영역에 집중해서 국제인권법상 외국인의 권리와 지위에 대해
검토하도록 한다.

---

72) E. V. O. Dankwa, 'Working Paper on Article 2(3) of the International Covenant
　on Economic, Social and Cultural Rights', *Human Rights Quarterly* Vol. 9, No.
　2 (May, 1987), 230-249: 240.

73) 유엔 총회, 제3위원회, A/5365 (17 December 1962) 20-21.

2. 국제인권법상 외국인의 사회권

사회권규약에서 보장하고 있는 사회적, 경제적 및 문화적 권리에는 노동의 권리(제6조), 공정한 노동조건에 대한 권리(제7조), 노동조합 결성 및 파업에 대한 권리(제8조), 사회보장에 대한 권리(제9조), 임산부·어린이 및 연소자의 보호(제10조), 식량·의복·주택 등 적합한 생활수준을 누릴 권리(제11조), 건강권(제12조), 교육권(제13-14조), 문화와 과학 관련 권리(제15조)가 포함된다. 규약 제2조 제2항 차별금지 원칙에 따라, 규약의 당사국은 국적에 관계없이 관할권 내에 있는 모든 사람들이 규약상의 권리를 향유할 수 있도록 보장해야 할 의무가 있고, 사회권규약의 이행을 감독하는 유엔 사회권위원회(Committee on Economic, Social and Cultural Rights)는 해석지침의 역할을 하는 일반논평(General Comment)[74]에서 이러한 점을 아래와 같이 명백히 하였다.

국적이라는 사유가 규약상 권리에 접근하는 것을 가로막아서는 안된다. 예를 들어, 미등록 지위의 아동을 포함해, 어느 국가 내에 있는 모든 아동들은 교육을 받고, 충분히 먹을 수 있고, 감당할 수 있는 경제적 비용으로 보건의료를 이용할 수 있는 권리가 있다. 규약상의 권리는 법적 지위와 등록서류에 관계없이 난민, 난민신청인, 무국적자, 이주노동자, 국제인신매매 피해자 등 비국민을 포함한 모두에게 적용된다.[75]

---

74) 사회권위원회를 포함해, 유엔인권조약기구들은 인권조약의 해석 및 이행을 돕기 위해, 개별 조항 또는 조약과 관련된 특별주제에 대해 일반논평(General Comments) 또는 일반권고(General Recommendations)라는 형태의 문서를 채택하고 있다. 일반논평 또는 일반권고는 그 자체로 법적 구속력을 갖지 않지만, 당사국들, 유엔기구, 전문가들에 의해 권위 있는 해석지침으로 받아들여지고 있다.

75) CESCR, General Comment No. 20 Non-discrimination in economic, social and

유엔 자유권위원회에서 해석하였듯이, 외국인의 입국 허가가 국가의 주권적 사항이므로, 입국 허가에 종속적인 요소인 일자리 접근과 관련된 노동의 권리는 외국인에게 동등하게 보장되지 않을 수 있다. 하지만 고용관계가 형성되고 나면, 체류자격과 관계없이 노동조건에 대한 권리, 단결권 및 단체행동권 등 노동자로서의 모든 권리를 동등하게 누릴 수 있어야 한다. 이와 관련해, '모든 형태의 인종차별 철폐에 관한 국제협약'76)의 이행을 감독하는 유엔 인종차별철폐위원회는 비시민에게 노동을 허가하고 일자리를 제공할지 여부가 국가의 재량임을 인식하면서, 다른 한편 "고용관계가 개시되면 종료될 때까지 모든 개인은 집회 결사의 자유를 포함한 노동 및 고용 관련 권리를 향유할 자격이 있다"는 점을 분명히 하였다.77) 이러한 해석지침은 미주인권법원의 미등록이주노동자의 법적 지위와 권리에 대한 자문의견78)으로부터 영향을 받은 것이다. 미주인권법원은 비차별과 평등권은 국제법상 강행규범(*jus cogens*)으로서 체류상의 법적 지위와 관계없이 관할권 내 모든 사람에게 적용되어야 하며, 미등록이주노동자도 일단 고용관계를 맺은 이상 노동자로서 누려야 할 권리는 모두 평등하게 누릴 수 있도록 보장되어야 한다고 밝혔고, 이러한 견해는 이주민 및 난민의 권리, 비

---

cultural rights (art.2, para.2, of the International Covenant on Economic, Social and Cultural Rights), UN Doc. E/C.12/GC/20, 2 July 2009, para. 30.

76) 모든 형태의 인종차별 철폐에 관한 국제협약 (International Convention on the Elimination of All Forms of Racial Discrimination), 채택일 1966. 3. 7, 발효일 1969. 1. 4, 대한민국 적용일 1979. 1. 4.

77) CERD, General Recommendation 30: Discrimination against non-citizens, UN Doc. CERD/C/64/Misc.11/rev.3, 2004, para.35.

78) Inter-American Court of Human Rights, Advisory Opinion OC-18/03, 17 September 2003, requested by the United Mexian States, Juridical Condition and Rights of Undocumented Migrants, available at http://www.corteidh.or.cr/docs/opiniones/seriea_18_ing.pdf (최종접속일: 2018년 4월 30일).

차별에 대한 법리 발전에 큰 영향을 미쳤다.

사회권규약은 규약에 담긴 권리를 완전히 실현하는 데 있어서 시간과 재정이 요구됨을 감안하여, "입법조치 및 기타 모든 적절한 방법에 의하여 권리의 완전한 실현을 점진적으로 달성하기 위하여 자국의 가용자원이 허용하는 최대한도까지 조치를 취할 것"을 당사국의 일반적 의무로 하였다.(제2조 제1항) 자국 관할권 내에 있는 외국인이 사회보장에 대한 권리, 의식주를 포함하는 적절한 생활수준에 대한 권리, 건강에 대한 권리를 향유할 수 있도록 보장하기 위한 조치도 권리의 성격에 따라, 자국의 가용자원을 고려해 단계적으로 실현해 나가는 것이 허용된다. 하지만 이러한 조치가 외국인에 대해 차등적인 경우, 차등적 조치가 모두 차별인 것은 아니지만, 비례성 원칙에 부합함을 정당화할 수 있어야 한다. 사회권위원회는 난민과 이주민 관련 사회권규약 하 당사국의 의무에 관해 설명하면서, 국적이나 법적지위를 근거로 한 차등 대우가 있을 경우, 비례성 원칙에 부합해야 하며 그렇지 않은 경우에는 규약 제2조 제2항이 금지하는 불법적 차별을 구성한다고 명시적으로 밝히고 있다.[79] 인종차별철폐위원회 역시 "시민권 또는 체류 지위에 기초한 차등대우의 경우, 그러한 차등적 범주가 협약의 목적과 취지에 비추어 볼 때, 정당한 목적에 따라 적용되지 않았고, 그러한 목적 달성에 비례하지 않는다면, 차별을 구성"한다고 차별에 관한 심사기준을 제시했다.[80] 외국인의 평등권 심사에 있어, 한국의 헌재가 기존 판례들에서 자의금지원칙을 적용해 합리적 목적의 유무를

---

79) CESCR, The Duties of States Towards Refugees and Migrants under the International Covenant on Economic, Social and Cultural Rights: Statement by the Committee on Economic, Social and Cultural Rights, UN Doc. E/C.12/2017/1, 24 February 2017, para.5.

80) CERD, General Recommendation 30: Discrimination against non-citizens, UN Doc. CERD/C/64/Misc.11/rev.3, 2004, para.4.

검토하는 것에 그쳤던 것과는 달리, 유엔인권기구들은 더 엄격한 접근을 권고하고 있는 것이다. 즉, 기본권 보장 수준을 국적이나 법적지위에 근거해 차등화하는 것을 금지하는 것은 아니지만, 이러한 차등적 접근에 대한 평등권 심사에는 비례성 원칙이라는 기준을 엄격히 적용해야 한다.

한편, 사회권규약 제4조는 "이 규약의 당사국은 국가가 이 규약에 따라 부여하는 권리를 향유함에 있어서, 그러한 권리의 본질과 양립할 수 있는 한도 내에서, 또한 오직 민주사회에서의 공공복리 증진의 목적으로 반드시 법률에 의하여 정하여지는 제한에 의해서만, 그러한 권리를 제한할 수 있음을 인정한다"고 규정하여 우리 헌법 제37조 제2항과 같이 인권의 제한에 관한 일반적 법률유보조항을 두고 있다.

이와 관련해, 사회권위원회는 규약상 각 권리들은 '권리의 본질'을 훼손하지 않기 위한 최소핵심의무를 수반한다고 해석하고 있다.[81] 최소핵심의무는 규약 상 권리들의 최소한의 본질적 내용을 존중, 실현하기 위한 의무를 말하는데, 굶주림으로부터의 자유, 기본적 식수, 필수의약품, 적정 수준에 부합하는 교육에 대한 권리를 보장할 의무 등이 그러한 예이다.[82] 즉, 사회권위원회의 일반논평 제3호[83]에 따르면, 국가는 규약상 권리에 대해 제한을 둘 수 있지

---

81) CESCR, General Comment No. 3: The Nature of States Parties' Obligations (Art. 2, Para. 1, of the Covenant), UN Doc. E/1991/23, 14 December 1990, para.10.

82) CESCR, The Duties of States Towards Refugees and Migrants under the International Covenant on Economic, Social and Cultural Rights: Statement by the Committee on Economic, Social and Cultural Rights, UN Doc. E/C.12/2017/1, 24 February 2017, para.9.

83) CESCR, General Comment No. 3: The Nature of States Parties' Obligations (Art. 2, Para. 1, of the Covenant), UN Doc. E/1991/23, 14 December 1990, para.10.

만 그러한 제한은 제4조에 부합해야 하며, 각 권리의 최저선은 '권
리의 본질'에 해당하기 때문에, 국가는 자국 관할권 내에 있는 모
든 사람들에게 어떠한 상황에서든 그러한 권리의 최저선을 보장해
야 한다는 것이다. 따라서 외국인도 국적이나 법적 지위에 관계없
이 기본적인 생계, 의·식·주·물, 일차의료·응급의료 및 필수의약품
의 이용, 고용관계에 있는 경우 최저근로조건 등 인간 존엄성에 부
합하는 최저생활을 영위할 권리가 보장되어야 하며, 모든 아동들
은 부모의 체류자격에 관계없이 교육을 받을 권리가 보장되어야
한다. 인간다운 최저생활의 유지가 위태로운 경우, 사회부조에 대
한 접근 역시 권리의 본질에 해당한다. 사회권위원회는 외국인 중
특히 난민, 무국적자, 난민신청인 등 취약한 위치에 있는 사람들의
경우, 보건의료, 가족에 대한 지원을 포함하는 비기여 사회보장에
평등하게 접근할 수 있어야 한다는 점을 강조하였다.[84] 인간 존엄
성의 유지에 미치는 중요성 때문에 이러한 권리들은 국가재정, 국
민경제 보호 등을 이유로 인한 제한이 정당화될 수 없다.[85]

아동들이 차별 없이 교육을 받을 권리도 일련의 유엔인권문서
들에서 수차례 강조되고 있다. 교육이 개개인의 인격 발달과 사회
참여에 핵심적이기 때문이다. 사회권위원회는 "비차별 원칙은 당
사국 영토내 거주하는, 비국민을 포함해 그들의 법적지위와 관계
없이, 모든 취학연령의 사람들에게 미친다"[86]고 교육권의 비차별

---

84) CESCR, General Comment No.19: The Right to Social Security (art.9), UN
   Doc. E/C/12/GC/19, 4 February 2008, para. 38.
85) CESCR, The Duties of States Towards Refugees and Migrants under the
   International Covenant on Economic, Social and Cultural Rights: Statement by
   the Committee on Economic, Social and Cultural Rights, UN Doc. E/C.12/
   2017/1, 24 February 2017, para.10.
86) CESCR, General Comment No. 13: The Right to Education (Art. 13), UN Doc.
   E/C.12/1999/10, 8 December 1999, para. 34.

원칙을 재확인하였고, 인종차별철폐위원회도 "비시민들이 경제적, 사회적 및 문화적 권리를 향유하는 것을 어렵게 하는 장벽들을 제거해야" 함을 강조하면서, 특히 교육영역을 예로 들었다.[87]

이러한 국제인권법상의 원칙과 기준은 국가의 대표들과 인권전문가들로 구성된 유엔인권기구 내 논의뿐 아니라, 지역인권법원 및 여러 국가의 헌법재판소의 관련 법리들과 상호 영향을 주고받는 과정을 통해 발전되어 왔다. 남아프리카공화국 헌법재판소의 사회권 관련 결정들은 다양한 측면의 논의를 촉발하면서 국제인권법상 사회권 관련 이론의 발전에 큰 기여를 해 왔고, 독일 연방헌법재판소의 '인간존엄성의 보호'에 기초한 사회권 관련 결정들은 사회권 보장을 위한 국가의 '최소핵심의무'에 대한 유엔사회권위원회의 해석지침과 맥을 함께 한다는 점에서 주목할 필요가 있다. 아래에서는 보편적 인권으로서 외국인의 사회적 기본권의 문제를 접근하는 데 있어 중요하게 참고가 될 수 있는 사례로서 남아프리카공화국 헌법재판소와 독일 연방헌법재판소의 관련 결정을 살펴보도록 한다.

3. 남아프리카공화국과 독일 헌법재판소의 접근

인간다운 최저생활의 보장과 관련된 사회부조가 앞으로 검토하는 두 결정례에서 공통적으로 쟁점이 되는 사안이다. 하지만 남아프리카공화국 헌법재판소의 *Khosa v Minister for Social Development* 에서는 사회부조에 대한 권리에서 비시민(이 사건에서는 영주권자)을 배제하는 것의 위헌성, 독일 연방헌법재판소의 1BvL 10/10, 1

---

87) CERD, General Recommendation 30: Discrimination against non-citizens, UN Doc. CERD/C/64/Misc.11/rev.3, 2004, para.29.

BvL 2/1에서는 국내 거주 중인 외국인에 대한 사회부조의 보장 수
준이 현저히 낮은 것의 위헌성이 심사 대상이 되었다.

(1) 남아프리카공화국 헌법재판소의 *Khosa v Minister for Social Development* 결정

남아프리카공화국 헌법재판소(이하 남아공 헌재)는 2004년 3월
4일 선고된 *Khosa v Minister for Social Development*(이하 *Khosa v. Minister*)에서 노인급여, 장애급여, 아동급여 등 사회부조를 받을 자
격을 남아공 시민으로 한정하는 사회부조법의 관련 조항이 헌법에
합치하는지를 심사하였다.[88] 청구인들은 1980년에 남아공에 이주
해 온 모잠비크 출신의 남아공 영주권자들(permanent residents)로서,
사회부조법이 수급자격 요건을 시민으로 한정하는 것은 "누구나
자신과 자신의 피부양자를 부양할 수 없는 경우 사회부조에 접근
할 권리"(헌법 제27조 제1항 c호), "이러한 권리 실현을 위해 국가
가 가용자원의 범위 내에서 적절한 조치를 취할 의무"(헌법 제27조
제2항), "국가에 의해 부당하게 차별받지 않을 권리"(제9조 제3항)
를 침해한 것이라고 주장하였다.[89] 청구인들은 시민에게만 수급자
격을 부여하는 법조항 때문에 일련의 사회부조를 받을 수 있는 빈

---

88) *Khosa v Minister for Social Development* ('*Khosa v Minister*') [2004] ZACC
    11 (South African Constitutional Court).
89) The Constitution of the Republic of South Africa (1996) 남아공 헌법 제9조
    제3항은 "국가는 인종, 성별, 임신, 혼인 여부, 민족적 또는 사회적 출신,
    피부색, 성적 성향, 연령, 장애, 종교, 양심, 신념, 문화, 언어 및 출생을 포
    함한 하나 이상의 사유를 근거로 하여 누군가를 직접 혹은 간접적으로 부
    당하게 차별해서는 안 된다"라고 국가에 의한 부당한 차별금지를 규정한
    다. 제27조(1)(c)는 모든 사람은 자신과 피부양자를 부양할 수 없는 경우,
    적정한 사회부조를 포함한 사회보장에 접근할 권리를 보장하며, 제27조
    (2)는 "국가는 가용 자원의 범위 내에서 이러한 권리들을 점진적으로 실
    현하기 위해 적절한 입법 조치 및 기타 조치를 취해야" 함을 규정한다.

곤 상태에 처하고도 그 대상에서 배제되어 있었다.

남아공 헌재는 사회부조법이 영주권자를 배제한 것의 합리성 여부를 심사하였다. 남아공 헌재는 합리성 심사에서 "사회보장이 추구하는 목적, 영주권자 배제의 영향, 사회보장의 목적에 견준 시민권자 요건의 타당성"을 주 검토대상으로 하면서, 평등권과 같이 관련 있는 다른 권리에 미치는 영향도 함께 고려해야 한다고 보았다.[90] 남아공 헌재는 자신과 피부양자를 부양할 수 없는 사람들의 사회부조에 대한 권리는 "모든 사람들이 기본적인 생활필수품들을 확보할 수 있도록 보장하기 위한 것"으로서, "인간의 존엄, 자유, 평등"의 가치를 기본 토대로 하는 사회의 헌법적 약속이라고 보았다.[91] 정부는 영주권 획득 이후 5년이 지나면 시민권을 신청할 수 있기 때문에, 사회부조에 대한 권리의 제한은 오직 일시적이며, 정부는 시민에게 우선적인 의무가 있다고 주장하였다. 하지만 남아공 헌재는 사회보장의 권리가 시민에게 한정되어야 한다는 주장은 남아공 헌법이나 이민법의 취지에 맞지 않다고 배척하였다.[92]

다음 쟁점은 재정적 고려가 시민에게만 사회부조를 제공하는 합리적 사유가 되는지에 대한 것이었다. 정부는 영주권자들에게 사회부조를 확장할 경우 국가에 과도한 재정적 부담이 될 것이라고 주장하였다. 남아공 헌재는 그러한 주장이 정당한 우려라고 보면서도, 추가로 요구되는 재정 부담을 추산해 볼 때, 사회급여에 드는 예산 증가분이 크지 않을 것이라고 보았다. 게다가 정부는 사회부조의 대상 범위를 확장할 때의 비용이 과도한 재정 부담을 야기한다는 주장을 구체적으로 입증하지 못하였다.[93] 정부는 사회부

---

90) *Khosa v Minister for Social Development* ('*Khosa v Minister*') [2004] ZACC 11 (South African Constitutional Court), para. 49.

91) *Khosa v Minister,* para. 52.

92) Ibid., paras. 55-57.

93) Ibid., paras. 58-62.

조에서 영주권자를 배제하는 또 다른 사유로 외국 국적 사람들의
자활을 장려하는 이민정책 상의 목적을 들기도 하였다. 남아공 헌
재는 사회복지 비용에 대한 우려는 정부로서 정당한 것이지만, 이
미 이주민들이 이곳에서 삶터를 꾸리도록 허용하였다면 이후에
"국가에 '부담'이 된다고 하더라도, 이들을 사회부조에서 배제하는
것을 정당화할 수 없다"는 입장을 취했다.[94] 남아공 헌재의 시각에
서는, "그것은 (사람들을) 배려하는 사회를 만들고 이곳에 정주하
는 모두에게 사회경제적 권리를 보장하기로 한 헌법적 약속을 위
해 지불해야 할 비용"이었다.[95]

　　남아공 헌재는 평등권의 관점에서 이 문제가 부당한 차별에 해
당하는지를 검토하면서, 특히 이러한 배제가 영주권자에 미치는
영향을 중요하게 보았다. 시민권(국적)은 헌법 제9조 제3항에 열거
된 차별금지 사유는 아니지만, 분명히 비시민들은 사회 내 취약집
단에 속한다고 보면서 헌법적 보호의 가치를 인정하였다.[96] 남아
공 헌재는 영주권자들도 시민들처럼 세금을 통해 복지제도에 기여
하고 있는데, 법률에 의해 사회부조에서 이들을 배제하는 것은 "영
주권자들이 시민에 비해 어떤 면에서인가 열등하고 사회부조를 받
을 가치가 덜하다"는 것을 암시하게 됨으로써 "강한 낙인 효과"를
야기한다고 판단하였다.[97] 이러한 배제는 해당 영주권자들의 가족,
친구, 공동체에도 지나친 부담을 줄 뿐 아니라, 도움을 간청해야만
하는 해당 영주권자들의 존엄에 심각한 영향을 줄 가능성이 높다
고 그 영향을 평가했다.[98] 결론적으로, 영주권자를 사회부조로부터
배제하는 것은 헌법 제27조 제1항의 사회보장에 대한 권리를 부인

---

94) Ibid., paras. 63-65.
95) Ibid., para. 65.
96) Ibid., para. 74.
97) Ibid.
98) Ibid., para. 76.

함으로써 제9조 제3항이 금하는 부당한 차별에 해당하며, 영주권자들의 삶과 존엄에 미치는 영향이 정부가 주장하는 재정적, 이민정책적 고려를 훨씬 능가한다는 점에서 합리적인 입법조치라고 볼 수 없다고 판시하였다.[99]

　남아공 헌재의 *Khosa v Minister of Social Development* 결정은 사회보장을 누릴 권리가 시민권자의 배타적 권리가 아닌, '인간의 존엄, 자유, 평등'이라는 보편적 가치에 대한 헌법적 약속임을 분명히 하였다는 점에서 중요한 의미를 갖는다. 기본권 제한의 사유로 주장된 재정부담의 문제와 관련해, 그러한 사유의 정당성 여부를 자료에 기반해 구체적으로 검증하였고, 재정 부담이 자동적으로 기본권으로부터의 배제를 정당화하는 것을 거부하였다. 그리고 비례성 심사를 통해, 사회부조에서의 배제가 구체적으로 사람들의 삶과 인간으로서의 존엄에 미치는 영향을 중요하게 검토하였다. 남아공 헌재는 '합리성' 심사를 채택해 국가의 재량을 폭넓게 인정하는 외양을 띠고 있지만, 인간 존엄에 미치는 영향을 국가 행위의 합리성을 심사하는 중요한 요소로 두었다는 점에서, 최소한 이 결정에서는 사실상 인간의 존엄 보장이 국가의 '최소핵심의무'를 구성한다는 해석론을 가능하게 한다. 반면, 남아공 헌재의 한계점도 드러냈다. 남아공 헌재는 사회부조가 확장되어야 할 대상을 외국인 중에서도 영주권자들에 한정해서 논증하고 있어, 단기거주자나 미등록이주민과 같이 더 열악한 범주의 외국인들을 소외시키는 효과를 갖는다는 점은 한계로 지적된다.[100]

---

99) Ibid., paras. 77, 82.

100) Sandra Liebenberg, *Socio-Economic Rights: Adjudicating Under a Trans-formative Constitution*, Juta (2010) 161; Lucy A Williams, 'Issues and Challenges in Addressing Poverty and legal Rights: A Comparative United States/South African Analysis', *South African Journal on Human Rights* Vol. 21, Issue 3 (2005) 436-472: 467-471. 헌법재판소는 이 결정에서 영주권자

(2) 독일 연방헌법재판소의 1BvL 10/10, 1 BvL 2/11
(난민신청인 등 임시체류자를 위한 공공부조 급여 수준의 위헌성)

독일 연방헌법재판소(이하 독일 연방헌재)는 2012년 7월 18일에 선고된 1BvL 10/10, 1 BvL 2/11(병합) 결정[101]에서 난민신청인 등 임시체류자들을 위한 공공부조 급여 수준이 독일인이나 독일인과 유사하다고 정의되는 외국인들에 대한 급여에 비해 현저히 낮은 것이 독일 기본법에 합치하는지를 심사하였다(BVerfG, 2012).[102] 심사대상이 된 난민신청인부조법은 일반적인 사회부조법과 별도로 난민신청인과 그 외 외국인의 기본적인 생계를 보장하기 위한 특별법의 형태로 1993년 제정되었는데, 난민신청인부조법에 의해 제공되는 급여 수준은 독일인 및 독일인과 유사한 지위에 있다고 여겨지는 외국인에게 적용되는 일반적인 사회부조법에 비해 현저히 낮다.[103] 난민신청인부조법에 따른 급여 산정 기준은 수급자의

들은 수년을 남아공에서 살았고, 이곳에 가족이 있고, 세금을 내며 이 사회의 복지에 기여해 왔다며 영주권자들의 시민과의 유사성을 강조하는 반면, 임시적 또는 미등록 외국인 거주자들에 대해서는 '이 나라와 단지 미미하게 연결되어 있다'고 하여 영주권자 아닌 다른 외국인들을 배제하는 방식으로 논리를 전개하였다. SACC, 2004, *Khosa v Minister of Social Development*, paras. 59, 71, 74.

101) BVerfG, Judgment of the First Senate of 18 July 2012, 1 BvL 10/10, paras.1-113, http://www.bverfg.de/e/ls20120718_1bvl001010en.html [영문 번역본: 독일 연방헌법재판소 제공].

102) 이 사건의 청구인은 2003년 독일로 입국하여 난민신청을 했으나 거부당하고, 외국인체류법에 따라 체류가 용인되어 사회시설에 거주하고 있는 쿠르드계 이라크인이다. 청구인은 난민신청인의 공공부조에 관한 법률(이하 난민신청인부조법) 제3조 하에서 지급받는 급여의 증액을 청구하였으나, 지방사회법원이 이를 배척하자 주(州) 사회법원에 항소하였다. 주(州) 사회법원은 절차를 중지하고 연방헌법재판소에, 급여 수준을 결정하는 난민신청인부조법의 관련 조항들이 기본법에 합치하는지 심판을 제청하였다.

물리적 생존에 초점을 두어 그 범위가 협소하고,104) 법률에 따라 실질적 생활비의 상승에 비례하는 급여액 조정이 가능함에도 불구하고, 1993년 이후 급여액은 달라지지 않았다.105) 이에 따라, 일반 사회부조법에 따른 급여액과 비교해 볼 때, 난민신청인부조법에 따른 급여액은 일반적 사회부조급여액의 27%(6세 이하 연령), 25%(7~14세 연령), 54%(15~17세 연령), 32%(18세 이상 연령) 수준밖에 되지 않고, 급여자 수도 도입 당시에 비해 1/4 수준으로 줄었으며, 그 결과 관련 지출액도 현격히 감소하였다.106)

독일 연방헌재는 "인간의 존엄성은 훼손할 수 없다. 인간의 존엄성을 존중하고 보호하는 것은 모든 국가권력의 책무"라고 규정하는 기본법 제1조 제1항, 사회복지국가원리를 규정하는 제20조 제1항에 근거해, 인간의 존엄에 합당한 최소한의 생존 보장을 청구할 기본적 권리를 인정하고 있다.107) 독일 연방헌재는 이 권리가 제1조 제1항에 근거한 인권이기 때문에 독일인과 독일에 거주하는 외국인 모두 이 권리의 주체임을 확인하였다.108) 독일 연방헌재에 따

---

103) Ibid., paras. 2-3. 수차례의 개정을 거쳐, 오늘날 난민신청인부조법의 적용 범위는 난민신청인뿐 아니라, 영주권을 제외한 다양한 체류자격을 가진 모든 외국인들에게로 확대되었다. 난민신청인부조법 적용대상에 해당되는 체류자격의 외국인들은 체류 첫 해에는 고용관계 진입이 금지되고, 이듬해부터는 독일인 및 독일인과 유사한 지위의 외국인의 후순위로 일자리를 얻을 수 있다. 따라서 이들의 경우, 보유 자산이 없다면 공공부조에 의존할 수밖에 없다.

104) 난민신청인부조법 제3조는 기초생활보장급여의 급여액을 산정하는데 음식, 주거, 난방, 의복, 보건의료, 가재도구, 일상생활용품에 대한 기본적 욕구를 고려하며, 연령에 따라 급여액을 달리 정하고 있다. 난민신청인부조법에 따라 제공되는 급여는 제3조 기초생활보장급여, 제4조 질병, 임신, 출산에 관한 급여, 제6조 특별한 욕구를 고려한 기타 급여로 나뉘어져 있다.

105) Ibid., paras. 23-26.

106) Ibid., paras. 30-33.

107) Ibid., para. 62.

르면, 인간은 필수적으로 사회적 환경에서 존재하기 때문에, 인간 존엄에 합당한 최소한의 생존보장에 대한 권리는 음식, 의복, 가재도구, 주거, 난방, 보건, 위생 등 인간의 신체적 생존의 보장과 인간관계를 유지하고 사회·문화·정치생활에 최소한 참여할 수 있는 가능성에 대한 보장을 그 범위에 모두 포괄하여야 되는 것이다.109)

독일 연방헌재는 입법재량을 인정하면서, 난민신청인부조법에 따른 급여액이 인간다운 생존을 보장하기에 현저히 불충분한지, 그리고 신뢰할 수 있는 자료와 합리적인 산정방법을 통해 급여액을 방법론적으로 정당화할 수 있는지를 심사기준으로 삼았다. 인간다운 최저 생존을 보장하기 위한 급여액을 산정하기 위해 입법자는 실제 생활조건을 분석하고, 필수적인 욕구의 내용을 평가해야 하는데, 독일 연방헌재는 이에 대한 입법재량을 인정하면서도,110) 그러한 입법재량에 일정한 한계를 지우는 원칙을 제시하였다. 첫째, 급여수준을 결정함에 있어 수급대상자의 출신국의 생활조건이 아닌 현재 거주 중인 독일 상황을 고려해야 한다는 점, 둘째, 난민신청인에 대한 최저기준을 규정하는 유럽연합의 법규와 독일이 비준한 경제적, 사회적 및 문화적 권리에 관한 국제규약의 사회보장에 대한 권리(제9조), 문화적 생활에 참여할 권리(제15조 제1항), 아동권리협약상 아동 최우선의 이익 보장 의무(제3조), 난민신청인 지위 아동의 권리(제22조 제1항), 아동의 교육권(제28조)에 따른 독일 정부의 국제적 의무에 부합해야 한다는 점, 셋째, 방법론적으로, 투명한 절차를 통해, 실질적 필요에 기초해, 합리적으로 급여액이 산정되어, 인간존엄에 합당한 생존을 실질적으로 보장해야 한다는 기본법상의 의무를 충족하는지를 구체적으로 입증

---

108) Ibid., para. 63.
109) Ibid., para. 64.
110) Ibid., para. 66-67.

할 수 있어야 한다는 점이 그 원칙이다.[111] 특히, 급여액 산정의 방법론과 관련해, 체류자격을 기준으로 일괄적인 차등을 두어서는 안 된다는 점을 명확히 하였다. 한 집단의 생존에 필수적인 수요가 다른 집단의 수요자와 명백히 다르다는 점이 내용상 투명한 절차에서 일관되게 증명되는 경우에 한하여 차등적 급여액이 용인될 수 있다고 밝혔다.[112]

결론적으로 독일 연방헌재는 난민신청인부조법 제3조에 따른 급여는 인간존엄에 합당한 최저생존을 보장하기에 명백히 불충분하며, 방법론적으로도 급여액이 현재의 최저생존을 보장하기 위한 수요를 고려하여 현실적이고 합리적으로 계측되었다고 볼 수 없다고 판시하였다.[113] 주요한 이유로는 첫째, 1993년 도입 이후 독일 물가가 30% 증가하는 동안 급여액은 전혀 조정되지 않았고, 일반 사회부조와 비교했을 때, 현저히 급여액이 낮다는 점, 둘째, 실제 수요를 현실적으로 계측, 산정하는 합리적 절차 및 평가절차가 부재하였고, 단기체류자임을 가정해 급여액을 낮게 책정하였으나 그것을 정당화할 실제 수요에 기반한 근거가 없고, 본 조항의 적용 범위에 있는 사람 중 상당수는 6년 이상의 장기체류 중이나 이러한 점들이 실제 고려되지 않았고, 단기체류라 하더라도 신체적 생존 보장에 국한하여 교육 및 사회문화생활에의 참여를 고려하지 않는 것은 정당화될 수 없다는 점을 제시하였다.[114] 독일로의 이주에 대한 유인을 제공하지 않기 위해 이주정책적 목적에 따라 난민신청인과 난민에 대한 공공부조 수준을 낮게 유지해야 한다는 주장과 관련해, 독일 연방헌재는 "이주정책적 고려가 기본법 제1조

---

111) Ibid., para. 67-70.
112) Ibid., paras. 73-76.
113) Ibid., para. 80.
114) Ibid., paras. 81-94.

제1항이 보장하는 인간존엄의 의미를 바꾸지는 않"으며 "사회보장 급여 수준을 물리적 및 사회문화적 최저생존 이하로 낮추는 것을 정당화할 수 없다"고 강조하였다.[115]

독일 연방헌재는 이 결정에서 '인간 존엄에 합당한 최저생활 보장에 대한 권리'의 실현에 있어 입법 재량을 인정하면서도, 입법재량을 통한 결과가 기본법상 권리의 취지를 훼손하지 않는지를 심사과정에서 면밀히 검토함으로써 '인간 존엄'의 가치에 실질적 의미를 부여하였다. '인간 존엄에 합당한 최저생활'의 기준은 구체적 현실에 부합하여 정하도록 하였고, 신체적 생존뿐 아니라 교육 및 사회문화적 생활에의 기본적인 참여를 필수적으로 고려하도록 하여 사회 속에 살아가는 개개인들에게 존엄한 삶의 의미가 무엇인지를 구체화하도록 하는 원칙을 제시하였다. 독일 연방헌재는 기본법상 권리 실현에서 독일 정부의 국제인권법상의 의무를 상기시킴으로써, 헌법을 통해 보편적 인권규범의 국내적 이행을 촉진, 매개하는 헌법재판소의 중요한 역할 모델을 보여주었다.

V. 결론

헌법재판소가 사회적 기본권을 배타적인 국민의 권리로 해석하던 초기 입장에서 벗어나, 생존의 기초가 되는 권리로서 외국인에게도 그 기본권 주체성을 인정하는 태도를 보이기 시작했다는 점은 긍정적이다. 하지만 여전히 내국인과 외국인의 기본권 보장 수준 혹은 기본권 제한의 정도에 있어 차등적 접근을 '정상화'하는 헌재의 태도는 평등권의 의미에 대한 근본적인 질문을 제기한다.

---

115) Ibid., para. 95.

헌재는 국가 재정 지출을 수반하는 사회적 기본권과 관련한 국가의 행위에 대해 입법형성의 자유를 이유로 헌법심사에 있어 매우 소극적인 접근을 취해 왔다.[116] 한국사회의 일원으로 살아가는 외국인들의 사회적 기본권을 인정하고 실현해 나가는 데 있어, 헌재는 사회권에 대한 기존의 소극적 태도와 지구화 시대에 동떨어진 국적 중심의 사고를 넘어서야 할 이중의 과제를 안고 있다. 즉, 사회구성원들의 점증하는 인종적, 민족적 다양성을 인식하면서, 헌법해석이 보편적 인권의 가치에 터 잡도록 하는 것, 더불어 인간다운 삶과 실질적 자유의 토대로서의 사회적 기본권이 규범력을 갖도록 헌법심사를 실질화하는 것이 그러한 과제이다.

물론 외국인의 사회권 보장에 있어 관련 법률과 정책을 형성해 나갈 입법부와 행정부의 역할도 중요하다. 하지만 사회적 소수자들이 정치 과정에서 부딪치게 되는 과소대표의 문제에 더하여, 외국인들은 그러한 정치과정에의 참여 자체가 박탈되어 있다는 근본적인 한계 속에 놓여 있고, 이러한 상황에서 입법부나 행정부가 외국인의 사회권 보장에 있어 보편적 인권의 가치에 충실한 태도를 취하기를 기대하기란 쉽지 않다. 단적인 예로, 2018년 3월 청와대가 발표한 개헌안은 전반적으로 기본권의 보장을 강화하는 등 진전된 내용을 많이 담고 있으나, "국가를 떠나 보편적으로 보장되어야 하는 천부인권적 성격의 기본권에 대해서는 그 주체를 '국민'에서 '사람'으로 확대"하되, "사회권적 성격이 강한 권리에 대해서는 그 주체를 여전히 '국민'으로 한정"[117]함으로써, 사회권에 대한 외국인의 기본권 주체성 문제를 원점으로 되돌려 놓았다. 헌법재판

---

116) 이주영, '사회권규약의 발전과 국내적 함의', 『국제법학회논총』 61(2), (2016.6) 125-157.

117) 청와대, 문재인 대통령 개헌안 1차 발표-헌법 전문과 기본권 (2018.3.20.), https://www1.president.go.kr/articles/2669 (최종접속일 2018.11.15.)

소의 헌법 심사 과정을 통해 외국인의 사회권 보장에 대한 민주적 대화와 숙의를 촉진해야 할 필요성이 재조명될 수밖에 없는 것이다. 국제인권법은 출입국 허용에 관한 주권적 사항을 제외하고는 각국이 국가의 관할권 내 모든 사람들에게 국적에 관계없이 사회권을 포함한 인권을 보장해야 함을 기본 원칙으로 하고 있다. 헌법상 기본권에 대한 논의는 지구화 시대에 인간의 존엄, 자유, 평등이라는 헌법적 가치를 이 공동체에서 어떻게 잘 구현할 수 있을 것인가라는 질문으로부터 다시 시작되어야 하며, 이 사회에 공존하는 외국인의 사회권도 그러한 보편적 가치에 입각해 사고되어야 한다.

이 글은 외국인의 사회권 보장과 관련해, 한국 헌법재판소의 판례들을 비판적으로 분석하면서, 국제인권법과 남아공과 독일의 관련 헌법판례로부터 시사점을 찾고자 하였다. 국제인권규범과 남아공 및 독일의 판례는 공통적으로 인간의 존엄이라는 가치를 인권 보장의 최소 기준으로 삼고 있다. 그리고 거기에서 외국인을 배제하지 않는다. 우리 헌법의 기본 이념인 '인간의 존엄과 가치'가 사회권의 헌법심사 기준, 외국인의 헌법상 기본권 보장 기준을 발전시키는 데 어떠한 역할을 해야 하는지는 앞으로의 중요한 연구과제이다.

제3부

\<대담\> 인권의 창, 헌법의 길

일시 : 2018년 5월 4일
장소 : 서울대학교 법학전문대학원 근대법학교육백주년기념관 주산홀
사회자 : 이우영 교수 (서울대학교 법학전문대학원)
참석자 : 김선수 변호사 (변호사, 법무법인 시민),
　　　　김진한 박사 (변호사, 전 헌법연구관),
　　　　이범준 기자 (경향신문),
　　　　전종익 교수 (서울대학교 법학전문대학원)

　사회자 : 안녕하세요. 서울대학교 법학전문대학원 이우영교수입니다. '인권의 창, 헌법의 길' 학술행사 제3부 대담에 참석해주신 모든 분들께 감사드립니다. 오늘 학술행사의 마지막 순서인 3부의 대담은 네 분의 패널리스트를 모시고 헌법재판 30년을 인권의 관점에서 돌아보고 헌법재판의 나아갈 길을 생각하는 자리입니다. 네 분 패널리스트를 소개해드리겠습니다.

　먼저 김선수 변호사님을 소개합니다. 김선수 변호사님은 법무법인 시민의 변호사이시며, 민주사회를위한변호사모임의 회장을 역임하셨습니다. 노동사건의 변론을 많이 맡아 오셨습니다.

　다음으로 김진한 박사님 소개합니다. 김진한 박사님은 인하대학교에서 교수로 재직하셨고, 헌법학 박사이십니다. 2016년 3월 이후 현재까지 독일의 프리드리히 알렉산더 대학에서 방문학자로 연구 중이십니다. '헌법을 쓰는 시간'이라는 책의 저자이기도 하십니다.

　이범준 기자님 소개합니다. 경향신문 기자이신데요. 사법전문 기자이십니다. '헌법재판소, 한국 현대사를 말하다'라는 책의 저자이십니다.

　맨 왼쪽에 앉아계신 전종익 교수님 소개합니다. 전종익 교수님은 서울대학교 법학전문대학원에 교수로 재직하고 계십니다. 헌법재판소 헌법연구관으로 1988년부터 2007년까지 근무하셨고, 2007

년 10월 이후에 서울대학교 법과대학 및 법학전문대학원, 현재는 법학전문대학원에서 헌법 교수로 재직하고 계십니다.

네 분 대단히 바쁘심에도 오늘 대담에 참석하여 주셔서 진심으로 감사드립니다. 네 분 패널리스트를 큰 박수로 환영해 주십시오. 지금부터 저의 질문에 따라서 차차 네 분의 말씀을 들어볼 텐데요, 학술대회 자료집에 포함되어 있는 네 분의 발표문도 보시면서, 함께 헌법재판 30년의 걸어온 길과 나아갈 길을 생각하는 시간이 되었으면 좋겠습니다. 청중석에 계신 여러분들의 질문과 의견을 들을 시간도 마련되어 있습니다.

대담을 시작하면서, 앞서 제가 소개해드린 순서대로, 패널리스트 분들께서 이제까지 어떠한 길을 걸어오셨는지, 각자 간략한 소개를 부탁드립니다. 첫 번째로 김선수 변호사님께, 민변 활동을 하시게 된 계기라든지, 헌법개정특별위원 자문위원 일을 통해 어떤 것을 꼭 이루고 싶으신지, 이런 점들을 포함해서 간략한 본인 소개를 부탁드립니다.

김선수 변호사 : 반갑습니다. 변호사 김선수입니다. 헌법재판과의 관계 속에서 제 소개를 드리면 헌법재판소가 1988년에 출범했는데요. 저도 변호사 생활을 88년부터 시작했습니다. 헌법재판소의 역사는 저의 변호사 생활의 역사이기도 하고, 민주사회를 위한 변호사 모임도 1988년에 창립했습니다. 제가 창립회원으로 참여하는 그런 영광을 누렸고요. 자료집 148쪽 제 발표문 중에 헌법재판 통계 누계표가 있는데요. 여러 가지 다양한 형태의 헌법재판이 있습니다. 위헌법률, 탄핵, 정당해산, 권한쟁의, 헌법소원 이러한 다양한 헌법재판 중 탄핵만 못해보고 나머지는 다 제가 직접 대리를 했습니다. 특히 정당해산은 딱 한건 밖에 없어서 그걸 대리한 변호사가 몇 명 안 됩니다. 제가 그 사건 대리한 것 때문에 여러 군데서 이런

저런 비판을 많이 받고 있습니다만, 소중한 경험이었다고 할 수 있습니다. 많은 헌법 재판을 했는데, 이긴 게 그렇게 많지는 않았습니다. 제가 노동관련 법률 조항들의 위헌심판 또는 위헌소원사건을 많이 담당했는데, 대부분 기각결정을 받았습니다. 정당해산심판 사건의 경우 피청구인을 대리했는데 해산결정이 나서 제가 패소했습니다. 노무현 대통령께서 중앙선관위로부터 시정권고 받은 것에 대해 대통령의 정치적 표현의 자유를 침해했다는 이유로 헌법소원을 제기한 것을 대리했는데 역시 기각결정을 받았습니다. 헌재가 기각결정을 하거나 합헌결정을 했지만, 국회가 입법을 통해서 해결한 사례도 있었고, 헌재가 합헌결정을 했다가 뒤에 시대의 변화를 반영해서 위헌결정을 한 예도 있었습니다. 특히 노동 분야를 보면 저는 노조법의 많은 쟁의 관련 조항들이 위헌이고 폐지되어야 한다고 보는데, 이 부분에 대해 앞으로 헌재가 어떤 변화된 모습을 보여줄지 기대를 걸고 있습니다.

사회자 : 감사합니다. 오늘 대담의 패널리스트 네 분의 경력소개만 들어도 우리 헌법재판이 걸어온 길을 여러 관점에서 보게 되는 것 같습니다. 다음으로, 김진한 박사님께 간략한 소개 말씀을 부탁드립니다.

김진한 박사 : 네. 감사합니다. 김진한입니다. 저는 별다른 훌륭한 경력을 가지고 있지는 못하고요. 그냥 헌법을 사랑했다고 할까요? 뒤늦게 법조인이 될 꿈을 꾸었고, 그 과정에서 방향을 잡지 못하던 시절이 있었습니다. 우리 사회에 대한 고민, 우리 사회가 나아갈 방향에 대한 바램, 이런 것들은 가슴 속에 가지고 있었는데, 과연 법조인이 된다고 해서 그것을 달성할 수 있을까, 그 목적에 내가 기여할 수 있을까에 관해서 회의하였습니다. 그때 마침 새로 창립

된 헌법재판소의 중요 결정들을 접하기 시작했고 그것이 제 가슴을 뛰게 했습니다. '아, 나는 헌법재판소에서 일하고 싶다. 그래서 우리 헌법이 나아갈 그리고 우리 사회가 나아갈 방향을 조금이라도 좋은 길로 만들고 싶다' 이런 꿈을 가지게 되었고, 그런 열정이 저를 법조인의 길로 이끌었습니다. 그것이 저에게는 큰 행운이었습니다. 제가 지금 가지고 있는 생각의 절반 이상은 헌법재판소에서 토론하고 싸우고 실망하고 기뻐하고 감격한 것들이 만들어 낸 결과입니다. 제가 헌법을 제 소명으로 결심했던 당시 또 한 가지 마음먹었던 일이 '헌법재판소의 결정문들을 시민들에게 알리자. 시민들이 이 헌법재판소의 결정문을 이해하는 순간 우리 헌법은 한 단계 발전할 수 있을 것이다' 라고 하는 것이었는데요. 그것이 책이 되어서 작년에 출판되었습니다. 그 책에 대한 독자 분들의 관심은 제 평생의 영광으로 생각하고 있습니다.

사회자 : 2017년 메디치에서 나온 책 여러분들 많이 알고 계시고, 읽어 보셨을 것 같은데요. '헌법을 쓰는 시간'이 발간 일주일 만에 2쇄를 찍었다는 소식을 들었습니다. 김진한 박사님 소개 감사하고요. 다음으로 이범준 기자님께, 사법전문기자로서 하셨던 일들, 또 하고 계신 일들을 포함해서, 간략한 소개 말씀을 부탁드립니다.

이범준 기자 : 경향신문에서 일하는 이범준이라고 합니다. 사회자부터 토론자까지 열일곱 분 가운데 제가 유일하게 법률적인 배경을 갖지 않은 사람 같습니다. 저는 문학기자가 되려고 신문사에 입사를 했다가 15년째 법조기자를 하고 있습니다. 법과는 아무런 인연이 없었습니다. 처음 법조에 출입해서 공소장에 적힌 '구 공판'이라는 말을 보고 당황해 서울중앙지법 우배석 판사이던 고등학교 동창에게 이게 무슨 뜻이냐고 물어보는 일로 법조기자를 시작했습

니다. 이후 헌법을 사랑하게 되어 헌법에 관련된 책도 썼고요. 이 가운데 2009년에 출판해 이제 10년이 되어 가는 '헌법재판소, 한국 현대사를 말하다'라는 책도 있습니다. 전직 재판관, 사건 관련 변호사 등을 100시간 넘게 인터뷰했습니다. 문재인 변호사도 있습니다. 당시 녹음을 모두 가지고 있습니다. 역대 헌법재판관 중에 두 분 돌아가셨는데, 그 두 분인 이영모, 변정수 전 재판관 육성도 있습니다. 시민의 눈으로 재판소를 관찰해 기사를 쓰는 일을 지금도 하고 있습니다.

사회자 : 감사합니다. 네 분의 경력소개 말씀을 듣는 동안 헌법재판이 우리에게 갖는 의미도 생각해 보게 되는 것 같습니다. 마지막으로 전종익 교수님께 간략한 경력소개 말씀을 부탁드립니다.

전종익 교수 : 저는 헌법연구관으로 근무를 하다가 지금 헌법교수로 있어서, 여기 계신 다른 분들보다 제가 헌법에 제일 가깝게 살아오지 않았나… 지금도 그걸 가지고 생활을 하고 있기 때문에, 그런 생각이 들고요. 김선수 변호사님은 제가 대학 다닐 때부터 여러 가지 면에서 많은 명성을 들었었고, 가끔 학교에 오셔서 이런 저런 활동을 하실 때에도 뵈었습니다. 노동 분야에서 많은 일을 하셨고, 재판소에서 여러 건을 하셨는데, 제가 맡은 사건 중에도 있었던 기억이 있습니다. 김진한 연구관님은 근무기간이 저랑 상당히 오래 겹쳐요. 허물없이 이런 저런 이야기하고 아까 말씀하셨던 헌법사건을 가지고 서로 토론하고 실망하고 때로는 분개하고 했었던 같은 경험을 가지고 있는 분입니다. 아마도 그런 경험들이 쌓여서 지금도 서로 이야기하면 아 저분이 무슨 생각을 하는구나 어떻게 저런 생각을 하시는구나 하는 것을 알 수 있는 관계인 것 같습니다. 학교에서 공부를 하면, 혼자서 책을 읽고 공부를 하는 시간이 많아

요. 재판소에서 일을 할 때는 문제를 해결해야 하기 때문에 사실 굉장히 짧은 시간에 강도 높은 토론과 대립과… 이런 것들이 있습니다. 공식적, 비공식적으로. 그러한 과정을 거쳐서 아 이 분은 이런 생각을 하시는 구나, 뭐 이런 것들을 서로 공유하고, 그런 점에서 친밀도가 상당히 높지 않을까, 저만 그렇게 생각하는 건지 모르겠지만, 그런 생각을 합니다. 이 기자님 책은 정말 좋은 책이어서, 사실은 '헌법재판소, 한국 현대사를 말하다' 이 책은 저희가 미국에서 연방대법원에 관한 책들로 공부를 할 때 그런 책들을 보면서 야 이렇게도 하는구나 하고 부러워했었던… 우리는 이런 책이 나올 수 있을까 하는 생각을 했었던 종류의 책입니다. 그 전에도 재판소에 관해 법조인 내지 법률가가 쓰지 않은 책들은 꽤 있었는데, 이 기자님이 쓰신 책하고는 조금 달랐던 것 같아요. 굉장히 넓게 깊게 인터뷰와 공부를 하셔서 쓰신 책이어서, 특히 발간 초기에 수업에서 학생들에게 읽고 독후감을 쓰도록 과제를 냈었던 기억이 납니다. 후속편을 쓰시면 제가 또 그렇게 잘 사용할 수 있지 않을까, 그런 생각이 듭니다. 저희 학교에서 이런 행사를 하는데 오셔서 저도 감사드리고, 오늘 대담에서 좋은 말씀을 들었으면 합니다.

사회자 : 감사합니다. 여기 계신 네 분은 각각 한 시간, 두 시간씩 모셔서 긴 말씀을 들을 수 있으면 좋을 분들인데요. 아까 한인섭 교수님께서 말씀하신 것처럼 2배속, 3배속을 기대하면서 말씀을 듣겠습니다. 오늘 대담의 주제는 인권보장을 위한 헌법재판과 헌법재판소의 역할입니다. 그래서 이렇게 관통하는 큰 주제를 두고, 여기 계신 네 분의 발표문에 담긴 내용을 청중 여러분들께 가장 잘 전달할 수 있을 질문들을 생각해 보았습니다. 시간관계상 많은 질문을 드리지는 못하고, 네 분께 각각 질문을 드리면서 발표문에 담으신 내용을 우리에게 잘 전달해 주실 수 있도록 해 보겠습니다.

청중석에 계신 여러분들께서도 대담을 들으시면서 질문이 생기시
면 나누어드린 종이에 적어서 앞으로 보내주시기 바랍니다. 인권
보장을 위해서 헌법재판과 헌법재판소는 어떤 역할을 하고 또 해
야 하는가라는 큰 질문을 던지면서, 특히 우리 사회에 합의가 불충
분하거나 없는 경우 어떻게 해야 되는가라는 것을 중요한 주제이
자 화두로 말씀을 나누고 싶습니다. 이러한 관점에서 김선수 변호
사님께서 발표문에서 말씀해 주신 것 중에서 (발표문으로는 3면 이
하가 되겠습니다.), 헌법재판에서 소수의견의 중요성과 가치를 인
권보장의 관점에서 어떻게 생각하고 계신지, 어떤 소신을 가지고
헌법재판에 임해 오셨는지, 질문을 드립니다.

김선수 변호사 : 헌법재판소까지 오는 사건은 기본적으로 우리 사
회에서 기본권 보장과 관련해서 심각하게 침해를 받았다고 생각하
는 국민들이 소송의 형태로 다투어 보겠다고 해서 헌법재판소까지
온 겁니다. 우리 사회 내에서 상당한 정도의 의견 차가 있는 쟁점
들이 헌법재판소까지 오는 것입니다. 그 쟁점을 가지고 재판관들
이 치열하게 법리적인 검토를 하고 토론을 해야 하는데, 그러려면
사회의 의견분포 정도만큼 재판관들이 다양하게 구성되어야 논의
가 충실하게 되지 않을까 싶습니다. 재판관 아홉 분이 다 똑같은
생각이어서 결론이 항상 9대 0으로 나온다고 하면, 헌재에 가더라
도 재판관 모두 같은 생각이어서 뻔한 결정이 나올 것이라고 예상
할 수 있고, 그렇다면 굳이 헌재에 갈 필요가 있을까 해서, 헌재무
용론이 제기될 지도 모릅니다. 헌재의 구성이 다양화된 상태에서
치열한 연구와 토론을 거쳐서 사회의 주요 쟁점에 대해서 결정을
하고, 결정문에 다수의견과 소수의견이 제시된다면, 소수의견을 가
진 사람들도 그 결정시점에서는 이런 저런 사정으로 인해서 법정
의견이 되지 못했지만, 그래도 소수의견이라는 형태로 법리적으로

정리해서 받아들여지고 있다는 점을 확인함으로써 헌법재판소를 신뢰할 수 있을 것입니다. 시간이 지나면 소수의견이 다수의견으로 바뀔 수도 있고, 그런 가능성을 보게 될 때 특히 인권을 신장하는 측면에서는 희망을 가질 수가 있는 것입니다. 자료집 149쪽인데요. 헌법재판관 중에 8:1로 꿋꿋하게 소수의견을 지켜주신 분들이 있습니다. 1기 때 변정수 재판관님께서 그 어려운 시기에 노동법 관련 분야에서 노동자들의 권리 보장을 위해 최선을 다해주셨고. 이명박, 박근혜 정권 시기에 김이수 재판관님께서 8:1로 소수의견을 지켜 주셨기 때문에 오히려 그 시기에 헌법재판소가 국민들로부터 신뢰를 잃지 않고 위상을 유지할 수 있었다고 생각합니다. 그래서 저로서는 헌법재판소가 초창기에 기틀을 잡고, 그 어려운 시기에 국민으로부터 신뢰를 잃지 않았던 것은 변정수, 김이수 재판관 두 분이 있었기 때문에 가능하지 않았는가 생각합니다. 반면 대법원은 양승태 대법원장 시기에 전원합의체에서 13:0이라는 결론이 많이 나와서, 대법원장 단독으로 하지 전원합의체를 왜 하냐는 비판이 있었습니다. 항상 소수의견이 옳은 건 아니지만, 즉 경우에 따라서는 보수적인 입장이 소수의견이 될 경우도 있지만, 역사가 발전하는 과정에서 선구적인 소수의견들이 제시되고 그것이 시간이 지나 다수의견으로 바뀌어 가는 것이 역사의 진보 아닌가 생각합니다. 그런 역사의 발전과정을 볼 때 인권의 확대라는 측면에서 소수의견은 소중한 것이고, 그런 소수의견이 나올 수 있는 헌재 구성의 다양성이 매우 중요하지 않은가 생각합니다.

　　사회자 : 감사합니다. 이 말씀에 이어서, 헌법재판소 재판연구관을 역임하신 두 분께 여쭤보겠습니다. 재판연구관으로 재직하셨을 당시에 아주 첨예하게 의견이 대립하고 있거나 갈등이 존재하고 있는 상황에서, 소수의견의 역할에 대해 어떤 생각을 하셨는지요.

김진한 박사 : 소수의견이 많은 것이 항상 좋은 것이 아닌 것과 마찬가지로 소수의견이라고 해서 옳은 것만은 아니라고 생각합니다. 하지만 소수의견이 반드시 필요한 것이라는 점은 어떤 맥락에서도 부인할 수 없다고 생각합니다. 소수의견은 우리 사회의 소수의 목소리를 표현하는 것이라는 점에서도 중요하지만 또 다른 측면에서의 중요성이 있습니다. 소수의견은 일종의 사냥개와 같은 역할을 합니다. 법정의견이 논리적인 취약성을 보일 때, 법정의견이 어떤 부분을 놓치고 있을 때 소수의견은 사냥개가 되어 그 부분을 향해서 달려듭니다. 법정의견은 그 사냥개에 맞서 싸우거나 자신을 방어합니다. 때로는 적절한 곳을 찾아 도망가기도 합니다. 어쨌든 이런 생존의 노력 덕분에 훨씬 더 좋은 법정의견이 만들어집니다. 더 지혜롭고 다양한 목소리를 자신의 논리에 포함시킬 수 있고, 그것으로써 우리 사회의 헌법의 담론이 한 단계 업그레이드 될 수 있는 것이죠. 아까 우리가 사회적 기본권에 대해서 이야기 하면서 발표자 분께서 '결론이 섭섭한 것이 아니라 그 논리의 빈약함으로 인해서 우리 사회에서 사회적 기본권에 대한 논의조차도 진행되고 있지 않는 것이 안타깝다'고 말씀하신 것은 그 부분에 대해서 헌법재판소의 소수의견조차 없기 때문에 발생하는 현상이라고 생각합니다. 그런 측면에서 소수의견은 굉장히 중요하고요. 그 다음은 전 교수님께 넘기도록 하겠습니다.

사회자 : 지금 김진한 박사님께서 말씀하신 부분이 아까 이주영 박사님이나 김재왕 변호사님께서 논변이 풍성하고 이유가 정확하고 깊고 설득력 있게 제시되면 좋겠다고 말씀하신 부분과 관련성을 갖는 것 같습니다. 전종익 교수님께도 과거에 재판연구관으로 재직하셨던 시절에 특히 의견이 강하게 대립되는 상황에서 소수의견의 역할에 대해 어떤 생각을 가지고 계셨는지 여쭙고 싶습니다.

  전종익 교수 : 제 개인적으로 생각해 보면 굉장히 의미가 깊었던 소수의견들이 있습니다. 아까 김선수 변호사님께서 말씀하신 것처럼 변정수 재판관님께서 국가보안법 위헌결정에서 위헌 소수의견 내셨던 기억이 나고요. 그 다음에 2기 때 이영모 재판관님께서 일관되게 그린벨트 사건과 같은 재산권 관련 사건에서 합헌의견을 내셨던 기억이 납니다. 그 당시에 제가 참여를 했었기 때문에 재판 관련해서 치열하게 토론을 했었던 기억이 나고요. 여러분들은 어떻게 생각하실지 모르지만 과외금지 위헌 사건에서도 이영모 재판관님께서 나는 합헌으로 갈 수 밖에 없다고 혼자서 합헌 쪽으로 가셨던 기억이 납니다. 그 다음은 전효숙 재판관님께서 행정수도 사건에서 홀로 부적법(각하) 쪽으로 가셔서 합헌 의견을 제시해 주셨고., 양심적 병역거부 사건에서도 전효숙, 김경일 두 분 재판관님들께서 위헌 입장을 내셨던을 하셨던 기억이 납니다. 제 개인적으로 소수의견을 쓰실 때 재판관님께서 이러이러한 방법으로 해보자, 조사를 해보자, 말씀을 하셨던 기억이 납니다. 지금 김진한 박사님께서 말씀하신 것에 한 가지만 첨언을 한다면, 일단 헌법재판소 결정문에 소수의견, 특히 반대의견이 있다는 것은, 앞으로 다수의견이 될 가능성이 있다거나 다수의견의 논리를 벼리는 역할을 한다는 것에 앞서서 서로 다른 의견이 양립할 수 있는 것이고 이것들이 완전한 오엑스가 아님을, 우리사회를 이루는 사람들이 다른 생각들을 할 수 있고 그것들이 재판관 아홉 분이 어떤 분은 위헌의견을 어떤 분은 합헌의견을 내지만, 너는 완전히 틀렸고 너는 완전히 맞고 이런 식으로 생각을 하시는 것이 아니고 결정문 자체에 이미 다른 생각이 병립하고 있음을 나타내는 것이라고 저는 생각합니다. 토론 와중에 물론 다수의 분들 쪽으로 다수의견이 정해지지만, 다수, 소수의 문제일 뿐이지, 그것이 한쪽이 완전히 옳고 그른 것은 아니고 우리 사회 안에서 여러 가지 다른 생각들이 서로 평화롭게

공존해야 함을 나타내는 의미가 일차적으로 있지 않을까 생각합니다.

사회자 : 감사합니다. 이범준 기자님께는, 여론이 어떤 경로를 통해서 헌법재판소에 전달되는 것이 바람직하고 헌법재판소는 이에 얼마나 어떻게 반응해야 할 것인가라는 질문을 준비했습니다. 일단 이 질문을 잠시 후로 미루어 두고, 전종익 교수님께서 말씀하신 부분에 이어서요, 이 기자님께서는 헌법재판소의 의견으로서의 다수, 소수에 헌재가 인식하는 바 우리사회에 대략 몇 대 몇으로 어떤 의견이 존재한다고 하는 것을 가능한 한 헌재의 결정에 대략의 비율이 맞게 반영될 수 있도록 재판관들이 노력하는 것이 바람직하다고 생각하시는지요, 아니면 재판관 각자가 가지고 있는 소신에 따라서 입장을 정하는 것이 바람직하다고 생각하시는지요.

이범준 기자 : 재판관들이 단 한 건 평의하고 끝나는 사이가 아니기 때문에 일종의 타협도 있는 것 같습니다. 임기를 같이 하는 기간이 길게는 6년에 이르기 때문에 종신인 미국 연방대법관들 사이에 벌어지는 일이 한국에서도 비슷하게 있습니다. 가령 이번 사건에서는 소수의견을 포기하고 전원일치로 가자고 상대를 설득한다든가, 아니면 훗날을 위해서라도 이번에는 소수의견을 꼭 쓰겠다는 식입니다. 소수의견도 쓰더라도 얼마나 나뉘어서 쓸지도 논의합니다. 미디어법 권한쟁의 사건에서 소수의견이 너무 갈려 기자들도 이해가 안 될 정도인 적이 있었는데요. 당시 이강국 헌재소장도 정리를 하려고 했지만 못했습니다. 드리려는 말씀은 우리 사회가 소수의견에 대해서 굉장히 폭력적이고 심지어 처벌을 시도한다는 점입니다. 지금 말씀하신 변정수 전 재판관이나 김이수 재판관의 경우에 두 분 다 제가 여러 차례 만나서 인터뷰도 하고 취재한 적이 있습니다. 변정수 전 재판관은 8대1로 몰리는 상황이 계속되

면서 심리적으로 위축이 되셨던 것 같아요. 헌재 제1호 연구관이고 나중에 법제처장이 되신 이석연 연구관에게 고민을 매일 이야기 했다고 합니다. 이석연 변호사는 자기 일의 상당 부분이 변정수 재판관의 상심과 불만을 듣는 것이었다고 말하기도 했습니다. 김이수 재판관은 김선수 변호사께서 대리한 통합진보당 해산 사건에서 8대1 의견을 낸 뒤로 제가 몇 번 찾아뵈었는데요. 자신을 지지하는 논문을 자주 찾아보셨어요. 이런 논문 봤냐고 저한테 물으시기도 하고. 결국은 당시 소수의견을 이유로 국회가 헌법재판소장에 부동의 했습니다. 다른 이유도 아니고 의견을 이유로 부결시키는 것을 보면서 우리 사회가 소수의견을 용납하지 않는다고 생각하게 됐습니다. 그래서 지금 나오는 소수의견보다는 재판관들이 실제로는 더 많은 소수의견을 가지고 있는 것은 아닌가, 소수의견이 과소 대표되고 있다는 느낌을 기자로서 가지고 있습니다.

사회자 : 감사합니다. 그 다음 질문은 김진한 박사님께 드리는 질문입니다. 김 박사님께서 발표문에서 말씀하시고 계신 중요한 사항들 중에서 헌법적으로 중요한 재판이라고 하는 개념이 있습니다. 이것을 누가 어떻게 정한다든가 이것을 정하는 기준이 어떤 것인가에 대한 김 박사님의 생각과 함께 이 말씀을 하신 취지에 십분 공감을 하면서도, 소수의 인권 보호라는 관점에서는 헌법적 중요성이라고 하는 것을 어떤 기준에 따라 정하게 되는 순간 소수보호에는 이미 취약해지지 않느냐 하는 비판도 있을 것 같습니다. 이 점에 대해서 그 기준으로 생각하고 계신 것과 또 어떻게 결정되어야 하는 지에 대해 여쭙고 싶습니다.

김진한 박사 : 김선수 변호사님께서 헌법재판소까지 오는 사건은 정말 인권이 많이 침해된 사건이지 않겠는가 추정할 수 있다는 취

지의 말씀을 하셨는데요. 그 말씀에는 조심스럽게 반대의견을 말씀드립니다. 변호사들은 사소하고 기술적인 법률해석의 문제를 중요한 헌법적 쟁점으로 포장할 수 있는 능력을 가지고 있습니다. 만약 헌법재판소가 그 모든 문제를 판단해야 한다면 헌법재판소가 정말 다루어야 할 중요한 헌법적 쟁점들을 소홀하게 판단하게 됩니다. 중요한 헌법적 쟁점임에도 형식적인 판단, 천편일률적인 판단, 알맹이 없는 판단이 나올 수밖에 없습니다. 그래서 우리가 과연 어디에 포커스를 맞추어야 할까. 우리가 헌법을 발전시키고, 헌법재판을 모든 시민을 위한 헌법재판으로 만들기 위해서는 과연 어떤 방향으로 나가야 할 것인가에 대해서는 우리가 진지하게 고민을 해 보아야 합니다. 과연 들어온 모든 사건을 차별성을 두지 않고 모두 다 판단하는 방식이 옳은가, 아니면 정말 중요한 헌법적 쟁점에 대해서 선별적인 정성을 기울여서 판단을 해야 할 것인가, 이것은 굉장히 중요한 우리의 제도적인 틀에 관한 문제라고 생각합니다. 그런데 한 가지 제가 반드시 말씀드리고 싶은 것은, 헌법적인 중요성이라고 하는 것이 무슨 재산의 가액이 높다거나 중요한 인물을 다루고 있다거나 하는 문제가 아니라는 것입니다. 장애인 문제, 외국인 문제, 사회적 기본권 문제 등 약자와 소수자에 관한 기본권의 쟁점들이야말로 가장 중요한 헌법적 쟁점들입니다. 더군다나 소수자의 기본권이 다른 사람의 기본권과 충돌하고 있는 지점들, 예를 들어 혐오표현 같은 것들은 말할 것도 없이 중요한 헌법적 쟁점입니다. 이런 중요한 쟁점들에 관하여 여러 주체들이 서로 어울려 토론을 할 수 있는 장을 만들어내는 것은 오늘날 헌법재판소가 담당해야 할 가장 중요한 역할이라고 생각합니다. 그렇기 때문에 제 생각에는 헌법적 중요성이 있는 쟁점에 관해서 헌법재판소가 차별적으로 포커스를 맞추는 것이 필요하다고 생각하는 것이고, 저의 발제문의 중요한 기둥을 이루고 있습니다. 사실 세계적으로 헌법재판을 가장 성공적으로 운영하여 온 미국 연방대법원, 독일 연방헌법재판소도 거의 100건 가운데 한두 건의 비율로 사건을 선별해서 판단하고 있습니다. 그렇기 때문에 미국과 독일에서는 연방대법원, 연방헌법재판소에서 지금 어떤 문제에 관한 재판이 진행되고 있다는 사실만으로도 모든 미디어들이 이에 집중하게 되고, 그것으로 사회적인 커다란 헌법담론이 만들어지고 있습니다. 제가 발제문에서 헌법재판소가 서른이 된 것을 축하하면서, 아름다운 나이 서른에는 한번 쯤 뒤를 돌아봐야 하고, 그것을 통해서 더욱 멋진 미래를 계획하는 것이 좋겠다고 기술하였습니다. 헌법재판소가 서른 살을 맞아서 미래를 계획할 때 가장 먼저 생각해야 할 문제가 바로 과연 헌법재판소의 소중한 자원을 어디에 집중하여 사용하여야 할까 하는 문제가 아닐까 생각합니다.

사회자 : 김선수 변호사님께서는 이제까지 많은 활동을 해 오시면서 이 점에 대해서 어떤 생각을 가지게 되셨는지요.

김선수 변호사 : 물론 모든 헌법재판이 다 동등한 가치가 있는 것은 아니겠지요. 기본권 측면에서 중요성이 있는 사건에 집중해야 한다는 취지에는 공감을 하지만, 선택과 집중이라는 논리가 자칫 결국 공급자 위주의 논리가 될 수 있다는 우려를 갖고 있습니다. 수요자 입장에서는 자기 사건보다 중요한 사건이 없고요. 스스로 기본권을 심각하게 침해당했다고 생각할 수 있습니다. 객관적으로는 지적하신 점에 공감을 하면서도 역시 그 판단의 기준은 국민의 관점이 되어야겠다고 생각합니다. 대법원이 사건 많다고 대법관 증원은 안 하고 상고허가제를 도입하자고 하는 것에 국민들이 동의하기 힘들듯이, 헌법재판도 중요한 쟁점이 있는 것만 심리하자는 방안에 대해 국민들이 수긍하기 어렵지 않을까 생각합니다.

사회자 : 그 다음 질문은 이범준 기자님께 제일 먼저 드립니다. 기자님의 발표문을 보면 사회구성원의 의사와 입장이 헌법재판소에 전달이 되고 헌법재판에 반영이 되는 바람직한 경로, 방식, 반영의 정도에 대해 많이 생각하게 됩니다. 단도직입적으로, 헌법재판은 여론을 따라야 한다고 생각하십니까? 만약에 그렇다면 어떻게 여론이 어떠한지 알고 그것을 반영할 수 있다고 생각하십니까?

이범준 기자 : 헌법재판소가 여론을 따르기 위한 기관은 분명 아닐 테고요. 헌법재판이라는 것이 선례나 규범해석에 전적으로 의존하는 것은 아닌 것 같다, 여론에 상당히 영향을 받고 있고 그것이 부정적인 것만은 아니다 라고 생각합니다. 미국 전직 대법관 포함 여러 분들도 그런 말씀을 하셨습니다. 그러면 여론이 얼마나 반영되는 것이 바람직한가라는 문제가 남습니다. 재판관 입장에서 본인이 여론 영향을 받았다고 생각하지 않을 겁니다. 그렇게 표현하는 분을 본 기억도 없고요. 다만 여론에 귀를 기울였다 이렇게는 말씀하시더라고요. 문제는 귀를 기울일 여론이 통합돼 있지 않다는 점입니다. 여론이 통합되어 있었다면 재판소에 사건을 가지고 가지도 않았을 겁니다. 정치적 타협을 비롯해 다른 방식으로 해결했겠죠. 여론이 통합되지 않고 오히려 분쟁상태여서 재판소에 가는 것입니다. 사건이 접수되고 나면 여론은 재판소를 설득하려고 시도하는데 재판소 역시 여론을 설득하려고 합니다. 박한철 전 헌재소장이 현직에 계실 때부터 하신 말씀이 '헌법재판의 사회통합 기능'입니다. 재판소도 여론을 설득하기 위해 갖은 노력을 하지만 그게 되지 않으면 여론을 얼마나 반영할지 고민하는 것 같습니다. 재판소에 접수된 사건과 관련된 여론은 재판소가 사건을 종결할 때까지 통합이 되지 않은 상태인 경우가 대부분입니다. 재판소로서는 그런 여론을 얼마나 설득할 수 있는지 고민하게 됩니다. 제

경험으로는 간단하지는 않습니다. 아주 극적인 사례가 아니면 재판소가 이론으로 여론을 설득한 경우를 보지 못한 것 같습니다. 재판소도 나름의 고민이 있고요. 그런 점에서 사회통합기능은 달성은 어렵지만 추구해야할 목표라고 생각합니다.

　사회자 : 그 다음은 전종익 교수님께 드리는 질문인데요. 1부에서 이주영 박사님께서도 이 주제를 중요하게 논의해 주셨습니다. 오늘 헌법재판 30년을 돌아보면서 인권보장의 관점과 목적에서 헌법재판의 기능과 역할을 생각해보고 있는데요, 우리가 인권에는 국경이 없다는 표현을 많이 사용합니다. 그렇지만 송지우 교수님의 토론과 이주영 박사님의 발표 과정에서 지적된 것처럼 국제적인 인권 기준이 국내에 들어왔을 때 과연 어떻게 적용되고 집행될 수 있는가는 다른 문제가 되기도 합니다. 전종익 교수님께서도 발표문에서 이 점을 중요하게 다루고 계십니다. 전 교수님께 드리는 질문인데요, 헌법재판에 국제인권법을 적극적으로 적용하는 것에 대한 찬반론을 간략하게 설명해 주시고, 국제적인 기준과 국내의 인식 내지 현실 사이에 일시적이든 장기간이든 어떤 이유에서든 괴리가 있을 때, 헌법재판소가 이 점에서 어떤 역할을 하는 것이 바람직하다고 생각하시는지요.

　전종익 교수 : 헌법재판소 30년에 대한 이야기를 하면서 질문하신 사항에 대한 말씀을 드리고 싶어요. 헌법적으로 중요한가 아닌가 하는 문제는 저희가 이론적으로 중요하다고 생각하는 부분만으로 설명하기 어렵다고 생각합니다. 우리가 대중으로서 생각하는 중요사건과 당사자가 생각하는 중요사건과 학자로서 이론적으로 중요하다고 생각하는 사건은 틀림없이 다르고요. 다만 제가 재판소에서 일을 하면서 재판관님들께 들은 바와 조규광 소장님부터 김용

준 소장님, 윤영철 소장님, 이강국 소장님께서 글 쓰시고 하신 것
을 보면, 그 때 그 때마다 소장님 이하 재판관님들께서 '이거는 우
리 재판소의 과제라고 생각한다'하고 설정하셨던 문제가 있었던
것 같아요. 명시적으로 드러나지는 않지만 연설문이나 또 유사한
글들에서 캐치할 수도 있고, 개인적으로 말씀하신 점들 또 퇴임하
시면서 소회하신 것들 이런 말씀들을 들어보면 확실히 그런 부분
이 있습니다. 그게 한 10년 단위보다는 짧은데, 6, 7년 단위로 공감
대가 있었던 것 같아요. 그 분들께서 생각하신 헌법적 과제, 중요
한 것, 그러한 생각을 가지고 6년간 일을 했다라고 명시적으로 몇
분은 말씀을 해주셨고요. 여론에 꼭 일치하는지 여부는 모르겠지
만 여하튼 그러한 시대적 과제에 대한 일정한 공감대와 같은 것들
은 반영이 되어 있었던 것 같고. 헌법적으로 중요하다는 것이 이론
적으로 맞는 것을 떠나서 그런 재판관님들의 인식은 분명히 있
었습니다. 30년이 지나보면 국민들이 생각하는 것과 그렇게 많이
다르지 않았던 것 같아요. 예를 들면 1기 때 조규광 재판관님 이하
전력을 다하셨던 것은 그 이전에 있었던 누적된 수요에 대한 처리
이런 부분이 틀림없이 있었거든요. 굉장히 힘들여서 하셨고, 김문
희 재판관님과 같은 분들 말씀을 들어보면 이 점을 중심으로 일해
오셨던 것 같습니다. 2기, 3기 다들 그러셨고요. 그런 점에서 보았
을 때, 아까 1부에서 말씀이 나왔지만, 그럼 지금부터 헌법재판소
가 해야 할 우리 사회에서 봐야 할 부분이 무엇인가 하는 것이 중
요해집니다. 그게 결국은 우리 헌법재판소가 봐야 할 우리 사회의
문제, 이제는 위상이나 주목도나 이런 것을 보았을 때 그것을 넘어
서는 부분이 틀림없이 있습니다. 아시아권을 넘어서 유럽, 그야말
로 온 세계에서, 특히 결정문 자체를 지켜보고 있는 사람들이 많이
있거든요. 학자들도 그렇고 실무가들도 그렇습니다. 인권이라고 하
는 것은 일반적으로 모든 사람에게 다 적용되는 것이고 기본권은

한 국가의 것이기 때문에 서로 볼 필요 없다는 것은 아닙니다. 이미 헌법재판소에서 판단을 할 때 결정문에는 나오지 않더라도 굉장히 많은 나라의 입법례와 판례들을 보고 있습니다. 그게 결국은 지금 이 시대에 우리가 생각하는 과제이지 않을까 하는 생각을 해보고요. 그런 점에서 변호사분들이나 또는 재판기관이 있지만, 가장 확실한 것은 당사자들이 주장을 하는 겁니다. 주장을 하면 답변을 안 할 도리는 없고, 제가 몇 개 판례를 인용했지만, 국제인권법을 이야기한 판례에서 이 점을 다룬 것은 사실은 당사자들이 주장을 했기 때문이거든요. 가장 확실한 방법은 당사자와 국민이 열심히 주장을 하고, 물론 재판부에서도 이 점에 대해서 연구, 조사를 하지만, 그런 방법이 아닐까 생각을 합니다.

사회자 : 감사합니다. 지금 3부 대담에서 패널리스트 네 분 말씀을 듣는 과정에서 1부에서는 다소 시간이 촉박해서 충분히 논의하지 못하고 답변을 충분히 듣지 못했던 주제나 질문들에 대해서도 같이 생각해 볼 수 있어서 좋습니다. 곧 청중 여러분들로부터 질문을 받을 예정인데요, 그 전에 오늘 학술행사를 준비한 저희 공익인권법센터에 계신 교수님들께 사전에 여쭤보아서 준비한 공통 질문을 하나 드리겠습니다. 우리가 30년간 이미 많이 논의해 왔고, 지금도 논의하고 있는 것이기도 합니다. 우리나라의 헌법재판 30년을 돌아보면서 가장 핵심적으로 논의하는 주제가 인권보장을 위한 헌법재판과 헌법재판소의 역할과 기능이고, 이제까지 네 분께서 말씀해주신 과정에서도 모든 것들이 이것과 관련성을 가진다고 생각합니다. 공통질문인데요, 헌법재판소 구성에 대한 의견을 여쭙겠습니다. 인권보장의 제고를 위해서 헌법재판관의 선출방식, 자격요건 등의 헌법재판소의 구성이 어떠해야 한다고 생각하시는지, 개헌 논의에서도 심층적으로 논의가 되고 있습니다만, 한 분 한 분께 여

쭈어보고 싶습니다. 제일 먼저 김선수 변호사님께 여쭈어 봐도 되겠습니까.

　김선수 변호사 : 그 질문에 대한 제 생각은 자료집에는 159쪽부터 개헌할 경우 헌법재판제도 관련해서 어떻게 개정이 되었으면 좋겠다는 취지로 정리되어 있습니다. 159쪽의 표에는 현행규정, 문재인 대통령이 제안한 개헌안에 반영된 내용, 제가 20대 국회에서 개헌특위자문위원을 했는데 그 자문위의 의견, 그리고 검토란에 제 개인적인 의견을 기재했습니다. 헌법재판관의 임명 자격을 법관의 자격 있는 사람으로 한정하는 것은 부적절하다고 생각합니다. 폭넓은 다양한 가치나 이해관계를 반영하기 위해서는 법관 자격 요건을 삭제하는 것이 바람직하다고 생각합니다. 또 재판관 임명절차에서 대법원장이 지명하는 3명, 대통령이 국회동의 없이 지명하는 3명의 경우 모두 국회동의절차를 거치도록 해야만 민주적 정당성을 강화할 수 있을 것입니다. 국회에서 추천할 때 국회에 추천위원회를 두고 국회동의 절차를 밟도록 해야 하겠습니다. 임명은 대통령이 하고요. 헌법재판소장은 재판관들 호선으로 하는 것으로 의견이 모아진 것 같은데, 저도 공감합니다. 국회에서 가중다수결로 추천하자는 부분에 대해서는, 저는 꼭 그럴 필요까지는 있겠는가 싶기도 합니다. 가중다수결 제도가 부적격한 사람을 걸러내기 위한 장치이기는 하지만, 이 방식으로는 무난한 사람들만 할 수 있게 되어 오히려 전문성이 부족한 무난한 사람들로만 헌재가 구성되어 다양성 측면에서 후퇴할 가능성도 있다고 봅니다. 그래서 국회 구성에 따라서 다수당의 추천을 받는 분이 재판관이 되겠지만, 임명시기를 조절해서 국회의 구성변화에 따라 재판관의 구성이 달라지게 되고, 그러면 그렇게 구성된 재판관들이 치열하게 토론하고 결정을 하면서 시대에 부응하게 되지 않을까 생각합니다. 오히

려 다양한 구성을 위해서는 가중다수결보다는 현재의 단순다수결
이 나을 수도 있겠다는 생각입니다.

사회자 : 김선수 변호사님, 감사합니다. 답변해주시는 과정에서
새로운 화두를 많이 주신 것 같습니다. 다음 김진한 박사님께 답변
부탁드립니다.

김진한 박사 : 헌법재판관 임명, 임기에 관한 이야기를 하기 전에
연결되는 이야기로서 조금 전에 말씀 나눈 여론에 관해서 조금만
더 말씀드리고 싶습니다. 이범준 기자님 발제문에 나오는 안마사
사건에 관한 내용을 보면서 '아 그때 그랬었지, 그런 일이 있었지!'
하고 오래 전의 일을 상기하였습니다. 안마사라는 직업이 있습니
다. 그런데 우리 사회에서는 그 직업을 가질 수 있는 자격이 유독
맹인에게로 한정되어 있고, 하지만 여러분들이 아시다시피 수많은
스포츠 마사지사 등 많은 사람들이 사실은 안마사로서 직업을 수
행하고 있습니다. 이들의 직업은 불법입니다. 입법자의 결정과 헌
법재판소의 판단으로 수많은 사람들을 범법자로 만들고 있는 것입
니다. 바로 그런 배경에서 헌법재판소는 맹인에게만 안마사 직업
선택을 허용하는 법령조항에 대한 위헌결정(제1차 안마사 결정)을
했던 것입니다. 그런데 맹인단체에서 거세게 항의를 하였고, 한 분
이 생명을 잃는 사태가 발생했습니다. 그에 따라 여론의 압력이 거
세졌고, 위헌 판단 받은 법령조항을 그대로 이어받아 제정된 법률
조항에 대한 제2차 결정은 합헌으로 바뀌었습니다. 여론에 순응하
는 결정이었던 것이지요. 제가 드리려고 하는 말씀은, 헌법재판에
서 이런 형태로 여론을 고려하는 것은 이상적이지 않다는 것입니
다. 사실 이 결정에서 헌재가 헌법의 원칙에 따라 고집 센 결정을
하였다면 이 결정에 즈음하여 시각장애인을 위해서 우리 사회가

배려하고 후원할 수 있는 헌법에 부합하면서도 바람직한 방식이 무엇인가에 관해서 토론할 수 있었을 것입니다. 하지만 헌재는 당장의 여론에 안주하는 결정을 내렸고 우리 사회는 그 토론을 위한 좋은 기회를 놓쳤습니다. 그리고, 비정상적이며 기본권 침해적인 상태는 지금까지 지속되고 있습니다. 우리 헌법재판소의 논의, 헌법재판을 둘러싼 토론은 아직도 빈약하고 빈곤한 단계입니다. 헌법재판 제도를 어떻게 만들어서 실질적인 토론, 바람직한 토론을 만들어낼 것인가 이것이 우리의 큰 과제인데요. 그 과제 중에 아까 제가 말씀드린 것처럼 사건을 선별하는 것이 하나의 도구가 될 수 있다고 생각합니다. 김선수 변호사님께서 걱정하시는 것처럼 자칫하면 헌법재판소가 자의적으로 하기 쉬운 사건 또는 자기들이 편견을 가지고 있는 사건으로만 선정을 해서 헌법을 잘못된 방향으로 이끌어 갈 위험도 있습니다. 그래서 이 제도를 만들 때 정밀한 설계를 해야 하는 것이고, 또한 훌륭한 헌법재판관들을 임명해야 하는 것이라고 생각합니다. 이어서 헌법재판관의 임명과 임기에 관한 저의 말씀을 드리겠습니다. 김선수 변호사님의 의견에 대부분 동의합니다. 그런데 제가 다른 생각을 갖고 있는 부분은 재판관의 임기에 관해서 더 장기의 임기를 상정해야 한다는 부분입니다. 현재의 6년이 아니라 10년 이상으로 하는 것이 더 바람직하다고 생각합니다. 사실 헌법재판관이 어떤 분이 되는가는 임명권자의 자질의 문제입니다. 임명권자가 훌륭하면 훌륭한 헌법재판관을 임명할 수 있는 것이고, 임명권자가 저질이면 저질의 헌법재판관이 나올 수밖에 없습니다. 그렇기 때문에 우리가 좋은 임명권자를 선거를 통해서 뽑아 놓아야 하는 것이고, 또 임명권자가 좋은 헌법재판관을 뽑도록 압박을 해야 하는 것입니다. 바람직한 방향으로 압박할 수 있는 것이 좋은 제도라고 생각합니다. 좋은 제도로는 여러 가지가 있겠지만, 재판관의 장기의 임기도 그 중의 한 방안이 될 수 있다고 생각합니다. 만약에 재판관의 임기를 10년 이상으로 한다면 한 명의 임명권자가 많은 수의 재판관을 임명할 수 없습니다. 대통령이나 국회에서 전원을 임명한다고 할 때 한 기의 국회의원들 또는 대통령이 자신들의 임기동안 기껏해야 한두 명을 임명할 수 있겠지요. 그렇게 되면 아무리 저질의 국회의원들 또는 대통령이라고 해도 신중하게 판단하지 않을 수 없습니다. 여론도 그 대통령이 신중하게 헌법재판관을 임명하도록 압박하지 않을 수 없습니다. 그런 의미에서 임기는 굉장히 중요한 장치라는 생각이 들고요. 또 한 가지 제가 말씀드리고 싶은 것은 최근 개헌안으로 제기된 헌법재판소장을 호선으로 뽑는 제도는 그 제도의 위험성을 다시 한번 고려해 봐야 한다는 것입니다. 예민한 이야기가 될 수도 있지만, 우리사회의 엘리트들은 사실은 자리에 굉장한 열망을 가지고 있습니다. 그것은 누구도 부인할 수 없습니다. 그것이 우리 사회를 역동적으로 움직여가고 있을 수도 있고요. 그런데 헌법재판관님들 역시 그러한 열망을 가지고 있습니다. 헌법재판관과 헌법재판소장은 지위와 권한에서 상징적으로, 또한 실질적으로 많은 차이가 있기에 재판관들은 헌법재판소장이 되고자 하는 열망을 가지고 있습니다. 그런데 재판관들이 그러한 열망을 갖고 있는 상태는 굉장히 위험한 상태입니다. 왜냐하면 헌법재판소장을 임명하는 임명권자의 좋은 약탈의 대상이 된다고 할까요. 재판관들이 재판소장의 자리에 유혹을 느끼는 순간이 손쉬운 먹잇감이 되는 순간이기 때문입니다. 그렇기 때문에 그 유혹에 빠지지 않도록 하는 장치가 필요한데요. 그것은 헌법재판소장의 임기를 최대한 늘려놓는 것입니다. 그러면 대부분의 재판관들은 정년을 앞두고 있기 때문에 나에게는 그 차례가 돌아올 수 없다고 판단할 수 있겠죠. 그렇게 되면 그 부분에 대한 경쟁과 유혹도 사라지고, 오로지 재판에만 집중하여, 멋진 헌법재판에 대한 경쟁이 펼쳐질 것입니다. 그런데 호선이라는 것은 재판관들께서 임기 중에 여러 차례 돌아가면서 선거를 통해서 소장을 선임하는 방식이기에 지속적으로 그 유혹을 느끼게 하는 제도가 됩니다. 호선의 방식은 헌법재판관들끼리 치열한 토론이 이루어지는 것을 방해하는 작용도 하게 됩니다. 헌법재판관들 가운데에는 '다른 재판관이 나를 소장으로 뽑아 줘야 하니까 다른 재판관들이 강하게 주장하는 부분에 있어서 되도록 반대하지 말도록 해야겠다'는 생각을 할 수도 있겠죠. 헌법재판소장이라는 자리는 헌법재판소를 지키는 자리, 그리고 헌법재판소를 통합하는 자리여야지, 헌법재판관들의 집중력을 저해하는 자리가 되어서는 안 됩니다. 그러기 위해서는 재판소장의 임기를 길게 하여 재판관들이 헌법재판소장의 자리를 경쟁의 대상이 아닌 전혀 다른 직분으로 느낄 수 있도록 하는 장치가 필요합니다. 호선이 아닌 임명권자의 임명에 의한 방식, 그 대신 그 임기를 길게 하는 방식이 헌법재판소의 발전을 위해서 바람직한 임기와 임명방식이라고 생각합니다.

사회자 : 임기에 대해서, 또 임기가 가지고 있는 현실적이고 잠재적인 영향력이라든지, 관련된 많은 점들을 생각하게 되는 답변에 감사드립니다. 다음에는 이범준 기자님께 여쭙습니다.

이범준 기자 : 김선수 변호사께서 오늘 여러 말씀하시는데 학교라는 공간이 참 좋구나 하는 생각이 들었습니다. 평소 같으면 이런 말씀을 안 하실 텐데 시원하게 말씀하셔서 기사로 쓰면 딱 좋겠다 싶었습니다. 방금 이우영 교수님께서 재판관을 어떻게 뽑는게 좋은지 질문하실 때 영화적이라는 생각이 들었습니다. 오는 9월에 재판관 다섯 분이 퇴임하고 새로 임명되는데, 그 자리에 아주 유력한 후보를 상대로 그런 질문을 하는 상황이 재미있게 느껴졌습니다. 재판관을 어떻게 뽑을지에 대해 드릴 말씀은 후보군들이 어떤 사

람인지 우리 사회가 제대로 알지 못한다는 점입니다. 여기에는 물론 언론의 잘못이 큽니다. 지금까지 보면 재판관이 되고 나서 1년 길게는 3년이 되고 나서야 '아, 저 사람이 저런 사람이었구나' 라고 뒤늦게 알게 됩니다. 그래서 출신 지역이나 학교 등 외적인 요건으로 재판관 다양성을 확보할 수 있을지 의문입니다. 조심스럽지만 실명을 들어서 말씀드리면, 송두환 전 재판관 같은 경우 민변회장 출신이고 노무현 정부 시절에 재판관이 됐는데 사형제도에 합헌의견을 냈어요. 놀랐습니다. 저분에 대해 몰랐구나 하는 느낌이 들었고요. 대법관 중에도 박보영 전 대법관은 한양대 출신에 변호사 경험도 있고 어려운 가정사도 겪은 분입니다. 그래서 많은 사람들이 소수자에게 유리한 판결을 내려 줄 것이라고 기대 내지는 가늠하고 있었는데요. 쌍용차 사건에서 노동자들에게 패소판결을 내렸습니다. 저는 송두환 재판관 경우를 기억하기 때문에 그런 일도 가능하다고 생각했습니다. 그런데 변호사단체에서 항의성명을 냈어요. 왜 당신이 쌍용차에 패소판결을 했냐고. 아무런 근거도 없는 항의를 하더라고요. 이런 식으로 외양에 집중하고 있습니다. 이렇다보니 국회의 청문회도 언론의 검증시도도 피상적입니다. 제가 동의하지 못하는 표현 가운데 하나가 서오남입니다. 서울대, 50대, 남성은 대법관이나 재판관을 시키지 말라는 이야기인데요. 별로 의미가 없다고 생각합니다. 이 가운데 비서울대라는 요구도 이상합니다. 비서울대라고 해봐야 당분간은 남는 사람이 연세대 아니면 고려대 출신일 확률이 높습니다. 어차피 명문대이고 그 성향이 크게 다르지 않습니다. 아예 지방대 출신이라면 경험이 다를 수도 있겠습니다. 또 여기 계신 박한철 전 헌재소장 국회 청문회에서 이런 질문이 나왔습니다. '당신이 검사출신인데 재판소장을 잘 할 수 있느냐' 그랬더니 답하시기를 '미국에서 가장 좋은 대법원장으로 평가받는 얼 워런(Earl Warren)도 검사출신이다'라고 하셨습니다. 역사가 박한철 전 소장을 어떻게 평가할 지 시간이 지나야 알 수 있지만, 적어도 누군가 검사다 아니면 서울대 출신이다 아니면 여성이다 이런 것이 알려주는 것이 별로 없다는 겁니다. 좋은 재판관을 어떻게 골라낼 수 있는지에 대해서 저희 언론의 역할도 필요하지만 법조계 내부의 논의도 더 필요하다고 생각합니다.

사회자 : 감사합니다. 전종익 교수님께 의견을 여쭈면서 그 다음부터는 청중석에 계신 여러분들의 질문을 받아서 여쭈어 보려고 합니다. 전종익 교수님께 부탁드립니다.

전종익 교수 : 세 분 말씀에 대부분 공감을 하고요. 몇 가지만 보충해서 말씀을 드리겠습니다. 사실 이 기자님이 말씀하신 것처럼 어떤 분이 어떤 생각을 하시는지 잘 모르는 경우가 많은데요. 그런 생각은 들어요. 미국 연방대법원 예를 보면 임명되고 일을 하면서 생각이 바뀌었던 예도 있거든요. 우리나라에서도 임기 6년을 마치면서 퇴임하시는 재판관님께서 그런 말씀을 하시는 경우가 간혹 있었습니다. '야, 내가 몇 년만 더 했으면 조금 더 잘할 수 있었는데...' 이것이 단순히 조금 더가 아니고 헌법재판을 하면서 생각이 형성되고 그 이후에 뭔가 다른 이야기를 할 수 있는 가능성이 있었던 것을 보면 사실은 6년 임기는 여러 가지 다른 이유도 있지만 바람직하지 않다. 임명되시는 분들이 그 이전에 헌법사건에 관여하지 않았던 분들도 오셔서 일하시면서 학습하고 바뀌고 형성해 가는 과정 뒤에 새로운 것이 나오는 것을 생각하더라도, 지금보다는 임기가 더 길었으면 하는 생각이 들고요. 다양성 때문에 결국은 저희가 그 분이 어떤 생각을 하시는지 머릿속을 들여다 볼 수 없기 때문에 살아온 길을 볼 수밖에 없는데 돌이켜 보면 재판관의 구성이 정말로 점차 무난한 쪽으로만 모아졌던 것 같습니다. 청문회의

역할도 있고, 여러 가지 이유가 있는데. 소위 커리어 법조인들 중심으로 커리어 법조인들 중에도 적나라하게 표현하면 다수가 법원행정처 출신이었고, 재판관으로 오셔서도 저 분 차장이었고…, 그런 관계였던 분들이 주력이고 중심이 되어 왔습니다. 1기, 2기 때는 그렇지 않았습니다. 그 때 느꼈던 역동성을 생각하면, 50대 서울대 이거하고는 조금 다른 이야기인 것 같아요. 그 부분하고. 대학을 어디를 나왔는지는 그분이 50대 60대니까 30, 40년 전이라고 보면 그이후에 어떤 경로를 통해서 어떤 일을 하셨는지가 더욱 중요할 것 같고, 지금 김선수 변호사님께서는 법관자격요건은 삭제하자고 하시는데요. 삭제를 하더라도, 그럼 어떤 사람들이냐에서 결국은 그다양성 면에서 볼 때, 청문회하고 가중다수결하면 통과할 수 있는 무난한 사람, 그런 무난한 사람이 누구냐면, 법조생활을 오래한 분중심으로 갈 수 밖에 없거든요. 앞의 다양성을 위해 법관요건을 삭제한다한들 뒤의 제도가 그렇게 되면 다양성은 구현되지 않을 가능성이 큽니다. 소장 호선도 마찬가지라고 생각해요. 호선을 제도에 넣었던 취지는 아마도 소장이라는 자리가 지금도 보면 원 오브 뎀이라고 생각하지만, 진정한 원 오브 뎀은 여러 재판관 중의 한 명임을 구현하기 위한 방법이라고 생각합니다. 그런데 지금 현재의 위상, 소장으로서의 단순한 기관을 대표하는 한 사람 정도가 아닌 특별한 의미를 부여하는 위상을 놓아둔 상태에서 호선을 하게 되면, 이거는 김진한 박사님이 말씀하신 것처럼 더 큰 문제가 될수 있죠. 호선을 한다면, 소장의 역할과 지위가 오히려 어떻게 보면 아홉 명의 심부름꾼 정도, 귀찮은 행정일과 행사에, 아 가기 싫어 죽겠는데 젊은 나보고 가라, 이런 정도가 되어야, 소장을 호선해도 상관없을 것 같습니다. 이런 전제들이 이루어져야 제도가 제대로 운용이 되지 그렇게 되지 않으면 또 다른 문제가 발생하지 않을까 그런 생각은 듭니다.

사회자 : 공통질문인 헌재 구성에 대해 네 분 말씀을 들으면서, 해 오신 경력을 통해 많이 생각해 오셨던 점들이 녹아들어 있어서 듣는 저희들도 답변을 통해 많은 생각을 하게 되었습니다. 이제 청중 여러분들의 질문을 듣도록 하겠습니다. 우선 종이로 써주신 것은 김복기 교수님께서 읽어주시겠어요? 그리고 나서는 추가로 질문하시는 분은 손을 드시면 마이크를 좌석으로 가져다 드리겠습니다. 한 분께 질문하셔도 좋고 아니면 네 분 모두께 공통으로 질문을 하셔도 좋습니다.

김복기 교수 : 각자 손들고 질문하실 분도 많을 것 같은데요. 우선 미리 적어서 제출하신 질문입니다. 로스쿨 학생이신 것 같은데요. 헌법재판의 정치적 속성이나 가치판단 개념을 고려할 때 지금 많이 말씀하신 재판관 자격 관련해서 비법조인도 임명될 수 있어야 되지 않냐는 논의를 언급하시면서, 그에 대한 더 구체적인 이야기를 듣고 싶어 하시는 것 같습니다. 구체적으로 패널들께서 앞으로 어떤 직역의 사람들, 어떤 자질을 갖춘 사람들이 헌법재판관이 될 필요가 있다고 보시는지 말씀해주시면 감사하겠습니다.

김진한 박사 : 간략하게 말씀드리겠습니다. 제가 지금 재미있게 읽고 있는 책이 하나 있습니다. '평의의 비밀이라는 장막을 넘어서 (Hinter dem Schleier des Beratungsgeheimnisse)'라고 하는 책인데요. 독일의 정치학자인 Uwe Kranenpohl 교수가 독일 헌법재판관을 지내고 퇴임한 분들께 설문을 보내서 그 분들의 경험에 대해 질문하고, 그 대답을 분석한 책입니다. 수십 명의 전직 헌법재판관들께서 의례적이고 좋은 게 좋은 방식의 대답을 한 것이 아니라 솔직하고 엄격하게 대답을 하였습니다. 예를 들면 한 재판관의 답변 중에는 '재직 시절 중 어떤 재판관들은 스스로 사건 연구를 제대로 안 하

고 연구관들에게 모든 것을 맡기는 등 불성실하게 직무를 수행했다.'라고 하는 내용도 나올 정도입니다. 그런데 이 책에 보면 이들 전직 재판관들께서 자신들의 동료의 직업적 배경과 직무능력에 관하여 평가하는 내용이 나옵니다. 법관 출신 재판관들은 교수출신 재판관을 평가하기를 이들의 헌법적인 감수성과 상상력이 없으면 우리는 헌법재판을 할 수 없다고 평가를 했습니다. 교수출신 헌법 재판관들은 법관 출신 재판관들의 절차법에 대한 깊은 이해, 엄밀한 절차진행을 높이 평가했습니다. 제 생각에 이제는 우리에게도 학자 출신 재판관님들이 탄생해야 될 시기가 되었다고 생각하고요. 그 분들 중에서도, 누구도 공격하지 않는 무던한 생각을 하시는 분들이 아니라 정말로 모난 돌, 다른 분들과 다른 생각을 하고 다른 감수성으로 인권문제와 헌법문제를 볼 수 있는 그런 특성을 가지고 있는 재판관들이 탄생했으면 하고 바라고 있습니다. 이런 분들을 임명권자들이 알아 볼 수 있다면, 그리고 그런 특성을 가진 분들이 헌법재판관의 상당수를 차지하게 된다면 우리 민주주의와 법치주의에 대하여 더 큰 꿈을 꿀 수 있으리라 생각합니다.

김선수 변호사 : 인권NGO 같은 데서 몇십 년 활동을 해 온 활동가들의 감각도 상당히 중요하겠죠. UN이나 ILO 같은 국제인권단체나 국내 인권NGO에서 실제로 활동을 했거나 활동하고 있는 경험이 있는 사람들은 국제적이고 인류보편적인 인권감각을 통해 관련 논의를 활성화할 수 있을 것이라고 생각합니다.

이범준 기자 : 일본 최고재판소 재판관들이 사건을 논의하는 사무실의 사진을 본 적이 있습니다. 일반인들이 들어갈 수는 없는 곳입니다. 이동흡 전 재판관께서 찍어 오신 사진을 봤는데요. 회의하는 곳에 보조의자가 있습니다. 일본에서는 연구관들이 평의하는 곳에

들어갈 수 있다고 합니다. 이유는 비법률가 출신 대법관들이 법률적인 내용을 잘 모를 때 연구관을 불러서 이야기를 듣기 위해서라고 합니다. 일본에는 관행으로 비법률가인 외교관, 행정관 출신의 비율이 정해져 있습니다. 하지만 우리나라는 비법률가가 재판관이 되지 못합니다. 그렇다면 차라리 지금 국회, 대통령, 대법원장이 3명씩 관여하는 추천권한을 국회로 모두 넘기는 것이 어떤가 싶습니다. 현대 정치는 입법부와 행정부의 견제기능이 정당 내부로 흡수됐다고 평가될 정도로 정당이 커져 있습니다. 정당이 전면적으로 추천하게 되면 색깔이 다양한 사람들을 정당들이 주고받으면서 재판관으로 뽑을 수 있지 않을까 싶습니다. 그런 면에서 국회가 전면적으로 재판관을 뽑는 게 저는 좋다고 생각합니다.

전종익 교수 : 지금 헌법 하에서 바랄 수 있는 거는 어차피 변호사 자격이 있는 사람들인데, 정말 변호사로 열심히 활동하신 분들이 재판관으로 오셔야 되는 게 맞고요, 법조생활을 하셨던 분들이 물론 있지만, 그 분들 중에 NGO에서 활동하신 분들도 물론 있겠지만, 여하튼 로펌에서 변호사로서 사건을 담당하고 클라이언트를 위해서 일하고 하셨던 경험이 있는 분들이 보는 시각이 많이 다르실 것 같아요. 지금 상황에서 바랄 수 있는 것으로서 그런 분들의 비율이 일정부분 이상이 되면 다양한 생각들이 반영될 수 있지 않을까 하는 생각을 하고요. 어떤 자질의 분들이 오셨으면 좋겠는가 하면, 전문성도 중요하고 여러 요소가 있지만, 저는 겸손한 분들이 오셨으면 좋겠습니다. 오셔서, 물론 생각을 굽히거나 할 건 아니지만, 사건에 관한 토론 과정에서 나의 지금까지의 다양한 생각들이 서로 깎이고 다듬어지고, 그래서 뭔가 새로운 것이 만들어지잖아요. 그렇게 하려면 3, 40년 이전부터 해온 경험에서 나온 나의 고집과 생각이 있지만 헌법재판소에서 또 다른 의미의 학습을 하고 생

각을 하고 하면서 서로 생각을 나눌 수 있는 분들이 오셔야 우리가 바라는 바의 다양한 생각이 반영이 되고 거기에서 뭔가 새로운 우리가 갈 길이 만들어지고 하는 결과가 생기지 않을까 생각을 해서, 그런 분들이 재판관으로 오시면 조금 더 좋아지지 않을까 생각을 합니다.

사회자 : 혹시 질문이 있으신 분 손을 들어주시면 마이크를 가져다 드리겠습니다. 질문도 좋고 코멘트도 좋습니다. 질문을 하시는 분께는 우선 본인 소개를 부탁드리겠습니다.

정광현 교수 : 저는 한양대학교에서 헌법을 가르치고 있는 정광현입니다. 헌법은 인권을 담고 있고 기본권으로서 보장하고 있습니다. 인권하면 헌법의 기본권을 빼놓을 수가 없고, 그렇기 때문에 헌법재판이 중요한 의미가 있는 것 같습니다. 다만 오늘 제목은 헌법재판 30년으로 되어 있습니다. 우리 헌법은 48년부터 해서 70년이나 되었는데, 왜 헌법재판이 30년으로 한정되었을까. 아마 헌법재판소가 30년이 되었기 때문일 것입니다. 하지만 헌법재판소가 하는 재판만이 헌법재판이 아니고, 광의로는 헌법을 재판규범으로서 적용하고 헌법의 규범력을 관철시키는 모든 재판 작용을 헌법재판이라고 볼 수 있을 것입니다. 그렇다면 마땅히 헌법재판의 기간은 70년으로 연장해서 봐야 할 것이고, 앞으로도 계속 그런 관점에서 논의를 해야 하지 않을까 싶습니다.

제가 드리고 싶은 말씀은 헌법의 규범력을 관철시킬 수 있는, 그래서 헌법에 규정된 기본권으로서 보장된 인권을 실현시킬 수 있는 그러한 기관은 헌법재판에 국한되지 않을 것이다, 분명히 법원도 같이 포함되고 오히려 법원이 1차적으로 더 기능을 해 줘야 할 것이라는 점입니다. 우리가 헌법재판소의 역할이라든가 업적 이런 것을 칭찬하지 않을 수가 없는데, 그에 못지않게 중요한 것이 법원의 기능이 아니겠습니까. 우리 법원의 법관들을 전부 다 헌법재판관으로 만들고 우리 법원을 전부 다 작은 규모지만 각각 헌법재판기능을 하는 아까 제가 말씀드린 광의의 헌법재판을 하는 헌법재판소로 만들 수는 없을까, 그렇게 보면 이제까지 헌법재판소가 독주하는 무대로서 헌법재판 30년이 펼쳐졌다고 한다면 앞으로는 법원도 함께 헌법재판에 관여하는 헌법재판의 기능이 있으면 좋겠다, 그리고 그러한 헌법재판을 통해서 인권이 실현되면 좋겠다는 생각을 합니다. 그렇게 된다고 할 때 그러면 헌법재판소의 기능은 무엇인가 하는 의문이 생길 수 있을 것 같습니다. 즉, 인권보장 시스템, 헌법재판의 시스템 그것은 헌법재판소만의 시스템이 아니고 국가 사법기관 전체의 시스템이 되어야 하고, 우리가 그 전체에 대한 상을 가지고 있어야 됩니다. 그 상 속에서 헌법재판소가 감당할 일은 무엇인가에 대해서도 논의가 있었으면 좋겠습니다.

사회자 : 정광현 교수님, 감사합니다. 정 교수님께서 말씀하신 부분이 김진한 박사님께서 발표문에서 제시하신 법원의 역할과도 잘 맞닿는 것 같습니다. 네. 서울대학교 법학전문대학원의 송석윤 교수님이십니다.

송석윤 교수 : 안녕하세요. 올해 2018년이 헌재 30주년이기 때문에 여러 행사가 있는데요, 인권의 관점에서 헌법재판 30년을 회고하고 전망하는 오늘 공익인권법센터의 학술행사가 이러한 노력으로서 무척 의미 있는 일이라고 생각하고, 여러분들께서 수고를 많이 하셔서 감사하게 생각하고 있습니다.

최근에 헌법개정논의도 있는데, 헌법에 너무 과부하가 걸려 있는 것이 아닌가 생각이 듭니다. 마치 헌법재판소에서 결정 하나 나온다든지 아니면 헌법조문에 우리가 원하는 한 단어를 집어넣으면 마치 문제가 해결되는 것 같은 기대를 하고 있는데, 그거는 채워질 수 없는 기대이기 때문에 참 어려운 부분입니다. 아까 정광현 교수님 말씀하신 것에 이어서 이야기를 하자면, 우리가 인권국가의 길을 사법국가를 통해서 실현할 수 있는가라는 근본적인 질문을 던져야 하는 것은 아닌가 생각하고 있습니다.

저는 근본적으로는 소수자의 인권에 대해서 이른바 다수자 아니면 소수자에 속하지 않는 사람들이 그 입장들을 이해하고 공감하고 하는 시대가 될 때 이 분들의 문제가 해결이 되고 그런 부분에서 입법이 이루어질 때 해결이 된다고 생각합니다. 물론 사법부의 역할을 무시하는 것은 절대 아니고, 매우 중요하다고 생각합니다. 사법부에서도 담론이 만들어지고 결정이 이루어지면서 대단히 중요한 토론을 벌이겠지만, 사물의 본성상 문제의 해결은 그렇게 갈 수 밖에 없을 때, 우리 사회에서 소수자들의 인권담론이 보다 더 소통돼서 공유될 수 있는 그러한 길을 어떻게 확보할 것인가가 무엇보다 중요합니다. 여기에서 표현의 자유가 이야기가 되어야 합니다. 소통을 하는 절차적인 부분과 관련해서 우리가 특히 정치적 의사표현이 제약된 부분에 대한 실체적인 부분 말고 절차적인 부분에 대한 관심이 중요합니다. 앞으로 헌법재판소 40주년이 될 때 제가 기대하는 것은, 독일이나 미국에서 제도의 몇십 주년 역사를 분석하고 논의한다면 그럴 것처럼, 헌법재판이 해야 할 일도 이야기하면서, 헌법재판이 자제해야 할 부분이 논의되는 것입니다. 사실 우리도 30주년 정도 됐으면 아무리 부족하고 답답하지만 정치적 영역에 맡겨 둘 것은 맡겨두자는 논의, 어떤 부분에서는 헌법재판소가 더 적극적으로 해야 되고, 어떤 부분은 지나쳤고 어떤 일은 다시는 안했으면 좋겠다 하는 논의가 필요합니다. 40주년 때에는 헌법재판소가 그런 역할을 충분히 해서 이제 됐으니 이 영역에선 조금 자제하세요라는 이야기도 할 수 있지 않을까 말씀드리면서, 이제 헌재 구성 얘기를 하겠습니다.

재판관 선임할 때 가중다수결로 의회에 맡기는 등 제도적인 이야기를 많이 했는데, 아까 호선 부분은 제가 생각하기에는 전제로서 관행이 정착되어야 할 것입니다. 그렇지 않고 서로 인기투표하는 식으로 되면 아마 이건 못할 거고, 재판소장님의 지위 자체를 행정적인 것으로 한다면 내부에서 필요한 관행이 정착되지 않을까라는 기대를 합니다. 그렇지 않다면 아까 전종익 교수님께서 말씀하신 것과 같은 우려가 있습니다.

그런데 독일 헌법재판소가 70년쯤 되었는데 가중다수결을 했다고 해서 중립적이고 훌륭한 사람들이 뽑힌 건 아니에요. 초기에는 1970년대 보면 양대 정당에서 가장 충성스러운 서약을 한 사람들을 뽑았어요. 재밌는 점은, 그런데 그 양반들이 그렇게 행동하지 않았다는 거예요. 물론 제도도 고민을 해야 됩니다. 그렇지만 제가 궁금한 건 왜 독일에서 5분의4 가중다수결로 했는가가 아니라 70년대에 가장 정파적인 인물을 뽑았는데 왜 미국에서와는 달리 작동했는가 하는 점입니다. 미국과 독일은 실질적으로 다르니까. 소수의견도 독일은 거의 안 나오고. 물론 소수의견이 없어서가 아닙니다. 이렇게 달리 작동한 비밀이 뭐고 한국사회에서 법률가들이 기본적으로 생각하는 후보자들은 그러면 어떻게 한국에서 작동할 것인가에 대해, 우리의 상상력을 포함한 예측이 우리 제도를 설계할 때 빠지면, 외국 제도를 가져다 놓아도 우리가 과거에 경험한 것처럼 반드시 성공하리라는 것은 보장이 없다. 그래서 우리가 같이 고민해야 한다. 이렇게 우리가 같이 고민할 부분을 한 가지 지적하고, 이상 마치겠습니다.

사회자 : 감사합니다. 여러분들의 의견을 더 많이 들으면 좋겠지

만 차차 마무리를 해야 해서요, 네 분께 마무리 질문을 드리는 데
요., 1분 정도씩 마무리 발언을 부탁드립니다. 저희가 준비한 마무
리 질문은, '우리 헌재에 바라는 점'입니다. 방금 말씀해 주신 송석
윤 교수님의 표현을 빌어서 '자제해야 될 부분'도 포함하여서요,
우리 헌재에게 기대하는 바를 여쭙습니다. 우리 헌재에 앞으로 무
엇을 바라십니까. 먼저, 전종익 교수님.

　전종익 교수 : 저도 송석윤 교수님께서 말씀하신 거 정말 백프로
공감하고요. 아까 1부에서 인권보호 조금 더 적극적으로 하자 그
문제를 재판소에서 해결을 하는 것이 어떻게 보면 우리 법률가들
에게는 속 편하고 확실하고 빠른 첩경일 수 있습니다. 그렇지만 그
게 과연 끝이냐 하면 제 경험으로는 그렇지 않았던 것 같아요. 법
률가들이 일도양단으로 자르고 나도 여전히 분쟁이 존재하는 한
그 분쟁은 2차, 3차로 계속됩니다. 궁극적인 해결은 공감과 소통을
통한 합의이고 그 합의를 이루는 과정이 우리 헌법상은 결국은 국
회의 입법이라는 것입니다. 물론 그것도 새로운 논쟁을 만들어 내
기는 하지만. 그 중요성을 우리가 무시해서는 안 될 것 같고요. 헌
법재판소가 입법형성의 자유라고 왜 손을 놓느냐고 이야기를 하지
만, 오히려 그 영역이야말로 헌법재판소가 손을 놓고 입법자를 기
다리는 영역이 아닐까 하는 상상을 해 보면서, 그런 판례들을 그렇
게 이해한다면 조금 더 빠르게 성급하게 하지 않을 수 있는 생각을
할 수 있지 않을까, 그런 생각을 해 봅니다.

　이범준 기자 : 재판소가 워낙에 많은 사건을 처리하면서 한국사회
를 이끌어 왔는데요. 이제 조금 신중하게 결정을 내리면 어떤가 싶
습니다. 재판소가 결정을 내리고 나서는 더 이상 어떻게 해 볼 도
리가 없는 상황이 되곤 합니다. 긴급조치 위헌판결에도 불구하고

배상받지 못한다는 대법원 판결을 다시 뒤집은 하급심 판결이 있었습니다. 그 사건 하급심 판사를 법원행정처가 징계하려 했다는 기사를 쓰고 나서 그 판결이 어떻게 되었는지 찾아 봤습니다. 대법원에서 깨지고 결국은 재판소에 들어갔는데 가망이 적은 게 관련 조항인 국가배상법에 대해 이미 재판소가 합헌결정을 했더라고요. 박근혜 대통령 탄핵심판 직후에 사건을 몰아 처리하면서요. 그래서 이걸 왜 그렇게 금세 했을까 의아했습니다. 재판소가 지금 많은 권위를 가지고 있어서 사건 처리에 조금 더 신중해도 괜찮지 않을까 생각합니다.

김선수 변호사 : 저는 아직 헌재가 자제할 단계는 아니라고 봅니다. 신중해야겠지만, 인권은 보편적 가치니까 그런 부분에서는 더욱 적극적인 역할을 하고, 특히 사회권 분야에서 적극적으로 역할을 해줘야 하지 않을까 하는 생각이 듭니다. 여론을 그대로만 반영하면 헌법재판이 필요 없겠죠. 여론조사만 하면 되니까. 사회를 보편적 가치로 이끄는 기능도 헌재에게 일정하게 부여되었다고 생각합니다. 예컨대 헌재가 합헌결정을 했지만 입법으로 해결된 부분들. 대표적으로 사립학교 교원들에 대해서 1991년에 합헌결정이 있었는데, 1999년경 입법이 되었습니다. 1991년에 헌재가 위헌결정을 했다면, 그 사이 발생했던 사회적 혼란과 희생을 예방할 수 있었을 것입니다. 이런 부분이 특히 노동권 영역에는 많거든요. 현재는 헌재가 더 적극적으로 위헌결정을 해야 될 그런 단계라고 저는 생각합니다.

김진한 박사 : 정광현 교수님과 송석윤 교수님께서 아주 중요한 지적을 두 가지 해주셨습니다. 우선 정광현 교수님의 말씀에 의지하여 말씀드리고 싶은 것은 법원이 바로 서야 한다는 것입니다. 법

원은 정말 중요한 헌법재판기관입니다. 그런데 그 법원이 최고법인 헌법을 헌법답게 적용하고 운용하지 않습니다. 법률의 문언적 해석만을 가장 중요한 과제로 삼고 있으며, 그 과정에서 헌법의 가치를 제대로 고려하지 않고 있습니다. 그리고 그런 해석의 정점에 대법원이 자리하고 있습니다. 최고법원인 대법원의 판단이 이렇다 보니, 모든 법원의 판단에서 가장 중요한 법은 헌법이 아니라 법원의, 대법원의 법률해석, 즉 대법원 판례가 되었습니다. 결과적으로 우리의 법 현실에서는 헌법이 하나가 아닌 두 개인 현상이 나타나고 있습니다. 국민들이 만든 헌법과 법원이 만들어 내는 헌법이 존재하는 것이지요. 이것은 대법원이 초래하고 있는 위헌적인 사태입니다. 이 부분에 있어서 근본적인 변화가 필요하다고 생각합니다.

　다음으로 송석윤 교수님의 의견에 의지하여 말씀드리고 싶은 것은 헌법재판소가 스스로의 역할을 새롭게 정립해야 한다는 것입니다. 너무 많은 헌법적인 선례를 만들어 내는 것, 너무 많은 판단을 하는 것은 굉장히 위험한 헌법재판이 될 수 있습니다. 미국 연방대법원의 오코너 대법관이 이런 말씀을 하신 적이 있습니다. '대법관들이 헌법재판을 하나하나 해 가는 것은 굳기 전의 콘크리트를 밟는 것과 같다.' 굳기 전의 콘크리트를 밟고 지나가면 나중에 돌이킬 수 없는 족적을 만들어 내게 됩니다. 헌법재판소가 지나치게 많은 사건을 성급히 판단하게 되면 나중에 정의로운 판단을 하지 못하도록 하는 스스로에 대한 제약과 구속을 만들어내게 됩니다. 헌법재판소의 판단을 기초로 하여 사회의 헌법담론과 후대의 헌법재판이 이루어지게 됩니다. 지금 신중하지 않게 또는 이것의 의미를 사회적 구성원들과 충분히 공감하지 않은 채 판단한다면 나중에 대단히 중요한 헌법쟁점의 논의에 큰 족쇄가 될 가능성이 있습니다. 과연 얼마나 많은 사건을 얼마나 중요한 의미를 부여해서, 그리고 어떤 이들을 토론의 장에 초대해서 판단할 것이냐에 관해서,

헌법재판소의 새로운 30년을 준비하는 계획을 세웠으면 하는 바램입니다.

사회자 : 김선수 변호사님, 김진한 박사님, 이범준 기자님, 전종익 교수님, 감사합니다. 살아오신 길 자체가 우리에게 헌법재판에 대해 많은 생각을 하게 해 주시고 또 배우게 해주시는 이 네 분을 모실 수 있어서, 오늘 대담이 정말 뜻깊은 자리였습니다. 네 분께 큰 박수를 보내주십시오. 감사합니다. 이 자리에 계신 참여해주신 모든 분들께 진심으로 감사드립니다.

엮은이

이우영   서울대학교 법학전문대학원 교수
김복기   서울대학교 법학전문대학원 부교수
신윤진   서울대학교 법학전문대학원 조교수

필 자

김진한   변호사, 전 헌법연구관
전종익   서울대학교 법학전문대학원 교수
김선수   변호사, 법무법인 시민
이범준   경향신문 기자
김선휴   변호사, 참여연대 공익법센터, 전 헌법연구관
강재원   제주지방법원 판사
권건보   아주대학교 법학전문대학원 교수
김영중   서울대학교 법학연구소 공익인권법센터 사무국장, 법학박사
서채완   변호사, 민주사회를 위한 변호사모임 공익인권변론센터
김복기   서울대학교 법학전문대학원 부교수
김선화   수원지방법원 판사
김재왕   변호사, 공익변호사모임 희망을만드는법
이주영   서울대학교 인권센터 전문위원

서울대학교 법학연구소 공익인권법센터

인권의 창, 헌법의 길
인권으로 본 헌법재판 30년

초판 1쇄 발행 2018년 12월 20일
초판 2쇄 발행 2019년 12월 02일

엮 은 이   이우영·김복기·신윤진

발 행 인   한정희
발 행 처   경인문화사
편   집   한명진 김지선 박지현 유지혜 한주연
마 케 팅   전병관 하재일 유인순
출판번호   406-1973-000003호
주   소   경기도 파주시 회동길 445-1 경인빌딩 B동 4층
전   화   031-955-9300 팩   스 031-955-9310
홈페이지   www.kyunginp.co.kr
이 메 일   kyungin@kyunginp.co.kr

ISBN 978-89-499-4785-3 93360
값 32,000원